Silja Graupe
Der Ort ökonomischen Denkens
Die Methodologie der Wirtschaftswissenschaften im Licht japanischer Philosophie

PROCESS THOUGHT

Edited by

Nicholas Rescher • Johanna Seibt • Michel Weber

Advisory Board
Mark Bickard • Jaime Nubiola • Roberto Poli

Volume 3

Silja Graupe

Der Ort ökonomischen Denkens

Die Methodologie
der Wirtschaftswissenschaften
im Licht japanischer Philosophie

ontos
verlag

Frankfurt I Paris I Ebikon I Lancaster I New Brunswick

Bibliographic information published by Die Deutsche Bibliothek
Die Deutsche Bibliothek lists this publication in the Deutsche Nationalbibliographie;
detailed bibliographic data is available in the Internet at http://dnb.ddb.de

North and South America by
Transaction Books
Rutgers University
Piscataway, NJ 08854-8042
trans@transactionpub.com

United Kingdom, Ire Iceland, Turkey, Malta, Portugal by
Gazelle Books Services Limited
White Cross Mills
Hightown
LANCASTER, LA1 4XS
sales@gazellebooks.co.uk

Bibliothekssiegel der TU Berlin
D 83

©2019 ontos verlag
Dieser Band ist text- und seitenidentisch mit der 2005 erschienenen gebundenen Ausgabe.
P.O. Box 15 41, D-63133 Heusenstamm
www.ontosverlag.com

ISBN 978-3-11-065405-9

2005

No part of this book may be reproduced, stored in retrieval systems or transmitted
in any form or by any means, electronic, mechanical, photocopying, microfilming, recording or otherwise
without written permission from the Publisher, with the exception of any material supplied specifically for the
purpose of being entered and executed on a computer system, for exclusive use of the purchaser of the work

Printed on acid-free paper
ISO-Norm 970-6
FSC-certified (Forest Stewardship Council)
This hardcover binding meets the International Library standard

Printed in Germany
by buch bücher **dd ag**

**Meinen Eltern
Klaus und Heide Graupe**

Inhalt

DANKSAGUNG

1 EINLEITUNG 17

2 WISSENSCHAFTSTHEORETISCHE VORAUSSETZUNGEN 25

3 DAS IMPLIZITE MENSCHENBILD DER ÖKONOMIE 39

3.1 Der Handelnde in den objektiven ökonomischen Theorien 40
   3.1.1 Das Bewußtseinsfeld als ungedachter Ort-worin
       objektiver Theorien 42
   3.1.2 Die impliziten Eigenschaften des Bewußtseinsfeldes 53
   3.1.3 Ein zeit- und ortsunabhängiges Bewußtseinsfeld 65
   3.1.4 Handeln als unbewußtes Verhalten 75
   3.1.5 Die logische Unmöglichkeit, Handeln zu berechnen 81

3.2 Der Handelnde in den subjektiven ökonomischen Theorien 89
   3.2.1 Das subjektive Bewußtsein als Vernunft 90
   3.2.2 Das subjektive Bewußtsein als Ansammlung von Gefühlen und
       Begierden 93
   3.2.3 Das subjektive Bewußtsein als Wille 96

3.3 Der Handelnde 'jenseits' der Subjekt-Objekt-Spaltung 105
   3.3.1 Eine 'ostasiatische' Theorie der Gewohnheiten 105
   3.3.2 Ökonomie als Gewohnheit 115
   3.3.3 Gewohnheit als unbewußter Ort-worin des ökonomisch
       Handelnden 126
   3.3.4 Der kreativ Handelnde 'jenseits' aller Gewohnheiten 134
   3.3.5 Die Freiheit des selbstbewußten Willens 143

4 DAS IMPLIZITE WELTBILD DER ÖKONOMIE 155

4.1 Die Bestimmung des Einzelnen in der ökonomischen Theorie .. 157
4.1.1 Die Einzel- und Allgemeinbestimmung des Einzelnen 157
4.1.2 Eine widersprüchliche Bestimmung des Einzelnen 160
4.1.3 Exkurs: Die Unvereinbarkeit von individuellem und allgemeinem Gleichgewicht 171

4.2 Die Bestimmung des Einzelnen als kontextabhängige Existenz (I) 175
4.2.1 Die Kontextabhängigkeit des Einzelnen 175
4.2.2 Der Markt als gesellschaftlicher Kontext 181
4.2.3 Die kontextabhängigen Eigenschaften des ökonomisch Handelnden 190

4.3 Die Bestimmung der ökonomischen Welt 194
4.3.1 Die ökonomische Welt als Handlungsfeld 194
4.3.2 Der Einzelne in der ökonomischen Welt 201
4.3.3 Die logische Unmöglichkeit, die ökonomische Welt zu bestimmen 205
4.3.4 Die ökonomische Welt als ein Ort des Nichts 209
4.3.5 Die Widersprüchlichkeit der ökonomischen Welt 211

4.4 Die Eigenschaften der ökonomischen Welt 213
4.4.1 Der schöpferische, dynamische Charakter der ökonomischen Welt 213
4.4.2 Die logische Unmöglichkeit, die ökonomische Welt zu berechnen .. 218

4.5 Die Bestimmung des Einzelnen als kontextabhängige Existenz (II) 228
4.5.1 Die Bestimmung des Einzelnen in der ostasiatischen Philosophie .. 228
4.5.2 Der ökonomisch Handelnde als widersprüchliche Selbstidentität 232

4.6 Die Bedeutung des Egoismus für die ökonomische Welt 247
4.6.1 Der Egoismus des gewöhnlichen Bewußtseins 248
4.6.2 Die ökonomische Welt als Kampf aller gegen alle 250

4.7 Der Staat und seine Beziehung zum Markt 262
4.7.1 Der Staat als kontextunabhängiges Allgemeines 264
4.7.2 Die wechselseitige Abhängigkeit von Staat und individuellem Kalkül 267
4.7.3 Der inhärente Widerspruch der Zwangsgewalt der Staates 273
4.7.4 Der Widerstreit von Markt und Staat 280
4.7.5 Eine Einheit von Markt und Staat: Der Ordoliberalismus 283
4.7.6 Exkurs: Der Standpunkt des Wissenschaftlers 289

4.8 Eine Welt 'jenseits' von Egoismus 291
4.8.1 Das gewöhnliche und das ursprüngliche Bewußtsein 292
4.8.2 Eine harmonische Begegnung der Menschen 300
4.8.3 Spontan-bewußtes Handeln und die Bedeutung von Regeln 310

4.9 Die Beziehung der ökonomischen Welt zu anderen Welten 320
4.9.1 Der Konflikt der vielen Welten 322
4.9.2 Die Idee der einen Welt 325
4.9.3 Die Idee der welthaften Welt 329
4.9.4 Die Freiheit des Einzelnen in einer welthaften Welt 334

5 ZUSAMMENFASSUNG 339

6 LITERATURVERZEICHNIS 349

Danksagung

Mein Interesse an der japanischen Kultur, am Buddhismus und der südostasiatischen Philosophie wurde während eines Studiums an der Sophia Universität in Tokio geweckt. Ich danke vor allem Thierry Roboüam, SJ, für seine eindrückliche Einführung in den Buddhismus sowie der Gemeinde des Kōtoku-Tempels, Sakuradai/Tokio, die mich warmherzig und vorbehaltlos aufgenommen und die lebendige Spiritualität des Zen erfahren lassen hat. Mein Dank gilt auch dem DAAD und der Studienstiftung des deutschen Volkes, die den Aufenthalt in Japan ermöglicht haben.

Es ist bestimmt keine leichte Aufgabe, ein interdisziplinäres und zudem interkulturelles Dissertationsprojekt, das vorgegebene Forschungspfade verläßt, wissenschaftlich zu betreuen. Ich danke meinen Doktorvätern, Professor Dr. Hans H. Lechner und Professor Dr. Karl-Heinz Brodbeck für ihren Mut, ihr Engagement und ihre Zeit, mit denen sie sich über Jahre hinweg dieser Aufgabe gewidmet haben. Daß meine Forschung bis an den Grund ökonomischen Denkens vorstoßen konnte, ist ihrem kritischen Fachwissen, ihrer Kreativität und Begeisterung geschuldet. Wissenschaftlicher Rat kam auch von anderer Seite: PD Dr. Rolf Elberfeld sowie Professor Dr. Ryōsuke Ohashi haben vom japanischen Standpunkt aus meine Arbeit kommentiert. Ebenso wertvolle Anregungen erhielt ich von Professor Lik Kuen Tong zum Taoismus und dem Konzept des *field-being*. PD Dr. Johanna Seibt hat als Mitherausgeberin der Reihe *process thought* die Dissertation schließlich zu einem Buch werden lassen. Finanziell und fachlich unterstützt hat mich die Studienstiftung des Deutschen Volkes im Rahmen eines Promotionsstipendiums. Ihnen allen danke ich.

Einen neuen Denkweg zu gehen, ist mitunter mühsam und einsam. Daß ich dies nicht voll gespürt habe, verdanke ich meinen Freunden und meiner Familie. Auch wenn hier nicht alle namentlich genannt werden können, so danke ich doch besonders Beatrix Jessberger für unsere inspirierenden Gespräche, Christiane Düts und Nicola Büning für ihre mitfühlende Begleitung sowie Steffi Kück, Sandra Lilge, Christian Mias, Dr. Anja Shortland und Annette Wander für ihren Rat und ihre Unterstützung.

Vor allem aber danke ich meinen Eltern und meinem Freund Christof – *for being there*.

1 Einleitung

Die kulturelle Vielfalt von Denk- und Handlungsweisen wird in der heutigen globalisierten Welt immer mehr bewußt. In diesem Buch wird eine theoretische Initiative ergriffen, die das *kritische Potential* dieser Vielfalt für ein Nachdenken über ökonomische Prozesse fruchtbar macht. Es soll so ein *neuer Spielraum* für das ökonomische Denken entdeckt werden. Der Weg, auf dem sich ein solcher Spielraum eröffnet, läßt sich in Anlehnung an Francois Jullien als ein *Umweg des Denkens* bezeichnen[1]: Es wird eine Reise in das japanische Denken unternommen, um von diesem anderen Standpunkt das ökonomische Denken neu zu befragen. Ein Standpunkt, der die Grundlagen der Ökonomie nicht teilt und deshalb ermöglicht, diese von *außen* zu entdecken und explizit zu reflektieren. Das ökonomische Denken wird so seiner gewohnten Umgebung entrissen und kehrt gerade dadurch zu seinen verborgenen 'Quellen' zurück: zum *Nicht-Gedachten*, das dem Ökonomen so selbstverständlich ist, daß es ihm nicht als Gegenstand, sondern nur als *implizite Voraussetzung* des Denkens dient. Sodann gilt es, sich durch den ständigen Perspektivenwechsel, den der interkulturelle Dialog bietet, *kreativ* mit diesem Nicht-Gedachten auseinanderzusetzen und Alternativen zu ihm aufzuweisen.

Es ist eine wichtige Einsicht des interkulturellen Dialogs, daß eine Wissenschaftstradition trotz ihrer offenkundigen Heterogenität auf unzähligen, unausgesprochenen Einverständnissen und nicht analysierten Zustimmungen aufbaut, die gleichsam eine Art „Sockel des Denkens" bilden.[2] Dieser Sockel ist ungemein wirksam, weil er aus unreflektierten *Voraussetzungen* des Denkens besteht, die selbst niemals zum Gegenstand wissenschaftlicher Reflexion werden. Es ist eine Hauptthese des vorliegenden Buches, daß den Wirtschaftswissenschaften trotz ihrer Vielgestaltigkeit ein solcher 'Sockel des Denkens' zugrunde liegt und daß dieser zu einem nicht unerheblichen Teil durch die Voreinstellungen des Forschungsparadigmas der traditionellen westlichen Ontologie, des „Substanzparadigmas", gebildet wird.[3] Dieses Paradigma besteht aus einer Anzahl von gehaltvollen Vorannahmen, die im Zusammenspiel ein Bild der Welt als einer Gesamtheit von

---

[1] Vgl. F. Jullien, Der Umweg über China: ein Ortswechsel des Denkens, Berlin 2002.
[2] Vgl. F. Jullien, Der Umweg über China, aaO., S. 184.
[3] Vgl. zum Begriff J. Seibt, Individuen als Prozesse: Zur ontologischen Revision des Substanz-Paradigmas, Logos, Zeitschrift für systematische Philosophie, 2/4 (1995), S. 355ff.

Einzeldingen bzw. ding-ähnlichen Personen zeichnen, die als voneinander unabhängig und in ihren wesentlichen Eigenschaften unveränderlich gedacht werden. Gemein ist all diesen Vorannahmen, daß sie weder als kontroverse Prämissen erkannt noch als solche gekennzeichnet werden.[4]

Das den Wirtschaftswissenschaften zugrundeliegende Substanzparadigma kann aus der Perspektive der modernen japanischen Philosophie von *außen* aufgedeckt werden, weil letztere dieses Paradigma nicht teilt. Ihr liegt vielmehr das für die Ökonomie neue, ungewöhnliche theoretische Paradigma zugrunde, daß *Prozesse* und nicht Substanzen bzw. ding-ähnliche Entitäten die grundlegende Kategorie der Erklärung und Beschreibung darstellen. Sie läßt sich deswegen im wesentlichen als Prozeßphilosophie charakterisieren. Inspiriert und bestätigt wird die moderne japanische Philosophie von vielen Quellen: nicht allein durch fernöstliche Denktraditionen – namentlich den Buddhismus, den Taoismus und den Konfuzianismus – sondern auch durch ein alltägliches Wirklichkeitsverständnis, das tief in der japanischen Kultur und Sprache verwurzelt ist. Bei all ihrer Verschiedenheit ist diesen Quellen gemein, daß sie Prozesse und nicht Substanzen, ein subjektloses Netz wechselseitiger Abhängigkeiten und nicht eine Ansammlung starrer 'Individualkerne' als den eigentlichen Grund der menschlichen Erfahrungswelt ausmachen. Auf diesem anderen 'Sockel des Denkens' begründet die moderne japanische Philosophie und hier insbesondere Nishida Kitarō[5] einen *neuen Anfang* wissenschaftlichen Denkens, der schon in einigen Disziplinen zu einer Revision gängiger Forschungsparadigmen geführt hat, so etwa in den Naturwissenschaften[6], in der

---

[4] Vgl. J. Seibt, Individuen als Prozesse, aaO., S. 355.

[5] Nishida gilt als Begründer der modernen japanischen Philosophie. Er wurde am 19. Mai 1870 in Unoke, Japan geboren. Nach dem Studium der westlichen Philosophie an der Universität Tokio, seiner Tätigkeit als Lehrer für Deutsch und intensiver Übung der Zen-Meditation wurde Nishida 1910 als Assistenzprofessor für Ethik an die kaiserliche Universität Kyōto berufen. Im gleichen Jahr legt er sein Erstlingswerk *Studie über das Gute* vor. 1913 wird Nishida Professor für Religionsgeschichte und 1914 für Philosophiegeschichte an der gleichen Universität. Er gründete während seiner Forschungs- und Lehrtätigkeit eine Schultradition, die heute als Kyōto-Schule bezeichnet wird. 1928 wird Nishida emeritiert, arbeitet aber an seiner Philosophie weiter bis zu seinem Tod am 7. Juni 1945.

[6] Vgl. etwa die Arbeiten des japanischen Kognitionswissenschaftlers Shimizu Hiroshis. In westlichen Sprachen liegen vor: ders., Ba-Principle: New Logic for the Real-Time Emergence of Information, Holonics, 5/1 (1995), S. 67-69, sowie ders., Die ordnende Kraft des „Ba" im traditionellen Japan, in: C. Maar et al. (Hrsg.), Die Technik auf dem Weg zur Seele, Reinbek bei Hamburg 1996.

1 Einleitung

Medizin[7] oder auch in der Systemtheorie[8]. Im vorliegenden Buch soll nun seine Fruchtbarkeit für die Wirtschaftswissenschaften unter Beweis gestellt werden.

Wie sich auf den folgenden Seiten zeigen soll, kann der Dialog von japanischer Philosophie und Wirtschaftswissenschaften auf dreierlei Weise zu einer prozeßphilosophischen Kritik und Neufundierung der ökonomischen Theorie beitragen: Erstens werden substanztheoretische Präsuppositionen, die innerhalb der Ökonomie unreflektiert bleiben, zu allererst explizit *sichtbar* gemacht. Zweitens wird deutlich, wie diese Präsuppositionen zu zahlreichen Problemstellungen – vor allem Widersprüchen und Erklärungslücken – führen, ja diese zuallererst *erzeugen*. Drittens werden *neue Ansätze* entwickelt, die die substanztheoretischen Präsuppositionen nicht teilen und gerade deshalb zu einem umfassenderen Verständnis ökonomischer Prozesse beitragen können.[9] Hierfür wird die ökonomische Rede von Gütern, Individuen, formalen Gesetzmäßigkeiten etc. durchbrochen und schrittweise eine neues Denken in Prozessen, wechselseitigen Abhängigkeiten und subjektlosen Aktivitäten begründet.

Der eingeschlagene Denkweg konzentriert sich in diesen drei Schritten auf die direkte Auseinandersetzung der japanischen Philosophie mit der ökonomischen Theorie; die Einbettung beider Wissenschaftstraditionen in ihren weiteren denkgeschichtlichen und kulturellen Hintergrund wird dabei zwar oft gestreift, nicht aber vertieft. Lediglich die Nähe japanisch philosophischen Denkens zum Buddhismus, Taoismus und Konfuzianismus wird an einigen Stellen betont, um dadurch ungewöhnliche Gedankengänge für den westlichen Leser leichter nachvollziehbar zu machen. Auf die vielfältigen Verbindungen des japanischen Denkens zur westlichen Philosophie wird hingegen nur am Rande eingegangen, auch wenn der Durchgang durch das fremde (i.e. westliche) Denken gerade charakteristisch für die japanische Philosophie ist. Auf diese Weise soll ein leicht verständlicher, 'unbelasteter' Zugang zu ökonomischen Fragen eröffnet werden, der weitgehend ohne die komplizierte Vermittlung und den weitläufigen Asso-

---

[7] Vgl. etwa die Arbeiten Yuasa Yasuos, so ders., The Body, Toward an Eastern Body-Mind Theory, übers. v. S. Nagatomo, T.P. Kasulis, New York 1987.
[8] Vgl. T. Latka, Topisches Sozialsystem, Die Einführung der japanischen Lehre vom Ort in die Systemtheorie und deren Konsequenzen für eine Theorie sozialer Systeme, Heidelberg 2003.
[9] In der westlichen Prozeßphilosophie entspricht diese Vorgehensweise dem Theorierevisionsverfahren, das Seibt vorschlägt. Vgl. erneut J. Seibt, , Individuen als Prozesse, aaO., S. 355f.

ziationsraum westlicher Philosophiegeschichte auskommt. Eine solche Vorgehensweise bringt es mit sich, daß auch die Nähe vieler Gedankengänge zur westlichen Prozeßphilosophie im Text nicht immer deutlich wird. Anhand der folgenden Bemerkungen sei diese Nähe deshalb kurz einleitend skizziert.

Der erste Hauptteil der Arbeit (Kapitel 3) reflektiert stufenartig die impliziten Annahmen ökonomischer Theorien über den Menschen, wobei sich die Vorgehensweise an Nishidas „Logik des Ortes" (*basho no ronri*, 1926) orientiert. Auf jeder Vertiefungsebene und der dazugehörenden Erklärungsebene werden diejenigen Präsuppositionen aufgezeigt, die diese Ebene bestimmen, ohne selbst explizit reflektiert zu werden. Es wird sodann ein Übergang zu einer vertieften Wissensebene vollzogen, auf der diese Reflexion bewußt erfolgt. Durch einen solchen mehrfachen 'Ortswechsel des Denkens' vertieft sich das Wissen über das ökonomische Handeln; es ergibt sich schrittweise ein umfassendes Bild des ökonomischen Menschen. Im Hinblick auf die Kritik am Substanzparadigma ist hier entscheidend, daß auf jeder Reflexionsebene der täuschende Charakter einer bestimmten substanztheoretischen Annahme durchschaut wird, die zum einen zu logischen Widersprüchen innerhalb der Theorie führt, zum anderen aber den Entwurf eines umfassenden Bildes vom ökonomisch Handelnden wirkungsvoll verhindert. So wird etwa der Nachweis erbracht, daß die ökonomische Annahme einer unabhängigen Welt der Güter, die objektiv und unabhängig vom menschlichen Bewußtsein existieren soll, rein logisch nicht aufrecht erhalten werden kann, da im formal-ökonomischen Prinzip der Optimierung ein Bezug zum subjektiven Bewußtsein immer schon vorausgesetzt ist, ohne allerdings explizit thematisiert zu werden. Es wird zudem gezeigt, daß die ökonomische Theorie implizit das substanzmetaphysische Prinzip der Bestimmtheit voraussetzt, insofern sie den Handelnden als eine statische Substanz mit gegebenen Eigenschaften konstruiert, um Handeln berechenbar erscheinen zu lassen. Sie verbaut sich damit systematisch die Möglichkeit, wichtige Aspekte des Handelnden, etwa die Veränderung seiner essentiellen Eigenschaften in Raum und Zeit oder seine bewußte Reflexion des eigenen Tuns, abzubilden; ihrer Erklärungskraft sind deswegen – entgegen dem eigenen Anspruch – enge Grenzen gesetzt. Insgesamt zeigt sich, daß Mensch und Umwelt nicht als Substanzen festzuhalten sind, sondern sich prozessual in einem wechselseitigen Gestaltungsgeschehen bestimmen, das selbst weder subjekt- noch objekthaft ergriffen werden kann, sondern gerade jegliche Subjekt-Objekt-Spaltung systematisch unterläuft.

Über eine Kritik an den impliziten ökonomischen Annahmen hinausgehend, wird im ersten Hauptteil zudem ein *positiver* Vorschlag entworfen, wie ökonomisches Handeln beschrieben werden kann, ohne ihm eine Substanz zugrunde zu legen. Hierfür werden ostasiatische Theorien über Gewohnheitsprozesse für eine Darstellung ökonomischen Handelns fruchtbar gemacht. Gewohnheiten werden als unterscheidende Aktivität des Bewußtseins dargestellt, die keinen Handlungsträger voraussetzen, sondern diesen umgekehrt überhaupt erst als Subjekt im Gegensatz zu einer objektiven Außenwelt bestimmen. Es wird so ein Prozeß aufgewiesen, der implizit allen subjektiven und objektiven ökonomischen Theorien vorausgeht, ohne selbst innerhalb dieser Theorien reflektiert zu werden. Dieser Prozeß stellt sich nicht als Alternative zur Kategorie der Substanz dar, sondern erweist sich gerade als deren logische *Voraussetzung*.

Der zweite Hauptteil der Arbeit (Kapitel 4) deckt die substanztheoretischen Präsuppositionen ökonomischer Theorien über die *Gesellschaft* auf, um sodann Alternativen zu diesen aufzuweisen. Im Vordergrund steht dabei die Kritik der ökonomischen Vorstellung, Gesellschaft sei zu erklären, indem man ihr ein substantiell Seiendes zugrunde legt. Auch diese Kritik lehnt sich erneut an die japanische Philosophie – insbesondere an Nishida und Nishitani – an, berücksichtigt darüber hinaus aber auch andere ostasiatische Erklärungsansätze. Entscheidend ist hier, zwei absolut widersprüchliche Vorstellungen aufzudecken, die innerhalb der Ökonomie nicht als kontroverse Prämissen erkannt werden: Zum einen wird im methodologischen Individualismus die Gesellschaft aus unabhängigen, starren '*Individualkernen*' zusammengesetzt gedacht. Um aber diese vielen Kerne wirklich zusammen zu denken, wird zum anderen (implizit) ein abstraktes Allgemeines angenommen, das sie als *Gesetzhaftes*, als *Mechanismus* zu einer Einheit koordiniert. Die Einzelnen verlieren damit aber gerade diejenige Unabhängigkeit, die der methodologische Individualismus postuliert; die Substanzialität des Allgemeinen vernichtet ihre Individualität. Während der ökonomische *mainstream* trotz dieser Problematik unkritisch an den Vorstellungen substantieller Einzelner und substantiellem Allgemeinen festhält, dringt eine explizite Kritik derjenigen Substanzmetaphyhsik, die beiden Vorstellungen zugrunde liegt, bis in den Kern des eigentlichen Problems vor: Individualität und Allgemeinheit können nicht kohärent gedacht werden, solange man sie als unabhängige, bestimmte Substanzen voraussetzt. Diese Einsicht führt dazu, beide Vorstellungen als unzureichend abzulehnen und nach einer wirklichen Alternative jenseits des Substanzdenkens zu suchen. Eine solche Alternative zeigt sich in der Darstellung von Ökonomie als einem *prozessualen Gestaltungsgeschehen*, dem keinerlei

Substanz zugrunde liegt und in dem alles in wechselseitiger Abhängigkeit Gestalter und Gestaltetes ist. Hierfür wird die Ökonomie in Anlehnung an den Weltbegriff Nishidas als 'ökonomische Welt' im Sinne eines Handlungsfeldes aufgefaßt, das durch ökonomische Handlungsformen wie Tausch, Arbeitsteilung und Geldbeziehungen subjektlos bestimmt ist. Diese dynamische, sich ohne festen Bezugspunkt wandelnde Welt erweist sich nicht nur als eigentlicher Grund oder Ort ökonomischen Handelns, sondern auch als die ungedachte Voraussetzung der Wirtschaftswissenschaften, die diese Welt in strikt voneinander getrennte Entitäten zu zerteilen sucht. Auf dieser Einsicht aufbauend werden einige weitere Grundprobleme der Ökonomie – etwa das Verhältnis von Markt und Staat oder die Bedeutung des Egoismus – im neuen Licht dargestellt und so für ökonomische Denkgewohnheiten neue, überraschende Perspektiven eröffnet. Es zeigt sich hier aus verschiedenen Blickwinkeln, daß die ökonomische Welt vom wirtschaftswissenschaftlichen Standpunkt aus systematisch nicht erklärt werden kann; vor allem ihre Berechenbarkeit mit Hilfe formal-ökonomischer Modelle, die die Ökonomie unkritisch aus der Mechanik übernimmt, erweist sich nicht nur als eine bis heute ungelöste Aufgabe, sondern als *logisch unmöglich*.

Der Dialog von Ökonomie und japanischer Philosophie dringt nun allerdings nicht nur in die Tiefenstruktur ökonomischen Denkens vor. Er zeigt zudem, wie sehr dieses Denken mit unserer *alltäglichen* Wahrnehmung verwoben ist. Es ist ein zentrales Anliegen der japanischen Philosophie – wie für andere Prozeßphilosophien auch – die *Stellung des Beobachters* explizit in die Beschreibung von Welt einzubeziehen. Auf die Ökonomie gewendet bedeutet dies: Der Ökonom ist nicht unabhängig von der Welt, die er beschreibt. Er ist weder ein unparteiischer Beobachter noch ein Sozialingenieur, der ökonomische Prozesse von außerhalb gestalten könnte, ohne dabei selbst (unbewußt) in den Gestaltungsprozeß einbezogen zu sein. Und umgekehrt wird deutlich: Die vermeintlich 'objektiven' Güter sind nicht unabhängig davon, wie der Ökonom sie sich *vorstellt*. Die ökonomische Welt existiert nicht unabhängig von den Bedingungen der Bezugnahme. Sie scheint nur als eine unverrückbare Realität, als ein objektiver Mechanismus oder eine Verkettung von Sachzwängen, solange die abstrakten, theoretischen Konstrukte ökonomischer Theorien, die immer mehr den Alltag unserer globalisierten Welt durchdringen, als unabänderliche *Tatsachen* unseres Alltags mißverstanden werden.

Aus japanischer Sicht sind theoretische Konstrukte nicht mehr, aber auch nicht weniger als *Gewohnheiten* des Denkens, die tief im alltäglichen Verständnis der Menschen über sich selbst und ihre Umwelt verwurzelt sind und umgekehrt dieses Verständnis begründen. Indem die überragende Rolle der Gewohnheiten für das ökonomische Menschen- und Weltbild betont wird, soll vor allem eines deutlich werden: In der Ökonomie werden Gewohnheiten, sofern sie überhaupt thematisiert werden, als unverrückbare Voraussetzung des Handelns fixiert. Sie gelten als unbewußte Handlungsanweisungen, die den ökonomischen Alltag bestimmen, ohne selbst gestaltbar zu sein. Die bewußte, *kreative* Gestaltung des Zusammenlebens außerhalb oder jenseits ökonomischer Gewohnheiten rückt deswegen gar nicht erst in den Blick. Die japanische Philosophie hingegen durchschaut eine solche Substantialisierung der Gewohnheiten als *Täuschung*. Wir sind nicht einfach nur sklavisch vermeintlich gegebenen Gewohnheiten unterworfen, sondern können uns diese bewußt machen, sie *kreativ* gestalten und damit verändern.

Durch die 'Umwege des Denkens' zwischen 'Ost' und 'West', zwischen Wirtschaftswissenschaft und Philosophie soll auf den folgenden Seiten ein Denkweg aufgezeigt werden, der dieser japanischen Einschätzung Rechnung trägt: Die ökonomischen Gewohnheiten, die unseren Alltag immer mehr unbewußt bestimmen, sollen schrittweise sichtbar gemacht sowie ihre Grenzen aufgezeigt und durchbrochen werden. Ich hoffe, so einen Anstoß zu geben, daß das ökonomische Denken über Kultur- und Disziplingrenzen hinweg auf neue Weise *kreativ* wird.

Abschließend noch zwei Hinweise: Japanische Namen erscheinen in der in Japan üblichen Reihenfolge, also erst der Familien- und dann der Vorname. Sich ergebende Querverweise werden im Text durch eingefügte Klammern gekennzeichnet, die auf einen Abschnitt in einem anderen Kapitel verweisen. Die Klammer (3.3.2) etwa bedeutet einen Hinweis auf den Abschnitt „Ökonomie als Gewohnheit" im Kapitel 3.3.2.

2 Wissenschaftstheoretische Voraussetzungen

Der Reflexion der eigenen Methode wird innerhalb der Ökonomie kaum Bedeutung beigemessen. Dies ist allein daran zu erkennen, daß wissenschaftstheoretische Überlegungen in ökonomischen Lehrbüchern zumeist wenig Raum einnehmen. Es sind dies, wenn überhaupt, selten mehr als ein paar Seiten.[1] Milton Friedman formuliert das Desinteresse an den eigenen methodischen Grundlagen so: "I decided I'd better do methodology, as it were, instead of make methodology." Die Reflexion der eigenen Methode erscheint ihm ein wenig sinnvolles Unterfangen.[2] Im Mittelpunkt ökonomischer Überlegungen stehen die *Inhalte* einer Theorie, ohne daß dabei die verwendete Methode, die zur Kenntnis dieser Inhalte führt, explizit reflektiert würde. Oder anders gesagt: Der Schwerpunkt der Analyse liegt auf der Frage nach dem *Was*, also der Beschreibung von Dingen und Beziehungen, und nicht auf der Frage, *wie* diese Beschreibung selbst zustande kommt und in welcher Beziehung sie zum beschriebenen Gegenstand steht. Dahinter verbirgt sich das Postulat der traditionellen Theoriebildung, die Inhalte von der Methode, mit der sie erforscht werden, *trennen* zu können.[3] Auf den folgenden Seiten soll dieses Postulat aus Sicht der japanischen Philosophie eingehend betrachtet und auf seine Stichhaltigkeit hin überprüft werden. Eine wichtige Rolle wird dabei die Ansicht Nishidas spielen, daß die Inhalte abhängig von dem theoretischen Rahmen sind, in dem sie gedacht werden. Theoretische Aussagen sind für Nishida stets nur *kontext-*

---

[1] So verzichtet beispielsweise das Lehrbuch von Cezanne gänzlich auf eine wissenschaftstheoretische Einführung (vgl. W. Cezanne, Allgemeine Volkswirtschaftslehre, München-Wien 2002). Bei Siebert nimmt eine solche zweieinhalb Seiten ein (vgl. H. Siebert, Einführung in die Volkswirtschaftslehre, Stuttgart et al. 2000); bei Samuelson sind es immerhin 8 Seiten (vgl. P. A. Samuelson, Volkswirtschaftslehre, Band 1, Köln 1973). Varian verzichtet bewußt auf einen Hinweis zu Umfang und Methode der Volkswirtschaftslehre. Dieses Thema könne, so Varian, zwar interessant sein, es sei aber "unangebracht das Studium der Ökonomie damit zu beginnen". H.R. Varian, Grundzüge der Mikroökonomik, München-Wien 2001, S. 1.

[2] M. Friedman in J.D. Hammond, An Interview with Milton Friedman on Methodology, Research in the History of Economic Thought and Methodology, Vol. 10 (1992), S. 107.

[3] Vgl. K.-H. Brodbeck, Die fragwürdigen Grundlagen der Ökonomie, Eine philosophische Kritik der modernen Wirtschaftswissenschaften, Darmstadt 2000, S. 5.

abhängig gültig, wobei die Art und Weise wie der Wissenschaftler denkt, eben gerade diesen Kontext darstellt. Methode und Inhalt sind deswegen nicht zu trennen. Vielmehr zeigt sich ein ganz anderes Verhältnis: Die Methode erscheint als *Voraussetzung* einer inhaltlichen Aussage; eine Voraussetzung, die allerdings vom Standpunkt des Wissenschaftlers stets *ungedacht* bleibt.

Es soll zunächst eine wichtige Bedingung herausgearbeitet werden, die erfüllt sein muß, um Inhalt und Methode trennen zu können. Dafür sei ein in der Ökonomie häufig verwendetes methodisches Instrument betrachtet: die *Abstraktion*. Ein abstraktes Modell betrachtet nur einen geringen Ausschnitt der Wirklichkeit. Es sieht von allen Umständen ab, die als 'unwesentlich' oder 'verwirrend' angesehen werden[4], und betrachtet lediglich wenige Elemente und deren Beziehung zueinander. Auf diese Weise kann die neoklassische Theorie der Nachfrage etwa von Güterqualitäten wie Form, Farbe oder Schönheit absehen und sich allein auf die Beziehung von Quantität und Preis eines Gutes konzentrieren. In einer solchen Abstraktion wird ein möglicher Schlüssel zur *exakten* Handhabung ökonomischer Prozesse gesehen. Denn sind erst einmal wenige Faktoren isoliert, so kann deren Beziehung als ein Verhältnis von Ursache und Wirkung *gesetzmäßig* bestimmt und berechnet werden. In der Ökonomie wird eine solche Vorgehensweise häufig als die einzige Möglichkeit gesehen, um überhaupt ein sicheres Wissen über ökonomische Prozesse zu erlangen:

> It "is necessary for man with his limited power to go step by step; breaking up a complex situation, studying one bit at a time and at last combining his partial solutions into a more or less complete solution of the whole riddle. In breaking it up, he segregates those disturbing causes, whose wanderings happen to be inconvenient, for the time in a pound called Ceteris Paribus. The study of some group of tendencies is isolated by the assumption other things being equal: the existence of other tendencies is not denied, but their disturbing effect is neglected for a time. The more the issue is thus narrowed, the more exactly it can be handled: but also the less closely does it correspond to real life. Each exact and firm handling of a narrow issue, however, helps towards treating broader issues, in which that narrow issue is contained, more exactly than would otherwise be possible. With each step more

---

[4] L. Walras beispielsweise schreibt in seiner Gleichgewichtstheorie, man müsse von den „kleinen, verwirrenden Nebenumständen vorläufig Abstand" nehmen. Vgl. ders., Mathematische Theorie der Preisbestimmung der wirthschaftlichen Güter, Vier Denkschriften (1881), Reprint Stuttgart 1972, S. 7.

2 Wissenschaftstheoretische Voraussetzungen

things can be let out of the pound; exact discussions can be made less abstract, realistic discussions can be made less inexact than was possible at an earlier stage."[5]

Wie das Zitat deutlich macht, geht der Wissenschaftler durch die Abstraktion einen Kompromiß ein: Je mehr sein Wunsch nach einer exakten Berechenbarkeit von Prozessen erfüllt wird, desto mehr entfernt er sich davon, reale Vorgänge abzubilden. Doch diese Schwierigkeit wird als überwindbar angesehen. Denn ein komplexes Bild der Wirklichkeit soll sich ergeben, indem man aus realen Vorgänge gedanklich verschiedene abstrakte Prozesse isoliert, diese je für sich erforscht und die Ergebnisse dieser Forschung dann schrittweise zu einem komplexen Bild zusammensetzt. Die Realität erscheint so als eine Aggregation einzelner abstrakter Gesetzmäßigkeiten. Sie wirkt wie aus *Bausteinen* zusammengesetzt und deshalb als prinzipiell ebenso beherrschbar und berechenbar wie abstrakte Prozesse. Dieser Vorstellung liegt allerdings eine wesentliche, wenngleich auch zumeist unreflektierte Annahme zugrunde: Dinge und ihre (funktionalen) Beziehungen zueinander, die innerhalb eines Modells erforscht und beschrieben werden, müssen auf *gleiche Weise* existieren, wenn sie in einen weiteren Zusammenhang gestellt werden. Es müssen *unveränderliche Substanzen* angenommen werden, die in unterschiedlichen Kontexten – von der abstrakten Theorie bis hin zur Realität – die *gleichen* bleiben. Die Gültigkeit einer solchen Annahme wird innerhalb der ökonomischen Theorie zumeist als selbstverständlich vorausgesetzt, wie etwa folgendes Zitat verdeutlicht:

„Die Wirtschaftstheorie hat als Aufgabe die Feststellung funktionaler Größenbeziehungen sowie die Erklärung realer Zusammenhänge und Geschehnisabläufe (Ursache-Wirkungsbeziehungen) und die Feststellung kausaler Regelmäßigkeiten und Gesetzmäßigkeiten. Größen, deren gegenseitige Einflüsse untersucht werden sind z.B. Umsätze, Erträge, Mengen, Preise, Kosten usw. Zwischen ihnen bestehen Abhängigkeiten, die ganz allgemein als Funktion bezeichnet werden können. (...) *Unbestreitbar existieren in der Realität* Produktions-, Kosten-, Umsatz-, Nachfrage, Spar-, Ertrags-, Produktionsfaktor-, Konsum-, Erlös-, Wachstums-, Gewinn- und andere Funktionen, das heißt, es existieren die entsprechenden funktionalen Zusammenhänge."[6]

Wenn die Elemente, Funktionen und Gesetze, die den Inhalt ökonomischer Theorien ausmachen, tatsächlich als unveränderliche Substanzen existier-

---

[5] A. Marshall, Principles of Economics (1920), Reprint London 1961, S. 366.
[6] D. Ohse, Mathematik für Wirtschaftswissenschaftler, Band 1: Analysis, München 1993, S. 233, eigene Hervorhebung.

ten, dann wäre es in der Tat gleichgültig, mit welcher Methode man diese erforschte. Unabhängig von der Betrachtungsweise des Wissenschaftlers würde sich immer das mit sich identische Ding zeigen. Es ist aber genau diese Vorstellung einer gleichbleibenden Entität in unterschiedlichen Kontexten, die sich bei genauerem Hinsehen als Täuschung entpuppt. Sie beruht auf dem grundlegenden Mißverständnis, der Gegenstand einer Theorie könne dem Denken *in* dieser Theorie *vorausgehen* bzw. sei von dieser *unabhängig*. Dies ist zumindest der Einwand, den Nishida wohl gegen die ökonomische Vorgehensweise erhöbe.

Betrachten wir Nishidas Argumentation genauer. Nishida verfolgt nicht das Ziel, exakt zu bestimmen, *was* ein Gegenstand ist, um ihn dadurch handhabbar und beherrschbar zu machen. Vielmehr stellt er eine ganz andere Frage: *Wie* ist ein Wissen um die Existenz eines Gegenstandes oder der Beziehung von Gegenständen überhaupt möglich und wie steht dieses Wissen in Beziehung zu seinem Gegenstand? Und er beantwortet diese Frage sogleich: Ein Ding existiert immer nur in einem ganz bestimmten Kontext. Es ist eine *kontextabhängige* Existenz, nicht aber eine eigenständige, unabhängige Substanz, die fraglos gegeben ist:

> „Um jedoch sagen zu können, daß Gegenstand und Gegenstand sich aufeinander beziehen, ein System bilden und sich selbst erhalten, ist *etwas anzunehmen*, das dieses System selbst erhält, in sich zustande kommen läßt und in dem sich dieses System befindet. *Seiendes muß sich in etwas ... befinden.*"[7]

Damit stellt sich aber sogleich eine weitere Frage: *Was* ist es, in dem die Dinge und ihre Beziehung zueinander bestimmt werden? Ganz allgemein nennt Nishida dies einen *basho*[8]; ein japanischer Begriff, der sich wörtlich mit 'Platz', 'Ort', oder 'Stelle' übersetzen läßt. Ein solcher *Ort-worin*, wie ich den Terminus *basho* übersetzen werde[9], kann sehr unterschiedliche Eigenschaften aufweisen. Er bezeichnet keine feste, unveränderliche Sub-

---

[7] K. Nishida, Logik des Ortes, übers. u. hrsg. v. R. Elberfeld, Darmstadt 1999, S. 72, eigene Hervorhebung.
[8] Vgl. etwa K. Nishida, Logik des Ortes, aaO., S. 72ff.
[9] Genaugenommen ist der Begriff „Ort-worin" die Übersetzung des japanischen *oite aru basho*. Während *basho* oft nur als eine räumliche Metapher dient, bezeichnet der Ausdruck *oite aru basho* einen kokreten Kontext, in dem Elemente und ihre Beziehung zueinander gedacht werden. Er ist somit nicht allein als eine Metapher zu verstehen. Diese Unterscheidung wird allerdings in der Literatur zur Ortlogik nicht strikt eingehalten. Aus diesem Grund werden in der vorliegenden Arbeit die Begriffe *basho* und Ort-worin als austauschbar gebraucht. Vgl. für die beiden Begriffe K. Nishida, Logik des Ortes, aaO., S. 298-99 (Anmerkungen des Übersetzers).

stanz, sondern ist eher als ein fließendes Konzept zu betrachten, mit dem ganz unterschiedliche Zusammenhänge beschrieben werden. Wichtig ist hier zunächst, daß Nishida die Methode, also die Art und Weise wie ein (wissenschaftliches) Urteil zustande kommt, als Beispiel für einen solchen *Ort-worin* nennt.[10] Denn für ihn sind die Inhalte einer Theorie nicht einfach 'da' oder 'gegeben'. Sie existieren vielmehr nur, wenn sie in einem bestimmten Kontext – einer *Domain of Discourse* – gedacht werden. Dem Inhalt einer Theorie geht notwendig eine ganz bestimmte Weise des Denken voraus. Diese Weise bestimmt als Ort-worin sowohl die Eigenschaften der Elemente als auch die Art ihrer Beziehung zueinander. Nishida sieht deswegen den Inhalt einer Theorie als unmittelbar abhängig davon, *wie* er vom Wissenschaftler gedacht wird. Der Methode, oder genauer dem Kontext, in dem sie formuliert wird, kommt eine logische Priorität vor dem Inhalt zu. Sie ist der Ort-worin, in dem die Existenz eines Dinges als dieses oder jenes bestimmt wird.

Um diesen Gedankengang nachzuvollziehen, seien einige Beispiele diskutiert, die sich in der Literatur zu Nishidas Philosophie finden, um daraus Schlußfolgerungen für die ökonomische Theorie zu ziehen. Man kann beispielsweise fragen, was in einem allgemeinen Urteil wie 'Rot ist eine Farbe' primär gegeben ist.[11] Was ist es, das diesem Satz logisch vorausgeht? Es wird oft angenommen, daß das Subjekt des Satzes (hier das Rot) unmittelbar gegeben ist und dessen Existenz jeglichem Urteil vorausgeht. Man denkt sodann, man könne ausgehend von den einzelnen Farben die allgemeine Eigenschaft der Farbe abstrahieren. Der allgemeine Begriff der Farbe wäre dann das, was als Wesen vielen farbigen Gegenständen gemeinsam ist. Nishida aber entlarvt diese Sichtweise als Täuschung:

"The point he (Nishida, SG) wants to make is that one does not first come into contact with specific colors and then abstract from these to form the abstract notion of color in general. In order to see a specific color, e.g., red, as a color, it is already necessary to have the notion of color in general."[12]

---

[10] Vgl. K. Nishida, Logik des Ortes, aaO., S. 87ff. Vgl. auch den Kommentar von R.J. Wargo, The Logic of Basho and the Concept of Nothingness in the Philosophy of Nishida Kitarō, Michigan 1972, S. 188ff. Wargo verwendet den Begriff der Methode nicht, sondern spricht allgemeiner von einer *Domain of Discourse*.
[11] Das Beispiel der Farben findet sich etwa in K. Nishida, Logik des Ortes, aaO., S. 87ff.
[12] R.J. Wargo, The Logic of Basho, aaO., S. 193.

Die allgemeine Vorstellung des Begriffes 'Farbe' muß *zuerst* vorhanden sein, bevor eine spezifische Farbe ('Rot') überhaupt *als* Farbe erkannt wird. Rot *ist* eine Farbe, weil der allgemeine Begriff der Farben, die spezifischen Farben wie Rot, Grün etc. in sich enthält. Der allgemeine Begriff der Farbe ist also ursprünglicher, und die einzelnen Farben sind lediglich unterschiedliche Bestimmungen dieses Begriffes. „Farbe ist nicht einfach nur ein Ergebnis der begrifflichen Abstraktion ..., sondern sie ist ein System von Unterscheidungen, in dem 'Rot' ein besonderer Fall ist."[13] Besonders deutlich wird dies, wenn man scheinbar *unsinnige* Fragen stellt. Denn was sollte es bedeuten, wenn man sagte: 'Rot ist keine Farbe'? Diese Aussage macht keinen Sinn, weil es dem Rot sozusagen unmöglich ist, sich außerhalb des Begriffes der Farbe zu bewegen; es kann ihm keine von diesem allgemeinen Begriff unabhängige Existenz zugesprochen werden. Es gilt aber nicht nur, daß der allgemeine Begriff einige Elemente in sich umschließt, sondern er bestimmt auch darüber, welche Elemente oder Eigenschaften *nicht* betrachtet werden. So schließt der allgemeine Begriff des Weines etwa Begriffe wie 'rot' oder 'weiß' ein, aber einen Begriff wie 'konvex' aus:

> "So, if I say 'this wine is convex' you will not tell me that there is something about the string of terms that offends you, but that your intuition of wines of all sorts make it impossible for such a uniting of terms to be a genuine judgment. The standard is one's initial intuition, in this case, of this wine, but in general of any and all wine."[14]

An diesem Zitat wird deutlich, daß allgemeinen Begriffen wie 'Wein' oder 'Farbe' etwas vorausgeht. Sie werden *in* etwas gedacht. Es ist dies die *Initial Intuition*, die als Ort-worin jedem Urteil bzw. jeder wissenschaftlichen Aussage vorausgeht und dieser eine bestimmte Gestalt oder Richtung gibt.

> "Basho is the given-in-intuition prior to the analysis and expression of objectification."[15]

Diese Intuition kann in der Erfahrung des alltäglichen Umgangs mit Gegenständen, die gewöhnlich als 'Wein' oder 'Farbe' bezeichnet werden, begründet sein. Sie kann sich aber auch auf die Erfahrung des Denkens in einer bestimmten Theorie beziehen, in der Begriffe stets auf eine be-

---

[13] R.E. Carter, The Nothingness beyond God, An Introduction to the Philosophy of Nishida Kitarō, St. Paul (Minn.) 1997, S. 28.
[14] R.E. Carter, The Nothingness beyond God, aaO., S. 27.
[15] R.E. Carter, The Nothingness beyond God, aaO., S. 32.

stimmte Weise verwendet werden.[16] Auf jeden Fall ist die Intuition eine ursprüngliche *Erfahrung*, die nicht nur die Elemente und deren Eigenschaften bestimmt, sondern auch die Beziehung dieser Elemente zueinander. Sie bestimmt also auch darüber, ob diese Beziehungen als 'gewöhnlich', 'regelmäßig' oder 'gesetzmäßig' angesehen werden. Auf den ersten Blick wirkt diese Aussage ungewöhnlich. Sind Gesetzmäßigkeiten nicht etwas, das der *Natur der Dinge* inhärent ist? Betrachten wir erneut das Beispiel der Farben. Es erweist sich hier als logisch unmöglich, die Beziehung der Farben zueinander aus ihrer 'Natur' abzuleiten. Vielmehr muß dem Verständnis dieser Beziehung die Vorstellung des gesamten Farbsystems im Sinne einer *Initial Intuition* vorausgehen. Man muß diese Vorstellung (unbewußt) voraussetzen, um überhaupt Relationen erkennen zu können:

> "The relationship between 'red' and 'color' is not one of degrees of abstraction, nor is one of two independently existing things or entities which we must somehow struggle to unite. Rather, they are united from the beginning, for 'red' and 'color' are both parts of, or grounded in the color-system itself. Thus, the real subject of the sentence 'red is a color' is not 'red', nor even the grammatical predicate 'color' but the system of colors itself. To have a concept of 'red' is already to have a concept of 'color', and to have a concept of color is already to have something of a system of colors. (...) Subject ('red') and predicate ('color') are not inexplicably brought together in a judgment, then, but are specific features of, and are carved out of, one and the same (whole) thing – the system of colors. They are intrinsically and inextricably related from the start. (...) The color system includes precise specifications of the individual colors that make it up, and an account of the relations among the colors."[17]

Wenn man also fragt, wie Gesetzmäßigkeiten oder funktionale Zusammenhänge zwischen Dingen existieren, dann ist es Nishida zufolge problematisch, diese Frage einfach mit dem Hinweis auf deren 'Natur' oder deren 'Wesen' zu beantworten. Vielmehr sind solche Gesetzmäßigkeiten und Zusammenhänge ebenso wie die Eigenschaften der Elemente abhängig davon, in welcher *Domain of Discourse* über sie gesprochen wird. Um diese Aussage auf die Ökonomie zu übertragen, sei kurz der funktionale Zusammenhang von Preis und Quantität eines Gutes betrachtet. Es liegt nicht einfach in der 'Natur' eines Dinges, Preis und Quantität als einzige Eigenschaften

---

[16] Nishida unterscheidet in diesem Zusammenhang zwischen einer *Concrete Intuition* und einer *Intellectual Intuition*. Beiden kommt die Eigenschaft zu, eine Kontext anzugeben, in dem diese Begriffe ursprünglich erfahren bzw. erlernt oder begriffen werden. Beide werden als *Initial Intuition* bezeichnet.
[17] R.E. Carter, The Nothingness beyond God, aaO., S. 28-29.

aufzuweisen. Vielmehr geht der Begriff der Nachfrage bzw. die Vorstellung einer Nachfragekurve der Bestimmung dieser Eigenschaften (und damit einem Ding als Gut) voraus: Der Begriff der Nachfrage schränkt die Wahrnehmung soweit ein, bis Preis und Quantität als einzige Eigenschaften eines Gutes erscheinen und alle anderen möglichen Einflußfaktoren ausgeblendet werden.[18] Er geht diesen Eigenschaften notwendig voraus. Damit aber eine funktionale (oder gesetzmäßige) Beziehung zwischen diesen Eigenschaften postuliert werden kann, muß der Begriff der Nachfrage noch etwas voraussetzen, das innerhalb dieser Theorie gar nicht in Erscheinung tritt. Es ist dies die *Initial Intuition* des Wissenschaftlers, die einen negativen Zusammenhang von Preis und Quantität, also einen fallenden Verlauf der Nachfragekurve einfach *voraussetzt*. Der fallende Verlauf der Nachfragekurve läßt sich nicht aus einzelnen Preisen und Quantitäten ableiten. Vielmehr verhält es sich genau umgekehrt: Ebenso wie man das gesamte Farbsystem implizit voraussetzt, wenn man 'rot' sagt, so geht der negative Verlauf der Nachfragekurve stets schon dem funktionalen Zusammenhang von Preisen und Quantitäten voraus. Allgemein gesprochen bedeutet dies, daß die Gestalt (Form) einer Funktion implizit gegeben sein muß, bevor die Funktion selbst und deren Variablen bestimmt werden. Oder noch allgemeiner gesagt: Als was ein Ding erscheint, ist abhängig von der Art und Weise, wie der Wissenschaftler über es spricht.

> "'To be assumed as an entity is, purely and simply, to be reckoned as a variable.' (...) [One can] speak of the similarity of the acceptance of an ontology with the acceptance of a scientific theory ...Our acceptance of an ontology is 'determined once we have fixed upon the overall conceptual scheme which is to accommodate science in the broadest sense'."[19]

Die *Initial Intuition* eines fallenden Verlaufes der Nachfragekurve wird in der Ökonomie sehr unterschiedlich begründet. So wird etwa versucht, das Gesetz der Nachfrage aus einer weiteren ökonomischen Gesetzmäßigkeit – der der Nutzenmaximierung – abzuleiten.[20] Samuelson etwa gibt allerdings zu, daß die Begründungen in der Ökonomie nahezu *beliebig* sind:

---

[18] Vgl. H.W. Spiegel, The Growth of Economic Thought, Durham (North Carolina) 1983, S. 566.
[19] R.J. Wargo, The Logic of Basho, aaO., S. 233. Wargo zitiert hier W. Quine.
[20] Vgl. A. Marshall, Principles of Economics, aaO., S. 92ff.

"Take a little bad psychology, add a dash of bad philosophy and ethics, and liberal quantities of bad logic, and *any* economist can prove that the demand curve for a commodity is negatively declining."[21]

Ihm bleibt deshalb nichts anderes übrig, als an den 'gesunden Menschenverstand' zu appellieren, dem das Gesetz der Nachfrage unmittelbar einsichtig sei. „Dieses Gesetz entspricht dem 'gesunden Menschenverstand' und ist eigentlich seit Anbeginn der geschichtlichen Überlieferung bekannt – wenn auch nicht in dieser präzisen Form."[22] In anderen Lehrbüchern wird der fallende Verlauf der Nachfragekurve oft lediglich als „gewöhnlich"[23] bezeichnet. „Im Normalfall besteht zwischen Preis und nachgefragter Menge eines Gutes eine negative Beziehung."[24] Auf diese Weise entzieht sich die *Initial Intuition* des Wissenschaftlers der exakten Begründung. Sie stellt eine stillschweigende Übereinkunft dar, die selbst im Dunkeln bleibt.

An den Beispielen der Farben, des Weins und der Nachfrage sollte deutlich werden, daß die *Domain of Discourse* bestimmt, als was die Dinge und ihre Beziehungen untereinander erscheinen. Sie sind in diesem Sinne *kontextabhängige* Existenzen. Wargo formuliert diese Einsicht so:

"One could then say that one's ontological commitment depends solely on the domain of discourse one is willing to use."[25]

Dies heißt aber nichts anderes, als daß die Sichtweise des Wissenschaftlers dem Inhalt (also den Elementen und deren Beziehung untereinander) vorausgeht und bestimmt. Oder anders gesagt: Der Inhalt ist von der Methode *abhängig*. Hieraus ergibt sich unmittelbar, daß alle Aussagen über die 'Natur' der Dinge allein im spezifischen Kontext einer Methode gültig sind. Sie können keine Phänomene in einem anderen Kontext erklären.

"He (Nishida, SG) will repeatedly say that to claim that something exists is just to say it is located in a basho and that the meaning of existence changes as the basho changes."[26]

---

[21] P.A. Samuelson, Foundations of Economic Analysis, Cambridge 1983, S. 4. Vgl. auch L. Mainwaring, Marginalism and the Margin, in: J. Creedy (Hrsg.), Foundations of Economic Thought, Oxford et al. 1990, S. 94.
[22] P. A. Samuelson, Volkswirtschaftslehre, Band 1, aaO., S. 89.
[23] H.R. Varian, Grundzüge der Mikroökonomik, aaO., S. 101.
[24] W. Cezanne, Allgemeine Volkswirtschaftslehre, aaO., S. 90.
[25] R.J. Wargo, The Logic of Basho, aaO., S. 185.
[26] R.J. Wargo, The Logic of Basho, aaO., S. 184.

Diese Aussage läßt sich mit Hilfe eines Beispiels auf die Ökonomie übertragen[27]: In der Ökonomie wird häufig davon ausgegangen, daß ökonomische 'Daten' wie beispielsweise Preise etwas (objektiv) Gegebenes bezeichnen. Sie sollen tatsächlich gegebene Eigenschaften von Gütern darstellen. Deshalb wird selten die Frage gestellt, für *wen* diese Daten eigentlich verfügbar sind. Bei genauerem Hinsehen zeigt sich, daß Preise nicht einfach gegeben sind. Sie erscheinen vielmehr auf sehr unterschiedliche Weise in Abhängigkeit davon, in welchem Kontext sie bestimmt werden. Die neoklassische Preistheorie etwa sagt nichts darüber aus, wie ein Händler oder ein Verbraucher den Preis von Erdnüssen oder Aluminium sieht, sondern lediglich darüber, als was ein Wissenschaftler oder einer Gruppe von Wissenschaftlern ihn betrachtet. Sie vermag nicht *den* Preis im Sinne einer gegebenen, unwandelbaren Eigenschaften der Dinge zu erforschen, sondern diesen stets nur kontextabhängig als diesen oder jenen zu bestimmen. Ihre eigene Methode stellt dabei den Kontext im Sinne eines *Ort-worin* dar, in dem die Dinge als 'Daten' erscheinen.

Wenn Dinge aber nur kontextabhängig als diese oder jene erscheinen, dann können Erkenntnisse über diese Dinge nicht ohne weiteres von einem Kontext auf den anderen übertragen werden. Dies gilt insbesondere, wenn ein weiterer oder umfassenderer Kontext gewählt wird. Wenn man etwa neben dem Einfluß des Preises auf die nachgefragte Menge von Regenschirmen auch noch den Einfluß des Wetters betrachtet, so zeigt sich, daß sich die Beziehung von Preis und Quantität in diesem neuen Kontext der Betrachtung *selbst* verändert. So kann schönes Wetter dazu führen, daß die Nachfrage nach Regenschirmen sinkt, obwohl die Preise gleichfalls sinken. Der weitere Kontext führt dazu, daß die 'Gesetzmäßigkeit' des fallenden Nachfrageverlaufs *zerstört* wird. Deshalb kann sich der Weg, Gesetzmäßigkeiten in abstrakten Zusammenhängen zu erforschen und dann zur Erklärung eines umfassenderen Kontexts, oder gar der 'Realität' zu nutzen, als *ungangbar* erweisen. Dies heißt nicht, daß Theorien und Modelle pauschal als wertlos zu betrachten sind. Sie sind lediglich unbrauchbar, wenn man ihre Aussagen auf andere Kontexte überträgt, ohne sich dabei ihrer Kontextabhängigkeit bewußt zu sein:

---

[27] Vgl. K. Leube, Einige Bemerkungen zu den „Untersuchungen über die Theorie des Preises" aus der Sicht der Österreichischen Schule der Nationalökonomie, in: ders. (Hrsg.), Die Österreichische Schule der Nationalökonomie, Band 2, Wien 1995, S. 332f..

"If any of these shallower levels are taken to be complete representations of the ultimate structure in and of themselves, the explanations will prove to be utterly inadequate."[28]

Wie aber soll dann ein Wissen von komplexeren Zusammenhängen möglich sein? Ein Schlüssel, den Nishida hierfür anbietet, liegt in seinem Konzept des *basho*. Betrachten wir den *basho* im Sinne der *Initial Intuition* des Wissenschaftlers nochmals genauer. Entscheidend ist hier, daß der Ort-worin keinerlei Eigenschaften aufweist, die von den Elementen, die er in sich birgt, ausgesagt werden. Oder anders formuliert: Ein Aussage, die in einem Modell getroffen wird, kann nicht auf das Modell selbst angewandt werden. Carter macht am Beispiel der Farben und der Zahlen deutlich, was hier gemeint ist:

"Of course, the system, like 'color' itself, has no color. ... The class or system-concept (color, number) does not have any specific properties of the instances of the system. Thus 'number' is no specific number, and yet it makes possible *all* numbers insofar as it refers to the number-system."[29]

Die *Initial Intuition* kann nicht zum Gegenstand des wissenschaftlichen Urteils werden, dem sie zugrunde liegt. Sie ist „ein höher dimensionaler Standpunkt, der von einem einzelnen Standpunkt aus nicht erreicht werden kann; sie ist vielmehr die Grundlage für das Entstehen eines bestimmten Standpunktes".[30] Die *Initial Intuition* ist die *ungedachte* Voraussetzung für alle theoretischen Aussagen; sie ist deren Grund, nicht aber deren Gegenstand. Sie ist der *Ort-worin*, der aus Sicht der Elemente, die er determiniert, *unsichtbar* ist. In diesem Sinne ist sie, wie es Nishida formuliert, ein *Ort des Nichts*. Dieses Nichts „bedeutet nicht, daß nichts vorhanden wäre ... Es ist [vielmehr] die Bestimmung ohne Bestimmendes."[31]

"*Basho*, then, is that which is neither predicated of, nor present in, a subject, nor even the grammatical subject, but that which grounds both, and out of which both arise as specifications or determinations."[32]

Hinter dieser Aussage verbirgt sich die Einsicht, daß eine Theorie ihre eigenen Voraussetzungen nicht zu ihrem Inhalt machen kann. Dies heißt aber nicht, daß diese Voraussetzungen niemals reflektiert werden könnten.

---

[28] R.J. Wargo, The Logic of Basho, aaO., S. 263.
[29] R.E. Carter, The Nothingness beyond God, aaO., S. 28.
[30] K. Nishida, Logik des Ortes, aaO., S. 32.
[31] K. Nishida, Logik des Ortes, aaO., S. 50.
[32] R.E. Carter, The Nothingness beyond God, aaO., S. 31.

Doch hierfür ist ein umfassenderes oder reicheres Wissen notwendig, als *innerhalb* der engen Schranken der Theorie selbst zum Ausdruck kommt. Man muß in eine neue *Domain of Discourse* wechseln, die zum Ort-worin der zuvor ungedachten Voraussetzungen wird. In diesem neuen Ort-worin verlieren die bisherigen Voraussetzungen ihre Eigenschaft, Elemente und ihre Relationen zu determinieren. Sie werden vielmehr selbst zu bestimmten oder bestimmbaren Objekten mit definierten Eigenschaften. Durch den Wechsel der *Domain of Discourse*, des Ort-worin des Denkens, ändert sich die Perspektive. Das, was zuvor immer nur im Hintergrund als ungedachte Voraussetzung das Wissen determinierte, wird im neuen Ort-worin selbst zum expliziten Gegenstand der Betrachtung. Wesentlich dabei ist, daß hierdurch der Schritt von einem abstrakten zu einem konkreteren Wissen vollzogen wird.[33] Letzteres Wissen, so Nishida, ist immer schon vorhanden. Es wirkt aber stets nur als ungedachte Voraussetzung, solange eine Wissenschaft ihre eigene Grundlage, ihren eigenen Ort-worin nicht *explizit* reflektiert. Wenn man sich aber dieser Grundlage bewußt wird, offenbart sich ein tieferes oder konkreteres Wissen, das in sich alle abstrakteren Beziehungen und Elemente umfaßt. In diesem Wissen liegt damit der Schlüssel zur Erkenntnis von komplexen Zusammenhängen.

Aus dem Gesagten lassen sich zwei wichtige Bedeutungen einer expliziten Reflexion der Methode ableiten. Zum einen stellt die Methode den Grund oder die Quelle aller wissenschaftlichen Aussagen dar. Sie ist deren ungedachten Voraussetzung. Deshalb sind wissenschaftliche Aussagen strenggenommen nur im Kontext der Methode gültig; werden sie in einen anderen Kontext gestellt, kann nichts über ihre Richtigkeit ausgesagt werden. Solange diese Einschränkung *bewußt* ist, kann durch den Gebrauch wissenschaftlicher Methoden tatsächlich etwas gewonnen werden. Aber ein Schaden entsteht, wenn die Methode unbewußt universell angewendet und dadurch auf Zusammenhänge übertragen wird, denen eine andere *Initial Intuition*, ein anderer Ort-worin des Denkens zugrunde liegt. Allein eine explizite Reflexion der Methode garantiert, daß dieser Schaden nicht entsteht. Mit ihrer Hilfe ist es möglich, stets zwei Perspektiven gleichzeitig einzunehmen, wobei die eine sich auf die Betrachtung der Elemente (oder Dinge) und ihre Beziehung und die andere auf den Ort-worin selbst konzentriert.

---

[33] Der Begriff 'konkret' wird hier im Sinne von 'inhaltsreicher' oder 'umfangreicher' verwendet.

Zum anderen birgt die Reflexion der Methode den Schlüssel zu einer umfassenderen Erkenntnis, die nicht dadurch erreicht werden kann, daß man die abstrakten Gesetzmäßigkeiten, die innerhalb dieser Methode erforscht werden, wie Bausteine zusammensetzt. Die Reflexion der Methode muß deren Denkrahmen *verlassen*. Es ist ein *Conceptual Leap* zu einem anderen Ort-worin der Erkenntnis erforderlich, der so weit ist, daß er die zuvor ungedachten Voraussetzungen umfaßt. Die Reflexion der eigenen Methode ermöglicht so, zu einem tieferen Wissen vorzudringen, das der ursprüngliche Standpunkt zwar stets schon implizit voraussetzt, selbst aber nicht sichtbar macht. Sie vermittelt so eine Einsicht in komplexe Zusammenhänge, die durch ein bloßes Zusammensetzen abstrakter Konzepte nicht erlangt werden kann.

> "There is basically one pattern of argumentation which, when successively applied, forces a move upward from a simpler set of categories to a richer and more complex one. The point of this pattern of argumentation is not just that a more complex categoreal structure develops, but, further, that the richer categories are not reducible to the simpler ones. This pattern of argumentation, Nishida thinks, shows the essential dependency of the simpler categories on the more complex, i.e., the former can be abstracted from the latter, but the latter cannot be constructed from the former."[34]

Das Wissen läßt sich vertiefen, indem man die eigenen Voraussetzungen des Denkens immer wieder neu hinterfragt: „Man bewegt sich von dem Fall, wie er verbal beurteilt wird, zu dem was das Urteil *notwendig impliziert* – in immer *umfassenderen* Schichten."[35] Für Nishida gilt also nicht nur, daß Inhalt und Methode nicht voneinander getrennt werden können und allein deswegen dem Standpunkt des Wissenschaftlers Aufmerksamkeit zu schenken ist. Vielmehr stellt die Reflexion der Methode für Nishida den wichtigsten Schlüssel zu einem umfassenden Wirklichkeitsverständnis dar. Es ist dieser Schlüssel, der im nächsten Kapitel das Tor zu einem Verständnis des ökonomisch Handelnden öffnen soll.

---

[34] R.J. Wargo, The Logic of Basho, aaO., S. 238.
[35] R.E. Carter, The Nothingness beyond God, aaO., S. 29, Hervorhebung im Original.

3 Das implizite Menschenbild der Ökonomie

Die reine Wissenschaft, so eine Grundüberzeugung objektiver ökonomischer Theorien, beschäftigt sich lediglich mit den „blinden und unentrinnbaren Kräften der Natur" die *unabhängig* von jeglichem menschlichen Willen wirken.[1] Insbesondere die neoklassische Theorie nimmt an, menschliches Handeln als Erklärungsgegenstand entweder gänzlich ignorieren, oder aber als *Verhalten* kausal-mechanisch berechnen zu können. Die „Purifizierung der Theorie verzichtet ... bisweilen sogar auf Akteure, um bloße Ding-Ding-Beziehungen zu analysieren".[2] Die ökonomische Theorie meint, kein spezifisches Verständnis menschlichen Handelns mehr zu benötigen, weil der Mensch im Verlauf der letzten Jahrhunderte systematisch aus dem Wirtschaftsgeschehen ausgeschlossen worden sei. Es sei nur noch die „anonyme Herrschaft eines störungslosen, systemischen Kreislaufs von funktionalen Sachbeziehungen" zu beschreiben. Deshalb sind in der Regel nur noch „Dinge und Verhältnisse zwischen Dingen der Gegenstand der modernen Ökonomik".[3] Der Grad der Abstraktion ist soweit fortgeschritten, daß der Mensch und sein Handeln überhaupt nicht mehr als Erklärungs*gegenstand* in Erscheinung tritt.

Wie auf den folgenden Seiten deutlich werden soll, ist die neoklassische Theorie dennoch ein geeigneter *Ausgangspunkt*, um ein umfassendes Verständnis des ökonomisch Handelnden zu entwickeln. Hierfür wird eine wichtige methodische Vorgehensweise fruchtbar gemacht, die Nishida in seiner *Logik des Ortes* formuliert hat.[4] Im letzten Kapitel wurde schon deutlich, daß Nishida in den ungedachten Voraussetzungen einer Theorie den Schlüssel zu einem tieferen Wissen entdeckt. In der Logik des Ortes baut Nishida diese Einsicht methodisch aus, um die Beziehung von objek-

---

[1] L. Walras zitiert in P. Mirowski, More Heat than Light, Economics as Social Physics, Physics as Nature's Economics, Cambridge 1989, S. 220.
[2] B. Biervert, Menschenbilder in der ökonomischen Theoriebildung, Historisch-genetische Züge, in: B. Biervert, M. Held (Hrsg.), Die Natur des Menschen – Zum Menschenbild der ökonomischen Theorie, Frankfurt-Main 1991, S. 49.
[3] J. Wieland, Ökonomische Organisation, Allokation und Status, Tübingen 1993, S. 2.
[4] Japanisch: *basho no ronri*. Vgl. vor allem den Aufsatz *Basho* (Ort), den Nishida 1926 schrieb (Ders., Nishida Kitarō Zenshū, Band 4, S. 208-289). Eine Übersetzung findet sich in K. Nishida, Logik des Ortes, aaO., S. 73-139.

tiver und subjektiver Erkenntnis neu zu bestimmen. Dabei zeigt er, daß jede objektive Theorie *notwendig* Aussagen über das subjektive Bewußtsein voraussetzt, ohne diese Voraussetzungen selbst zu thematisieren. Jede objektive Theorie beruht *implizit* auf Aussagen über das subjektive Bewußtsein, ohne diese selbst zu ihrem Erklärungsgegenstand zu machen. Oder anders gesagt: Aussagen über das subjektive Bewußtsein erweisen sich als der logische *Ort-worin*, in dem jede objektive Theorie gründet, auch wenn sie diesen Ort-worin nicht als ihren eigenen erkennt. In Anlehnung an diesen Gedanken Nishidas soll in diesem Kapitel gezeigt werden, daß die neoklassische Theorie ein Bewußtseinsfeld voraussetzt, das stets im Grunde verborgen bleibt und deswegen nicht selbst bewußt wird. Sie baut also implizit auf einem Wissen über das subjektive Bewußtsein auf, das allein durch eine Hinwendung zu den subjektiven Theorien *explizit* gemacht und durch die Reflexion der ungedachten Voraussetzungen dieser Theorien *vertieft* werden kann. Doch für eine Erklärung des ökonomisch Handelnden, die sich an Nishidas Logik des Ortes orientiert, ist damit der Endpunkt noch nicht erreicht. Denn für Nishida stellt das subjektive Bewußtsein zwar den Ort-worin aller objektiver Erkenntnis dar, diesem Bewußtsein liegt aber selbst noch ein tieferer oder umfassenderer Ort-worin zugrunde, der aus subjektiver Sicht selbst nicht bewußt werden kann. Es ist dies ein *basho*, der sowohl alle subjektiven als auch alle objektiven Betrachtungsweisen in sich umfaßt und zueinander vermittelt. Er „ist ein Subjekt und Objekt Umgreifendes und vereinigendes Etwas, das von vornherein das sogenannte erkenntnistheoretische Problem der Subjekt-Objekt-Vermittlung unterläuft".[5] Mit Hilfe dieses Ortgedankens soll ein Verständnis des ökonomisch Handelnden entwickelt werden, das alle subjektiven und objektiven Erklärungsansätze ökonomischer Theorien überschreitet und zugleich deren ungedachten Voraussetzungen sichtbar macht.

3.1 Der Handelnde in den objektiven ökonomischen Theorien

Es sei zunächst der Ausgangspunkt für die Überlegungen dieses Abschnittes aufgezeigt. Nishida zufolge existiert ein Wissen, das sich allein abstrakt mit der Beziehung von Dingen befaßt.[6] In der Ökonomie entspricht dies dem Wissen über Ding-Ding-Relationen, wie es etwa in der Theorie der Nachfrage formuliert wird. Dieses Wissen, so Nishida weiter, ist allerdings äußerst beschränkt. Es kann nur abstrakte oder allgemeine Zusammenhän-

---

[5] R. Elberfeld, Das Verstehen der Kulturen, aaO., S. 112.
[6] Nishida spricht hier von einem Wissen des „abstrakten Allgemeinen". Vgl. P. Mafli, Nishida Kitarōs Denkweg, München 1996, S. 150f.

ge, nicht aber das Individuelle oder Spezielle erfassen. Zudem vermag es nicht zu erklären, warum Beziehungen bestimmte Formen annehmen. Anhand der Theorie der Nachfrage wird unmittelbar deutlich, was hier gemeint ist. Denn in dieser Theorie wird lediglich ein allgemeiner Zusammenhang von Preis und Quantität der Güter formuliert, der als inverse Beziehung bzw. als fallend verlaufende Kurve vorgestellt wird. Sie vermag aber weder zu erklären, warum dieser Verlauf vorausgesetzt wird, noch wie die einzelnen, bestimmten Preis-Mengen-Relation zu ermitteln sind. Hierfür ist ein umfassenderes Wissen erforderlich. Und dieses Wissen, so Nishida ist das des *besonderen* Falls, das stets als implizite Voraussetzung des allgemeinen Urteils dient.[7] Hinsichtlich der Theorie der Nachfrage kann im Konzept der Optimierung, das in der Theorie der Nutzenmaximierung Anwendung findet, ein solches Wissen entdeckt werden. Denn dieses Konzept stellt zum einen eine Möglichkeit dar, den fallenden Verlauf der Nachfragekurve zu begründen. Zum anderen kann mit seiner Hilfe eine spezifische Preis-Mengen-Relation als tatsächlich nachgefragte Menge bestimmt werden. Die Theorie der Nutzenmaximierung ermöglicht so ein umfassenderes Wissen, das zugleich einen Ort-worin des allgemein formulierten Gesetzes der Nachfrage darstellt. Sie soll deshalb als Ausgangspunkt für folgende Argumentation dienen: Als erstes wird nach den ungedachten Voraussetzungen des Denkens gefragt, die dieser Theorie zugrundeliegen. Um diese sichtbar zu machen, muß ein Umweg des Denkens über die *Physik* gegangen werden, da die Wirtschaftswissenschaften das Konzept der Optimierung aus dieser Naturwissenschaft übernommen haben, ohne dessen Denkvoraussetzungen explizit zu reflektieren. Es soll sich hierbei zeigen, daß dem Konzept der Optimierung in der Ökonomie *notwendig* Annahmen über das Bewußtsein als ein statisches, unbewegtes Feld vorausgehen. Annahmen, die solange implizit bleiben bzw. als ungedachte Grundlage einer *Berechenbarkeit* von Handlungen dienen können, solange eine Änderung in der Zeit nicht betrachtet wird. Wird aber diese berücksichtigt, so muß das Wissen sich dahingehend vertiefen, daß eine Änderung des Bewußtseinsfeldes gedacht werden kann.[8] Wie sich zeigen soll, macht dies eine Hinwendung zu den subjektiven Theorien ökonomischen Handelns logisch unabdingbar.

---

[7] Vgl. R.E. Carter, The Nothingness Beyond God, aaO., S. 33ff.
[8] Vgl. R.E. Carter, The Nothingness Beyond God, aaO., S. 35f.

3.1.1 Das Bewußtseinsfeld als ungedachter Ort-worin objektiver Theorien

Es ist weitgehend unbestritten, daß das Konzept der Optimierung den *Kern* neoklassischer Theoriebildung darstellt. Es findet nicht nur in der Theorie der Nutzenmaximierung, sondern auch in der der Gewinnmaximierung Anwendung. Dennoch verbleiben die Voraussetzungen dieses Konzeptes oft ein Ort des Nichts, in dem innerhalb der Neoklassik gedacht wird, ohne selbst explizit reflektiert zu werden. Dabei kann die eigentliche *Quelle* des Begriffes einfach benannt werden; er wurde aus der Physik, oder genauer der *Methode der Physik* übernommen, die in der Mitte des 19. Jahrhunderts dominierte. Doch wie eine solche Übernahme in den ökonomischen Kontext sinnvoll zu denken ist bzw. unter welchen Voraussetzungen sie überhaupt gerechtfertigt werden kann, wurde zumindest innerhalb der Neoklassik selbst nicht explizit diskutiert. Insbesondere sind die wesentlichen Analogien zur Physik weitgehend im Dunkeln geblieben.[9] So wurden die unabdingbar notwendigen Eigenschaften der eigenen, ökonomischen *Domain of Discourse* nicht benannt, die den funktionalen Zusammenhang einer Optimierung gewährleisten. Dies ist aber dringend erforderlich, weil die Existenz dieses Zusammenhanges in einem naturwissenschaftlichen Kontext keineswegs die Existenz in einer sozialwissenschaftlichen *Domain of Discourse* sicherstellt. Die Frage nach dem Ort-worin der Nutzenmaximierung läßt sich nicht allein mit einem pauschalen Verweis auf die Physik beantworten. Letztere gibt zwar wichtige Hinweise darauf, welche Eigenschaften notwendig gegeben sein müssen, damit eine Optimierung gedacht werden kann. Es müssen zudem aber noch ökonomische Phänomene aufgewiesen werden, denen diese Eigenschaften zugeschrieben werden können.

Viele neoklassische Ökonomen sehen das Problem der Kontextabhängigkeit des Optimierungsbegriffes nicht oder allenfalls unvollständig. Die reine ökonomische Theorie, so gibt sich etwa Walras überzeugt, könne eine Wissenschaft sein, „die den physikalisch-mathematischen Wissenschaften

---

[9] Der Unterschied zwischen einer Metapher und einer Analogie wird hier folgendermaßden definiert: „Whereas a metaphor merely suggests that the principal and subsidiary subjects have attributes in common, an analogy draws explicit parallels between them." A. Klammer, T. Leonard, So What's an Economic Metaphor?, in: P. Mirowski (Hrsg.), Natural Images in Economic Thought, Cambridge 1991, S. 34.

3 Das implizite Menschenbild der Ökonomie

in *jedem* Aspekt gleiche".[10] Die funktionalen Zusammenhänge, die in den Naturwissenschaften erforscht werden, sollen einfach auf den sozialwissenschaftlichen Kontext übertragbar sein. „Man hat", so beispielsweise Ludwig von Mises, „die Gesetze der gesellschaftlichen Kooperation zu erforschen, wie die Physiker die Gesetze der Mechanik erforschen."[11] Dieser Vorgehensweise ist aber an eine wichtige Bedingung geknüpft: Den ökonomische Phänomenen müssen die gleichen Gesetzmäßigkeiten zugrundeliegen wie den natürlichen. Die Gültigkeit dieser Bedingung wird allerdings eher einfach vorausgesetzt, denn wirklich bewiesen. Die traditionelle Theorie sei einfach davon überzeugt, so formuliert es Menger, „daß die Erscheinungen des wirtschaftlichen Lebens sich strenge nach Gesetzen regeln, gleich jenen der Natur".[12]

Zu welchen physikalischen Phänomen, zu welcher naturwissenschaftlichen Methode wird aber nun *konkret* ein Bezug hergestellt? Allgemein gesprochen, ist es die *Mechanik*, die einen starken Einfluß auf die Neoklassik ausübt: „Die verwendete Theorie ...kann als eine Mechanik des Nutzens und des Eigeninteresses beschrieben werden."[13] „Die Theorie der ökonomischen Wissenschaft eignet sich so die Strenge der rationalen Mechanik an."[14] Doch die Mechanik umfaßt ein sehr weites Gebiet, das sehr unterschiedliche Methoden beinhaltet. So behandelt etwa die Newtonsche Mechanik die Bewegungen eines Körpers, der sich einmal angestoßen gleichförmig und geradlinig fortbewegt, solange er nicht durch einwirkende Kräfte gezwungen wird, seinen Bewegungszustand zu ändern.[15] Die *kanonische* Mechanik hingegen gibt ein Verfahren an, wie Bewegungsgleichungen für einen Massepunkt zu bestimmen sind, dessen Bewegungsfreiheit gewissen Bindungen und Einschränkungen unterworfen ist. Hierfür werden Nebenbedingungen bzw. Bedingungsgleichungen formuliert, die die Bewegung des Massepunktes erfüllen muß. Die mathematische Formulierung dieser Nebenbedingungen ermöglicht es, sich vom engen Rahmen der Newtonschen Mechanik, der strenggenommen nur die Bahnkoordinaten im dreidimensionalen Raum umfaßt, zu lösen und die Erkenntnisse

---

[10] L. Walras, Elements of Pure Economics, New York 1969, S. 71, eigene Hervorhebung.
[11] L. von Mises, Nationalökonomie, Theorie des Handelns und Wirtschaftens, Genf 1940, S. 2.
[12] C. Menger, Grundsätze der Volkswirtschaftslehre, Wien 1871, S. VIII.
[13] W.S. Jevons, The Theory of Political Economy, Harmondsworth 1970, S. 90.
[14] V. Pareto zitiert in P. Mirowski, More Heat than Light, aaO., S. 221.
[15] Vgl. etwa F. Scheck, Mechanik, Von den Newtonschen Gesetzen zum deterministischen Chaos, Berlin et al. 1994, S. 1.

der kanonischen Mechanik auf andere Phänomene als die räumliche Bewegung eines Massepunktes zu übertragen.[16] Als Leitmetapher dient hier nicht mehr der physikalische Raum, sondern die Metapher der Energie bzw. des Energie- oder Kraftfeldes. Es ist diese Metapher, auf die sich die Begründer der Neoklassik beziehen, um eine *exakte* Kopie der mathematischen Struktur zu rechtfertigen:

> "The application of mathematics to the world of soul is countenanced by the hypothesis ...that Pleasure is the concomitant of Energy. Energy may be regarded as the central idea of Mathematical Psychics: maximum energy the object of the principle investigations in that science. (...) 'Mecanique Sociale' may one day take her place along with 'Mecanique Celeste', throned upon the double-sided height of one maximum principle, the supreme pinnacle of moral as of physical science. As the movements of each particle, constrained or loose, in a material cosmos are continually subordinated to one maximum sum-total of accumulated energy, so the movements of each soul whether selfishly isolated or linked sympathetically, may continually realising the maximum energy of pleasure. (...) The invisible energy of electricity is grasped by the marvelous methods of Lagrange, the invisible energy of pleasure may admit of a similar handling."[17]

Die Übertragung von Erkenntnissen der kanonischen Mechanik auf den ökonomischen Kontext ist umfassend, was besonders bei Irving Fisher deutlich wird. Dieser stellt tabellarisch einigen wichtigen Begriffen der kanonischen Mechanik ökonomische Begriffe gegenüber. Es finden sich hier beispielsweise die Begriffspaare Energie und Nutzen, Kraft und marginaler Nutzen, sowie Raum und Güter.[18] Die Gemeinsamkeiten der Kontexte, in denen diese gedacht werden, bleiben bei Fisher allerdings unerhellt; ein Zustand, an dem sich bis heute nichts wesentlich geändert hat.[19] Denn stets werden die Gemeinsamkeiten entweder gar nicht, nicht richtig, oder nur

---

[16] Vgl. zum Begriff der kanonischen Mechanik beispielsweise H. Stephani, G. Kluge, Theoretische Mechanik, Punkt- und Kontinuumsmechanik, Heidelberg et al. 1995, S. 67f.

[17] F.Y. Edgeworth, Mathematical Psychics, An Essay on the Application of Mathematics to the Moral Sciences, London 1881, S. 9-13.

[18] I. Fisher, Mathematical Investigations into the Theory of Value and Prices, New Haven 1925, S. 85-86.

[19] Diese Aussage bezieht sich auf den *mainstream*. Vgl. P. Mirowski, More Heat than Light, aaO., und P. Mirowski, Against Mechanism, Protecting Economics from Science, New Jersey 1988. Die vorliegende Arbeit stützt sich in wesentlichen Aspekten auf diese Untersuchungen.

unvollständig rekonstruiert.[20] Sie wirken stets nur als *ungedachte* Voraussetzungen.

Es soll deshalb der Ort des Denkens gewechselt werden, um die wichtigen, wesentlichen Eigenschaften der physikalischen Metaphern explizit zu reflektieren. Hierfür werden einige dieser Eigenschaften herausgearbeitet und sodann nach möglichen Analogien im ökonomischen Kontext der Nutzenmaximierung gesucht. Wenden wir uns zunächst der physikalischen Metapher des Kraftfeldes zu. Diese ist hier von besonderem Interesse, da sie von Nishida als ein Beispiel herangezogen wird, um die Art und Weise zu beschreiben, wie ein *basho* die Elemente und deren Beziehung in sich bestimmt und zustande kommen läßt.[21] In einem Kraftfeld findet ein sich bewegender Massepunkt eine nur von seiner Lage im Raum abhängige Kraft vor, die auf ihn wirkt.[22] Es unterscheidet sich deshalb wesentlich vom einfachen Konzept des Raumes:

> "Physical objects are related to each other in space, but the relation between physical objects and space in the Newtonian sense is merely that of 'being-in'. There is no sense in saying that the relations of the objects are established and determined by this physical space."[23]

Während der Raum also 'offen' ist in dem Sinne, daß er Objekten *jede* Bewegung gewährt, so *determiniert* ein Kraftfeld die Bewegungen der Elemente in ihm. Mehr noch: Die Objekte werden durch ihre Position bestimmt, die sie im Feld einnehmen. Um dies zu ermöglichen, muß die Beziehung zwischen Elementen und Feld im Vergleich zum Konzept des Raumes neu bestimmt werden:

> "Merely to say that the physical objects are spatial says nothing more than objects are in space. But, if the relation of the objects and space is to be made tighter than this, if the objects are to be seen as determinations of the place in which they are, there must be a re-interpretation of the nature of objects. The substantiality of the objects is to be transferred to the field in which they lie and the objects are thus 're-

---

[20] Vgl. P. Mirowski, More Heat than Light, aaO., Kap. 5.
[21] Zur Metapher des Kraftfeldes vgl.beispielsweise K. Nishida, Logik des Ortes, aaO., S. 80ff.
[22] Vgl. Fachlexikon ABC Physik, Band 1, Thun-Frankfurt/Main 1989, Stichworte Kraft und Kraftfeld.
[23] R.J. Wargo, The Logic of Basho, aaO., S. 196.

duced' to energy. The objects are now seen as accumulations of energy related not in space, but in the energy field of which they are a part."[24]

Objekte werden nur noch als Konzentrationen von Energie angesehen; sie weisen darüber hinaus keine weiteren Eigenschaften auf. Ihre Existenz ist allein dadurch bestimmt, Element eines Kraftfeldes zu sein. Oder anders gesagt: „Die Substanzialität der Dinge" geht über „in die Beziehung zu dem Ort-worin, in dem sie sich befinden".[25] Aber nicht nur die Eigenschaften der Elemente werden vollständig durch das zugrundeliegende Energiefeld bestimmt, sondern auch ihre *Beziehungen* zueinander.[26] Die unterschiedlichen Konzentrationen von Energie sind nicht als voneinander unabhängige Entitäten zu betrachten, die irgendwie zueinander in Beziehung gesetzt werden müßten. Ihre Beziehungen sind vielmehr schon immer durch das zugrundeliegende Energiefeld bestimmt. Es ist somit das Feld selbst, das die Einheit zwischen den unterschiedlichen Objekten – immer interpretiert als Energiekonzentrationen – vermittelt.

In der Reduktion von Objekten auf Energiekonzentrationen und dem Verständnis dieser Konzentrationen als Teil oder Ausdruck eines zugrundeliegenden Energiefeldes sieht Nishida ein Beispiel für sein Konzept des *basho*, weil die Existenz eines Energiefeldes (zumindest implizit) vorausgesetzt werden muß, um die einzelnen Energiekonzentrationen an jeder Stelle des Feldes sowie ihre Beziehungen zueinander bestimmen zu können. Und der Begriff der Energiekonzentration muß wiederum notwendig vorausgesetzt werden, um alle möglichen Objekte auf ihre Energie zu reduzieren. Bevor weitere wesentliche Eigenschaften des Energiefeldes als *basho* diskutiert werden, soll hier gezeigt werden, wie sich das Konzept der Energie und des Feldes auf ökonomische Zusammenhänge übertragen läßt. Es ist innerhalb der Neoklassik üblich, die ökonomische Verwendung der Feldmetapher anhand physikalischer Phänomenen anschaulich zu machen. So fordert etwa Samuelson seine Leser auf, an ein (magnetisches) Kraftfeld zu denken, um ökonomische Modelle zu veranschaulichen:

---

[24] R.J. Wargo, The Logic of Basho, aaO., S. 196.
[25] K. Nishida, Logik des Ortes, aaO., S. 80.
[26] Der Begriff des Energiefeldes kann hier analog zu dem des Kraftfeldes verwendet wird, da, wie an späterer Stelle noch thematisiert werden wird, ein *konservatives* System zugrunde gelegt ist. In einem solchen System sind die skalare Größe der Energie und die vektorielle Größe der Kraft lediglich zwei Aspekte des gleichen Feldes.

3 Das implizite Menschenbild der Ökonomie

"Every student of elementary physics has dusted iron fillings on a piece of paper suspended on a permanent magnet. The little fillings become magnetised and orient themselves in a simple pattern. To the mind's eye these appear as 'lines of force' of the magnetic field."[27]

Eine solche Aufforderung bleibt leer, weil sie nichts darüber aussagt, *wie* die Feldmetapher im ökonomischen Kontext tatsächlich gedacht werden kann, also für was die Eisenspäne, die Muster, die Kraftlinien in *diesem* Zusammenhang stehen sollen. Die *Initial Intuition* ist hier eine andere; sie muß explizit dargestellt werden, um die Feldmetapher im ökonomischen Kontext tatsächlich sinnvoll zu denken. Betrachten wir also die Nutzentheorie genauer und suchen nach möglichen Analogien. Als erstes fällt auf, daß das Konzept des physikalischen Raumes in der Neoklassik in den Begriff der Güter, genauer in den des *Güterraumes*, übersetzt worden ist.[28] Dieser Raum ist aber nicht von den Gütern her zu denken. Vielmehr liegt ihm, analog zum Kraftfeld in der Physik, ein (unsichtbares) Feld zugrunde, das man als 'Nutzenfeld' bezeichnen kann. Denn jeder Punkt innerhalb des Güterraumes ist allein durch einen bestimmten, quantitativ meßbaren Nutzen charakterisiert. Dies ist daran zu erkennen, daß die sog. Indifferenzkurven als Verbindungen der Punkte *gleichen* Nutzens definiert sind.[29] Sie werden so analog zu den Linien gleicher potentieller Energie in einem physikalischen Feld gedacht. Hieraus ergibt sich die strukturelle Identität des Begriffes der Energie mit dem des Nutzens, wie Fisher sie postuliert.[30] Die Punkte im Güterraum, also die Güterbündel, werden *allein* im Horizont des Nutzens gedacht, den sie bringen. Ebenso wie Raumpunkte im Energiefeld nur noch als Energiekonzentrationen gedacht werden, so ist der Begriff des Gutes allein vom Nutzen her auszulegen.

Doch jeder Punkt innerhalb eines physikalischen Feldes repräsentiert nicht nur einen Energiegehalt, also eine skalare Größe, sondern auch eine *Richtung*, in der die Kräfte des Feldes wirken. Diese wird durch die Vektorgrö-

---

[27] P.A. Samuelson, Consumption Theory in Terms of Revealed Preference, in: J.E. Stiglitz (Hrsg.), The Collected Scientific Papers of Paul A. Samuelson, Vol. I, Cambridge (Mass.) 1966, S. 66, Fußnote.
[28] Vgl. I. Fisher, Mathematical Investigations into the Theory of Value and Prices, aaO., S. 85.
[29] Vgl. beispielsweise die Aussage: „Eine .. Indifferenzkurve charakterisiert ein ganz bestimmtes Nutzenniveau." W. Cezanne, Allgemeine Volkswirtschaftslehre, aaO., S. 84.
[30] Dies gilt aber nicht für *die* Energie im Allgemeinen, sondern nur für *eine* Energieform: eben die potentielle. Vgl. weiter unten.

ße der Kraft dargestellt, die der Definition nach sowohl Betrag als auch Richtung bzw. Richtungssinn aufweist. Diese vektorielle Größe ist innerhalb der Nutzentheorie in das Konzept des *marginalen Nutzens* übersetzt worden.[31] Dieser marginale Nutzen gibt die Richtung der relativen Positionsveränderung im Güterraum an, die das zugrundeliegende Nutzenfeld gewährt. Innerhalb des Güterraumes werden also nicht nur Güterbündel als Akkumulationen von Nutzen angesehen, sondern darüber hinaus scheint die Beziehung oder Bewegung zwischen einzelnen Güterbündeln in jedem Punkt des Güterraumes determiniert. Was aber bestimmt nun die einzelnen 'Nutzenniveaus' und setzt diese zueinander in Beziehung? Oder anders gefragt: Wenn in der Neoklassik der Güterraum analog zum physikalischen Raum und der Nutzen analog zur (potentiellen) Energie gedacht wird, was stellt dann die Analogie zum Energiefeld her? Der Begriff des Nutzenfeldes stellt zwar eine mögliche Antwort dar, bleibt aber unscharf, solange nicht deutlich wird, wie man sich ein solches Feld vorzustellen hat. Wichtig ist hier, daß ein solcher konkreter Bezug *notwendig* ist, wenn sich die Ökonomie sinnvoll auf das Energiekonzept beziehen will. Denn wie die vorherigen Überlegungen zur Mechanik zeigten, muß ein Energiefeld im Sinne eines zugrundeliegenden *basho* angenommen werden, um die unterschiedlichen Energiekonzentrationen bestimmen und zueinander in Beziehung setzen zu können. Ein (zumindest implizites) Verständnis dieses Feldes geht dem der Energie notwendig *voraus*. Dennoch ist innerhalb der Neoklassik die Frage nach den Eigenschaften eines solchen Feldes im ökonomischen Kontext nur selten explizit gestellt und wohl niemals richtig beantwortet worden. Die Unabdingbarkeit einer solchen Analogie wurde nicht erkannt.

Die Vorstellung eines Nutzenfeldes kann nicht aus dem Begriff des Nutzens abgeleitet werden, weil das Feld im Sinne eines *basho* der vorausgehende Begriff ist, in dem der Nutzen gedacht wird. Vielmehr muß nach einer *Initial Intuition* gesucht werden, die als ein 'Ort des Nichts' nicht durch die Eigenschaften der Elemente in diesem Feld erklärt werden kann, diese aber umgekehrt zu bestimmen vermag. Eine solche Intuition wird recht schnell ersichtlich, wenn man sich vor Augen führt, daß sich die Begriffe des Nutzen und der Indifferenzkurven immer auf Entscheidungen eines *Individuums* beziehen. Es ist das Individuum, das jedem Güterbündel einen bestimmten Nutzen zuordnet und zwischen verschiedenen Güterbündeln so

---

[31] Vgl. I. Fisher, Mathematical Investigations into the Theory of Value and Prices, aaO., S. 85.

3 Das implizite Menschenbild der Ökonomie 49

wählt, daß sein Nutzen maximiert wird.[32] Güter bzw. Güterbündel werden also nur dadurch bestimmt, daß ein Individuum ihnen einen Nutzen zuordnet: Es ist das Bild einer Art *mentalen Energie*, die (in Form des Nutzens) den Güterraum durchdringt, das implizit als Leitmetapher dient.[33] Es ist eine Art *Bewußtseinsfeld*[34], das zwar innerhalb des Nutzenkonzeptes niemals in Erscheinung tritt, aber analog zum physikalischen Kraftfeld den Ort-worin darstellt, in dem alle Elemente und deren Beziehung gedacht werden. Ein solches Bewußtseinsfeld ist nicht Gegenstand oder Inhalt der neoklassischen Theorie, sondern eine *ungedachte Voraussetzung*, die nicht objektiviert bzw. explizit reflektiert wird:

> "The field of consciousness has a negative sense in that it is not just another phenomena of consciousness. Yet, while the field of consciousness is not just another of the phenomena of consciousness, neither is it merely the absence of phenomena. One can distinguish the field of consciousness from the various phenomena which come into being and pass away as the unchanging field in which these changes occur."[35]

Das Bewußtseinsfeld ist der Ort-worin, in dem die Existenz aller Dinge gedacht wird. Es bleibt aber aus einer objektiven Perspektive, die nur die Dinge und ihre Beziehung untereinander beschreibt, ein *Ort des Nichts*. Es ist „als das der Beziehung Zugrundeliegende ... kein Etwas, das in Erscheinung tritt und insofern ist es Nichts"[36]:

> "The whole point of referring to the field of consciousness as a basho is to bring out the feature that the field is absolute nothing in respect to the elements in the field. It is not the sort of thing which could be said to exist or not exist, but, at the same time, it is precisely the field which provides the unity for the conscious phe-

---

[32] Ein solches Individuum wird in Lehrbüchern zumeist als *Konsument/Konsumentin* bezeichnet. Vgl. beispielsweise H.R. Varian, Grundzüge der Mikroökonomik, aaO., Kapitel 2-5. In einigen Lehrbüchern wird abstrakter von der Entscheidungseinheit des "Haushaltes" gesprochen, so etwa in W. Cezanne, Allgemeine Volkswirtschaftslehre, aaO., Kapitel 4.
[33] Vgl. P. Mirowski, More Heat than Light, aaO., S. 218.
[34] Japanisch: *ishiki no ya*. Nisha verwendet diesen Begriff neben dem des Ortes zur Charakterisierung des Bewußtseins, wobei er sich hierbei zum einen an die Metapher des Kraftfeldes anlehnt zum anderen aber auch wesentliche Unterschiede zu dieser ausmacht. Diese Unterschiede werden weiter unten noch einen Rolle spielen. Zum Begriff vgl. K. Nishida, Logik des Ortes, aaO., S. 289 (Anmerkung des Übersetzers).
[35] R.J. Wargo, The Logic of Basho, aaO., S. 200.
[36] R. Elberfeld, Das Verstehen der Kulturen, aaO., S. 111.

nomena. ... The field provides the defining characteristic whereby these phenomena are seen as individual elements of a certain type being related in certain ways. It provides this unity not in the sense that it is a discovered unity among previously given entities, but it provides the unity by providing the given. It is what allows the discovery of a unity among entities."[37]

Hieraus ergibt sich, daß das Individuum selbst innerhalb der objektiven Theorie nicht in Erscheinung treten kann, weil es stets nur als Bewußtseinsfeld implizit vorausgesetzt ist. Es ist nicht wie ein Masseteilchen zu denken, das *innerhalb* des Energiefeldes beschrieben wird[38], sondern vielmehr wie ein Energiefeld, das die unsichtbare Voraussetzung dieser Beschreibung darstellt:

"The identification of a particle with an individual is incorrect. The individual in this model is only made manifest by its psychology, and his psychology is only portrayed as a field of preferences. It is the energy/utility that provides the only ontological identity of the actor in the mathematics ... The individual is to be found nowhere on the graph, just as energy cannot be conceptualized as being located at particular coordinates in a field. The energy is constitutive of the field, and is in the field, but nothing more can be said of it. It does not describe a material property. ... The somewhat spectral neoclassical economic man ...[is] a field of possibilities that can characterize an empty commodity space."[39]

Das Individuum als Grundlage ökonomischer Entscheidungen läßt sich weder wie ein Gut beschreiben noch durch ein bestimmtes Nutzenniveau charakterisieren. Es kann auch nicht als eine funktionale Beziehung von Variablen dargestellt werden. In diesem Sinne weist es die Eigenschaft eines *basho* auf, Einheit und Beziehung zwischen unterschiedlichen Punkten eines Raumes herzustellen bzw. zu vermitteln, ohne dabei selbst explizit in Erscheinung zu treten. Anhand dieser Überlegung wird deutlich, daß die neoklassische Theorie mit gewisser Berechtigung behaupten kann, sie beschreibe nur Ding-Ding-Relationen und sei in diesem Sinne objektive Wissenschaft. Aber ihre Aussagen beruhen *implizit* – zumindest was den Kerngedanken der Optimierung angeht – auf der Annahme eines Bewußtseinsfeldes, das diese Dinge und deren Beziehung zueinander als Ort-worin bestimmt. Diese Aussage soll im folgenden hinsichtlich einiger Aspekte konkretisiert werden.

---

[37] R.J. Wargo, The Logic of Basho, aaO., S. 201-202.
[38] Diese Auffassung ist allerdings in der Ökonomie verbreitet. Vgl. etwa I. Fisher, Mathematical Investigations into the Theory of Value and Prices, aaO., S. 85.
[39] P. Mirowski, More Heat than Light, aaO., S. 229.

3 Das implizite Menschenbild der Ökonomie

Das Bewußtsein des Individuums ist der Ort-worin, in dem die Begriffe des Nutzens *und* der Güter gedacht werden. Die Güterbündel sind weder gegebene Daten, die von sich aus nützlich sind, noch existiert ein Güterraum unabhängig vom Bewußtseinsfeld. Die ökonomischen Konstanten werden vielmehr als abhängig vom menschlichen Bewußtsein konstruiert.[40] In diesem Sinne ist es richtig, vom „subjektiven Charakter der Daten der Sozialwissenschaften"[41] zu sprechen. Hierbei ist aber zu beachten, daß die Beziehung zwischen Gütern und menschlichem Bewußtsein nicht in einer *Domain of Discourse* beschrieben werden kann. Sie ist vielmehr als eine Beziehung von Elementen und ihrem Ort-worin bzw. als eine von Determiniertem und Determinierendem zu denken. Die Logik des Ortes deutet dabei darauf hin, daß das menschliche Bewußtsein als der determinierende Ort-worin aus Sicht der Güter *unsichtbar* ist. Mit Hilfe des Begriffs der Güter kann nichts darüber ausgesagt werden, als *was* das Bewußtsein angenommen bzw. *wie* dieses gedacht werden muß. Es ist vielmehr immer schon implizit als ein Gegebenes vorausgesetzt, das im Hintergrund aller Phänomene liegt, ohne selbst in Erscheinung zu treten. Es ist hier also etwa Marshall Recht zu geben, wenn er sagt, man könne Gemütsbewegungen (*affections of the mind*) nicht direkt messen. Er liegt aber verkehrt, wenn er weiterhin meint, auf das Bewußtsein könne *indirekt* durch seine Auswirkungen (*effects*), also etwa durch meßbare Wahlakte innerhalb des Güterraums geschlossen werden.[42] Diese Einschätzung von Marshall, es sei von quantitativ meßbaren Handlungsresultaten auf das Bewußtsein des Handelnden zu schließen, findet sich in der ökonomischen Theorie häufig.[43] Die Analogie zum Kraftfeld macht aber deutlich, daß weder Punkte im Raum noch eine Bewegung zwischen diesen das zugrundeliegende Feld adäquat beschreiben. Das Feld bestimmt alle Beziehungen von Elementen, bleibt aber selbst aus Sicht der Elemente notwendig verborgen. Der von Marshall postulierte Weg erweist sich deswegen als *logisch ungangbar*.

Aus dieser logischen Unmöglichkeit wird in der Neoklassik oft geschlossen, man könne oder brauche *keinerlei* Aussagen über das Bewußtsein treffen. So wird etwa angenommen, man könne allein aus der Betrachtung der

---

[40] Vgl. A.C. Pigou, Economics of Welfare, London 1960, S. 9.
[41] F.A. Hayek, Missbrauch und Verfall der Vernunft, Ein Fragment, Frankfurt/Main 1959, S. 28.
[42] Vgl. A. Marshall, Principles of Economics, aaO., S. 15.
[43] Vgl. etwa Jevons Aussage: "It is from the quantitative effects of the feelings that we must estimate their comparative amounts." Ders., Theory of Political Economy, aaO., S. 83.

Handlungsresultate alles Erforderliche für die Gleichgewichts- oder Maximierungstheorie ableiten, ohne sich auf die Begriffe des Nutzens oder des Bewußtseins zu beziehen.[44] Aus Sicht der Ortlogik ist diese Annahme problematisch. Denn der Bezug zum Bewußtsein mag zwar *implizit* bleiben, das Bewußtsein ist aber dennoch stets der *Kontext*, in dem die Begriffe des Gutes, des Güterraumes oder des Wahlaktes gedacht werden. Gerät die Ortlogik durch diese Einsicht aber nicht in ein Dilemma? Einerseits muß das Bewußtsein als spezifisches gedacht werden, damit es als *Ort-worin* die Güter und ihre Beziehung untereinander bestimmen kann. Andererseits aber scheint man nichts über diese Eigenschaften aussagen zu können. Der Ausweg aus diesem Dilemma besteht darin, die *Domain of Discourse* zu wechseln. Denn das den Elementen zugrundeliegende Feld ist zwar aus Sicht dieser Elemente ein Ort des Nichts; es kann aber in einer neuen *Domain of Discourse* selbst zum Objekt wissenschaftlicher Erkenntnis werden. Es zeigt sich hier die Notwendigkeit eines *Conceptual Leap* hin zu einer umfassenderen Erkenntnis, die denjenigen Kontext umfaßt, der zuvor stets nur ungedacht blieb:

> "What is important is the transition from the field as determining the elements in it, to the field as an object, in which the field itself is a particular which no longer determines entities, but merely can be said to possess characteristics."[45]

In einer neuen *Domain of Discourse* können die *notwendigen* Voraussetzungen reflektiert werden, die angenommen werden müssen, um die Elemente des Feldes und ihre Beziehung zueinander so zu denken wie in der ursprünglichen *Domain of Discourse*. Eine solche Reflexion stellt die neoklassische Theorie allerdings vor ein Problem. Denn sie verweist auf die Notwendigkeit, explizit Annahmen über das Bewußtsein des Menschen zu treffen. Damit muß aber auf den Anspruch verzichtet werden, als *objektive* Wissenschaft nur die Beziehung von Dingen zu beschreiben, um sich so scharf von allen subjektiven Theorien abzugrenzen; ein Anspruch, der oft vehement in der Neoklassik verteidigt wird.[46] Nishidas Logik des Ortes verweist darauf, daß die Trennung von subjektiver und objektiver Wissenschaft nicht absolut ist. Die objektiven Wissenschaften setzen vielmehr stets schon Aussagen über das subjektive Bewußtsein *voraus*:

---

[44] Vgl. beispielsweise V. Pareto zitiert in G.M.E. Eisermann, Vilfredo Pareto und sein „Manuale", Vademecum zu einem Klassiker der Ökonomie und Soziologie, Düsseldorf 1992, S. 100.
[45] R.J. Wargo, The Logic of Basho, aaO., S. 198.
[46] Dies wird insbesondere im Methodenstreit deutlich.

"So, Nishida maintains, the field or place of empirical judgments is really within the encompassing field of judgments about self-consciousness. Empiricism is actually dependent on, stands within, a field of judgments about self. Since empirical judgments, as empirical judgments, ignore the being of the self, treat it as a nothing, this encompassing *basho* can be called the *basho* of relative nothingness. The self is, relative to empirical statements, treated as a nothing. Of course, from the standpoint of the *basho* of relative nothingness, however, the self is very much something, the very thing empiricism assumes yet ignores."[47]

Dies bedeutet allerdings nicht, daß objektive Theorien einfach durch subjektive ersetzt werden können. Letztere sind kein *Ersatz* für die formale Logik dieser Theorien, sondern deren *Voraussetzung*. Die 'Ding-Ding-Beziehungen', die die Neoklassik thematisiert, sind eingebettet in einen weiteren oder umfassenderen Kontext, der *notwendig* auch das Bewußtsein des ökonomischen Akteurs umfaßt. Aufgrund ihres Anspruches, objektive Wissenschaft zu sein, kann dieser weitere Kontext allerdings *innerhalb* der Neoklassik nicht explizit thematisiert werden. Dennoch können die Eigenschaften des Bewußtseinsfeldes herausgearbeitet werden, die die Neoklassik *implizit* voraussetzt.

3.1.2 Die impliziten Eigenschaften des Bewußtseinsfeldes

Der Schlüssel zum Verständnis der Eigenschaften des Bewußtseins, die die Neoklassik implizit voraussetzt, liegt darin, sich nochmals genauer anzusehen, wie sich diese Theorie an die physikalische Metapher der Energie anlehnt. Wie schon dargestellt wurde, beschreibt die Neoklassik mit dieser Metapher ökonomische Phänomene, wobei sie etwa den Begriff der Energie analog zu dem des Nutzens verwendet. Dies ist aber nur sinnvoll, wenn das dem Begriff der Energie zugrundeliegende Energiefeld die *gleichen* Charakteristika aufweist, wie das dem Begriff des Nutzens (implizit) zugrundeliegende Bewußtseinsfeld. Denn nur wenn ein Ort-worin die gleichen Eigenschaften aufweist wie ein anderer, können in ihm die Elemente und deren Beziehung auf ähnliche Weise bestimmt werden. Oder anders gesagt: Nur eine formale Gleichheit des zugrundeliegenden Ort-worin erlaubt es der Neoklassik, die *exakt* gleichen mathematischen Beziehungen zu postulieren wie die Mechanik. Diese notwendige Voraussetzung wird in der Neoklassik entweder nicht erkannt oder aber ihre Überprüfung als

---

[47] T.P. Kasulis, Vorwort zu R.E. Carter, The Nothingness beyond God, aaO., S. xv. Das Argument bezieht sich in diesem Zitat strenggenommen nur auf die Naturwissenschaften. Es wird hier auf die Neoklassik übertragen, die in den Naturwissenschaften ihr Vorbild sieht.

überflüssig bezeichnet. So geht etwa Samuelson in seiner *Nobel Memorial Lecture* davon aus, daß die funktionalen Beziehungen in einem ökonomischen System mit denen eines physikalischen Systems übereinstimmen. So wendet er mathematische Formeln, die ein Entropie maximierendes, thermodynamisches System beschreiben, direkt auf das Entscheidungsproblem eines ökonomischen Akteurs an und beschreibt diesen so als ein *"maximum system"*.[48] Dennoch bezeichnet er alle Anstrengungen, die Analogie von physikalischem und ökonomischem System explizit zu benennen, als *unsinnig*:

> "There is really nothing more pathetic than to have an economist or a retired engineer try to force analogies between the concepts of physics and the concepts of economics. How many dreary papers have I had to referee in which the author is looking for something that corresponds to entropy or to one or another form of energy. Nonsensical laws, such as the law of conservation of purchasing power, represent spurious social science imitations of the important law of the conservation of energy."[49]

Samuelson selbst aber muß von einer solchen Analogie ausgehen, um im ökonomischen Kontext sinnvoll von einem *maximum system* zu sprechen. Sie bleibt bei ihm allerdings stets eine *ungedachte* Voraussetzungen.

Um die grundlegenden Eigenschaften des Bewußtseins herauszuarbeiten, ist es zunächst erforderlich, die Begriffe des marginalen Nutzens und des Nutzens genauer zu betrachten. Gehen wir zunächst von der physikalischen Vorstellung der *uneingeschränkten* Bewegungsfreiheit aus. Diese besagt, daß sich ein Teilchen in Abwesenheit von äußeren Einflüssen in einem Energiefeld kontinuierlich hin zum Niveau niedriger potentieller Energie bewegt. Dieser Leitgedanke der Mechanik wird in die ökonomische Vorstellung übersetzt, in einem Güterraum vollziehe sich stets eine Bewegung hin zu größeren Nutzenniveaus. Zeichnet man also in einen Güterraum mehrere Indifferenzkurven und unterstellt, daß der Nutzen in die nordöstliche Richtung des Diagramms ansteigt, so muß (in Abwesenheit von weiteren Bedingungen) jede Bewegung unendlich in diese Richtung erfolgen. Dies entspricht exakt der Vorstellung der Mechanik, nur daß letztere eine

---

[48] Vgl . P.A. Samuelson, Maximum Principles in Analytical Economics, in: R.C. Merton (Hrsg.), The Collected Scientific Papers of Paul A. Samuelson, Vol. III, Cambridge (Mass.) 1972, S. 8-9.

[49] P.A. Samuelson, Maximum Principles in Analytical Economics, aaO., S.8.

3 Das implizite Menschenbild der Ökonomie

Bewegungsrichtung hin zu niedrigerer potentieller Energie unterstellt.[50] Im ökonomischen Kontext muß diese Vorstellung aber anders interpretiert werden. Denn sie impliziert, daß der Konsument eine größere Güterquantität *immer* einer kleineren vorzieht. Der Nutzentheorie zufolge geht ein Anstieg der Güterquantität automatisch mit einem Anstieg des Nutzenniveaus einher. Teilweise versteckt sich diese Annahme in dem neoklassischen Postulat, die Steigung der Indifferenzkurven müßte negativ sein.[51] Sie wird aber auch explizit als Annahme der *Nicht-Sättigung*[52] formuliert: Es "wird typischerweise angenommen, dass mehr immer besser ist".[53] „Das Individuum ist *nie vollständig zufrieden*, sondern es kann sich grundsätzlich eine Verbesserung durch ein anderes Güterbündel vorstellen. Vereinfacht nimmt man in der Regel sogar an, daß es ein Individuum vorzieht, wenn es mehr von *allen* Gütern bekommt."[54]

Die ökonomische Theorie kann eine Sättigung auch gar nicht annehmen, ohne die Analogie zur Physik aufzugeben. Denn sonst könnte ein Güterbündel gefunden werden, bei dem die Wahl des Individuums von *sich aus* zur Ruhe käme, ohne von außen beschränkt zu werden. Eine solche Ruhe- oder Gleichgewichtslage ist aber in der Physik undenkbar, da hier jeder Massepunkt als sich unendlich fortbewegend gedacht wird, solange er nicht von äußeren Kräften in seiner Bewegungsfreiheit eingeschränkt wird. Während diese Vorstellung auf physikalische Körper zutreffen mag, so impliziert ihre Übertragung auf den ökonomischen Kontext folgendes: Es wird nicht nur ein *unbegrenzter* Raum der Güter vorausgesetzt, sondern auch eine *unendliches Streben*, das sich auf ein Mehr an Gütern richtet. Wie aber läßt sich ein solches Streben begründen? Diese Frage wird in der

---

[50] Dieser Unterschied läßt die grafische Darstellung unverändert; die mathematische Darstellung unterscheidet nur in der zweiten Ableitung zwischen Minima und Maxima, so daß sich eine mathematische Behandlung des Nutzens, die sich nur auf die erste Ableitung konzentriert, direkt an die Mathematik der kanonischen Mechanik anlehnen kann: „Calculus only distinguishes between local maxima and minima at the level of second derivatives, so most of the mathematical apparatus of first derivatives could be retained thouroughly unaltered from physics." P. Mirowski, More Heat than Light, aaO., S. 226.
[51] Vgl. beispielsweise H.R. Varian, Grundzüge der Mikroökonomik, aaO., S. 43.
[52] K.J. Arrow, F.H. Hahn, General Competitive Analysis, San Francisco-Edinburgh 1971, S. 78. Marshall beschreibt das Phänomen der Nicht-Sättigung folgendermaßen: „The total utility of a thing increases with every increase in his stock of it, but not as fast as his stock increases." Ders., Principles of Ecnomics, aaO., S. 93.
[53] H.R. Varian, Grundzüge der Mikroökonomik, aaO., S. 42.
[54] W. Reiß, Mikroökonomische Theorie, Historisch fundierte Einführung, München-Wien 1996, S. 239, eigene Hervorhebung.

Ökonomie nicht eindeutig beantwortet. Generell wird aber davon ausgegangen, daß es eine Unendlichkeit menschlicher Bedürfnisse impliziert. Dies wird etwa daran deutlich, daß die neoklassische Nutzentheorie als eine „Maximierung der Gesamtbefriedigung der Bedürfnisse"[55] formuliert wird. Doch eine solche Erklärung bleibt ihrerseits ohne Gehalt, solange der Bedürfnisbegriff nicht eindeutig ist. Im Laufe der weiteren Ausführungen soll deutlich werden, daß das Streben nach Gütern wohl nur als ein *Streben nach unendlicher Geldvermehrung* interpretiert werden kann.

Die Bewegung in einem Energiefeld hin zu einem Niveau niedrigerer potentieller Energie ist an sich eine dynamische Vorstellung. Sie wird aber in der kanonischen Mechanik auf eine statische Betrachtungsweise reduziert. Als Leitmetapher dient hier die Idee des *Gleichgewichts*. Ein Gleichgewicht beschreibt denjenigen Punkt, in dem sich angreifende Kräfte gegenseitig aufheben und so eine *Ruhelage* eintritt. Auch dieses Konzept wird von der Neoklassik auf den ökonomischen Kontext übertragen und zur wesentlichen Analogie erhoben. So bezieht sich etwa Jevons in seiner Theorie der politischen Ökonomie explizit auf die Hebelgesetze[56] und Marshall beschreibt Angebot und Nachfrage als *balancing forces*, die einem mechanischen Gleichgewicht entsprechen.[57] Sehen wir zunächst die wesentlichen Merkmale eines solchen Gleichgewichts an, wie sie in der kanonischen Mechanik vorausgesetzt sind. Eine Ruhelage tritt ein, wenn die Bewegungsfreiheit eines Masseteilchens in einem physikalischen Feld *eingeschränkt* wird: An einem Punkt wirkt eine Kraft, die als Vektorgröße Richtung und Betrag der Bewegung angibt, die ein Massepunkt vollzöge, wäre er nicht in seiner Bewegung eingeschränkt. Diese Kraft wird in der kanonische Mechanik auch *eingeprägte* Kraft genannt, um ihre Unabhängigkeit von allen äußeren Bedingungen hervorzuheben.[58] Nun wirken zu dieser dem Massepunkt innewohnenden Kraft noch zusätzliche Kräfte, die von *außen* auf den Körper ausgeübt werden. Diese werden in Form von Nebenbedingungen dargestellt und anschaulich als *Zwangskräfte* bezeich-

---

[55] B.P. Priddat, E.K. Seifert, Gerechtigkeit und Klugheit – Spuren aristotelischen Denkens in der modernen Ökonomie, in: B. Bernd, M. Held (Hrsg.), Ökonomische Theorie und Ethik, Frankfurt/Main-New York 1987, S. 67.
[56] Vgl. W.S. Jevons, The Theory of Political Economy, aaO., S. 144-47. Jevons widmet hier einen ganzen Abschnitt der „Analogie zu der Theorie des Hebels".
[57] Those balancing forces „correspond rather to the mechanical equilibrium of a stone hanging on an elastic string, or a number of balls resting against one another in a basin." A. Marshall, Principles of Economics, aaO., S. 323.
[58] Vgl. H. Stephani, G. Kluge, Theoretische Mechanik, aaO., S. 68.

net.⁵⁹ Sie üben einen äußeren Zwang auf den Körper aus, die seiner eingeprägten Bewegung entgegenwirken. Der Körper bewegt sich nun nur noch solange fort, bis sich Zwangskräfte und eingeprägte Kraft gegenseitig aufheben. Wenn also beispielsweise der Fall eines Körpers durch Zwangskräfte auf die Bewegung entlang einer Bahnlinie eingeschränkt wird, so bewegt sich der Körper nur noch soweit fort, bis er die Linie kleinst möglichen Potentials erreicht.⁶⁰ Diese Form der Darstellung wird von der Neoklassik direkt übernommen, auch wenn sie im ökonomischen Kontext anders zu interpretieren ist. So müssen hier Richtung und Betrag der eingeprägten Kraft als menschliches *Streben* zu immer höheren Nutzenpotentialen gedeutet werden, wobei der Kraftvektor seine Entsprechung im Konzept des marginalen Nutzens findet.⁶¹ Deshalb setzt etwa Jevons den marginalen Nutzen mit einer *Gravitationskraft* gleich.⁶² Die einzige bewegungseinschränkende Nebenbedingung wird in der neoklassischen Theorie hingegen als *Budgetgerade* formuliert. Auf diese Weise erfährt die physikalische Darstellung der Bewegung unter Nebenbedingungen folgende Interpretation: Zwischen zwei Gütern wird entlang der Budgetgeraden solange gewählt, bis sich ein Gleichgewicht einstellt, das dem höchst möglichen erreichbaren Nutzenniveau entspricht.

Was aber befindet sich in einem solchen Punkt genau im Gleichgewicht? Eine einfache Überlegung aus der Physik lautet, daß ein Kräftegleichgewicht nur existieren kann, wenn diese auf gleiche Weise *gemessen* werden können. Allen Kräften muß als unabdingbare Voraussetzung ein einheitlicher Maßstab zugrunde liegen. Während in der Mechanik diese Voraussetzung problemlos sein mag, so ist ein einheitliches Maß der Bewertung im Rahmen der Nutzentheorie keineswegs selbstverständlich. Sehen wir zunächst einmal von der tatsächlichen Einheit des Maßstabes ab und wenden uns den allgemeineren Kriterien der Einheitlichkeit und Meßbarkeit zu. David Friedman formuliert sehr schön, um was es hier geht:

> „Wir glauben, daß alles in allem zu beziffern ist. Mein Leben ist sehr viel wertvoller als ein Waffelhörnchen mit Eis, genauso wie ein Berg sehr viel größer ist als ein

---

⁵⁹ Vgl. H. Stephani, G. Kluge, Theoretische Mechanik, aaO., S. 68.
⁶⁰ Grafisch ist dies gleichbedeutend damit, daß die Bahnlinie eine Tangente an eine Linie gleichen Potentials darstellt.
⁶¹ Vgl. I. Fisher, Mathematical Investigations into the Theory of Value and Prices, aaO., S. 85. Fisher übersieht hier, daß für ein Kräftegleichgewicht mindestens noch eine weitere Kraft benannt werden muß.
⁶² Vgl. W.S. Jevons, The Theory of Poltitical Economy, aaO., S. 146.

Sandkorn, aber das Leben und Eiskrem, wie Berg und Sandkorn, werden mit demselben Maßstab gemessen."[63]

In der ökonomischen Theorie wird oft davon ausgegangen, daß das einheitliche Kriterium des Maßstabes eine Eigenschaft von Gütern ist, die ihnen neben anderen Eigenschaften *auch* zugesprochen werden kann. Die Ortlogik und die Analogie zum (einheitlichen) Kraftfeld zeigen aber, daß diese Auffassung falsch, zumindest aber mißverständlich ist. Denn in einem Kraftfeld werden Objekte *ausschließlich* als Energiekonzentrationen bzw. deren Richtungssinn als Kraftvektor interpretiert. Aus der Sicht des Feldes sind die Einheiten der Energie und der Kraft die *einzig* denkbaren Eigenschaften *aller* Objekte. Natürlich können die Objekte noch ganz andere Eigenschaften aufweisen, aber diese sind nicht in einer *Domain of Discourse* zu bestimmen, die sich allein auf die Feldmetapher stützt. Anders formuliert: Der einheitliche Maßstab ist derjenige Horizont, in dem alle Objekte gedacht werden. Er geht diesen *voraus* und stellt den Kontext dar, in dem sie als etwas erscheinen. Die Einheitlichkeit des Maßstabes wird in der Nutzentheorie daran deutlich, daß vorausgesetzt wird, ein Gleichgewicht könne in *jedem* Punkt des Güterraumes bestimmt werden.[64] Der Maßstab, in dem ein solches Gleichgewicht gemessen wird, kann aber nicht von einem zum anderen Punkt wechseln. Sein Einheitlichkeit macht vielmehr das Konzept des Gleichgewichtes überhaupt erst verständlich. Der einheitliche Maßstab ist deshalb nicht etwas, was von den Objekten in diesem Feld neben anderen Eigenschaften auch ausgesagt wird. Er ist vielmehr der zugrundeliegende Kontext, in dem alle Objekte beschrieben und in dem sie *vergleichbar* werden.

Zu der Bedingung der Einheitlichkeit des Maßstabes tritt im Rahmen der Feldmetapher noch die der Meßbarkeit hinzu. Um diese Bedingung im ökonomischen Kontext genauer zu verstehen, sei die Budgetgerade nochmals betrachtet. Wir sahen schon, daß ihre Steigung die Größe der 'Zwangskraft' repräsentiert, die die Bewegung im Güterraum einschränkt.[65] Bis jetzt wurde allerdings noch nicht bestimmt, welche Einheit

---

[63] D. Friedman, Der ökonomische Code, Wie wirtschaftliches Denken unser Handeln bestimmt, Frankfurt/Main 1999, S. 30.
[64] Vgl. etwa P.A. Samuelsons Aussage: „By manipulating prices and income, we could cause the individual to come into equilibrium *at any (x, y) point*, at least within a given area." Ders., Consumption Theory in Terms of Revealed Preference, aaO., S, 64, eigene Hervorhebung.
[65] Dies gilt nur für ein *konservatives* Kraftfeld. Zur Bedeutung dieser Bedingung im ökonomischen Kontext siehe weiter unten.

3 Das implizite Menschenbild der Ökonomie

eine solche 'Kraft' besitzen soll. Die Steigung der Budgetgeraden beschreibt ihrer Definition nach das Substitutionsverhältnis der Güter untereinander: „Sie misst das Verhältnis, zu dem der Markt bereit ist, Gut 1 für Gut 2 zu 'substituieren'."[66] An dieser Definition wird deutlich, daß die individuelle Nutzenmaximierung den Markt – also eine soziale Institution – voraussetzt (4.2.3). Sehen wir von dieser Tatsache hier ab und wenden uns einer weiteren wesentlichen Voraussetzung zu. Denn das Substitutionsverhältnis der Güter untereinander ist nur dann sinnvoll zu denken, wenn ein einheitlicher Maßstab in Form des *Geldes* (implizit) vorausgesetzt wird. Um dies zu zeigen, sei zunächst ein Zwei-Güter-Fall betrachtet. Ein Individuum nehme an einem Marktgeschehen teil, in dem Gut 1 direkt gegen Gut 2 getauscht wird. Aus dem Tauschverhältnis – also etwa 2 Hemden gegen 3 Paar Socken – läßt sich das Substitutionsverhältnis und damit die Steigung der Budgetgerade eindeutig ermitteln. Schwieriger wird eine solche Ermittlung allerdings schon in einem Drei-Güter-Fall. Denn hier kann das Individuum insgesamt an 3 Tauschmärkten teilnehmen. Ein eindeutiges Substitutionsverhältnis läßt sich hier nur angeben, wenn auf den 3 Märkten eine „Transitivität der Tauschakte"[67] gilt: Wenn 2 Hemden auf dem einen Markt gegen 3 Paar Socken getauscht werden und auf dem anderen Markt gegen 4 Hosen, dann *muß* ein dritter Markt existieren, auf dem 4 Paar Hosen gegen 3 Paar Socken getauscht werden. Denn ansonsten ließen sich durch mehrmaliges Tauschen verschiedene Substitutionsverhältnisse zwischen zwei Gütern ermitteln; die Steigung der Budgetgerade wäre nicht eindeutig zu bestimmen. Es ist leicht ersichtlich, daß diese Bedingung höchstens *zufällig* erfüllt sein kann. Hieran wird deutlich, daß die Neoklassik etwas ganz anderes voraussetzt als ein direktes Substitutionsverhältnis der Güter untereinander. Denn die Bedingung einer Transitivität der Tauschakte ist nur dann *immer* erfüllt, wenn nicht alle Güter untereinander getauscht werden, sondern jeweils nur gegen ein einziges Gut. Wird nun tatsächlich der Markt als Ort der Bestimmung des Substitutionsverhältnisses vorausgesetzt, so läßt sich dieses direkt benennen: Es ist ein auf allen Märkten allgemein anerkanntes bzw. allgemein verbreitetes Zah-

---

[66] H.R. Varian, Grundzüge der Mikroökonomie, aaO., S. 21.
[67] Der Begriff findet sich in K.-H. Brodbeck, Zirkel des Wissens, Vom gesellschaftlichen Prozeß der Täuschung, Aachen 2002, S. 381.

lungsmittel: das *Geld*.⁶⁸ Dieses stellt die (implizite) Recheneinheit dar, in der alle anderen Güter und deren Verhältnisse zueinander ausgedrückt werden. Das Substitutionsverhältnis kann so ohne weiteres als Verhältnis der Güterpreise (ausgedrückt in Geldeinheiten) dargestellt werden. Das Geld, so meinte schon Aristoteles, macht die Dinge gleich; es stellt eine Gleichheit überhaupt erst her.⁶⁹ Diese Funktion des Geldes als Recheneinheit bringt Spinoza auf den Punkt, wenn er sagt: „Aller Dinge Inbegriff aber ist das Geld."⁷⁰ Eigentümlich für einen solchen Inbegriff ist es, daß er selbst zu einem Ort des Nichts wird, in dem alle Dinge gemessen werden, dessen Bedeutung aber nicht umgekehrt durch irgendein Ding erfaßt werden kann. Dies gilt zumindest *innerhalb* des Marktgeschehens. Denn weil das Geld wie jeder andere Meßstandard auch „nur definiert, nicht aber gemessen werden kann, entstehen Schwierigkeiten beim Ausdruck des Marktwertes des Geldes".⁷¹ Es wird zu einer *ungedachten* Voraussetzung.

Das Geld wird nun aber nicht nur als (implizite) Recheneinheit des Marktgeschehens vorausgesetzt, es wird auch zum Maßstab *individuellen* Nutzens. Denn wenn die Neoklassik von einem Gleichgewicht zwischen den Preisvektoren der Budgetgeraden (den 'Zwangskräften') und dem marginalen Nutzen (der 'eingeprägten Kraft') ausgeht, dann muß dem marginalen Nutzen die gleiche Einheit zugrundeliegen wie den Preisvektoren der Budgetgerade. Der marginale Nutzen eines Gutes ist deshalb in jedem Punkt des Güterraumes in der Einheit Geld pro Gütermenge zu bestimmen. Die meisten Begründer der Neoklassik sind vor dieser Einsicht zurückgeschreckt.⁷² Spätere Ökonomen haben sie allerdings explizit formuliert. So geht Marshall davon aus, Geld weise einen konstanten marginalen Nutzen

---

⁶⁸ Mit einem ähnlichen Argument zeigt J. Cartelier, daß auch das neoklassische Gesetz von Angebot und Nachfrage ohne die implizite Voraussetzung des Geldes nicht gedacht werden kann. „Es ist", so schreibt Cartelier, „ohne das Geld unvollständig, und das Geld läßt sich nur schwer in ihm unterbringen." Ders., Das Geld, Bergisch Gladbach 1996, S. 25. Und Brodbeck zeigt am Beispiel von Marx, daß der Warentausch in vielen Denkmodellen stets das Geld voraussetzt, nicht aber begründet. Vgl. ders., Zirkel des Wissens, aaO., S. 375-382. Aus Sicht der Ortlogik könnte man dies so formulieren, daß das Geld ein Ort des Nichts ist, in dem gedacht wird, ohne selbst explizit reflektiert zu werden.
⁶⁹ Vgl. Aristoteles, Nikomachische Ethik, übers. v. O. Gigon, Zürich 1952, S. 165. Vgl. auch 4.2.2.
⁷⁰ Zitiert in K.-H. Brodbeck, Die fragwürdigen Grundlagen der Ökonomie, aaO., S. 213.
⁷¹ H.H. Lechner, Währungspolitik, Berlin-New York 1988, S. 326.
⁷² Vgl. P. Mirowski, More Heat than Light, aaO., S. 241ff.

auf.⁷³ Was aber bedeutet dies für den Nutzen? Eine Antwort läßt sich finden, wenn man sich vor Augen führt, daß der Nutzen in der Neoklassik analog zu einer Form der Energie gedacht wird. Kraft und Energie sind in der kanonischen Mechanik direkt ineinander umrechenbar bzw. transformierbar; jede stetige und integrierbare Funktion der Vektorgröße Kraft kann als eine Energieform interpretiert werden. Kraft und Energie beschreiben lediglich zwei unterschiedliche Aspekte des gleichen Feldes.⁷⁴ Analog hierzu wird in der Neoklassik üblicherweise angenommen, der marginale Nutzen lasse sich in jedem Punkt des Güterraumes als Ableitung einer stetigen und integrierbaren Funktion darstellen. Diese Funktion wird sodann als Indifferenzkurve (also als Linie gleichen Nutzens) interpretiert.⁷⁵ Marginaler Nutzen und Nutzen erscheinen so als ineinander umrechenbar. Dies ist aber nur denkbar, wenn die Vektorgröße des marginalen Nutzens (ausgedrückt in Geldeinheiten pro Stück) zu einer skalaren Größe korrespondiert, die ausschließlich in Geldeinheiten besteht. Dies heißt aber nichts anderes, als daß *die Begriffe des Nutzens und des Geldes austauschbar sind.* „Der Nutzenbegriff ist strukturell mit dem des Geldes identisch."⁷⁶ Oder anders gesagt: Im Kontext der Theorie der Nutzenmaximierung sind Geld und Nutzen im *ontologischen* Sinne identisch.⁷⁷ Das Geld stellt damit auch die Maßeinheit des Wertes dar. Diese ungedachte Voraussetzung zeigt, daß man die Bemühungen der Neoklassik, die Nutzentheorie auf eine 'Naturgesetzlichkeit' und nicht auf ein Alltagsphänomen wie das Geld zu gründen, wohl eher als *erfolglos* bezeichnen muß:

> "The overall thrust of the emulation of physics by economics was to discover the hidden fundamental natural determinants of value that lay behind the veil of everyday phenomena of money prices and incomes. Utility as a field of scalar potentials fit that pattern quite nicely, but the physics metaphor did not stop here. A potential field should have been coupled with a well-defined set of transformation algorithms into kinetic forces, because the field and the forces were just two aspects of the same ontological thing. Strictly and logically interpreted, the analogy would suggest that money and utility were the same ontological thing. (...) The whole contraption of the utility function [was] redundant, because money provided the unique and sufficient direct cardinal measure of utility in that regime. (...) If money was a sufficient and credible measure of value, then the whole project of a science-based value

---

⁷³ Vgl. A. Marshall, Principles of Economics, aaO., S. 842.
⁷⁴ Dies gilt wiederum nur für ein konservatives Kraftfeld.
⁷⁵ Vgl. beispielsweise P.A. Samuelson, Consumption Theory in Terms of Revealed Preference, aaO., S. 64ff.
⁷⁶ K.-H. Brodbeck, Die fragwürdigen Grundlagen der Ökonomie, aaO., S. 233.
⁷⁷ Vgl. P. Mirowski, More Heat than Light, aaO., S. 231.

theory, which aimed to uncover the fundamental lawlike reality obscured by the blooming buzzing phenomenological diversity, was superfluous."[78]

Die Begriffe des marginalen Nutzens und des Nutzens verdecken also im Grunde nur, welche Erfahrung im Sinne einer *Concrete Intuition* der neoklassischen Maximierung zugrunde liegt: der Umgang mit Geld. An späterer Stelle wird noch deutlich werden, daß dieser als wesentliches Element eines ökonomischen *Gewohnheitsprozesses* aufgefaßt werden kann (3.3.2). Hier wird aber schon deutlich, daß das Geld zwei wesentliche Funktionen erfüllt. Erstens ist die Eigenschaft, Geldwert zu sein, die einzige, die den Gütern in der *Domain of Discourse* der neoklassischen Theorie zugesprochen werden kann. Der Nutzenbegriff, der die Betrachtung einer Vielzahl von Eigenschaften suggeriert, ist deshalb irreführend. Daran wird deutlich, daß der Begriff des Nutzens nicht als Bedürfnis interpretiert werden kann. Denn ein Gut wird nicht danach bewertet, ob es ein physiologisches Bedürfnis wie etwa Nahrung oder Schlaf befriedigt, sondern allein danach, inwiefern es in Geld zu beziffern bzw. in Geld umzuwandeln ist. Zweitens kann die neoklassische Annahme, eine Bewegung vollzöge sich stets zu einem höheren Nutzenniveau, nun pointierter formuliert werden. Denn sie besagt nichts weiter, als daß mehr Geld auf jeden Fall weniger Geld vorgezogen wird. Das schon angesprochene Theorem der Nicht-Sättigung findet hierin seine eigentliche Begründung: Jedes Mehr eines Gutes wird einem Weniger des Gutes nur dann vorgezogen, wenn in der Differenz ein *Geldwert* liegt. Es ist deswegen nicht korrekt, das Theorem der Nicht-Sättigung physiologisch bzw. im Horizont des Bedürfnisbegriffes zu interpretieren:

> „Zwar würde kaum jemand ausschlagen, zu einer Kiste Champagner weitere 1000 Kisten in Empfang zu nehmen, aber sicherlich nicht, um sie in absehbarer Zeit zu trinken. Jeder Ware stellt einen potentiellen *Geldwert* dar und kann verkauft werden. Doch *diese* Unendlichkeit ... in eine *Präferenzfunktion* für Konsumgüter zu verwandeln, ist schlechterdings ein *quid pro quo*. Die Neoklassik verlegt in die Bedürfnisse eine Unendlichkeit, die ihnen allein physiologisch nicht zukommen kann. Niemand zieht 10 Tonnen Eiscreme 9 Tonnen vor, weil er diese *essen* möchte."[79]

Die Bedeutung des Geldes erlaubt es auch, die impliziten Aussagen der Neoklassik über das Bewußtsein des ökonomischen Akteurs explizit zu machen. Wichtig ist hier die Überlegung, daß die Identität von Nutzen und Geld innerhalb des Bewußtseinsfeldes des ökonomischen Akteurs zustande

---

[78] P. Mirowski, More Heat than Light, aaO., S. 250-251.
[79] K.-H. Brodbeck, Die fragwürdigen Grundlagen der Ökonomie, aaO., S. 231, Hervorhebung im Original.

kommt. Nur in diesem werden Nutzen und Geld als ein und dasselbe Ding erkannt. Es kommt also nicht etwa darauf an, ob der Wissenschaftler (implizit) dem Geld eine Schlüsselrolle in seiner Theorie zubilligt, sondern ob dies der Akteur selbst tut. So muß zum einen vorausgesetzt werden, daß der Handelnde die Güter nur nach der Eigenschaft beurteilt, geld-wert zu sein. Zum anderen muß ihm ein berechnender und strebender Charakter unterstellt werden. Berechnend, weil er jede Handlungsalternative im Maßstab des Geldes bewertet. Und strebend, weil er stets ein Mehr einem Weniger an Geld vorzieht.[80] Dies sind die notwendigen Eigenschaften des Bewußtseins, die die Neoklassik implizit voraussetzen muß, wenn sie das Konzept der Optimierung auf den ökonomischen Kontext überträgt. Sie sind der Ort-worin, in dem die objektive Theorie der Nutzenmaximierung implizit gründet. Dies bedeutet auch: Wenn der Mensch keinen strebenden, berechnenden Charakter hat, dann kann sein Handeln auch nicht im Rahmen der Theorie der Nutzenmaximierung beschrieben werden. Die Beschränkung der Gültigkeit dieser Theorie liegt in dieser ungedachten Voraussetzungen begründet. Sie kann deshalb innerhalb dieser Theorie nicht explizit diskutiert werden.

Es ist wichtig zu sehen, daß diese Feststellung nicht unbedingt eine Kritik an den ungedachten Voraussetzungen der Neoklassik hinsichtlich des Bewußtseins bedeutet. Sie impliziert auch nicht die Aussage, daß Menschen nicht tatsächlich nach immer mehr Geld streben. Es geht vielmehr um eine logische Kritik an der neoklassischen Vorgehensweise, das Konzept der Optimierung aus der Mechanik zu übernehmen, ohne explizit anzugeben, welche Bedingungen das Bewußtsein erfüllen muß, damit eine solche Übernahme sinnvoll ist. Es ist eine Kritik daran, daß diese Bedingungen nicht offen gelegt werden, sondern stets als Ort des Nichts im Hintergrund einer (vermeintlich) objektiven Theorie verbleiben. Es ist dies eine Kritik, wie sie Nishida an den objektiven Wissenschaften im allgemeinen in einer ähnlichen Weise übt. Diese Wissenschaften, so Nishida, stützen ihre objektiven Aussagen notwendig auf Annahmen über das Bewußtsein, die sie zugleich aber ignorieren. Diese Annahmen lenken und bestimmen so das Denken des Wissenschaftlers, ohne selbst gedacht zu werden. Eine solches Nachdenken kann aber auch gar nicht erfolgen, ohne den Anspruch aufzugeben, eine objektive Wissenschaft zu sein, die keinerlei Aussagen über

---

[80] J.S. Mill beschreibt diese Voraussetzung im Hinblick auf die politische Ökonomie ein wenig vereinfachend folgendermaßen: „Political economy considers mankind as occupied *solely in acquiring and consuming wealth*." Ders., On the Definition of Political Economy, and on the Method of Investigation Proper to It, in: Ders., Collected Works, Vol. IV, Toronto 1967, S. 322, eigene Hervorhebung.

das Bewußtsein trifft. Es muß vielmehr nach einer Domain of Discourse gesucht werden, die tiefer oder offener ist und so den subjektiven Charakter des Handelnden explizit thematisieren kann.

Doch noch steht dieser Suche ein wichtiges Hindernis entgegen. Denn in der Neoklassik wird häufig davon ausgegangen, man könne den tatsächlichen, subjektiven Charakter des Akteurs vernachlässigen, selbst wenn man implizit Annahmen über diesen trifft. Es gehe nicht um die Realitätsnähe der Annahmen, so lautet hier das Hauptargument, sondern um die Nützlichkeit oder Tauglichkeit einer Theorie. Annahmen über den Menschen seien lediglich „*Als-ob-Konstrukte*": Man könne den Menschen behandeln als ob er berechnend sei – unabhängig davon, ob dieser tatsächlich so 'ist' –, solange diese Vorgehensweise brauchbare Ergebnisse liefere.[81] Das Problem steckt hier in der Definition des Begriffes 'brauchbar'. Innerhalb der Neoklassik ist hiermit zumeist die Prognosefähigkeit einer Theorie gemeint.[82] Eine Theorie soll nicht nur einen bestehenden Zustand erklären, sondern auch einen zukünftigen vorhersagen können. Handeln soll in diesem Sinne berechenbar sein. Eine solche Berechenbarkeit ist das eigentliche Ziel des neoklassischen Forschungsprogramms. So schreibt etwa Suchanek, „daß die ökonomische Theorie wie jede Einzelwissenschaft empirische Sachverhalte in einer Weise zu objektivieren bemüht ist, daß sie 'berechenbar' und damit beherrschbar werden"[83]. Er lehnt sich damit an das positivistische Forschungsideal an, das Comte folgendermaßen formuliert:

> „Die natürliche Ordnung, die in jedem praktischen Falle ein Resultat der Gesamtheit der Gesetze der in Verbindung stehenden Ereignisse ist, muß uns offensichtlich bekannt sein, damit wir sie zu unseren Gunsten abändern, oder wenigstens unser Verhalten ihr anpassen können, wenn wie gegenüber den Vorgängen am Himmel jeder menschliche Eingriff unmöglich ist. (...) [Diese Vorstellung ist umfassend:]

---

[81] Vgl. H.Vaihinger, Die Philosophie des Als-ob, System der theoretischen, praktischen und religiösen Fiktionen der Menschheit aufgrund eines idealistischen Positivismus, Leipzig 1920. Vaihinger schreibt beispielsweise, daß gegen die Fiktionen des allein egoistisch handelnden Menschen prinzipiell nichts einzuwenden sei; lediglich die *Brauchbarkeit* dieser Fiktion sei festzustellen. Vgl. ders., S. 28ff. Zur Als-ob-Annahme des Egoismus in der ökonomischen Theorie vgl. ders., S. 341ff.

[82] Vgl. M. Friedman, The Methodology of Positive Economics, in: Ders., Essays in Positive Economics, Chicago 1953.

[83] A. Suchanek, Der ökonomische Ansatz und das Verhältnis von Mensch, Institution und Erkenntnis, in: B. Biervert, M. Held (Hrsg.), Die Natur des Menschen, aaO., S. 80.

Denn die Technik wird dann nicht mehr ausschließlich geometrisch, mechanisch oder chemisch usw. sein, sondern auch und in erster Linie politisch und moralisch."[84]

Wäre die Annahme einer Berechenbarkeit von Handlungen gerechtfertigt, so würde die Bedeutung des subjektiven Bewußtseins tatsächlich in den Hintergrund gedrängt. Annahmen über dieses Bewußtsein wären lediglich bedeutungslose Als-ob-Konstrukte, denen keinerlei Bedeutung beizumessen ist. Vor allem würde gelten, daß die Gültigkeit objektiver Theorien nicht auf bestimmte Annahmen über das individuelle Bewußtsein relativiert ist. Die folgenden Abschnitte sollen zeigen, daß diese Annahme aber eben gerade nicht haltbar ist. Sie entpuppt sich bei genauerem Hinsehen vielmehr als eine logische Unmöglichkeit.

3.1.3 Ein zeit- und ortsunabhängiges Bewußtseinsfeld

Bis jetzt wurde lediglich ein *statisches* Gleichgewicht betrachtet. Durch dieses lassen sich zwar unter bestimmten Voraussetzungen momentane Zustände beschreiben, nicht aber Bewegungen oder Veränderungen in der Zeit. Für eine Prognose zukünftigen Handelns, wie sie die neoklassische Theorie anstrebt, bedarf es also anderer Konzepte. Hier ist erneut die kanonische Mechanik grundlegend, die Bewegung als eine *Störung* des Gleichgewichts erklärt. Man kann sich zumindest prinzipiell vorstellen, daß eine solche Störung entweder durch eine Änderung der eingeprägten Kraft oder aber eine Änderung der Zwangskräfte hervorgerufen werden kann. Das Prinzip der Erhaltung der Energie besagt allerdings, daß in einem geschlossenes System die Summe der Energie konstant ist; es verbietet jegliche spontane Eigenbewegung des Systems. In einer anderen Formulierung besagt das gleiche Prinzip, daß Energie weder verloren geht noch entsteht, sondern lediglich von einer Form in eine andere umgewandelt wird. Ein geschlossenes System kann (und muß) also seinen Zustand nur dann ändern, wenn ihm von außen Energie zugeführt oder entzogen wird. Bewegung erfolgt allein durch eine Änderung der auf das System wirkenden Zwangskräfte. Diese werden in Energie transformiert und bewirken so eine Zustandsänderung des Systems, die etwa durch eine Differenz der potentiellen Energie beschreibbar ist. Oder anders gesagt: Bewegung wird nur als von äußeren Faktoren kausal bewirkt gedacht. Diese Vorstellung wird von der Neoklassik übernommen. Denn in ihren Modellen wird beispielsweise eine Bewegung im Güterraum als kausal durch eine Änderung der Budget-

---

[84] Vgl. A. Comte, Reden über den Geist des Positivismus, Hamburg 1966, S. 59-61, eigene Hervorhebung.

geraden bewirkt beschrieben: Eine Einkommenserhöhung führt automatisch zu einem neuen Gleichgewicht auf einem höheren Nutzenniveau, wird also (vollständig) in Nutzen transformiert. Eine solche Vorstellung impliziert aber, daß alle Voraussetzungen, die der Bewegung in der kanonischen Mechanik zugrundeliegen, sich adäquat in den ökonomischen Kontext übersetzen lassen. Dies gilt insbesondere bezüglich der Gesetze von der Erhaltung der Energie; eine Tatsache, der innerhalb der Neoklassik wenig Beachtung geschenkt wird.[85]

In der Neoklassik wird, wie schon deutlich wurde, der Begriff der Energie in den des Nutzens übersetzt. Doch diese Übersetzung bleibt in einem wesentlichen Punkt *unvollständig*. Denn in der Mechanik werden mehrere Energieformen unterschieden und die Transformation zwischen ihnen diskutiert. Die Indifferenzkurven (die Linien gleichen Nutzens) können nur analog zu *einer* dieser Energieformen gedacht werden: der *potentiellen* Energie. Was fehlt, ist eine adäquate Übersetzung des Begriffes der *kinetischen* Energie in den ökonomischen Kontext. An folgendem Zitat wird deutlich, daß diese Form der Energie ihre Entsprechung implizit im *Einkommen* findet:

> "If the force components (of the budget constraint, SG) are interpreted as prices, then the interpretation of the integral of forces times displacements follows directly. Displacements along the axes translate into incremental changes in the amount of the corresponding commodity. The integral $\int (F_x d_x + F_y d_y + ...)$ which in physics is interpreted as the kinetic energy or work integral, in the neoclassical context becomes *total expenditure*, the integral of price times incremental changes in quantity. If one were to insist that the price of each incremental quantity of a generic good be a constant ... then the integral would collapse to a simple summation $\Sigma (F_x \cdot x + F_y \cdot y + ...)$ which, if set equal to a constant, becomes the *familiar budget constraint*."[86]

Die Einheit der 'Energieform' des Einkommens bzw. der Summe aller Ausgaben ist keine andere als die des Nutzens, also das Geld. Ansonsten könnte keine sinnvolle Analogie zur vollständigen Umwandelbarkeit der Energieformen hergestellt werden. Nimmt man zu dieser Überlegung den Aspekt hinzu, daß die Zwangskräfte in der Neoklassik als *Preisvektoren* interpretiert werden, so ergeben sich bezüglich der Bewegung innerhalb des Güterraums einige interessante Aspekte. Zunächst gilt, daß die Neoklassik implizit eine Analogie zum Prinzip der Energieerhaltung der Mechanik denken *muß*. Denn die funktionalen Beziehungen, die sie aus dieser

---

[85] Vgl. P. Mirowski, More Heat than Light, aaO., Kapitel 5.
[86] P. Mirowski, More Heat than Light, aaO., S. 226-27, eigene Hervorhebung.

3 Das implizite Menschenbild der Ökonomie

physikalischen Disziplin uneingeschränkt übernimmt, sind nur innerhalb eines Feldes denkbar, für das dieses Prinzip gilt. Dies bedeutet im Hinblick auf die Umwandelbarkeit der Energieformen ineinander, daß *jede* Einkommensänderung in einen Nutzen transformierbar sein muß. Eine Erhöhung des Einkommens führt zwangsläufig zu einem Anstieg des Nutzens. Dieses Bild läßt sich weiter konkretisieren. Der kanonischen Mechanik zufolge kann Bewegung nicht spontan entstehen, sondern nur kausal von außen bewirkt werden. Dies Gesetze der Thermodynamik schließen es sozusagen aus, daß man 'etwas für nichts' bekommt. Es ist dieser Leitgedanke, den die Neoklassik auf das Handeln, bzw. auf die Wahl zwischen Alternativen überträgt und auf diese Weise eine „Verhaltensmechanik" entwirft, die in ihren Grundzügen mit dem Behaviorismus übereinstimmt.[87] Diese Verhaltensmechanik beinhaltet analog zur Thermodynamik eine „exogene Erzeugungstheorie":

> „Das Verhalten wird als abhängige Variable von Faktoren gesehen, die von außen auf den Organismus einwirken. Demnach ist das Verhalten vollständig durch die Umwelt definiert. Der Organismus besitzt keine Eigendynamik oder Spontaneität, sondern reagiert erst auf von außen einwirkende Kräfte und auf diese dann in einer deterministischen Art und Weise."[88]

Deutlich wird diese Vorstellung im Begriff des *Anreizes*, mit dem sich der physikalische Begriff der Zwangskraft in den ökonomischen Kontext übersetzen läßt. Ein Anreiz ist eine Veränderung, die von *außen*, also exogen bewirkt wird, und auf die das Individuum in bestimmter, vorhersehbarer Weise reagiert. Eine solche systematische Reiz-Reaktion wird in der Neoklassik immer dann explizit vorausgesetzt, wenn Verhalten als eine *systematische* Reaktion auf Veränderungen der exogen bestimmten *Restriktionen* interpretiert wird:

> „Auf ... Veränderung reagiert ein rationales Individuum 'systematisch', d.h. nicht zufällig oder willkürlich, aber auch nicht dadurch, daß es sich unabhängig von diesen Veränderungen streng an vorgegebene Regeln hält. Damit kann dieses Verhalten durch Setzung von Anreizen systematisch beeinflußt werden, wobei sich solche

---

[87] Vgl. D. Müller, Beiträge der Handlungstheorie für das Verständnis des Konsumentenverhaltens, Frankfurt/Main et al. 1983, S. 32 ff.

[88] D. Müller, Beiträge der Handlungstheorie für das Verständnis des Konsumentenverhaltens, aaO., S. 34. Müller verweist hier auf Arbeiten von Autoren wie Watson und Pawlow (Stichwort: klassische Konditionierung) sowie Thorndike, Guthrie und Skinner (Stichwort: Lernen am Erfolg).

Anreize im wesentlichen aus Veränderungen des Handlungsspielraumes (der Restriktionen) ergeben."[89]

Mitunter werden die physikalischen Zwangskräfte auch als *Sachzwänge* interpretiert, allerdings ohne diese Analogie zur Physik explizit zu nennen.[90] Auch in diesem Fall wird Bewegung wie in der kanonischen Mechanik als *vollständig* durch äußere Faktoren determiniert angesehen. Bei diesen Sachzwängen handelt es sich dabei nicht um eine unbestimmte Form der einwirkenden 'Kräfte' oder der zuzuführenden 'Energie'. Sie sind vielmehr ganz konkret als *Preise* und *Einkommen* zu denken, weil diese Begriffe die einzig denkbaren Übersetzungen der Begriffe 'Zwangskraft' und 'kinetische Energie' darstellen. Dies bedeutet, daß eine Bewegung im Güterraum ausschließlich durch *Geld* bewirkt wird, das die einzig denkbare Einheit der 'Energie' des zugrundeliegenden Feldes darstellt. Eine andere Ursache von Veränderungen ist in der *Domain of Discourse* der Neoklassik nicht vorstellbar.

Doch die Analogie zur Mechanik verweist implizit noch auf etwas anderes: die *Quelle* oder den Ursprung der 'Zwangskräfte'. Denn innerhalb der Theorie der Nutzenmaximierung wird die Budgetgerade als einzige Nebenbedingung definiert, wobei deren Determinanten, wie wir schon sahen, implizit als durch den *Markt* bestimmt gedacht werden. Es ist also in der Neoklassik der Markt, der die Gleichgewichtsbedingungen bestimmt, indem er Betrag und Richtungssinn der Preisvektoren determiniert. Durch seinen *Preismechanismus* wird die Wahl des Einzelnen, oder, um einen Begriff analog zur Bewegungsfreiheit in der Physik zu nennen, die *Wahlfreiheit* eingeschränkt. „Die Preise sind die Kräfte und der Markt der Mechanismus durch den ein Maximum an Nutzen realisiert werden kann."[91] Es ist diese Metapher, in der *jede* Handlung innerhalb der Neoklassik gedacht wird.

Es soll nun eine wichtige Voraussetzung für die Berechenbarkeit von Handlungen herausgearbeitet werden. Diese beruht auf einer wesentlichen

---

[89] Vgl. G. Kirchgässner, Homo oeconomicus: das ökonomische Modell individuellen Verhaltens und seine Anwendung in den Wirtschafts- und Sozialwissenschaften, Tübingen 1991, S. 17-18.

[90] Vgl. zu dem Begriff der Sachzwänge etwa K. Homann, F. Blome-Drees, Wirtschafts- und Unternehmensethik, Göttingen 1992, S. 108. Hier werden Handlungen als vollständig durch Sachzwänge des (ökonomischen) Systems determiniert angesehen.

[91] P. Mirowski, More Heat than Light, aaO., S. 228.

Eigenschaft des zugrundeliegenden Feldes: seiner (relativen) *Unveränderlichkeit*. Um einen Übergang von einem Gleichgewicht zum anderen berechnen zu können, muß das zugrundeliegende Feld *invariant* sein, weil sich eine Optimierung unter Nebenbedingungen nur für sog. konservative Felder berechnen läßt. Diese Voraussetzung impliziert beispielsweise, daß die Eigenschaften des Feldes unabhängig von der *Zeit* sein müssen. Die statische Berechnung eines Gleichgewichts sagt nichts darüber aus, wie sich ein Feld in der Zeit verhält; sie stellt lediglich eine Momentaufnahme dar. Der Begriff der Bewegung (etwa im Sinne der physikalischen Arbeit) hingegen impliziert eine *Veränderung* des Zustandes in der Zeit. Um einen solchen Wandel berechnen zu können, muß er gegen etwas gemessen werden, das in der Zeit konstant bleibt. In der kanonischen Mechanik wird stets das zugrundeliegende Feld als eine solche Konstante betrachtet. Hierfür wird es als in der Zeit unbeweglich und unveränderlich angenommen. Es bleibt als eine Substanz erhalten, gegen die Veränderungen gemessen werden können. Diese Vorstellung eines in der Zeit unveränderlichen Feldes bildet die unabdingbare Voraussetzung *jeder* Form der Berechnung, insofern diese sich auf die Feldmetapher stützt. Jedes zu berechnende System muß „indifferent gegenüber dem Verlauf der historischen Zeit sein".[92] Doch jedes berechenbare Feld bleibt nicht nur im Verlauf der Zeit unverändert. Es muß zudem invariant gegenüber *räumlichen* Veränderungen sein. Diese Voraussetzung besagt, daß jegliche *Wechselwirkung* vom Feld und seiner Umwelt ausgeschlossen sind. Ein konservatives System beispielsweise reagiert auf die gleiche Weise; unabhängig davon, ob es in einem physikalischen Labor einer deutschen oder einer japanischen Universität steht. Seine Reaktionen sind auch unabhängig davon, in welcher Reihenfolge es unterschiedliche Zustände durchläuft; seine Invarianz gegenüber räumlichen Veränderungen impliziert eine *Wegunabhängigkeit*.

Allgemeiner formuliert, impliziert jedes Kausalprinzip, daß Bewegungen oder Veränderungen ursächlich erklärt, ein Konstanzprinzip[93]: Der Wandel wird gegen etwas gemessen, das relativ unveränderlich bleibt. Dies bedeutet unter anderem, daß ein konservatives System keine *inneren Freiheitsgrade* aufweist. Schon die Bewegung eines Schlittschuhkufen, bei dem die Richtung der Schneide frei variiert, kann nicht vollständig berechnet werden. Mathematisch formuliert, liegt dies daran, daß die entsprechende Differentialgleichung keinen integrierenden Faktor besitzt. Die Gleichungen

---

[92] P. Mirowski, More Heat than Light, aaO., S. 28, eigene Hervorhebung.
[93] Vgl. zum Konstanzprinzip D. Müller, Beiträge der Handlungstheorie für das Verständnis des Konsumentenverhaltens, aaO., S. 28.

der kanonische Mechanik können deshalb auf ein solches Problem nicht angewendet werden, da sie vollständige Integrierbarkeit voraussetzen.[94] Dennoch sind diese Gleichungen nicht völlig bedeutungslos. Denn ihre Erkenntnisse sind für einen bestimmten Bereich äußerst wichtig: die *Welt der Maschinen*. Eine Maschine ist das Ideal dessen, was beherrschbar und berechenbar ist. Einmal konstruiert, funktioniert sie immer auf die gleiche Weise. Sie tut das, wofür die geschaffen wurde, unabhängig von Raum und Zeit. Maschinen gab es selbstverständlich schon vor der Begründung der Mechanik; sie dienten letzerer sogar als Vorbild.[95] Aber erst in der kanonischen Mechanik konnte das Prinzip der Maschine vor dem Hintergrund eines konservativen Feldes *mathematisch* formuliert werden. Es wurde damit eine Berechenbarkeit möglich, die den Ingenieurwissenschaften im 19. Jahrhundert neue Erkenntnisse und Fortschritt ermöglichte.

Die Maschine diente schon vor der Formulierung der kanonischen Mechanik vielen Wissenschaften als Denkmodell, um den eigenen Erklärungsgegenstand zu beschreiben:

> „Das mechanische Ineinandergreifen der Zahnräder wurde ... zu einem Denkmodell für die gesamte natürliche und menschliche Welt. Es war vor allem Descartes, der die 'Erde und die ganze sichtbare Welt nach einer Art einer Maschine beschrieben' hat, aber auch Descartes Kritiker Leibniz sagt: 'Was ich behaupte, ist, daß das Uhrwerk der Welt, ohne einer Nachbesserung zu bedürfen, fortgeht'."[96]

Dieses Denkmodell wird in den Sozial- und Geisteswissenschaften auf den Menschen übertragen. So spricht Descartes etwa auch von einer „Maschine unseres Körpers".[97] Die Neoklassik baut auf dieser Metapher auf und versucht, mit Hilfe der mathematischen Formulierung des Maschinenprinzips menschliche Handlungen zu berechnen. Die Vorstellung des Menschen als Maschine wird so zu einer ihrer wichtigsten Denkvoraussetzungen. Edgeworth hat dies sehr deutlich formuliert:

---

[94] Vgl. H. Stephani, G. Kluge, Theoretische Mechanik, aaO., S. 84-85. Im Zusammenhang mit inneren Freiheitsgraden spricht die Physik von *anholonomen* Bedingungen: „Anholonome Bedingungen sind zwar interessant, aber schwierig zu handhaben." (Dies., S. 85) Dies bedeutet aber nichts anderes, als daß solche Bedingungen eine Berechnung bzw. Prognose unmöglich machen.
[95] Vgl. K.-H. Brodbeck, Die fragwürdigen Grundlagen der Ökonomie, aaO., S. 37.
[96] K.-H. Brodbeck, Die fragwürdigen Grundlagen der Ökonomie, aaO., S. 37.
[97] R. Descartes zitiert in K. H. Brodbeck, Die fragwürdigen Grundlagen der Ökonomie, aaO., S. 206.

"The conception of Man as a pleasure machine may justify and facilitate the employment of mechanical terms and Mathematical reasoning in social science."[98]

Ist der Mensch aber nun tatsächlich als Maschine zu denken? Edgeworth bleibt eine Antwort auf diese Frage ebenso schuldig wie die gesamte neoklassische Tradition. Die Gleichsetzung von Mensch und Maschine wirkt stets nur als ungedachte *Domain of Discourse*, in der gedacht und gerechnet wird, ohne selbst zu einem expliziten Gegenstand der Reflexion zu werden. Die vorangegangen Überlegungen deuten aber darauf hin, welche unabdingbare Voraussetzung gegeben sein muß, um den Menschen als Maschine zu denken: Sein Bewußtseinsfeld muß wie ein konservatives physikalisches Feld beschaffen sein. Ansonsten ist sowohl das neoklassische Postulat, Handeln berechnen und prognostizieren zu können, als auch die Vorstellung, Handlungen könnten von außen durch Anreize gesteuert werden, *unhaltbar*.

Mirowski erläutert die Bedingung, unter welcher die Eigenschaften eines konservativen Kraftfeldes adäquat in den Kontext menschlicher Handlungen übersetzt werden können. Das Bewußtsein (im Sinne des Nutzenfeldes) muß *invariant* sein:

"The conservation of utility is one of the least understood unobtrusive postulates in neoclassical theory. It does not mean total utility is constant before and after a trade: Obviously a major tenet of neoclassicism is that trade increases the sum of realized utility. Rather, *the conservation of the utility field is invariably posited, independent of any and all exchange activity.*"[99]

Die neoklassische Tradition bietet eine Fülle von Interpretationsmöglichkeiten für ein solches 'Erhaltungsprinzip' an. Die in Lehrbüchern häufig zu findenden mathematisch formulierten Voraussetzungen sind dabei nicht sonderlich interessant. Stetigkeit und Integrierbarkeit einfach anzunehmen, oder wie Varian die Konvexität der Präferenzen zur Bedingung zu machen[100], sagt nichts darüber aus, wie diese Bedingungen im ökonomischen Kontext zu denken sind. Etwas interessanter ist schon die Annahme, man könne oder müsse von *stabilen Präferenzen* ausgehen. So erkennt etwa Gary S. Becker, daß allein die Annahme stabiler Präferenzen eine „feste Grundlage" bietet, um „Vorhersagen über Reaktionen auf verschiedene

---

[98] F.Y. Edgeworth, Mathematical Psychics, aaO., S. 15, Hervorhebung im Original.
[99] P. Mirowski, More Heat than Light, aaO., S. 273, eigene Hervorhebung.
[100] Vgl. H.R. Varian, Mikroökonomie, München-Wien 1985, S. 154f.

Veränderungen zu machen."[101] Grafisch interpretiert besagt diese Aussage, daß die Indifferenzkurven (die Linien gleichen Nutzens) als unveränderlich vorausgesetzt werden und so dem Aussehen nach einem konservativen Kraftfeld entsprechen. Was aber bedeutet die Annahme stabiler Präferenzen wirklich? Nichts anderes, als daß der Handelnde zwischen Güterbündeln *immer* auf die gleiche Weise wählt. Seine Wahl ist sowohl zeit- als auch ortsunabhängig. „Die Welt, die wir erforschen, muß als eine *zeitlose oder momentane* Welt betrachtet werden."[102] Manche Autoren meinen, es würde hierfür ausreichen, Präferenzen gegenüber Restriktionen (den äußeren Anreizen) als *stabiler* zu postulieren.[103] Dies macht keinen Sinn, da Wandel nur gegenüber einer relativ zu ihm statischen Substanz gemessen werden kann. Eine relativen Bewegung von Substanzen oder Phänomenen zueinander ohne Angabe eines weiteren, festen Bezugspunktes kann zumindest im Rahmen der Feldmetapher nicht dargestellt werden. Es muß deswegen etwa ein Wandel des Geschmackes oder der Vorlieben völlig ausgeschlossen werden.[104] Hierdurch werden aber menschliche Regungen wie *Irrtum* oder *Bedauern* als Phänomene implizit aus der Betrachtung ausgeklammert. Es wird „die Einsicht in die zukunftsfähige Irrtumsfähigkeit menschlicher Nutzenvorstellung buchstäblich wegaxiomatisiert".[105] Zur Bedeutung des Bedauerns schreibt Mirowski:

> "Utility is conserved throughout the exchange process. (...) The realization of utility is made independent of the processes of consumption and exchange ... If there were a theme song for this pageant of atomistic maximizing units, it would have to be, 'No Regrets.' One suspects that many neoclassical economists would, at this point, aver that these assumptions have been made implicitly made in the past; but add that this was merely one step in a larger iteration towards more realistic and/or fruitful assumptions. If so, they would miss the major argument ...: without some such prior imposed conservation rules, there would be *no constrained maximization* at all

---

[101] G.S. Becker, Der ökonomische Ansatz zur Erklärung menschlichen Verhaltens, Tübingen 1982, S. 4. Vgl. auch Seite 6.

[102] Shackle zitiert in C. Mainwaring, Marginalism and the Margin, aaO., S. 113, eigene Hervorhebung. Shackle argumentiert hier allerdings in einem anderen Zusammenhang und zwar dem der Interaktion mehrerer Individuen.

[103] Vgl. G. Kirchgässner, Homo oeconomicus, aaO., S. 26.

[104] Vgl. M. Farmer, Ever since Adam Smith: The Mythical History of Individual Rationality in Economic Analysis, Research in the History of Economic Thought and Methodology, 9 (1992), S. 108.

[105] B. Biervert, J. Wieland, Der ethische Gehalt ökonomischer Kategorien – Beispiel: Der Nutzen, in: B. Bievert, M. Held (Hrsg.), Ökonomische Theorie und Ethik, Frankfurt/Main-New York 1987, S. 45. Die Autoren beziehen sich hier auf die Voraussetzung der vollständigen Informationen.

in neoclassical economics. *For if regret ... were possible, then there would be no fixed functions and no fixed extrema which could be located by the calculus.*"[106]

Allgemeiner formuliert, darf zwischen dem Wunsch, ein Gut zu konsumieren, und der Befriedigung dieses Wunsches kein Unterschied bestehen. Denn sonst würde das Individuum seine Präferenzen nach jedem Akt des Konsums *ändern*.[107] Ähnliches gilt auch für die Vorstellung, die *Reihenfolge* des Konsums hätte keinen Einfluß auf den Gesamtnutzen. Pareto etwa gibt zwar ein wenig gönnerhaft zu, „daß man nicht den gleichen Genuß empfindet, wenn man die Suppe zu Beginn des Essens einnimmt und die Nachspeise am Ende, oder aber wenn man mit der Nachspeise anfängt, um mit der Suppe aufzuhören"[108], verkennt aber das eigentliche Problem. Denn der Konsum kann niemals von einer *historischen* Zeit bzw. der konkreten Erfahrungsgeschichte des Handelnden abhängig sein, ohne die Analogie zum konservativen Kraftfeld aufzugeben. Er ist vielmehr als *weg- und zeitunabhängig* zu konstruieren. „*Die Vergangenheit ist irrelevant.*"[109] Ein solches Postulat impliziert auch, dem Akteur jegliche *Lernfähigkeit*, also eine Änderung seines Wissens abzusprechen. Denn es zerstört „jede Änderung des relevanten Wissens der handelnden Person das Gleichgewicht zwischen den Handlungen ..., die sie vor, und jenen, die sie nach der Änderungen ihres Wissens unternommen hat"[110]. Der gültige Satz, daß der Mensch lernt, muß somit ausgeschlossen werden.[111]

Des weiteren muß das Nutzenfeld *ex ante* bestimmt werden können, um eine Prognose vom Handlungen zu ermöglichen. Diese Bedingung wird oft unter dem Sichtwort der *vollständigen Voraussicht* abgehandelt: „Die Vorbedingung für Gleichgewicht ... ist vollständige Voraussicht."[112]

---

[106] P. Miroski, Against Mechanism, aaO., S. 100, eigene Hervorhebung.

[107] Vgl. M. Dobb, Political Economy and Capitalism, Some Essays in Economic Tradition, London 1945, S. 18. Dobb verweist auf A. Marshall, der explizit sagt, daß die Begriffe *desire* und *satisfaction* in der ökonomischen Theorie als identisch betrachtet werden. Vgl. A. Marshall, Principles of Economics, aaO., S. 92-93.

[108] V. Pareto zitiert in G.M.E. Eisermann, Vilfredo Pareto und sein „Manuale", aaO., S. 178.

[109] L. Robbins, An Essay on the Nature and Significance of Economic Science, London 1935, S. 62.

[110] K. Leube, Einige Bemerkungen zu den „Untersuchungen über die Theorie des Preises", aaO., S. 333.

[111] Vgl. D. Müller, Beiträge der Handlungstheorie für das Verständnis des Konsumentenverhaltens, aaO., S. 28.

[112] J. R. Hicks, Gleichgewicht und Konjunktur, Zeitschrift für Nationalökonomie, Band 4 (1933), S. 445.

"Chief among the simplifications of reality prerequisite to the achievement of perfect competition is, as has been emphasized all along, the assumption of practical omniscience on the part of every member of the competitive system."[113]

Die vollständige Voraussicht erstreckt sich nicht nur auf alle *gegenwärtigen* Handlungsalternativen, da diese sich nur auf einen momentanen Ausschnitt beziehen und so nur eine statische Betrachtung erlauben. In einer dynamischen Theorie, die Handlungen prognostizieren will, müssen vielmehr auch alle *zukünftigen* Alternativen erfaßt werden. Die Ökonomie versucht dieser Anforderung auf zweierlei Weisen gerecht zu werden.[114] Zum einen wird angenommen, daß der Handelnde in einem *einzigen* Zeitpunkt *alle* seine jetzigen und zukünftigen Entscheidungen trifft. Seine Aufgabe ist es, „in der Gegenwart einen Konsumplan, also eine Spezifikation der Quantitäten aller Inputs und Outputs, auszuwählen und auszuführen, der für die gesamte Zukunft gilt".[115] Das dynamische Problem des Handelns in der Zeit wird so auf eine *statische* Betrachtung reduziert und ein einziger Gleichgewichtspunkt für alle gegenwärtigen und zukünftigen Handlungsalternativen errechnet. Es bleibt aber unklar, *wie* alle Entscheidungsalternativen eines gesamten Lebens in einem Moment überhaupt zu ermitteln sind. Hierfür wäre unter anderem notwendig, die *Lebensdauer* als bekannt vorauszusetzen.[116] Die zweite Vorstellung verweist implizit auf die Analogie zu einem mechanischen, konservativen Systems, das in der Zeit unveränderlich bleibt. Denn hier reagiert das Individuum immer auf die gleiche Weise, weil sein Bewußtseinsfeld im Laufe des Lebens als unveränderlich vorausgesetzt wird. Hierfür wird „ein weder alterndes noch je sterbendes Individuum"[117] angenommen. Auch hier bleibt unklar, zu welchem Zeitpunkt die Gestalt des Nutzenfeldes zu ermitteln ist. Es wäre konsequent, diesen auf die *Geburt* festzulegen, also einen Zeitpunkt vor jeder Konsumentscheidung. Kirchgässner meint allerdings, es müsse ein Zeitpunkt bestimmt werden, an dem der 'Sozialisationsprozeß' weitgehend abgeschlossen ist und die Präferenzen weitgehend unabhängig von den aktuellen Handlungsmöglichkeiten und damit *stabil* geworden sind. *Wann* ein

---

[113] F.H. Knight, Risk, Uncertainty and Profit, Boston 1921, S. 197.
[114] Vgl. K.-H. Brodbeck, Kritische Wirtschaftsethik, Skizzen zur impliziten Ethik ökonomischer Theoriebildung, in: P. Ulrich, M. Breuer (Hrsg.), Wirtschaftsethik im politischen Diskurs, Würzburg 2004, S. 218f.
[115] G. Debreau zitiert in K.-H. Brodbeck, Kritische Wirtschaftsethik, aaO., S. 219.
[116] Vgl. K.-H. Brodbeck, Kritische Wirtschaftsethik, aaO., S. 219.
[117] K. Wicksell zitiert in K.-H. Brodbeck, Kritische Wirtschaftsethik, aaO., S. 219.

solcher Zeitpunkt eintreten soll, oder wie er genau zu bestimmen ist, verrät Kirchgässner aber nicht.[118]

3.1.4 Handeln als unbewußtes Verhalten

In den vorherigen Absätzen sollte deutlich werden, wie problematisch die Bedingung eines zeit- und raumunabhängigen Feldes ist, wenn man sie auf das Bewußtsein überträgt. Nicht ohne Grund ist vor allem „das Element der Zeit als die Quelle der größten Schwierigkeiten in der Ökonomie"[119] bezeichnet worden. Aber bis jetzt wurde der tieferliegende Grund für diese Schwierigkeiten noch nicht ausreichend erhellt. Dieser liegt in einer bestimmten Vorstellung über den Handelnden. Heimann arbeitet diese Vorstellung deutlich heraus, auch wenn er sich in seinen Ausführungen nicht auf die Ökonomie, sondern auf Kant bezieht:

> "Kant argues that phenomenal changes were manifested as actions: 'action signifies the relation of the subject of causality to its effect,' and the succession of appearance is manifested as forces, for *causality leads to the concept of action, and this in turn to to concept of force.*' Kant thereupon claims that this *presupposes the performance of substance*, stating that 'whenever there is action – and therefore activity and force – there is substance, and it is in substance alone that the seat of this fruitful source of appearance must be sought.' The manifestation of forces, that is, the phenomenal appearance of changes, *presupposes an 'ultimate subject which is the substratum of everything that changes,'* and this is 'the permanent, that is, substance,' for actions themselves cannot be found in a subject which itself changes."[120]

Handlungen werden stets als *kausal* bewirkt betrachtet. „Als apriorische Kategorie ist das Prinzip des Handelns dem der Kausalität ebenbürtig."[121] Eine andere Betrachtungsweise ist, was die Neoklassik betrifft, auch gar nicht denkbar, da nur eine kausal bewirkte Handlung berechnet bzw. prognostiziert werden kann. Wie bei Heimann deutlich wird, setzt das Prinzip der Kausalität eine *Substanz* voraus, die selbst unbeweglich und unveränderlich ist. Wandel kann nur gegen etwas gemessen werden, das selbst in der Zeit (relativ) unveränderlich ist. *Handlungen werden also immer nur einem Subjekt zugeschrieben, das sich selbst nicht wandelt.* Dies ist die

---

[118] Vgl. G. Kirchgässner, Homo oeconomicus, aaO., S. 13-14.
[119] A. Marshall, Principles of Economics, aaO., S. 109.
[120] P.M. Heimann zitiert in P. Mirowski, More Heat than Light, aaO., S. 44, eigene Hervorhebung.
[121] L. von Mises, Grundprobleme der Nationalökonomie, Jena 1933, S. 13.

Voraussetzung, die sowohl der kanonischen Mechanik als auch der Neoklassik zugrunde liegt, allerdings mit einem wesentlichen Unterschied. Denn während die Mechanik diese Voraussetzung durch die Vorstellung des *konservativen* Kraftfeldes explizit gemacht hat, ist sie in der Neoklassik ungedacht geblieben.

Können Handlungen aber nun wirklich einem Subjekt zugeschrieben werden, das sich selbst nicht wandelt? Aus Sicht der Ortlogik Nishidas ist diese Fragen zu verneinen und nach einem anderen Ort-worin der Handlung zu suchen. Betrachten wir Nishidas Argumentation näher. Für Nishida ist der Wandel vor dem Hintergrund eines statischen Akteurs nichts anderes als eine Abstraktion, die den wirklichen Charakter des Wandels verkennt. Denn in Wahrheit ist der Handelnde ein bewegliches Wesen, das sich ebenso wie alle anderen Dinge verändert. Als Ort-worin aller Handlungen wandelt er sich in der Zeit ebenso wie seine Handlungsweisen. Nur so kann ein Individuum, das im 'Hintergrund' aller Aktivitäten liegt, als ein wirklich lebendiges Wesen vorgestellt werden.[122] Wie aber ist nun ein solcher Wandel des zugrundeliegenden Ortes oder Feldes denkbar? Der Schlüssel liegt hier darin, einen Wandel zu betrachten, der vor dem Hintergrund eines statischen Individuums *widersprüchlich* erscheint und zu überlegen, in welchem *basho* die zuvor widersprüchlichen Aussagen *zugleich* logisch gedacht werden können. Diese Überlegung fußt auf einer wesentlichen Einsicht der Logik des Ortes.[123] Nishida spricht von einem *absoluten Widerspruch*, wenn sich in einem bestimmen Ort-worin zwei Aussagen gegenseitig dergestalt ausschließen, daß die Affirmation der einen automatisch die Negation der anderen bedeutet. Dieser Widerspruch ist aber nur ein relativer; er kommt nur in einem ganz bestimmten, eingeschränkten Ort-worin des Denkens zustande.

> "Things that resist or conflict with one another presuppose the same underlying generic concept. For they oppose one another in the determination of the same universal concept."[124]

---

[122] Vgl. R.E. Carter, The Nothingness beyond God, aaO., S. 22ff.
[123] Vgl. Y. Matsudo, Die Welt als Dialektisches Allgemeines, Eine Einführung in die Spätphilosophie von Kitarō Nishida, Heidelberg 1990, S. 86. Vgl. auch R.J. Wargo, The Logic of Basho, aaO., S. 264 und R.E. Carter, The Nothingness beyond God, aaO., S. 112f.
[124] K. Nishida, Intelligibility and the Philosophy of Nothingness, übers. v. R. Schinzinger, Tokyo 1958, S. 177.

3 Das implizite Menschenbild der Ökonomie

In einer anderen, offeneren *Domain of Discourse* kann das Kontradiktorische gleichzeitig gesetzt werden. Sie vereinigt die widersprüchlichen Eigenschaften in sich, ohne den Widerspruch dabei einfach aufzuheben. Sie begründet vielmehr die Einheit oder Verbindung zwischen den widersprüchlichen Eigenschaften auf einer tieferen Ebene, in der sie gleichursprünglich gedacht werden.

"It is a dialectical logic which has the capacity to both affirm contradiction, while at the same time negating it at a deeper level by showing that 'there would be no contraction if they did not touch each other somewhere. Facing each other is already a synthesis.'"[125]

Wie kann aber nun eine solche tiefere Ebene erfaßt werden? Wargo schreibt hierzu:

"If one were strictly bound by the categories of level 's', then entity 't' would be inconceivable, for entity 't' would have to be such that it had properties which would be contradictory in terms of level 's'. Since, we do in fact conceive of 't', it must be done from the framework of some level other than 's'."[126]

"The appearance of the contradiction and the recognition of it as a contradiction requires the transition to a new set of categories; in other words, to a new basho which can accommodate the type of entity required to resolve the contradiction."[127]

Es müssen also zuerst Widersprüche in einer Theorie *als* Widersprüche anerkannt und nicht mehr per Definition aus der Betrachtung ausgeschlossen werden. Wie aber zeigen sich nun Widersprüche in der Theorie der Nutzenmaximierung? Sie zeigen sich immer dann, wenn Handlungen als *inkonsistent* bezeichnet werden. Wenn man einmal lieber Wein statt Bier trinkt und ein anderes Mal lieber Bier statt Wein, dann bleibt aus Sicht der Theorie der Nutzenmaximierung nichts anderes übrig, als ein solches Handeln als widersprüchlich zu bezeichnen. Ein solcher Wandel der Präferenzen kann *in* diesem engen Denkrahmen nicht erklärt werden. Deshalb bleibt innerhalb der Neoklassik nichts anderes, als die konsistente Wahl als gegeben zu betrachten und zum unumstößlichen Postulat zu erheben. Ihr Standardkonzept der Rationalität nimmt einfach an, daß der Mensch ein *widerspruchsfreies System* von Präferenzen bezüglich der ihm offenste-

---

[125] R.E. Carter, The Nothingness beyond God, aaO., S. 112. Carter zitiert hier Nishida.
[126] R.J. Wargo, The Logic of Basho, aaO., S. 285.
[127] R.J. Wargo, The Logic of Basho, aaO., S. 264.

henden Möglichkeiten hat.[128] Nun *kann* aber ein Individuum offensichtlich widersprüchlich im Sinne der Nutzenmaximierung handeln. Dies zeigt sich schon allein daran, daß diese Möglichkeit per Definition ausgeschlossen werden muß. Dabei handelt es sich bei der Inkonsistenz von Wahlhandlungen nicht um ein seltenes, sondern um ein ganz *alltägliches* Phänomen. Man geht einmal gerne ins Kino und bleibt beim nächsten Mal lieber daheim vor dem Fernseher, man trinkt heute gerne Wein und morgen gerne Bier etc. Wie aber schafft es nun der Einzelne, diese Widersprüche in sich zu vereinigen? Welch ein Ort-worin liegt seinem Handeln zugrunde? Wie Nishidas Ortlogik deutlich macht, ist dieser allein als das *Selbstbewußtsein* des Handelnden zu denken:

> "The background of continuity must now be the self-as-consciousness-in-time which always wherever and whenever is the 'privileged' place or center from which change is marked. Action remains the factuality of experience, for all things flow, but they flow for an individual who is always the measure, wherever, whenever. Thus it is that Nishida speaks paradoxically about the self, which 'lives by dying,' for it is a continuity of discontinuity. It flows, and yet in flowing, flows not (for it is ever the privileged marker of all flowing)."[129]

Dieses Selbstbewußtsein hat, ganz wörtlich genommen, die Eigenschaft, *sich seiner selbst bewußt zu sein*. Es kann nicht nur die Elemente 'in' seinem Feld bestimmen, sondern es kann sich bei dieser Aktivität beobachten und auf dieser Grundlage selbst *aktiv* gestalten. Es kann sich selbst verändern und dabei doch seine Identität bewahren. Ihm ist es möglich, die dynamische Entwicklung vom Baby bis zum Greis trotz aller Veränderungen als eine Einheit zu betrachten. Handlungen liegt der Logik des Ortes zufolge also keine statische Substanz zugrunde, sondern ein Selbstbewußtsein, das sich selbst und seine Wahrnehmung bewußt verändert und gestaltet. So gesehen, erscheinen Phänomene wie Lernen, neue Erkenntnis oder Bedauern nicht mehr als widersprüchlich. Oder genauer gesagt: Eigenschaften, die aus Sicht der Nutzentheorie als absolut widersprüchlich erschienen, können im Selbstbewußtsein *zusammen* gedacht werden. Für letzteres ist es nicht logisch unmöglich, die eigenen Einschätzungen und Bewertungen zu ändern und dennoch mit sich selbst identisch zu sein. Es kann sich wandeln und doch gleich bleiben. An späterer Stelle wird dieser Wandel im Sinne der *Kreativität* noch eingehend diskutiert werden (3.3.4). Wichtig ist hier zunächst, daß für die neoklassische Nutzentheorie eine solche Kreativität stets widersprüchlich erscheint. Denn diese Theorie versucht das Bewußt-

---

[128] Vgl. J. Rawls, Eine Theorie der Gerechtigkeit, Frankfurt/Main 1975, S. 165f.
[129] R.E. Carter, The Nothingness beyond God, aaO., S. 23-24.

3 Das implizite Menschenbild der Ökonomie

sein als statische Substanz festzuhalten, obwohl es sich in Wahrheit beständig ändert und dadurch einen Wandel der Präferenzen bewirkt.

Die Eigenschaft des Selbstbewußtseins, sich selbst zu reflektieren, begründet seinen dynamischen Charakter. Indem die Neoklassik von einer statischen Substanz ausgeht, die allem Handeln zugrunde liegt, spricht sie dem Bewußtsein genau diesen Charakter ab. Sie *konstruiert (implizit) das Bewußtsein als unbewußt*. Es ist zwar richtig, daß die Neoklassik die Bewußtheit der Handlungen betont. So hebt etwa Mises hervor, daß es sich beim Handeln um bewußtes Verhalten handelt, das sich scharf vom unbewußten Verhalten, von den Reflexvorgängen und der Reaktion auf Zellen auf Reize abhebt.[130] Eine solche Bewußtheit bezieht sich aber stets nur auf eine Erkenntnis der *äußeren Umwelt*. Die Präferenzen bzw. das Entscheidungsfeld selbst hingegen wird nicht reflektiert. *Der Handelnde ist sich seiner selbst nicht bewußt.* „Wir stellen", so formuliert es Jevons, „nahezu *unbewußt* Berechnungen ... in allen unseren Lebensumständen an"[131]. Er kann sich hierfür auf eine Einsicht der Psychologie des 19. Jahrhunderts berufen:

"A good deal of activity was [seen as] regulated behavior, consisting of actions that were simply automatic or instinctive performed without the attention, or the intention, or even the excitement of consciousness in the mind of the agent."[132]

Die Unbewußtheit des eigenen Tuns ist der Garant dafür, eine *statische, unwandelbare* Substanz als Handlungs- oder Entscheidungsträger annehmen und so Handlungen *mechanisch* beschreiben zu können:

„Wo immer wir mit unterbewußten Reflexionen oder Prozessen im menschlichen Körper befaßt sind, besteht kein Hindernis, sie 'mechanisch' d.i. als von objektiv beobachtbaren äußeren Ereignissen verursacht zu betrachten und zu untersuchen. Diese Vorgänge gehen ohne die Kenntnis des betreffenden Menschen vor sich und ohne daß er die Macht hätte, sie zu ändern."[133]

Beckers Bemerkung, „der ökonomische Ansatz [unterstelle] nicht, daß die Entscheidungsträger sich notwendigerweise ihrer Maximierungsbemühun-

---

[130] Vgl. L. von Mises, Nationalökonomie, aaO., S. 11.
[131] W.S. Jevons, Theory of Political Economy, aaO., S. 100.
[132] M. White, The Moment of Richard Jennings: The Production of Jevon's Marginalist Economic Agent, in: P. Mirowski (Hrsg.), Natural Images in Economic Thought, aaO., S. 211.
[133] F.A. Hayek, Mißbrauch und Verfall der Vernunft, Ein Fragment, Frankfurt/Main 1959, S. 29.

gen bewußt sind, oder daß sie in informativer Weise Gründe für die systematischen Muster in ihrem Verhalten verbalisieren oder sonst wie beschreiben können"[134], trifft in diesem Zusammenhang den Punkt nicht. Denn der ökonomische Ansatz setzt tatsächlich voraus, daß das Individuum den Ort-worin seiner Entscheidungen *niemals* reflektieren, geschweige denn verändern kann. Er verkennt damit genau diejenige Eigenschaft des Bewußtseins, die es von einem physikalischen Kraftfeld unterscheidet: seine Fähigkeit, sich selbst zu reflektieren und neu zu bestimmen: „Die Seele des Selbst kann sich *selbstwahrnehmen*."[135] Beide, Bewußtsein und Kraftfeld können als Ort-worin gedacht werden, der Dinge und ihre Beziehungen zueinander determiniert. Aber nur ersteres kann (und muß) als ein *basho* angesehen werden, der sich selbst sieht, reflektiert und bestimmt. „*Basho sees itself in itself*", schreibt Nishida im Hinblick auf diese reflexive Eigenschaft des Selbstbewußtseins.[136] Die Neoklassik verpaßt es durch ihre Anlehnung an die kanonische Mechanik, eine Handlungstheorie zu entwerfen, die dieser wesentlichen Eigenschaften des Menschen gerecht wird. Man könnte noch schärfer argumentieren, daß sie überhaupt keine sinnvolle Theorie menschlichen Handelns formuliert. Dieses Argument ist gegen die Neoklassik ebenso zu richten wie gegen andere Wissenschaften, die Handlungen auf physiologische, objektivierbare Prozesse zu reduzieren versuchen.

"To connect a 'physiological exposition' with a subsequent analysis of 'intellectual' processes was to 'tincture' psychology 'with a language of materialistic description, at once unphilosophical and repulsive'. Psychology was concerned with 'self-consciousness' (introspection), to which the very language and methods of physiological description were foreign. It was as if an artist were 'to paint his Madonna with the skin off. It is recommended neither by scientific precision, nor by illustrative good taste'. ... Since psychology required a reflecting subject, a knowing and willing self-conscious mind, it was primarily subjective and thus not a 'natural' science."[137]

---

[134] G.S. Becker, Der ökonomische Ansatz zur Erklärung menschlichen Verhaltens, aaO., S. 6.
[135] K. Nishida, Über das Gute, Eine Philosophie der Reinen Erfahrung, übers. v. P. Pörtner, Frankfurt/Main-Leipzig 2001, S. 113.
[136] K. Nishida zitiert in R.J. Wargo, The Logic of Basho, aaO., S. 187, eigene Hervorhebung.
[137] M. White, The Moment of Richard Jennings, aaO., S. 221. White faßt hier eine Aussage J. Martineaus zusammen.

3.1.5 Die logische Unmöglichkeit, Handeln zu berechnen

Die Eigenschaft des Bewußtseins, sich seiner selbst bewußt zu sein, macht deutlich, daß eine Objektivierung oder gar Berechnung menschlichen Handelns durch einen außenstehenden Beobachter *logisch* unmöglich ist. Diese Schlußfolgerung soll im folgenden näher diskutiert werden. Allgemein gesagt, muß jeder Beobachter seinen Beobachtungsgegenstand in irgendeiner Weise objektivieren. Er muß sagen können, was dieser Gegenstand *ist* bzw. dessen Eigenschaften benennen können. Um eine Verhaltenstheorie zu begründen, muß die Neoklassik also versuchen, das Bewußtsein des Handelnden zu objektivieren; ein Versuch, der im Zentrum der Kritik der Ortlogik steht:

"The key to the issue lies in self consciousness, but the traditional method of dealing with self consciousness demands treating the self as an object and this has consistently resulted in disaster."[138]

Was ist aber nun der Kernpunkt dieser Kritik? Es seien zunächst ein paar allgemeine Überlegungen zitiert, um diese dann auf die Neoklassik zu übertragen:

"In the Universal of Judgment (which includes all sorts of objective theories, SG), the knowing self is viewed as an object-part of the world of nature, to be known analogously to the way any object is known. 'It is essentially an ego, registering object in time'. Yet the 'I' as eye does not exhaust the 'I' as that which actually watches the 'eye' watching, and which enters into the framing and structuring of that which is seen. In short, the self, as self-activity, can never be caught via the universal of Judgment, for to turn it into an object is to lose its distinctiveness as subjectivity. To make of the *pour soi* an *en soi* is to make it what it isn't. It is self consciousness as not conscious. But self consciousness is recursive or reflexive, and it infinitely doubles back on itself such that it always is precisely what it isn't at any moment of objectified 'freezing', so to speak."[139]

Nehmen wir für einen Moment an, die neoklassische Theorie könnte eine Momentaufnahme des individuellen Bewußtseins abbilden und diese ihren Berechnungen zugrunde legen. Dennoch wäre damit aufgrund des reflexiven Charakters des Selbstbewußtseins *nichts* darüber gesagt, ob eine solche Aufnahme im *nächsten* Moment noch gültig ist. Genau an diesem Punkt *scheitern* alle Prognosen menschlichen Handelns. Denn es ist für den Beobachter logisch unmöglich, im vorhinein zu berechnen, wann und wie

---

[138] R.J. Wargo, The Logic of Basho, aaO., S. 266.
[139] R.E. Carter, The Nothingness beyond God, aaO., S. 35.

sich das Selbstbewußtsein neu bestimmen wird. Er kann dies immer nur daran erkennen, wenn die aktuelle Beobachtung den eigenen, ursprünglichen Prognosen *widerspricht*. Er kann eine Änderung also immer nur *ex post* feststellen, nicht aber *ex ante* bestimmen. Die Berechnung und Prognose entpuppt sich als logische Unmöglichkeit.

Dieser Aspekt kann noch deutlicher herausgearbeitet werden. Das Postulat der Berechenbarkeit von Handlungen beruht im Grunde auf der Verwechslung von Erkennendem und Erkanntem (*knower/known*) bzw. von Beobachter und Beobachteten. Am Beispiel der Theorie der 'offenbarten Präferenzen' wird deutlich, was hiermit gemeint ist. Diese Theorie versucht, ein Nutzenfeld allein aus *Beobachtungen* zu konstruieren:

> "The individual guinea-pig, by his market behaviour, reveals his preference pattern – if there is such a consistent pattern."[140]

Für eine solche Beobachtung müssen Beobachter und Beobachteter sich zunächst einmal in *einer* Situation befinden. Der Beobachte vollzieht eine Handlung (etwa ein Wahlakt) und der Beobachter beobachtet und *interpretiert* diese Auswahl:

> "If you are observed to choose x rejecting y, you are declared to have 'revealed' a preference for x over y. Your personal utility is then defined as simply a numerical representation of this 'preference' assigning a higher utility to a 'preferred' alternative. With this set of definition you can hardly escape maximizing your own utility, except through inconsistency. (...) But if you are consistent, then no matter whether you are a single-minded egoist or a raving altruist ... you will appear to be maximizing your own utility *in this enchanted world of definitions*."[141]

Entscheidend ist hier der letzte Satz. Nutzenmaximierendes Verhalten bleibt einzig und allein auf eine Welt der Definitionen beschränkt, die der Beobachter seinem Urteil zugrunde legt. Denn es ist der Beobachter, der alle wesentlichen Aspekte der Maximierung in das Verhalten hineininterpretiert.[142] Diese Interpretation geht der Konstruktion der Indifferenzkurven (des Nutzenfeldes also) *voraus*; sie ist der eigentliche Ort-worin (im Sinne einer *Initial Intuition*), der die Beobachtung strukturiert und leitet. Doch dieser Ort-worin ist nicht mit dem wahren Ort der Handlung, dem

---

[140] P.A. Samuelson, Consumption Theory in Terms of Revealed Preferences, aaO., S. 64.

[141] A. Sen, Rational Fools, aaO., S. 322-23, eigene Hervorhebung.

[142] Es sind dies die numerische Repräsentation sowie die Vorstellung eines 'Mehr-ist-besser'.

3 Das implizite Menschenbild der Ökonomie 83

Bewußtseinsfeld des Handelnden, identisch. In diesem Ort-worin können (Wahl)Handlungen ganz anders interpretiert werden als in dem Nutzenfeld, das der Beobachter konstruiert. Es wäre zwar unter Umständen möglich, diese beiden Felder anzugleichen, etwa wenn der Beobachtete erläuterte, in welcher Weise er seine Handlung interpretiert. Aber genau hierauf verzichtet die neoklassische Theorie, indem sie jegliche Kommunikation mit dem Beobachteten ablehnt und sich nur auf das von außen Beobachtbare beschränkt. Auf diese Weise kann *nichts* über die Identität von beobachtetem Nutzenfeld und Bewußtseinsfeld ausgesagt werden. Die Annahme der Existenz eines Nutzenfeldes, das der Beobachter konstruiert, bleibt allein auf die Welt der Definitionen beschränkt, in der sich der Beobachter bewegt. Sie stellt keinen Ort-worin dar, in dem der Beobachtete handelt. Oder anders gesagt: Die *Domain of Discourse* ist zwar der Ort-worin, in dem der Wissenschaftler denkt, sie ist aber nicht der eigentliche *basho* des Handelns, der nur als Selbstbewußtsein des Handelnden denkbar ist.

In der Neoklassik wird dieser wesentliche Unterschied nicht erkannt. So herrscht beispielsweise Verwirrung darüber, wer über vollkommene Voraussicht aller Handlungsalternativen verfügen muß, damit Handlungen als berechenbar gelten können:

„Die 'Daten' können natürlich nur etwas 'Gegebenes' bedeuten. Aber die in der Nationalökonomie wohl alles entscheidende Frage, *wem sie verfügbar sind*, ist damit nicht gelöst. Nehmen wir in den Analysen nun eigentlich an, *daß die Daten der beobachtenden Person gegeben sind*, oder vermuten wir, *daß die Person, deren Verhalten und Handlungen durch diese Annahmen erklärt werden sollen, dieses Wissen hat?*"[143]

Diese Frage wird in der Neoklassik gar nicht erst gestellt, weil der Unterschied zwischen der *Domain of Discourse* des Wissenschaftlers und dem Selbstbewußtsein als Ort-worin des Handelns nicht gesehen wird. Deutlich ist aber, daß *beide* – Beobachter und Beobachteter – über das gleiche Wissen verfügen *und* sich im gleichen Denkmodell bewegen müssen. Dem Beobachter müssen alle Handlungsalternativen, wie sie der Handelnde sieht, bekannt sein und der Handelnde muß darüber hinaus, eine „vollständige Einsicht in die ... theoretische Ökonomie haben"[144], damit er so han-

---

[143] K. Leube, Einige Bemerkungen zu den „Untersuchungen über die Theorie des Preises", aaO., S. 332, eigene Hervorhebung.

[144] O. Morgenstern, Vollkommene Voraussicht und wirtschaftliches Gleichgewicht, in: K. Leube (Hrsg.), Die Österreichische Schule der Nationalökonomie, Band 2, Wien 1995, S. 100.

deln kann, wie es der Ökonom als Beobachter voraussetzt. Es ist somit von einer Interdependenz auszugehen, die die Neoklassik selbst weder erkennen noch erklären kann, weil sie immer nur auf das *einzelne* Individuum blickt. Sie kann also eine wesentliche Voraussetzung der Berechenbarkeit von Handlungen nicht begründen.

Selbst wenn aber eine solche Interdependenz vorausgesetzt werden könnte, dann würde die Berechnung immer dann scheitern, wenn sich das Selbstbewußtsein des Handelnden *situativ* neu bestimmt. Denn wie diese Veränderung erfolgt, kann vom keinem Standpunkt aus im vorhinein bestimmt werden, weil jeder Standpunkt stets nur eine beobachtete, also schon vergangene Situation abbildet. Die Veränderung des Bewußtseins kann selbst vom Handelnden nicht prognostiziert werden. Auch er kann sein Selbstbewußtsein nicht beobachten, weil dieses immer der Beobachtung zugrunde liegt, ohne selbst je zum Gegenstand der Betrachtung zu werden. Nishitani Keiji macht diese Einsicht anhand einer Metapher deutlich: „Das Auge nimmt alles mögliche optisch wahr, indem es sich (als ein sehendes Subjekt) selbst nicht sieht."[145]

> „Der Beobachter bleibt in der Beobachtung notwendig verborgen. ... Das Subjekt ist im Akt der Erkenntnis Subjekt, nicht erkanntes *Objekt*. (...) Man beobachtet *keinen* Beobachter, man beobachtet etwas, also etwas *Beobachtetes*. Wie könnte man überhaupt einen Beobachter von etwas unterscheiden, das ein Nicht-Beobachter ist? Um dazu in der Lage zu sein, müßte man einen Beobachter schon einmal *beobachtet* haben – doch genau das ist unmöglich. Es gibt keine Möglichkeit, den Beobachter als ein 'Etwas' zu bezeichnen, darauf zu zeigen, an ihn zu denken, sich den Beobachter vorzustellen usw. Was immer bei solchen Versuchen auch herauskommen mag – man gelangt nur zu etwas Beobachtetem, nicht aber zum Beobachter. Eine *Reflexion* des Beobachter auf sich selbst ist also gar nicht möglich."[146]

Nishida faßt die Unmöglichkeit einer Selbstreflexion folgendermaßen zusammen: „Ein wahrhaft tätiges Subjekt kann nicht reflektieren, denn etwas Reflektiertes ist bereits nicht mehr das tätige Subjekt."[147] Nimmt man diese Aussage Nishidas ernst, dann muß auch gelten, daß vom Standpunkt eines außenstehenden Beobachters nichts über das Selbstbewußtsein ausgesagt werden kann. Wenn sich der Handelnde selbst nicht reflektieren kann,

---

[145] K. Nishitani zitiert in H. Hashi, Die Aktualität der Philosophie, Grundriß des Denkweges der Kyoto-Schule, Wien 1999, S. 50.
[146] K.-H. Brodbeck, Zirkel des Wissens, aaO., S. 243-45, Hervorhebung im Original.
[147] K. Nishida, Logik des Ortes, aaO., S. 32.

3 Das implizite Menschenbild der Ökonomie 85

dann ist es auch dem beobachtenden Wissenschaftlers unmöglich, das Selbstbewußtsein des Handelnden zu objektivieren:

> "Self consciousness cannot be accounted for without introducing new categories into our analysis, but that is just what we can't do from the perspective of the Universal of Judgment (objectified knowledge, SG). Thus, unless self consciousness can be treated objectively, then it isn't knowledge at all. It is 'subjective', or noumenal freedom, or just nothing. The self acts, and is aware of itself, and yet it can never be the subject of a judgment! It cannot be dealt by object logic."[148]

Es ist die Eigenschaft des Handelnden, sich selbst zu reflektieren und zu verändern, die die Berechenbarkeit menschlicher Handlungen im Gegensatz zur Bewegung physikalischer Teilchen logisch unmöglich macht. In der Welt der kanonischen Mechanik kann das Einzelne sich nicht selbst neu bestimmen; es bleibt in seinen Eigenschaften in der Zeit konstant. Diese Konstanz erlaubt es dem Wissenschaftler, seine Eigenschaften zu erforschen und zu *verallgemeinern*. Die innere Wahrnehmung des Einzelnen vermag so mit einem allgemeinen Gesetz übereinzustimmen.[149] Es ist diese Übereinstimmung, die die Formulierung von Gesetzmäßigkeiten und die Berechnung zukünftiger Ereignisse erlaubt. Aber selbst hier bleibt die Möglichkeit einer Selbstbestimmung des Einzelnen erhalten; sie ist nur auf ein *Minimum* reduziert.[150] Die Sozialwissenschaften haben es hingegen *immer* mit Einzelnen zu tun, die sich aufgrund ihres Selbstbewußtseins verändern. Der Umfang dieser Veränderungen kann zwar durch Gewohnheiten reduziert werden (3.3.3). Dennoch läßt sie sich nicht wie bei einem physikalischen Teilchen auf ein Minimum begrenzen. Weil der Mensch keine unveränderliche Reiz-Reaktions-Maschine ist, können Gesetzmäßigkeiten menschlichen Handelns, wenn es sie dann gibt, nicht den gleichen Charakter haben wie die Naturgesetze, die die kanonische Mechanik erforscht.

> "But what equations of motion, and what laws of conservation of comparable scope do we have in economics? To ask the question is to answer it. There are none that have the definiteness and universal demonstrability of the corresponding physical laws. Our economic laws are simply empirical extrapolations of the present situa-

---

[148] R.E. Carter, The Nothingness beyond God, aaO., S. 36.
[149] Vgl. K. Nishida, Die Welt als Dialektisches Allgemeines, übers. in: Y. Matsudo, Eine Einführung in die Spätphilosophie von Kitarō Nishida, aaO., S. 215-217. Eine andere Übersetzung findet sich in K. Nishida, Fundamental Problems of Philosophy, The World of Action and the Dialectical World, übers. v. D.A. Dilworth, Tokio 1970.
[150] Vgl. K. Nishida, Die Welt als Dialektisches Allgemeines, aaO., S. 215.

tion, they do not enable us to determine with certainty what, for example, the demand and supply situation will be at the next instant of time."[151]

Aus diesem Grund muß auch die Methode der Ökonomie eine andere sein als die der Physik.[152] Die Neoklassik eifert also einem ungeeigneten Vorbild nach, wenn sie sich an die kanonische Mechanik anlehnt und damit dem Traum einer berechenbaren Welt nachhängt. Es gilt hier, was Menger schon 1871 schreibt:

> „Die bisherigen Versuche, die Eigenthümlichkeiten der naturwissenschaftlichen Methode der Forschung kritiklos auf die Volkswirthschaftlehre zu übertragen, haben denn auch zu den schwersten methodischen Mißgriffen und zu einem leeren Spiel mit äußerlichen Analogien zwischen den Erscheinungen der Volkswirthschaft und jenen der Natur geführt."[153]

Viele Ökonomen haben versucht, dieser Einsicht dadurch zu entfliehen, daß sie sich nicht mehr auf die Physik, sondern auf methodische Prinzipien der Mathematik berufen. Schon die Begründer der Neoklassik, darunter Jevons, Walras, Edgeworth und Pareto, identifizierten sich vor allem als *mathematische Theoretiker*.[154] Man könne, so ihre Auffassung, die mathematischen Gleichungen der Mechanik übernehmen, *ohne* irgendwelche Analogien zur Physik zu begründen:

> "Let us go back to the equations which determine equilibrium. ... 'These equations do not seem new to me. I know them well, they are old friends. They are the equations of rational mechanics.' That is why pure economics is a sort of mechanics or akin to mechanics ... mechanics can be studied leaving aside the concept of forces. In reality this does not all matter much. *If there is anyone who does not care to have mechanics mentioned, very well, let us disregard the similarity and let us talk directly about our equations.*"[155]

Die Anwendung der Mathematik wird heute vor allem in den USA als „die einzige Möglichkeit exakter ökonomischer Forschung und präziser Dar-

---

[151] H. Schultz, The Quantitative Method with Special Reference to Economic Inquiry, Research in the History of Economic Thought and Methodology, 18 (2001), S. 352.
[152] Vgl. K. Nishida, Die Welt als Dialaktisches Allgemeines, aaO., S. 219.
[153] C. Menger, Grundsätze der Volkswirthschaftslehre, aaO., S. VIII.
[154] Vgl. P. Mirowski, Against Mechanism, aaO., S. 12. Vgl. auch T.M. Porter, Rigor and Practicality: Rival Ideas of Quantification in Nineteenth-century Economics, in: P. Mirowski (Hrsg.), Natural Images in Economic Thought, aaO., S. 128-170.
[155] V. Pareto zitiert in P. Mirowski, More Heat than Light, aaO., S. 222, eigene Hervorhebung.

stellung der jeweiligen Ergebnisse" betrachtet.[156] Welche Bedeutung kommt aber der Ökonomie zu, wenn sie sich allein auf die Mathematik stützt? Die Mathematik, so Nishida, negiert die konkrete Wahrnehmung bzw. die konkreten Erfahrungen des Alltags und wandelt das Einzelne in ein Zeichen. Dieses Zeichen besitzt den Charakter – etwa in Form einer Variablen – allgemein zu sein. Es kann prinzipiell für jedes konkrete Ding stehen. Deshalb ist auch hier wie in der Physik die Selbstbestimmung des Einzelnen auf ein Minimum reduziert. Aber das Einzelne, was durch das Zeichen repräsentiert wird, muß in Wirklichkeit nicht einem solchen allgemeinen Charakter entsprechen. Das Einzelne und das Zeichen, das es repräsentiert, können sehr wohl einander entgegengesetzte Bedeutungen haben.[157] Die Mathematik kann hiervon zwar abstrahieren. Sie trennt sich damit aber auch vom Standpunkt, Dinge konkret zu sehen:

"The new language of mathematics does not need to be made certain in relation to a an exterior reality, because if makes itself certain through its own work."[158]

Die Mathematik ist in diesem Sinne irreal.[159] Sie sieht das Zeichen nur noch als ein allgemeines, ohne in dessen Hintergrund ein reales Ding anzunehmen. Sie vermag sich so aus der realen Welt von Zeit und Raum, Fleisch und Blut zurückzuziehen. Sie beschreibt diese Welt nicht, sondern postuliert eine eigene.[160]

Hier liegt ein wichtiger Unterschied zur Physik, die diese Trennung nicht vollzieht. Denn das physikalische Einzelne ist kein Zeichen, sondern ein Ding, das ganz konkret meßbar und bestimmbar ist.[161] Daher ist das physikalische Wissen ein Wissen von der realen Welt. Es verwendet aus diesem Grund immer nur dann die Mathematik als Konstruktionsprinzip, wenn die Selbstbestimmung des Einzelnen tatsächlich auf ein Minimum reduziert ist und dieses somit durch ein allgemeines Zeichen abgebildet werden kann. Die Richtigkeit oder Wahrheit einer solchen Konstruktion bleibt dabei relativiert auf die Erfahrung. Experimente können mathematisch formulierte Theorien widerlegen. Hierin liegt die Bedeutung der *Falsifikation*, die stets

---

[156] K. Leube, Einige Bemerkungen zu den „Untersuchungen über die Theorie des Preises", aaO., S. 330.
[157] Vgl. K. Nishida, Die Welt als Dialektisches Allgemeines, aaO., S. 214.
[158] H. Mehrtens zitiert in T.M. Porter, Rigor and Practicality, aaO., S. 159.
[159] Vgl. K. Nishida, Die Welt als Dialektisches Allgemeines, aaO., S. 216.
[160] Vgl. T.M. Porter, Rigor and Practicality, aaO., S. 159.
[161] Vgl. K. Nishida, Die Welt als Dialektisches Allgemeines, aaO., S. 215.

die Richtigkeit des mathematischen Modells auf die konkreten Erfahrung in der realen Welt relativiert.

In der Ökonomie, so wird oft betont, könnte an die Stelle des konkreten Experiments das *Gedankenexperiment* treten. „In einem Gedankenexperiment", so heißt es etwa in einem Lehrbuch, „werden bestimmte Wirkungszusammenhänge und Prozeßabläufe gedanklich durchgespielt; dabei wird ... von einer großen Zahl möglicher Einflußfaktoren abstrahiert. Das Ergebnis einer solchen Abstraktion ist ein Modell ... Durch die Reduktion auf sehr wenige Variablen wird die gedankliche Durchdringung der Zusammenhänge vereinfacht bzw. überhaupt erst ermöglicht."[162] Ein solches Gedankenexperiment bleibt aber 'im' Geist des Wissenschaftlers. In *seinem* Kopf werden Dinge auf andere Dinge bezogen. Hierbei ist es ebenso wie in der Mathematik nicht erforderlich, Dinge konkret, also in der Erfahrung zu sehen. Es unterscheidet sich so vom physikalischen Experiment, das sich zumindest prinzipiell real nachvollziehen läßt. In der Ökonomie geht man nun weiterhin davon aus, man könne die 'Richtigkeit' des Experiments durch die *Mathematik* überprüfen. So heißt es in dem eben schon zitierten Lehrbuch:

> „Um sicher zu gehen, daß man bei den Überlegungen über die Funktionsweise innerhalb eines solchen Modells keine Fehler begeht, wird häufig – insbesondere in den Wirtschaftswissenschaften – das Modell mathematisch formuliert, so daß die Schlußregeln der Mathematik herangezogen werden können. Die Mathematik ist also ein Hilfsmittel, das die Richtigkeit der logischen Schlüsse zu überprüfen erlaubt und den Gedankenexperimentator dadurch vor logischen Fehlern bewahrt."[163]

Es wird hier deutlich, daß die Neoklassik in einem wesentlichen, wenn nicht gar in dem *entscheidenden* Punkt dem Vorbild der Physik nicht folgt. Denn sie verkennt die Bedeutung der Erfahrung bzw. der Praxis, auf die alle mathematischen Modelle in dieser Naturwissenschaft relativiert bleiben.[164] Im Gegensatz zur Physik mißachtet sie den *experimentellen* Charakter der Wissenschaft und ordnet das eigene Denkmodell lediglich einem anderen Denkmodell, dem mathematischen, unter. Auf diese Weise werden lediglich Zeichen auf Zeichen bezogen. Es läßt sich so zwar etwas über das Verhalten dieser Zeichen in der Welt der (mathematischen) Logik aussagen, nicht aber über die Richtigkeit oder Anwendbarkeit der Modelle im Kontext der konkreten Erfahrung. Man verbleibt so in einer irrealen Welt

---

[162] J. Kromphardt, Grundlagen der Makroökonomie, München 1998, S. 23.
[163] J. Kromphardt, Grundlagen der Makroökonomie, aaO., S. 23-24.
[164] Vgl. T.M. Porter, Rigor and Practicality, aaO., S. 157ff.

bzw. in einer Welt des reinen Denkens. Beruft sich die Neoklassik also auf die Mathematik als ihre einzige Überprüfungsmethode, so kann sie, im Gegensatz zur Physik, keine Aussagen über die Existenz von Dingen in der realen Welt treffen. Oder anders gesagt: Die Existenz ihrer Funktionen, Konstanten und Variablen bleibt einzig und allein auf die *Domain of Discourse* ihrer Theorien beschränkt. Lehnt sich die Neoklassik also allein an die Mathematik an, so zieht sie sich faktisch in einen Elfenbeinturm zurück, von dem aus nichts über das alltägliche Handeln in der Welt gesagt werden kann. Es gilt hier, was John Stuart Mill schreibt:

> "Political economy, therefore, reasons from *assumed* premises – from premises which might be totally without foundation in fact, and which are not pretended to be universally in accordance with it. The conclusions of Political Economy, consequently, like those of geometry, are only true, as the common phrase is, *in the abstract*."[165]

3.2 Der Handelnde in den subjektiven ökonomischen Theorien

Im vorherigen Abschnitt sollte deutlich werden, welche Annahmen die objektiven ökonomischen Theorien implizit über das Bewußtsein des ökonomisch Handelnden treffen. Annahmen, die nicht nur Als-ob-Konstrukte darstellen, sondern *notwendige* Voraussetzungen objektiver Aussagen. Es ist also Mill recht zu geben, wenn er schreibt:

> „This branch of science, whether we prefer to call it social economy, speculative politics or the natural history of society, presupposes the whole science of the nature of individual mind."[166]

Das subjektive Bewußtsein bleibt aus objektiver Sicht ein *Ort des Nichts*, in dem zwar gedacht wird, der aber selbst einer objektiven Analyse unzugänglich bleibt. Es ist wie ein Feld, das in sich alle Objekte birgt und untereinander vermittelt, aus Sicht der Objekte aber nicht zu erfassen ist. Man kann dies auch so formulieren, daß das subjektive Bewußtsein derjenige Ort-worin ist, in dem alle Objekte *als* Güter erkannt werden, der aber selbst nicht durch eine Theorie der Güter beschreibbar ist. Es ist die Voraussetzung einer solchen Theorie, nicht aber deren Ergebnis. Um dennoch das subjektive Bewußtsein beschreiben zu können, ist Nishidas Ortlogik zufol-

---

[165] J.S. Mill, On the Definition of Political Economy, aaO., S. 326, eigene Hervorhebung.
[166] J.S. Mill, On the Definition of Political Economy, aaO., S. 320.

ge ein *Conceptual Leap* unausweichlich. „Die Unmöglichkeit der vollständigen Objektivierungen macht den Übergang zu einer neuen Domain of Discourse notwendig."[167] Dieser Übergang vollzieht sich von einer rein objektiven Betrachtungsweise hin zu einem neuen Ort-worin des Denkens, den Nishida als Ort-worin des subjektiven Bewußtseins beschreibt:

> "From the vantage point of this new *basho*, the *objects* of the Universal of Judgment (of objectified knowledge, SG) are simply the *contents* of the field of consciousness, which now envelops them. The *basho* of consciousness is a deeper level of explanation, and it embraces, envelops, includes the earlier basho of the Universal of Judgment within it."[168]

Es sind die subjektiven Theorien, die die Eigenschaften dieses neuen Ortworin explizit reflektieren können. Nishida unterscheidet dabei drei verschiedene Erklärungsansätze, in denen die Kenntnis des subjektiven Bewußtseins schrittweise vertieft wird. Es sind dies Theorien über die Vernunft, Theorien über die subjektiven Gefühle und Begierden sowie Theorien über den subjektiven Willen. Wie gezeigt werden soll, spielen alle drei Erklärungsansätze für ein sich vertiefendes Verständnis des ökonomisch Handelnden eine wichtige Rolle. Es soll aber auch deutlich werden, daß keine von ihnen den ökonomisch Handelnden wirklich umfassend zu erklären vermag und deshalb nach einem anderen Ort-worin des Denkens gesucht werden muß, in dem diese subjektiven Betrachtungsweisen durchbrochen werden.

3.2.1 Das subjektive Bewußtsein als Vernunft

Ein erster möglicher Ansatz, den ökonomisch Handelnden subjektiv zu erfassen, besteht darin, ihn mit Hilfe des Rationalitätsprinzips zu beschreiben: Sein Bewußtsein soll sich darauf beschränken, gegebene Daten (etwa in Form von Handlungsalternativen) zu erfassen, zu berechnen und gegeneinander abzuwägen. Das Rationalitätsprinzip macht so die implizite Vorstellung der Neoklassik, das Bewußtsein sei sich seiner selbst nicht bewußt, explizit. Denn letzteres soll sich darauf beschränken, Kenntnisse der äußeren Umwelt zu gewinnen. Der Handelnde ist sich nicht seiner selbst, sondern nur den Alternativen bewußt, zwischen denen er wählt.

> „Entsprechend ... [der] Präferenzen bewertet das Individuum die einzelnen ihm zur Verfügung stehenden Wahlmöglichkeiten, d. h. es wägt die Vor- und Nachteile,

---

[167] Vgl. R.J. Wargo, The Logic of Basho, aaO., S. 292f.
[168] R.E. Carter, The Nothingness beyond God, aaO., S. 37, Hervorhebung im Orginal.

3 Das implizite Menschenbild der Ökonomie

Kosten und Nutzen der einzelnen Alternativen gegeneinander ab. Schließlich entscheidet es sich für diejenige(n) Möglichkeit(en), die seinen Präferenzen am ehesten entspricht (entsprechen), bzw. von der es sich den höchsten 'Nettonutzen' verspricht."[169]

Aus der Sicht der Ortlogik entspricht eine solche Vernunft einem intellektuellen Selbst (*intellectual self*), das sich allein mit formalen Beziehungen zwischen Dingen in Zeit und Raum beschäftigt. „Wir können das Selbst als einen passiven Ort auffassen, in dem Ideen entstehen und der stets im Hintergrund des objektiven Wissens wirkt."[170] Die Dinge, die die Neoklassik als objektiv gegeben betrachtet, erscheinen nun explizit als *Inhalt* des subjektiven Bewußtseins. Letzteres reflektiert diesen Inhalt aber nur *passiv*. Darüber hinaus weist es keinerlei Eigenschaften auf; es ist sozusagen ein rein *formales* Bewußtsein:

"What were previously taken to be objects are now no more than the content of this field of consciousness. A transition of this sort, from an enfolded basho to the enfolding basho, is first seen in a purely formal way. Thus, the knowing self ... *is purely a formal self*; it is merely what is required to be able to speak of a self at all. It is the self whose content is spelled out in the plane of consciousness, the content of which is not the content of the knowing self, but, rather, a *given* noematic content (...) The content of the plane of consciousness has an essential reference to the objects of the universal of judgment (of objectified knowledge, SG). This referential character dominates the nature of consciousness at this level. (...) The content of the universal of judgment becomes the content of the field of consciousness."[171]

Wenn das Bewußtsein als ein solch passiver Ort konstruiert wird, dann beschränken sich Handlungen darauf, zwischen verschiedenen Objekten zu wählen. Folglich werden sie in der Ökonomie zumeist nur als *rationale Wahlhandlungen* definiert; sie sind das „Resultat einer rationalen Wahl zwischen alternativen Möglichkeiten."[172] Dies entspricht einer *utilitaristischen* Auffassung.[173] Am ehesten läßt sich eine solche Vorstellung von Bewußtsein und Handlung am Beispiel einer Rechenmaschine bzw. eines Computers verdeutlichen. Denn ebenso wie der Computer Alternativen stets nur nach fest vorgegebenen Regeln bewertet, ohne seine Programmie-

---

[169] G. Kirchgässner, Homo oeconomicus, aaO., S. 14.
[170] R.E. Carter, The Nothingness Beyond God, aaO., S. 38.
[171] R.J. Wargo, The Logic of Basho, aaO., S. 298-99, eigene Hervorhebung.
[172] O. Höffe, Einführung in die utilitaristische Ethik: Klassische und zeitgenössische Texte, Tübingen 1992, S. 10.
[173] Vgl. O. Höffe, Einführung in die utilitaristische Ethik, aaO., S. 10.

rung reflektieren oder gar verändern zu können, hat der rational Handelnde „nicht die Wahl, wenn es darum geht, nach welchen Regeln er seine Wahl trifft."[174] Tatsächlich entspricht der Computer häufig der ökonomischen *Idealvorstellung* des Handelnden. Denn letzterer handelt optimal, wenn er „gleichsam wie ein wandelnder Computer durch die Welt schreitet, der immer die beste aller vorhandenen Möglichkeiten blitzschnell ermittelt"[175]. Es wird zwar eingeräumt, daß der gewöhnliche Mensch von einem solchen Ideal abweicht, weil er nicht so perfekt wie ein Computer rechnen kann. Dennoch wird unterstellt, „daß das Individuum prinzipiell in der Lage ist, ... seinen Handlungsraum abzuschätzen und zu bewerten, um dann entsprechend zu handeln"[176]; der Mensch verfügt über eine eingeschränkte Rationalität. Der wesentliche Aspekt der rationalen Vernunft, die möglichst exakte *Berechnung* aller Handlungsalternativen, bleibt auf diese Weise erhalten.

Weil das Rechnen sich lediglich auf Gegenstände bezieht, bleibt es ein „äußerliches, somit mechanisches Geschäft"[177]. Eine Reflexion der *eigenen* Denkprozesse scheint unmöglich. Erschöpfte sich das Bewußtsein tatsächlich in der rationalen Vernunft, so wäre der Handelnde unfähig, die Regeln oder Motive zu reflektieren, nach denen er seine Wahl trifft. Er könnte auch keine Gründe dafür angeben, warum er rechnet. Mehr noch, er dürfte sich der Tatsache, daß er rechnet, gar nicht bewußt sein. Auf diese Weise wird der Handelnde zwar explizit als Subjekt anerkannt, aber sein Bewußtsein wird nur als ein Feld gedacht, das mit Vorstellungen über objektive Gegenstände gefüllt ist. Er ist ein intellektuelles Selbst, das einzig und allein formale Beziehungen zwischen Objekten herstellt.[178] Auf diese Weise nimmt sein Bewußtsein eine recht merkwürdige Stellung ein. Denn einerseits stellt es den Ort worin dar, in dem Alternativen erkannt und ausgewählt werden. Andererseits aber läßt sich nicht sagen, daß diese Alternativen *Eigenschaften* des Bewußtseins wären. Man kann vielmehr *gar keine* Aussagen über diese Eigenschaften treffen. Auf der formalen Ebene erscheint das Bewußtsein also noch gar nicht wirklich, sondern allenfalls als ein *Limiting Concept* des Güterraumes bzw. der Wahlalternativen. Eine Theorie der Wahlhandlung erkennt auf diese Weise zwar die Notwendig-

---

[174] M. Baurmann, Der Markt der Tugend: Recht und Moral in der liberalen Gesellschaft, Eine soziologische Untersuchung, Tübingen 1996, S. 325.
[175] G. Kirchgässner, Homo oeconomicus, aaO., S. 17.
[176] G. Kirchgässner, Homo oeconomicus, aaO., S. 17.
[177] G.W.F. Hegel zitiert in K.-H. Brodbeck, Die fragwürdigen Grundlagen der Ökonomie, aaO., S. 225.
[178] Vgl. R.E. Carter, The Nothingness beyond God, aaO., S. 37.

keit der Annahme eines Bewußtseinsfeldes explizit an, kann aber nicht dessen Eigenschaften begründen. Oder anders gesagt: Die Eigenschaften des Bewußtseins bleiben aus der Sicht des formalen Selbst ein Ort des Nichts, der stets vorausgesetzt, nicht aber explizit reflektiert wird. Deshalb kann die Theorie der rationalen Wahlhandlung nicht erklären, was den Menschen überhaupt veranlaßt, zu handeln.

3.2.2 Das subjektive Bewußtsein als Ansammlung von Gefühlen und Begierden

Aufgrund dieses Mangels, der sich auf der Ebene eines formal bestimmten Bewußtseins zeigt, muß nach einer umfassenderen Erklärung des Handelnden gesucht werden. Eine Möglichkeit besteht hier darin, seine subjektiven Eigenschaften explizit bestimmen. Der Mensch soll in seinen Eigenschaften beschrieben werden, 'so wie er ist'. Es geht darum, sein 'wirkliches Wesen', seine 'Natur' zu erforschen, in der „Hoffnung, daß Bewegungsgesetze für das menschliche Handeln ebenso entdeckt werden könnten wie für fallende Körper und Planeten".[179] Man bemüht sich, „die menschlichen Handlungen und Triebe ebenso zu betrachten, als wenn die Untersuchung es mit Linien, Flächen und Körpern zu tun hätte"[180]. Es soll so ein kausales Erklärungsschema für menschliche Handlungen gefunden werden. Gegebene Eigenschaften des Bewußtseins sollen notwendig Handlungen bestimmen. Hierfür wird das Bewußtsein vornehmlich als ein Ort der Gefühle und Begierden konstruiert. „Unser Beurteilungsvermögen ... besteht nur darin", sagt etwa David Hume, „daß wir bei der Betrachtung eines Charakters eine besondere Art der Befriedigung *fühlen.*"[181] Ein jedes Gefühl löst zwangsläufig eine bestimmte Reaktion aus; Handlungsalternativen, die mit negativen Gefühlen wie Leid oder Unlust assoziiert werden, werden gemieden, während positive Gefühle wie Freude oder Lust die Begierden wecken. Diese Begierden treiben den Menschen zum Handeln an; sie sind die „*Triebfedern* menschlichen Handelns"[182]. Diese Metapher der Triebfeder, die der Mechanik entlehnt ist, macht deutlich, daß subjektive Begierden als ein Antrieb des Handelns gedacht werden, dem der Einzelne nicht widerstehen kann. Ebenso wie ein Uhrwerk unweigerlich von einer Feder angetrieben wird, so reagiert der Mensch auf seine Begierden.

---

[179] A.O. Hirschman, Leidenschaften und Interessen, Politische Begründung des Kapitalismus vor seinem Sieg, Frankfurt/Main 1987, S. 21.
[180] Spinoza zitiert in A.O. Hirschman, Leidenschaften und Interessen, aaO., S. 22.
[181] D. Hume, A Treatise on Human Nature (1734), Reprint Oxford 1888, S. 471.
[182] O. Höffe, Einführung in die utilitaristische Ethik, aaO., S. 16, eigene Hervorhebung.

Ich werde an späterer Stelle noch ausführlich auf die Begriffe 'Gefühl' und 'Begierde' und ihre spezifisch ökonomische Form eingehen (3.3.2). Zunächst sei nur auf einige allgemeine handlungstheoretische Aspekte verwiesen. Wichtig ist hier, daß die subjektiven Eigenschaften des Bewußtseins als *gegeben* angenommen werden. „Gefühle, Empfindungen und Begierden sind unproblematisch und nicht kritisierbar: Wir haben nun einmal gerade diese bestimmten Gefühle. Eine Leidenschaft ist ein ursprüngliches Sein."[183] Diese Unüberprüfbarkeit der Begierden wird im Utilitarismus zumeist durch ihr Verhältnis zur Vernunft begründet. Denn aus Sicht des Utilitarismus stellen die Begierden einen Ort-worin dar, der die Vernunft bestimmt bzw. dirigiert. Da sich letztere nur mit äußeren Daten beschäftigt, kann sie Begierden weder erkennen noch hinterfragen; sie sind aus ihrer Sicht ein *Ort des Nichts*. „Die Vernunft ist nur der Sklave der Affekte und soll es sein; sie darf niemals eine andere Funktion beanspruchen als die, denselben zu dienen und zu gehorchen."[184] MacIntyre führt diese Vorstellung über das Verhältnis von Gefühlen (Affekten) und rationaler Vernunft genauer aus:

> „Die Vernunft befaßt sich entweder mit Beziehungen von Ideen ... oder mit Tatsachen. Keines von beiden kann uns zum Handeln bewegen. Wir lassen uns nicht dadurch zum Handeln bewegen, daß dies oder jenes der Fall ist, sondern durch die Aussicht, daß aus dem, was ist oder der Fall sein wird, Lust oder Schmerz entsteht. Nicht die Vernunft, sondern die Leidenschaften werden durch die Aussicht auf Lust oder Schmerz erregt. Die Vernunft kann die Affekte davon in Kenntnis setzen, ob der Gegenstand, den sie suchen, wirklich existiert und welches die ökonomischsten und wirksamsten Mittel sein könnten, um ihn zu finden. Aber die Vernunft kann die Affekte nicht kritisieren oder beurteilen. Daraus folgt ohne Fehlschluß, daß es der Vernunft nicht zuwiderläuft, wenn ich lieber die Zerstörung der ganzen Welt will als einen Ritz an meinem Finger. Denn die Vernunft kann sich in keiner Weise gegenüber den Affekten als Richter aufspielen."[185]

Daraus, daß die Vernunft die Gefühle und Begierden nicht hinterfragen kann, ist oft gefolgert worden, letztere könnten auf keinerlei Weise verändert werden. Sie werden als *gegebene* Eigenschaften, als Prädikate oder

---

[183] A. MacIntyre, Geschichte der Ethik im Überblick, vom Zeitalter Homers bis zum 20. Jahrhundert, Königstein/Ts. 1984, S. 165.
[184] D. Hume, A Treatise on Human Nature, aaO., S. 415.
[185] A. MacIntyre, Geschichte der Ethik im Überblick, aaO., S. 159-160. MacIntyre bezieht sich hier auf die Theorie Humes.

3 Das implizite Menschenbild der Ökonomie 95

Attribute des Handelnden angesehen.[186] Sie sind das, was den Menschen, sein *Wesen*, seine Natur ausmacht. „Der emotionale Inhalt ist sozusagen nicht einfach von außerhalb vorgegeben, sondern charakterisiert das Ich; er ist derjenige, der 'dem Ich Substanz gibt'."[187] So spricht etwa Hume von der Begierde als „ursprüngliche Existenz".[188] Dies führt unter anderem dazu, die Begierde als eine „anthropologische Grund*konstante*"[189] und so den Handelnden als eine *statische* Substanz zu betrachten:

> The term static is used, "because the judgments are all in terms of a given entity and its characteristics. The entity in question is not seen as creating or causing these characteristics, but only as simply possessing them. Thus ... the emotive self will simply have certain characteristics such as the ability to recognize the elements of the field of consciousness as its own."[190]

Man könnte sagen, daß die Annahme eines statischen Bewußtseinsfeldes, die die Neoklassik implizit ihrer objektiven Sichtweise zugrunde legt, in der utilitaristischen Theorie *explizit* wird. Der Gegebenheit der Präferenz- bzw. Indifferenzkurven, die in der Neoklassik postuliert wird, entspricht die utilitaristische Auffassung eines statischen Akteurs, dessen Wesen durch Gefühle und Begierden bestimmt ist. Der Handelnde kann sich diesem eigenen Wesen dem Utilitarismus zufolge durchaus bewußt sein. Aber er kann es nicht selbst *verändern*:

> "Emotion tends to be thought of as something that happens to us. We fall in love, or become angry, but we don't decide to fall in love, or to fell angry. We are overcome by them, in the sense of not choosing them."[191]

Auf diese Weise bleibt die Frage, wie Begierden und Gefühle bestimmt und verändert werden können, ungeklärt. Es ergibt sich deshalb ein ähnliches Problem, wie uns schon bei der Frage der Berechenbarkeit von Handlungen begegnete: Wenn der Handelnde als eine Substanz mit bestimmten, gegebenen Eigenschaften angesehen wird, dann kann ein *Wandel* dieser Eigenschaften nicht erklärt werden. Vielmehr zeigt sich letzterer stets nur als *Widerspruch*. Diese Widersprüchlichkeit ändert aber nichts daran, daß es dem Menschen eigen ist, sich *selbst*, seine Eigenschaften zu

---

[186] Vgl. R.E. Carter, The Nothingness beyond God, aaO., S. 38.
[187] R.J. Wargo, The Logic of Basho, aaO., S. 306.
[188] D. Hume, A Treatise on Human Nature, aaO., S. 415.
[189] O. Höffe, Einführung in die utilitaristische Ethik, aaO., S. 16, eigene Hervorhebung.
[190] R.J. Wargo, The Logic of Basho, aaO., S. 301.
[191] R.E. Carter, The Nothingness beyond God, aaO., S. 38.

verändern. Er vereinigt im Zeitablauf unterschiedliche oder sogar einander entgegengesetzte Eigenschaften in sich. Er ist nicht allein Sklave seiner Begierden. „Begierden ... treten nicht bloß einfach auf, sie sind keine bloßen Empfindungen. Sie können in verschiedenem Grad modifiziert, zurückgewiesen, entwickelt usw. werden."[192] Der Mensch verhält sich nicht nur passiv gegenüber seinen Eigenschaften, sondern er bestimmt diese *aktiv* selbst.

3.2.3 Das subjektive Bewußtsein als Wille

In der Ortlogik Nishidas wird die Eigenschaft des Bewußtseins, sich selbst zu reflektieren und zu ändern, dem Willen zugeschrieben. Carter schreibt zu diesem:

> "Our observations of ourselves make it clear that we can and do reflect on the feelings that we have, and about the nature of the personality they express. We are not only passive; we are active – willfully active. 'Will' is the deepest level of ... Self Consciousness, and is manifested when we actually do determine our own nature, i.e. change it. In fact, it is only at this level that true reflexivity is apparent. We can reflect back upon our past, and ask if we want to be that way now. And in the future we can modify our selfhood. The willing, self reflective self is not limited by the past, nor by the perceptions of the present."[193]

Diese Beobachtung bestätigt Hirschman, wenn er im Hinblick auf den ökonomisch Handelnden schreibt:

> "Men and women have the ability to step back from their 'revealed' wants, volitions, and preferences, to ask themselves whether they really want these wants and prefer these preferences."[194]

Wie ist es dem willentlich handelnden Individuum aber möglich, sich selbst zu ändern, also etwa die Eigenschaft A *und* Nicht-A in sich zu vereinigen? Solange man den Menschen nur betrachtet 'wie er ist' im Sinne gegebener Präferenzen, ist diese Frage nicht zu beantworten. Der Schlüssel liegt vielmehr darin, nach dem Ort-worin zu suchen, in dem der Wille, sich selbst zu ändern, gedacht werden kann.

---

[192] A. MacIntyre, Geschichte der Ethik im Überblick, aaO., S. 165.
[193] R.E. Carter, The Nothingness beyond God, aaO., S. 39.
[194] Hirschman zitiert in H. Stewart, A Critique of Instrumental Reason in Economics, Economics and Philosophy, 11 (1995), S. 72.

3 Das implizite Menschenbild der Ökonomie 97

"The plane of consciousness only displays a set of representations. That the content of the plane of consciousness changes, and that these various dissimilar fields are taken to be the determination of one and the same self, demands something which supports the transition between the varied fields."[195]

Im Rahmen der subjektiven ökonomischen Theorien deuten zwei Denkfiguren auf einen solchen Ort-worin hin, wobei dieser Ort-worin allerdings zumeist nicht als expliziter Gegenstand der Erklärungen sichtbar wird, sondern lediglich als *implizite* Voraussetzung des Denkens dient. Zum einen ist dies die Vorstellung des Handlungszieles, zum anderen die der Gewohnheit. Betrachten wir zunächst die Vorstellung des Handlungszieles. Allgemein läßt sich sagen, daß der Begriff des Zieles in der Ökonomie zwar eine wesentliche Rolle spielt, sein Charakter aber im wesentlichen unerhellt bleibt. In einer der bekanntesten Definition der Ökonomie als Wissenschaft schreibt Robbins den Zielen eine wichtige Rolle zu:

"Economics is the science which studies human behavior as a relationship between ends and scarce means which have alternative uses."[196]

Robbins geht davon aus, daß Menschen zwischen unterschiedlichen Mitteln auswählen, um ein gewünschtes Ziel zu erreichen. Auf diese Weise können Wahlhandlungen als *absichtsvoll* konstruiert werden. Dabei wird zumeist davon ausgegangen, daß den ausgewählten Alternativen die Funktion eines objektiv bestimmbaren Mittels zukommt. Gütern wird so ebenso wie allen Handlungsalternativen eine Mittelfunktion zugesprochen.[197] Ungeklärt bleibt allerdings der Charakter der Wahlhandlung selbst. Denn die Definition von Robbins besagt lediglich, daß sie eine Beziehung zwischen Zielen und Mitteln herstellt. Ist die Wahlhandlung in dieser Funktion aber nun selbst Mittel oder Ziel? Sofern die Wahl selbst als absichtsvoll interpretiert wird, ist sie offensichtlich Mittel zum Zweck. Der Mensch wählt, *um* ein Ziel zu erreichen. Und da im Rahmen der Ökonomie *jede* Handlung als Wahlhandlung gedacht wird, heißt dies nichts anderes, als daß der Mensch stets nur im Horizont eines bestimmten Zieles handelt.[198] In der

---

[195] R.J. Wargo, The Logic of Basho, aaO., S. 312.
[196] L. Robbins, An Essay on the Nature and Significance of Economic Science, aaO., S. 16.
[197] Deutlich wird dies etwa bei Kirchgässner. Vgl. ders., Homo oeconomicus, aaO., S. 15.
[198] Stewart spricht in diesem Zusammenhang von der Voraussetzung der *Vollständigkeit*. Diese besagt, daß in der ökonomischen Theorie *alle* Handlungen im Hinblick auf ein bestimmtes Ziel als instrumentell definiert werden. Vgl. H. Stewart, A Critique of Instrumental Reason, aaO., S. 58f.

Ökonomie wird häufig davon ausgegangen, ein solches Ziel sei *subjektiv* zu bestimmen. Aus diesem Grunde werden Zielvorstellungen oft mit *Präferenzen* gleichgesetzt[199]: „Die marginalistische Wahlhandlungstheorie setzt die Vorgegebenheit der Ziele als Vorgegebenheit der Präferenzen für das handelnde Wirtschaftssubjekt."[200] Dabei wird übersehen, daß der Handelnde nicht einfach Zielvorstellungen 'hat' wie eine Präferenz für Bier oder Schokolade, sondern daß er *sich selbst* aufgrund dieser Vorstellungen neu bestimmt. Seine subjektiven Begierden sind selbst Mittel, um ein Ziel zu erreichen. Ein Handlungsziel ist deshalb keine Eigenschaft des Bewußtseins wie etwa ein Gefühl. Denn letzteres 'hat' man einfach, aber der Wille, ein Ziel zu erreichen, kann einen dazu veranlassen, *anders* zu fühlen.[201] Wie ein Blick auf die Ortlogik deutlich macht, ist im Horizont eines Zieles dem Handelnden eine kritische Überprüfung von gegenwärtigen Gefühlen oder Begierden und deren *Veränderung* möglich.

> "The willing self is not restricted to the present fluctuating field of consciousness, for in order to be able to recognize some content as the result of its own activity, it must act in terms of goals which are not part of the present field of consciousness in the same way that, for example, sensations are. Goals direct and determine change. This change in the field of self-consciousness represents a change in the willing self, and, since this change is due to the activity of the willing self, the willing self is said to determine itself."[202]

Innerhalb einer subjektiven Betrachtungsweise, die Handlungen als determiniert und Begierden als gegeben sieht, hat die Aktivität des Bewußtseins, sich an Zielen auszurichten, keinen systematischen Ort. Denn sie ist keine statische Eigenschaft des subjektiven Bewußtseins, sondern vielmehr dessen *Voraussetzung*. Sie verweist auf einen Ort-worin, in dem der subjektive Charakter des Akteurs dynamisch bestimmt wird, der aber selbst nicht subjektiv ist. Vielleicht wird deswegen in der Ökonomie häufig davon ausgegangen, man könne und brauche *nichts* über Ziele aussagen. „Ökonomie beschäftigt sich nicht mit Zielen als solchen."[203] Dies heißt aber nun nicht, die Ökonomie würde Handlungen als ziel- oder absichtslos beschreiben. Vielmehr setzt sie Ziele als *gegeben* voraus. Handlungen

---

[199] Vgl. etwa G. Kirchgässner, Homo oeconomicus, aaO., S. 18.
[200] B.P. Priddat, E.K. Seifert, Gerechtigkeit und Klugheit, aaO., S. 65.
[201] Vgl. R.E. Carter, The Nothingness beyond God, aaO., S. 39.
[202] R.J. Wargo, The Logic of Basho, aaO., S. 307.
[203] L. Robbins, An Essay on the Nature and Significance of Economic Science, aaO., S. 24.

3 Das implizite Menschenbild der Ökonomie

werden so stets im Horizont eines bestimmten, immer schon vorausgesetzten Ziels definiert:

> "The criterion of economy which follows from our original definitions is the security of *given ends* with least means (...) Once the ends ... are *given* as regards the disposition of means, the terms 'economical' and 'uneconomical' can be used with complete intelligibility."[204]

Mit Hilfe der Ortlogik läßt sich die Voraussetzung der Gegebenheit der Ziele präzisieren: Ziele sind für die *Domain of Discourse* der Ökonomie ein Ort des Nichts, in dem die subjektiven Eigenschaften des Handelnden bestimmt werden, ohne aber selbst explizit reflektiert zu werden. Sie sind ein Ort-worin, in dem alles ökonomische Handeln gedacht wird. *Wodurch* dieser Ort aber selbst bestimmt wird, kann innerhalb einer subjektiven Betrachtungsweise nicht dargestellt werden.

> „Die Ziele und Zwecke selbst liegen jenseits des Handelns und der Vernunft; sie sind für unsere Betrachtungen ... Daten, die wir mit den Mitteln unserer Wissenschaft nicht weiter aufzulösen vermögen. ... Über die Ziele und Zwecke selbst können wir keine weitere Aussage machen als die, dass sie handelnden Menschen als Ziele und Zwecke erscheinen; sie stehen ausserhalb unserer Erörterungen."[205]

Ökonomisches Handeln vollzieht sich stets im Hinblick auf ein schon gesetztes Ziel, aber letzteres entzieht sich der *Bewertung* durch das (subjektive) Bewußtsein. In diesem Sinne kann man davon sprechen, daß die Natur der Ziele irrelevant ist.[206] Sie ist irrelevant aus Sicht des subjektiven Bewußtsein, das sich in diesen Zielen ergreift. Die Gegebenheit der Ziele verweist auf einen Ort-worin, in dem das (subjektive) Bewußtsein gedacht wird, der aber umgekehrt vom subjektiven Bewußtsein nicht erfaßt werden kann. Die Ziele werden so zu einer Art *Limiting Concept*, das erklärt, wie sich die subjektiven Eigenschaften des Bewußtseins bestimmen, selbst aber nicht zum Erklärungsgegenstand wird. „Die Handlung ist auf ein Ziel gerichtet, aber dieses Ziel muß jenseits aller rationalen Beurteilung sein."[207] Dies ist die Voraussetzung jeder instrumentellen Handlung. Es ist also nicht ganz richtig, wenn Robbins sagt, die Ökonomie sei *neutral* gegenüber

---

[204] L. Robbins, The Significance of Ecnomic Science, in: K.R. Leub (Hrsg.), Die Österreichische Schule der Nationalökonomie, Band 2, Wien 1995, S. 81-82, eigene Hervorhebung.
[205] L. von Mises, Nationalökononomie, aaO., S. 15.
[206] Vgl. H. Stewart, A Critique of Instrumental Reason, aaO., S. 62.
[207] H. Stewart, A Critique of Instrumental Reason, aaO., S. 62.

unterschiedlichen Zielen.[208] Die Ziele werden vielmehr zu einer *ungedachten, gleichwohl aber gegebenen Voraussetzung.* Alles Handeln wird so gedacht, daß es immer nur auf die Erreichung eines bestimmten Zieles hin gerichtet ist. Es ist damit keine Aktivität denkbar, die das Ziel selbst reflektieren oder gar verändern könnte. Sehr deutlich wird dieser Gedanke bei von Mises:

„Alles, was wir als menschliches Verhalten ansehen können, weil es über das bloß reaktive Verhalten der Organe des menschlichen Körpers hinausgeht, ist zweckrational, wählt zwischen gegebenen Möglichkeiten, um das am sehnlichsten erwünschte Ziel zu erreichen. Eine andere Auffassung ist für eine Wissenschaft, die *das Handeln als solches, nicht aber die Beschaffenheit seiner Ziele ins Auge fassen will*, nicht zu gebrauchen."[209]

Eine ähnliche Funktion wie die Ziele erfüllen in der ökonomischen Diskussion die Gewohnheiten. Sie werden ebenfalls als bestimmte vorausgesetzt, um ökonomisches Handeln zu erklären, ohne dabei selbst explizit reflektiert zu werden. Was fehlt, ist eine eigenständige Theorie der Gewohnheiten.[210] Um dies zu zeigen, sei zunächst betrachtet, in welchem Zusammenhang Mill den Begriff der Gewohnheit einführt. Zunächst beschreibt Mill das Verhältnis von Begierde (*desire*) und Willen. Der Wille, so Mill, „ist ein *Kind* der Begierde".[211] Wir wollen dasjenige erlangen, das unsere Begierde erregt. Der Wille erscheint hier als den Begierden untergeordnet. Mill erwähnt aber auch, daß sich dieses Verhältnis genau umkehren läßt: Wir wollen manchmal etwas, nicht weil wir es begehren, sondern wir begehren etwas, nur weil wir es wollen. Der Wille ist hier nicht mehr der Begierde unterworfen; vielmehr wird er zu ihrem Gebieter.[212] Auf diese Weise schreibt Mill dem Willen eine ähnliche Funktion zu wie Nishida. Der Wille kann subjektive Eigenschaften wie etwa die Begierden reflektieren und gegebenenfalls ändern. Der Ort-worin, in dem dies geschieht, ist für Mill die *Gewohnheit* (*habit*):

---

[208] Vgl. L. Robbins, The Significance of Ecnomic Science, aaO., S. 83.

[209] L. von Mises, Grundprobleme der Nationalökonomie, aaO., S. 82, eigene Hervorhebung.

[210] Dies wird besonders von Brodbeck betont. Vgl. Ders., Erfolgsfaktor Kreativität, Die Zukunft unserer Marktwirtschaft, Darmstadt 1996, S. 2.

[211] J. S. Mill, Utilitarianism, On Liberty, and Considerations on Representative Government, hrsg. von H.B. Acton, London 1972, S. 38, eigene Hervorhebung.

[212] Vgl. J.S. Mill, Utilitarianism, On Liberty, and Considerations on Representative Government, aaO., S. 37f.

3 Das implizite Menschenbild der Ökonomie

"The distinction between will and desire ... is an authentic and highly important psychological fact; but the fact solely consists in this – that the will, like all other parts of our constitution, is *amenable to habit*, and that we may will from habit what we no longer desire for itself, or desire only because we will it. (...) *Will is the child of desire, and passes out of the dominion of its parent only to come under that of habit.*"[213]

Hier wird deutlich, daß *alle* subjektiven Eigenschaften des Bewußtseins als den Gewohnheiten unterworfen angesehen werden. Oder anders gesagt: Die Gewohnheiten werden als ein Ort-worin betrachtet, der in sich alle subjektiven Eigenschaften des Handelnden birgt. Diese Sichtweise ist in der ökonomischen Theorie verbreitet. So meint beispielsweise Marshall, Handlungen würden zumeist von Gewohnheiten regiert.[214] Und Becker stimmt dem zu, wenn er sagt, daß gewohnheitsmäßiges Verhalten den größten Teil menschlichen Lebens durchdringe.[215] Wenn aber Gewohnheiten Handlungen und die Art und Weise, wie gedacht und gefühlt wird, bestimmen, dann gilt für sie ähnliches wie für die Handlungsziele. Sie gehen den subjektiven Eigenschaften des Handelnden *voraus* und können aus diesem Grund nicht subjektiv bestimmt sein. Sie sind ein Ort des Nichts, der selbst als *Limiting Concept* alle subjektiven Eigenschaften determiniert, selbst aber nicht als subjektive Eigenschaft gedacht werden kann. Dies heißt nicht, *beliebige* Gewohnheiten vorauszusetzen, um ökonomisches Handeln zu begründen. Ebenso wie die Ziele müssen sie *bestimmte*, wenn auch ungedachte Eigenschaften aufweisen. Diese Eigenschaften können aber nur dann explizit werden, wenn man eine neue *Domain of Discourse* findet, die erklärt, wie Gewohnheiten und Zielvorstellungen die subjektiven Eigenschaften des Akteurs bestimmen.

Werfen wir einen kurzen Blick zurück. Es zeigt sich an dieser Stelle ein ähnliches Bild wie am Ende des Abschnitts über die objektiven Verhaltenstheorien (3.1.5). Dort ergab sich, daß Handlungen aufgrund des selbstreflexiven Charakters des Bewußtseins nicht durch einen außenstehenden Beobachter als objektiviertes Verhalten bestimmt werden können. Hier zeigt sich nun, daß sie auch im Rahmen der subjektiven Theorien nicht befriedigend zu erklären sind. Der Grund hierfür ist leicht zu finden.

---

[213] J.S. Mill, Utilitarianism, On Liberty, and Considerations on Representative Government, aaO., S. 37-38, eigene Hervorhebung.
[214] Vgl. A. Marshall, Principles of Economis, aaO., S. 20.
[215] Vgl. G. Becker zitiert in F. Reckling, Interpretative Handlungsrationalität, Intersubjektivität als ökonomisches Problem und die Ressourcen der Hermeneutik, Marburg 2002, S. 136.

Denn auch die subjektiven Theorien versuchen, das Bewußtsein als ein bestimmtes zu fixieren, indem sie es als eine statische Ansammlung von Gefühlen und Begierden begreifen. „Wenn wir aber das Selbst [nur] als Einheit von Bewußtseinsphänomenen beschreiben, dann erhalten wir lediglich ein erkanntes Selbst, niemals aber das erkennende Selbst."[216] Das im Rahmen der subjektiven Theorien erkannte Selbst ist immer nur ein statisches Bewußtsein, das als ein bestimmtes objektiviert wird. Auch die subjektiven Theorien objektivieren also das Bewußtsein. Man kann sagen, daß durch den Übergang von den objektiven Verhaltenstheorien zu den subjektiven Theorien der *Grad* der Objektivierung abgenommen hat. Wurde zuerst Verhalten als durch äußere Restriktionen bestimmt betrachtet, so sind es nun die objektivierbaren Eigenschaften des Individuums selbst, die Handeln kausal erklären sollen. Beide Beschreibungen setzen aber den Handelnden als eine starre Substanz voraus, deren Eigenschaften entweder implizit gegeben oder objektiv bestimmbar sind. Nishida wendet sich in seiner Ortlogik gegen *beide* Erklärungsansätze. Zumindest sieht er beide Auffassungen als Abstraktionen an, die die eigentlichen Eigenschaften des Bewußtseins nicht erfassen. Denn „was zu irgendeinem Grad objektiviert ist, ist nicht das Bewußtsein".[217] Nishida weist auf folgenden Zusammenhang hin: Für alle Objekte gilt, daß sie nicht als Substanzen mit starren Eigenschaften aufzufassen sind, sondern lediglich kontextabhängig zu bestimmen sind. Und dieser Kontext ist im wesentlichen als das Bewußtsein zu verstehen. Objekte erscheinen als diese oder jene stets nur für ein oder in einem bestimmten Bewußtsein. Aus diesem Grund muß eine Handlungstheorie die Perspektive dieses Bewußtseins berücksichtigen. Wird diese Perspektive nun aber subjektiv bestimmt, so wird das Bewußtsein selbst objektiviert und so dessen Eigenschaften fixiert. Aber das Bewußtsein entzieht sich einer solchen Objektivierung. Als dynamischer Fluß oder Prozeß vermag es sich in unterschiedlichen Kontexten je neu zu bestimmen. Will man einen solchen Fluß tatsächlich abbilden, so ist nicht nur der Glaube an objektive (äußerliche) Entitäten zu unterlaufen, sondern auch das Ergreifen des Handelnden als Substanz. Oder anders gesagt: Es muß nach einer Beschreibung des Handelnden *jenseits* der Subjekt-Objekt-Spaltung gesucht werden.

Wie ist eine solche Beschreibung aber denkbar? Betrachten wir die Anwort Nishidas in groben Zügen. Wie viele andere Philosophen geht Nishida vom

---

[216] K. Nishida, The System of Self Consciousness of the Universal, teilw. übers. in: R.J. Wargo, The Logic of Basho, aaO., S. 367.
[217] K. Nishida zitiert in R.J. Wargo, The Logic of Basho, aaO., S. 226.

Cartesianischen *cogito ergo sum* aus[218], sucht aber nach keiner *objektiven* Erklärung für das 'Ich bin'. Vor allem wendet er sich dagegen, das 'Ich bin' als ein statisches Wesen zu begreifen, dessen Natur bestimmt ist. Denn auf diese Weise kann die Eigenschaft des Handelnden, sich selbst, seine Gefühle und Begierden zu reflektieren und zu verändern, nicht erklärt werden. Wenn der Handelnde aber keine unveränderliche Natur aufweist, dann folgt daraus unmittelbar, daß Handlungen nicht kausal durch dessen Eigenschaften bestimmt sein können. Der Wandel der Handlungen kann nicht vor dem Hintergrund eines Handelnden im Sinne einer statischen, unwandelbaren Substanz erklärt werden. Aus Sicht der Ortlogik liegt der Gedankenfehler der subjektiven Theorien darin, den Handelnden als primär gegeben zu denken und Handlung und Wahrnehmung als durch ihn bestimmt anzusehen. Für Nishida verhält es sich genau umgekehrt: „Kein Ich-Individuum beherrscht seine eigene Erfahrung, sondern es ist *umgekehrt*: Die Erfahrung bildet unser Ich, das partikular-daseiende Selbst."[219] Natürlich ist hier nicht gemeint, daß es eine Erfahrung ohne jegliches Bewußtsein gibt, die auf irgendeine Weise das (subjektive) Bewußtsein hervorbringt. Nishida bezieht sich vielmehr auf zwei verschiedenen Weisen des Bewußtseins. Zum einen beschreibt er das *gewöhnliche* Bewußtsein, in dem sich das 'Ich' als Subjekt im Gegensatz zu einer äußeren Umwelt, zu Objekten ergreift. Es ist dies das subjektive Bewußtsein. Dieses Bewußtsein zerteilt aber nur eine Erfahrung, die eigentlich eine *Einheit* darstellt. Das *ursprüngliche* Bewußtsein vermag diese Einheit unmittelbar zu erfassen.[220] Die Sichtweisen dieser zwei unterschiedlichen Dimensionen des Bewußtseins werden später noch ausführlich diskutiert (3.3.3). Wesentlich ist hier zunächst eine wichtige Eigenschaft des ursprünglichen Bewußtseins. Denn dieses ist ein Bewußtsein der Erfahrung, in dem ohne subjektives Bewußtsein gesehen wird.[221] Hashi schreibt über dieses Bewußtsein der Erfahrung:

---

[218] Ein direkter Bezug auf Descartes findet sich beispielsweise in K. Nishida, The System of Self Consciousness of the Universal, aaO., S. 376.

[219] K. Nishida zitiert in H. Hashi, Die Aktualität der Philosophie, aaO., S. 30, eigene Hervorhebung. Vgl. zum Begriff der Erfahrung K. Nishida, Logik des Ortes, aaO., S. 291 (Anmerkung des Übersetzers).

[220] Die Unterscheidung zwischen gewöhnlichem und ursprünglichenm Bewußtseins wird im Mahayana Buddhismus getroffen. Für eine Erklärung vgl. T. Izutsu, Die Entdinglichung und Wiederverdinglichung der 'Dinge' im Zen Buddhismus, in: Y. Nitta (Hrsg.), Japanische Beiträge zur Phänomenologie, Freiburg-München 1984, Seite 18ff.

[221] Vgl. etwa K. Nishida, Logik des Ortes, aaO., 39ff.

> „Die gewöhnliche Stellung eines Subjekt-Objekt trennenden Verhältnisses ist inmitten der intensiven Erfahrung noch nicht entstanden. Das erfahrende Ich kommuniziert mit der Dimension der Erfahrung. Ohne Selbstbewußtsein, welches etwa mit Ansätzen wie 'ich bin', 'ich denke', 'ich meine', 'ich urteile' usw. seine Gedanken bestimmt, kommuniziert das Ich mit der Erfahrung-der-Wahrheit-selbst. Darin ist das Ich Teil der Dimension der Erfahrung. (...) Die gewöhnliche Struktur der Aussage 'ich erfahre und erfasse die Wahrheit', ist inmitten der reinen Erfahrung verschwunden. Es besteht nur die Dimension des *Ortes* der Erfahrung; darin ist das Ich eingeschmolzen."[222]

Das ursprüngliche Bewußtsein ist *prä-reflexiv* in dem Sinne, daß weder das Subjekt als dieses oder jenes bestimmt ist noch eine Handlung in einen Handlungsträger und ein Handlungsobjekt unterschieden wird: *"The action takes place of itself before any conscious thought."*[223] Erst in einer nachträglichen Reflexion vollzieht sich eine solche Aufspaltung. Die Erfahrung geht damit jeglicher subjektiven Bestimmung voraus; sie ist der Ort-worin, in dem alle Vorstellung über das subjektive Bewußtseins gründen. „Es muß sich ... um ein Bewußtsein handeln, das das subjektive Bewußtsein umfaßt"[224] und bestimmt.

> „Das Ich läßt sich nicht vergegenständlichen (...) Ich denke unser Ich als eine Bewußtseinseinheit, nicht subjekthaft, sondern vielmehr *orthaft* als die Selbstbestimmung des Bewußtseinsfeldes."[225]

Aus Sicht der Ortlogik gilt also, daß nicht die Erfahrung aufgrund eines subjektiven Bewußtseins ist, sondern umgekehrt dieses Bewußtsein durch Erfahrungen bestimmt wird. Oder anders gesagt: Die Erfahrung ist der *basho*, in dem sich orthaft[226] die Bestimmung des Bewußtseinsfeldes, von der Nishida spricht, vollzieht. Aus diesem Grunde muß für eine umfassende Handlungstheorie eine *Domain of Discourse* bestimmt werden, die den Ort-worin der Erfahrung explizit reflektiert und die des weiteren erklärt, wie in diesem Ort-worin die subjektive (gewöhnliche) Sicht des Handelnden bestimmt wird.

---

[222] H. Hashi, Die Aktualität der Philosophie, aaO., S. 28-30, Hervorhebung im Original
[223] R. Deshimaru zitiert in R.E. Carter, The Nothingness beyond God, aaO., S. 107, eigene Hervorhebung.
[224] K. Nishida, Logik des Ortes, aaO., S. 41.
[225] K. Nishida, Logik des Ortes, aaO., S. 63, eigene Hervorhebung.
[226] Japanisch: *bashoteki*.

3.3 Der Handelnde 'jenseits' der Subjekt-Objekt-Spaltung

Ebenso wie das subjektive Bewußtsein auf drei unterschiedliche Weisen beschrieben werden kann (als rationale Vernunft, als Ansammlung von Gefühlen und Begierden sowie als subjektiver Wille), so soll sich in diesem Abschnitt zeigen, daß auch die Erfahrung in drei Ebenen gegliedert werden kann, wobei jede dieser Ebenen eine spezifische Form der Denk- und Handlungsweise begründet. Diese werde ich als Ort-worin der Gewohnheit, als Ort-worin der Kreativität und als Ort-worin des selbstbewußten Willens bezeichnen. Betrachten wir zunächst den Ort-worin der Gewohnheiten. In Nishidas Logik des Ortes wird dieser Begriff zwar nicht explizit verwendet, wohl aber von „handlungsleitenden Standards oder Idealen" gesprochen, „die die Voraussetzung für die Konzeption von zielgerichteten Handlungen darstellen".[227] Da Nishidas Überlegungen zu diesen Standards oder Idealen recht schwer verständlich sind, werde ich in diesem Abschnitt einige grundlegende handlungstheoretische Überlegungen der ostasiatischen Philosophie vorstellen, die den Ort-worin der Gewohnheiten besser verständlich machen sollen. Dabei beziehe ich mich auf Überlegungen der klassischen chinesischen Philosophie (insbesondere des Konfuzianismus und Taoismus), des Mahayana Buddhismus und der modernen japanischen Philosophie. Anschließend soll dann versucht werden, diese Überlegungen für eine Erklärung ökonomischen Handelns fruchtbar zu machen.

3.3.1 Eine 'ostasiatische' Theorie der Gewohnheiten

Im Mittelpunkt vieler ostasiatischer Handlungstheorien steht die Beobachtung, daß ein Großteil der Handlungen nicht spontan, sondern nach Verhaltensmustern abläuft, die in anderen, vergangenen Situation erlernt wurden und dann auf neue Situationen übertragen bzw. angewendet werden. Der Mensch handelt nicht in jeder Situation neu, sondern auf der Basis vergangener Erfahrungen; er handelt gewohnheitsmäßig. Der Unterschied zwischen diesem gewohnheitsmäßigen und einem spontanen (situativen) Handeln wird auch in der Ökonomie betont. So schreibt etwa Suchanek:

„Die Anpassungsfähigkeit des *einzelnen Menschen* in *einzelnen* Situationen ist ... *beschränkt*. Es wäre eine Überforderung des Individuums und ihm oft genug gar nicht möglich, sich in jeder Situation neu zu orientieren und 'angepaßte' Handlungsentscheidungen zu treffen. Stattdessen orientiert sich sein Verhalten häufig an *Institutionen*. Diese erfüllen als Systeme stereotypisierter und stabilisierter Ge-

---

[227] R.J. Wargo, The Logic of Basho, aaO., S. 312.

wohnheiten, Regeln und Sanktionsinstanzen verschiedene Funktionen. Sie 'entlasten' vom Zwang zur ständigen Konzentration auf die jeweils aktuellen Situationsanforderungen. In einer komplexen Umwelt ... gewinnt ihre handlungskanalisierende Selektionswirkung an Bedeutung. (...) Der 'Sinn' von Institutionen liegt darin, daß sie die an die Umstände *angepaßten* Verhaltensweisen selektieren und durch Normierung in *wiederkehrende* Situationstypen stabilisieren."[228]

Die ostasiatische Philosophie beschränkt sich nicht auf eine solche Beschreibung. Sie konzentriert sich vielmehr darauf, den Prozeß der Gewohnheitsbildung tatsächlich zu *erklären*. Um Gewohnheiten auszubilden, so lautet hier eine wichtige Überlegung, muß es etwas geben, das Handeln in verschiedenen Kontexten anleitet. Es sind dies *Handlungsanweisungen*, die der Handelnde zumeist unbewußt befolgt. Solche Anweisungen werden im Chinesischen als $Dao^{\text{guiding discourse}}$ bezeichnet: "*Daos inherently guide action.*"[229] Die Frage, die sich die klassische chinesische Philosophie in diesem Zusammenhang stellt, ist folgende: Wie kommt es, daß wir Handlungsanweisungen, $Dao^{\text{guiding discourses}}$, richtig in bestimmten Situationen anwenden? Die Antwort hierauf ist eine, die sich auf Beobachtungen des *Alltags*, der Praxis stützt. Sie betont dabei die überragende Bedeutung des Lernens. Der Mensch lernt, sich in bestimmten Situationen auf eine bestimmte Weise zu verhalten, während er gleichzeitig lernt, andere Verhaltensweisen abzulehnen. Wie an späterer Stelle noch deutlich werden soll, ist diesem Lernen eine *soziale* Dimension eigen (4.2.9). Hier soll zunächst allein die Funktion der Sprache für das individuelle Lernen diskutiert werden. Ein *Dao* ist eine Handlungsanweisung, die mit Hilfe von Sprache zwischen verschiedenen Menschen kommuniziert wird. Der Einzelne lernt, sich diese Anweisungen zu eigen zu machen; er 'individualisiert' sie, indem er seine eigenen Denkprozesse, seine Wahrnehmung durch sie anleiten läßt. Seine *mentalen Gewohnheiten* werden so maßgeblich durch Sprache bestimmt. Zugleich lernt er, die kommunizierten Handlungsanweisungen in eine physische Tätigkeit umzusetzen.

There is "an ambiguity in the notion of a *dao*. On the one hand, a *dao* is the actual linguistic instruction set that is transmitted from A to B. On the other hand, it is the

---

[228] A. Suchanek, Der ökonomische Ansatz und das Verhältnis von Mensch, Institution und Erkenntnis, aaO., S. 78, Hervorhebung im Original.

[229] C. Hansen, Qing (Emotions) in Pre-Buddhist Chinese Thought, in: J. Marks, R.T. Ames (Hrsg.), Emotions in Asian Thought, A Dialogue in Comparative Philosophy, New York 1995, S. 187.

3 Das implizite Menschenbild der Ökonomie   107

performance that would result from theoretically correct interpretation of that *Dao* into real-time behavior. I call these 'discourse *dao*' and 'performance *dao*'."[230]

Ein *Dao* leitet also sowohl den Denkprozeß des Einzelnen als auch seine physische Tätigkeit an. Hier spiegelt sich die ostasiatische Überzeugung wider, Handlungen seien als ein Zugleich von intellektueller Tätigkeit und leiblichem Tun zu verstehen. So beschreibt etwa Nishida Handlungen als "*acting-intuition*", als „*handelnde Anschauung*".[231]

Betrachten wir die Funktion des *Discourse Dao* genauer. In diesem Zusammenhang die allgemeine Bedeutung der Sprache hervorzuheben, sagt noch nichts darüber aus, *wie* Sprache tatsächlich Wahrnehmungen bestimmt. Die chinesische Philosophie betont hier die Bedeutung von Begriffen, durch die man lernt, Dinge voneinander zu *unterscheiden*:

"The *dao* process was inherently a guiding process, and it proceeded by means of names and cultivated abilities to make distinctions."[232]

Der Zusammenhang von Namen (Wörtern) und dem Unterscheiden besteht darin, daß man anhand von ersteren lernt, die Dinge als unterschiedene zu sehen. Einer solchen Auffassung entspricht es, die Dinge als kontextabhängige zu betrachten. Ein Ding erscheint als etwas, nicht, weil dies seine Natur oder sein Wesen wäre, sondern weil es innerhalb eines sprachlichen Kontexts im Gegensatz zu anderen Dingen als dieses etwas *bezeichnet* wird. Ostasiatische Theorien der Wahrnehmung gehen also nicht von einem essentiellen Charakter der Dinge aus.[233] Vielmehr meinen sie, daß der Kontext, in dem (sprachlich) ein Ding von einem anderen unterschieden wird, den Dingen vorausgeht:

„Weil wir *unterscheiden*, gibt es unterschiedene Dinge. Das Unterscheiden ist ursprünglicher als die unterschiedenen Dinge, und unterscheiden heißt eigentlich leben. (...) Es gibt ein unterscheidendes Erkennen, und dieses unterscheidende Erken-

---

[230] C. Hansen, Qing (Emotions) in Pre-Buddhist Chinese Thought, aaO., S. 189-90.
[231] Japanisch: *kōiteki chokkan*. Für eine ausführliche Erläuterung zu diesem Begriff vgl. R.E. Carter, The Nothingness beyond God, aaO., S. 100ff. Im folgenden werde ich detailliert nur auf die Funktion des *Discourse Dao* eingehen.
[232] C. Hansen, Qing (Emotions) in Pre-Buddhist Chinese Thought, aaO., S. 191.
[233] Vgl. etwa C. Hansen, Qing (Emotions) in Pre-Buddhist Chinese Thought, aaO., S. 194.

nen ist die Quelle aller Unterschiede. Es gibt Unterschiede, weil es ein Unterscheiden gibt."[234]

Diese Funktion des Unterscheidens veranschaulicht Brodbeck unter Bezug auf die buddhistische Logik so:

„Ein Tisch kann durch das Wort 'Tisch' bezeichnet werden, weil er von Nicht-Tisch unterschieden wird. Der Tisch ist, was er ist (Wesen), nur dadurch, daß er von allem anderen unterschieden wird. Ein Kind, das das Wort 'Tisch' erlernt ..., lernt anhand dieses Wortes einen Unterschied zu machen. In den tausend Handlungen im Umgang mit Tischen sammelt es Erfahrung, das heißt eine Erinnerung an viele Situationen, in denen solch ein Unterschied gemacht wurde. ... Bei jedem neuen Tisch wird durch das Wort diese ganze Kette der Handlungen wachgerufen, 'evoziert'. Auf diese Weise trennt sich das Denken immer mehr vom tatsächlichen Wahrnehmen, wir sehen immer mehr nur das, was wir schon wissen. All dieses Wissen, diese Tatsache, daß wir immer mehr zu Experten im Umgang mit Tischen werden, verhindert jeden neu wahrgenommenen Tisch in seinen einfachen Phänomenen zu sehen. (..) Kurz: In uns entsteht mehr und mehr tatsächlich ein 'Wesen' des Tisches, ein Wust von Erinnerungen, von Handlungen, in die Tische einbezogen waren. (...) Es (das Wesen des Tisches, SG) ist die kristallisierte Erfahrungsgeschichte des Unterscheidens, bei dem das Wort 'Tisch', gesprochen oder gedacht, eine Rolle gespielt hat."[235]

Betrachten wir die Funktion des Unterscheidens genauer. Das Konzept der Unterscheidung wird in der klassischen chinesischen Philosophie mit dem Begriffspaar *shi-fei* bezeichnet. Etwas als shi^{dies} zu bezeichnen, bedeutet gleichzeitig zu erlernen, was $fei^{\text{nicht dieses, jenes}}$ bedeutet.

"The relation of a term and its opposite [can be described in the following way]: If we can apply term X to the real world, then *the same discrimination ability* guides our application of non-X to the world. One ability to *shi-fei* gives us two opposite names."[236]

Durch eine Unterscheidung entstehen gleichursprünglich zwei gegensätzliche Begriffe, die nicht voneinander zu trennen sind und sich gegenseitig bedingen. Chuang Tzu schreibt:

---

[234] K.-H. Brodbeck, Der Spielraum der Leerheit, Buddhismus im Gespräch, Solothurn-Düsseldorf 1995, S. 90, Hervorhebung im Original.
[235] K.-H. Brodbeck, Der Spielraum der Leerheit, aaO., S. 111-112.
[236] C. Hansen, Qing (Emotions) in Pre-Buddhist Chinese Thought, aaO., S. 195, eigene Hervorhebung.

3 Das implizite Menschenbild der Ökonomie 109

"Everything has its 'that'; everything has its 'this'. ... So I say, 'that' comes out of 'this' and 'this' depends on 'that' – which is to say that 'this' and 'that' give birth to each other."[237]

Man kann dies auch so formulieren, daß Gegensätze ursprünglich aus einer *Einheit* hervorgehen, wobei diese Einheit in der unterscheidenden Aktivität selbst liegt. „Es gäbe keinen Gegensatz, wenn sich die Begriffe nicht auf einer anderen Ebene berühren würden. Sich einander gegenüberzustehen ist immer auch schon eine Synthese."[238] Das Begriffspaar *shi-fei* beschreibt die Fähigkeit, *deskriptiv* Dinge voneinander zu unterscheiden. Diese deskriptive Unterscheidung ist aber nur ein Teil dessen, wie die Wahrnehmung der Dinge funktioniert. Denn zusammen mit dem Unterscheiden lernt man, so eine Überzeugung der ostasiatischen Philosophie, die Dinge zu bewerten, ihnen also bestimmte Eigenschaften zuzuordnen: Ein Stuhl ist *gut* zum Sitzen; ein Tisch ist dafür *schlecht*. Eine *shi-fei* Unterscheidung vollzieht sich also nicht nur deskriptiv, sondern *zugleich* auch wertend.[239] Wie selbstverständlich dies etwa für die chinesische Tradition ist, wird daran deutlich, daß die Schriftzeichen *shi* und *fei* zwischen einer Deskription und einer Wertung nicht differenzieren. *Shi* läßt sich sowohl mit 'dies' als auch mit 'richtig' übersetzen, *fei* hingegen mit 'nicht dies' und 'falsch'.[240]

Weil in der Unterscheidung die Dinge als etwas bezeichnet und ihnen zugleich Eigenschaften zugeschrieben werden, die eine positive oder negative Wertung enthalten, ist sie ein Ort-worin, in dem die objektive Welt gedacht wird. Die Dinge sind, so die chinesische Philosophie, stets nur erkannte Objekte im Ort-worin der Unterscheidung. Das Unterscheiden wiederum beruht auf der Erfahrung, die im Umgang mit Dingen gemacht wurden; es ist das Resultat sprachlicher Gewohnheiten. Diese Überlegung weist eine Ähnlichkeit zur Logik des Ortes auf: Die objektive Welt der Dinge ist nicht als eine denkbar, die an und für sich existiert. Sie ist vielmehr eine, die sich

---

[237] Chuang Tzu, The Complete Works of Chuang Tzu, übers. v. B. Watson, New York-Leiden 1968, S. 39.
[238] Nishida, Intellegibility and the Philosophy of Nothingness, aaO., S. 112.
[239] Vgl. D.L. Hall, R.T. Ames. Thinking from the Han, Self Truth and Transcendence in Chinese and Western Culture, New York 1998, S. 171.
[240] Auch in der japanischen Sprache ist dieser Doppelcharakter der Schriftzeichen *shi* und *fei* erhalten geblieben. Ersteres (gesprochen *ZE, kore*) kann sowohl 'richtig', 'korrekt' als auch 'dies' bedeuten. Letzteres (gesprochen *HI*) läßt sich am ehesten mit der deutschen Silbe „un" übersetzen, mit der sowohl Eigenschaften als auch Deskriptionen verneint werden.

in einem Kontext lediglich *als* diese bestimmte Welt zeigt. Und dieser Kontext ist nur als ein Bewußtseinsfeld denkbar. Es wurde deutlich, daß Nishida dieses Bewußtseinsfeld nicht subjektiv denkt, sondern als eine *orthafte* Bestimmung. Die Überlegungen der klassischen chinesischen Philosophie zeigen nun, wie dies möglich ist. Denn das Unterscheiden als Resultat sprachlicher Gewohnheiten ist nicht subjekthaft zu denken. Es kann keinem einzigen Subjekt, keinem Ego zugeschrieben werden. Es ist zwar richtig, daß das Unterscheiden eine Tätigkeit des Geistes ist, „jedoch ist dieser 'Geist' nicht eine individuelle Existenzform, eine Art Nebel in meinem privaten Kopf."[241] Vielmehr kann ihm ein sozialer Charakter zugesprochen werden. Deutlich wird dies etwa am Beispiel der Sprache.

> „Sprache ... wird .. als eine unbewußte Ablagerung der semantischen Wirkungen vorgestellt, die von den Wörtern zurückbleiben, die in der Vergangenheit aktuell oder virtuell in Gebrauch waren. Es ist anzumerken, daß die 'Vergangenheit' ... nicht auf die vergangenen Erfahrungen einer einzelnen individuellen Person beschränkt ist, daß sie also über den Bereich dessen, was die individuelle Person tatsächlich erfahren hat, hinausgeht und tief in die Gesamtheit der Lebenserfahrungen ihrer Eltern und Vorfahren zurückreicht, sofern ihr diese in der Form der Muttersprache überliefert worden sind."[242]

Auf den ersten Blick scheint es so, als würde die Bestimmung des Subjekts, bzw. des subjektiven Bewußtseins einfach übergangen worden sein. Wenn die Dinge stets im Ort-worin sprachlicher Gewohnheiten als Dinge existieren, wie wird dann das subjektive Bewußtsein bestimmt? Die ostasiatische Philosophie gibt hierauf eine recht einfache, wenn auch vielleicht ungewöhnliche Antwort: Die Bestimmung des Subjekts vollzieht sich im Ort-worin der Gewohnheiten ebenso wie die Bestimmung der objektiven Welt, der es gegenüber steht. Beide Bestimmung sind *gleichursprünglich*. Wie aber ist dies denkbar? Betrachten wir die Antwort des Mahayana Buddhismus. Dieser beginnt seine Überlegungen mit der Feststellung, daß jedes Ding empirisch nur existiert, „sofern es Objekt – sei es nun erkannt oder wenigstens erkennbar – für ein erkennendes Subjekt ist."[243] Das Objekt ist nicht ohne ein erkennendes Subjekt denkbar. Das gleiche gilt aber auch umgekehrt: „Das erkennende Subjekt, der 'Geist' ist immer objektivierendes Bewußtsein. (...) Bewußtsein ist, ..., immer ein

---

[241] K.-H. Brodbeck, Der Spielraum der Leerheit, aaO., S. 91.
[242] T. Izutsu, Die Entdinglichung und Wiederverdinglichung der 'Dinge' im Zen Buddhismus, aaO., S. 29.
[243] T. Izutsu, Die Entdinglichung und Wiederverdinglichung der 'Dinge' im Zen Buddhismus, aaO., S. 16.

3 Das implizite Menschenbild der Ökonomie 111

'Bewußtsein-*von*'"[244]; es ist stets notwendig auf die unterschiedenen Objekte bezogen. Im Ort-worin der Unterscheidung kann es niemals reines und einfaches Bewußtsein sein. Die (subjektive) Vernunft etwa ist dadurch bestimmt, Objekte voneinander zu unterscheiden und ihre Eigenschaften zu bewerten. Sie kann deshalb nicht *unabhängig* von Objekten gedacht werden. Aber nicht nur die Vernunft bezieht sich im Ort-worin der Unterscheidung notwendig auf erkannte Objekte. Eben weil ein Ding vom anderen unterschieden wird, so die Auffassung des Mahayana Buddhismus, verfällt das subjektive Bewußtsein gegenüber den Dingen in *positive oder negative Verhaftung*. Die klassische chinesische Philosophie erklärt diesen Zusammenhang so, daß jedes Individuum zusammen mit einer *shi-fei* Unterscheidung lernt, auf eine bestimmte Art und Weise zu *fühlen*. Auch die Gefühle sind nicht an und für sich gegeben. Sie heften sich vielmehr stets an die Unterscheidungen an, die man erlernt hat. Daraus ergibt sich unmittelbar, daß ein Gefühl stets nur im Zusammenhang mit einem anderen, ihm entgegengesetzten Gefühl entstehen kann. „Eine Empfindung, die wir haben, existiert nicht unabhängig, sie steht notwendig in Gegensatz zu einer anderen."[245] Diese Beobachtung bestätigt Mill: „In Wahrheit existieren Freude und Schmerzen fast nie voneinander getrennt, sondern eigentlich immer zusammen."[246]

Diese Wechselbeziehung der Gefühle entsteht, weil sich letztere stets auf die unterschiedenen Objekte beziehen. Uns macht *etwas* Freude, uns tut *etwas* weh. Wir fühlen nicht einfach reinen Schmerz oder reine Freude, sondern erst der Gedanke oder die Gegenwart eines Objektes macht dies möglich. Die klassische chinesische Philosophie konkretisiert diesen Gedanken, indem sie feststellt, daß das Individuum, wenn es einen Begriff erlernt, *gleichzeitig* lernt, gegenüber dem Ding zu fühlen, das mit diesem Begriff bezeichnet wird: Zu dem, was man gelernt hat, als *shi* $^{\text{richtig/gut}}$ zu bezeichnen, fühlt man sich hingezogen. Umgekehrt fühlt man sich von dem abgestoßen, was *fei*$^{\text{falsch/schlecht}}$ genannt wird. Die subjektiven Gefühle 'heften' sich damit stets an bestimmte Objekte. Sie sind von diesen ebenso abhängig wie die Vernunft. In diesem Zusammenhang kann auch die Begierde genauer bestimmt werden. Sie ist ebenso wie die subjektiven Gefühle stets auf Objekte gerichtet. Sie ist eine Begierde-nach-etwas. Die klassische chinesische Philosophie drückt dies so aus, daß die Begierde ei-

---

[244] T. Izutsu, Die Entdinglichung und Wiederverdinglichung der 'Dinge' im Zen Buddhismus, aaO., S. 16-17, eigene Hervorhebung.
[245] K. Nishida, Über das Gute, aaO., S. 112.
[246] J.S. Mill, Utilitarianism, On Liberty, and Considerations on Representative Government, aaO., S. 35-36.

ne Haltung gegenüber den bezeichneten, also unterschiedenen Dingen ist.[247] Der Handelnde lernt, einen Unterschied zwischen Dingen zu machen. Mit dieser Unterscheidung wird in der Erfahrung eine Bewertung verknüpft und diese Bewertung wiederum bestimmt die Haltung gegenüber den Dingen. Jede *shi-fei* Unterscheidung bringt eine Haltung für oder gegen ein Objekt mit sich. Sie bestimmt, ob wir etwas bejahen oder ablehnen. Dieser Gedanke wird auch im Taoismus deutlich:

> "The key to mastering a *dao* is learning its names and being able to apply them. Learning a name consists in learning to make a socially appropriate distinction with that name and having the socially appropriate pattern of desires. Laozi focuses particularly on evaluative guiding terms. We learn evaluative distinctions (good/bad, beautiful/ugly) together, and where we draw the line between them is a matter of learning the practice of one school or group rather than another. When we learn those guiding conventions, Laozi observes, we inevitably also learn along with them that group's pattern of desire – for the beautiful and aversion to the ugly. Like the distinctions, these desires are socially conditioned. Each tradition trains us in the socially appropriate responses to things after we have named them. (...) We get those desires by learning language and names."[248]

Ist also ein Objekt erst *als* gut, schön, wertvoll etc. erkannt, so werden die subjektiven Gefühle gegenüber diesem Objekt *positiv* sein. Gleichursprünglich wird sich die Begierde regen, dieses Objekt zu erlangen. Auch diese Beobachtung bestätigt Mill:

> "Desiring a thing and finding it pleasant, aversion to it and thinking of it as painful, are phenomena entirely inseparable, or rather two parts of the same phenomenon; in strictness of language, two different modes of naming the same psychological fact: that to think of an object as desirable ..., and to think of it as pleasant are one and the same thing; and that to desire anything, except in proportion as the idea of it is pleasant, is a physical and metaphysical impossibility."[249]

Die vorangegangen Überlegungen machen deutlich, daß die Erfahrung – im Sinne der Gewohnheit – ein Ort-worin ist, der sowohl die objektive als auch die subjektive Welt in sich birgt und zustande kommen läßt. Die Gewohnheit selbst ist dabei sowohl aus objektiver als auch aus subjektiver Sicht ein *Ort des Nichts*. Sie ist das Gegebene, das *jeder* subjektiven und

---

[247] Vgl. C. Hansen, Qing (Emotions) in Pre-Buddhist Chinese Thought, aaO., S. 202.

[248] C. Hansen, Qing (Emotions) in Pre-Buddhist Chinese Thought, aaO., S. 192. Der Name Laozi wird in anderen Quellen mit Lao Tsu angegeben.

[249] J.S. Mill, Utilitarianism, On Liberty, and Considerations on Representative Government, aaO., S. 36.

objektiven Sicht implizit zugrunde liegt, ohne selbst explizit reflektiert zu werden. Daraus ergibt sich, daß das Individuum, das sich als Subjekt bestimmt, den Ort-worin der Gewohnheiten bzw. Erfahrungen nicht erkennen kann. Da sein Bewußtsein als Bewußtsein-von stets nur auf Objekte gerichtet ist, sich also immer nur mit seiner äußerlichen Umwelt beschäftigt, kann es den Ort-worin, in dem es selbst bestimmt wird, nicht wahrnehmen. Die Einsicht in die ursprüngliche Einheit der Erfahrung, die sich durch die unterscheidende Aktivität des Geistes in eine subjektive und objektive Welt aufspaltet, bleibt dem subjektiven Bewußtsein notwendig verborgen.

Bis jetzt wurde genau genommen nur erklärt, wie zwei Begriffe voneinander unterschieden werden und wie diese unterscheidende Aktivität die Wahrnehmung gegenüber den beiden bezeichneten Dingen bestimmt. Im Alltag ist der Handelnde aber nicht nur von zwei Objekten umgeben. Wie läßt sich also das Handeln inmitten einer Vielzahl von Objekten erklären? Die ostasiatische Philosophie gibt hierauf eine Antwort, indem sie von einer *hierarchischen* Anordnung der Unterscheidungen ausgeht. Umfaßt ein *Dao* eine Ansammlung von Begriffspaaren, so wird eine Unterscheidung allen anderen Unterscheidungen *übergeordnet*. Sie wird als *Ur-Unterscheidung* zum Ort-worin, in dem (implizit) alle anderen Unterscheidungen gedacht werden:

"The relation of standards [can be explained in the following way]: A standard for practical interpretation of the entire cluster of names used in a $dao^{\text{guiding discourse}}$ presupposes a *prior ability* to apply the set of names used in the standard. *Some ur-distinction or dichotomy guides shi-fei$^{\text{this not-this}}$ judgments as applied to every other term pair in the language.*"[250]

Anhand einiger Beispiele kann die Funktion der Ur-Unterscheidung genauer bestimmt werden. Im Utilitarismus etwa wird die Unterscheidung von Freude und Leid (Bentham) oder Lust und Unlust (Mill) betont. Welche übermächtige Stellung eine solche Ur-Unterscheidung einnimmt, wird besonders bei Bentham deutlich:

„Die Natur hat die Menschheit unter die Herrschaft zweier souveräner Gebieter – Leid und Freude – gestellt. Es ist an ihnen *allein* aufzuzeigen, was wir tun sollen, wie auch zu bestimmen, was wir tun werden. Sowohl der *Maßstab für Richtig und Falsch*, als auch die Kette der Ursachen und Wirkungen sind an ihrem Thron festgemacht. *Sie beherrschen uns in allem, was wir tun, was wir sagen, was wir den-*

---

[250] C. Hansen, Qing (Emotions) in Pre-Buddhist Chinese Thought, aaO., S. 195, eigene Hervorhebung.

ken: jegliche Anstrengung, die wir auf uns nehmen können, um unser Joch von uns zu schütteln, wird lediglich dazu dienen, es zu beweisen und zu bestätigen."[251]

Nach Bentham leitet die Ur-Unterscheidung von Freude und Leid sowohl die Wahrnehmung als auch die physische Tätigkeit an. Ein einfaches Beispiel kann dies verdeutlichen: Es besteht für einen Handelnden die Alternativen, ein Eis essen zu gehen oder daheim zu bleiben. Vollzieht sich sein Handeln in dem *Dao* der Ur-Unterscheidung Lust/Unlust, so wird er das Eis (unbewußt) danach beurteilen, wieviel Lust und wieviel Unlust es ihm erfahrungsgemäß bereiten wird. Ebenso wird er mit der anderen Alternative verfahren. Auf diese Weise wird die eine Alternative als besser, die andere als schlechter bewertet werden. Auf die bessere Alternative wird sich die Begierde richten; die physische Tätigkeit wird diese Begierde zu befriedigen versuchen. Die Bewertung der Handlungsalternativen vollzieht sich so (implizit) im Ort-worin der Ur-Unterscheidung von Lust/Unlust. In ihm ist es möglich, *alle* Begriffe, die in einem *Dao* verwendet werden, in einem *einheitlichen* Horizont zu vergleichen. Auf diese Weise werden die unterschiedlichen Begriffe nicht nur im Hinblick auf ihr Gegenteil (A, Nicht-A), sondern auch im Hinblick auf alle anderen Begriffe (A, B, C) *vergleich- und bewertbar*: „Die Dinge sind gut oder übel nur in Hinsicht auf Freude oder Schmerz. Wir heißen darum gut, was geeignet ist, uns Lust zu bringen oder sie zu steigern bzw. Unlust zu vermindern."[252] Gleichursprünglich mit der Bewertung der Objekte werden auch die subjektiven Gefühle und Begierden gegenüber diesen Objekten bestimmt. Was immer im Ort-worin der Ur-Unterscheidung als *shi*^{richtig} bezeichnet wird, wird im Subjekt positive Gefühle erwecken und seine Begierden erregen.

Die Ur-Unterscheidung ist ebensowenig wie alle anderen Unterschiede einfach gegeben. Sie ist das Ergebnis vergangener und gegenwärtiger Erfahrungen, die das Individuum in seinem Umfeld gemacht hat. Sie ist nichts anderes als eine Gewohnheit, die andere Gewohnheitsprozesse *überlagert*. Innerhalb eines *Dao* gibt sie im Sinne eines Ideals oder eines Standards jeder Wahrnehmung Richtung und Gestalt, ohne selbst explizit reflektiert zu werden. Oder anders gesagt: Der Ur-Unterschied verbleibt stets ein Ort des Nichts für alle Handlungen innerhalb eines *Dao*. In diesem Zusammenhang wird auch eine (gegebene) *Zielorientierung* des Handelns ver-

---

[251] J. Bentham, Eine Einführung in die Prinzipien der Moral und der Gesetzgebung, in: O. Höffe (Hrsg.) Einführung in die utilitaristische Ethik, aaO., S. 55, eigene Hervorhebung.

[252] J. Locke zitiert in J. Hirschberger, Geschichte der Philosophie, Band 2, Freiburg i. Br. 1980, S. 214.

ständlich. Denn als Ziel wird stets das gedacht, was man gelernt hat, als *shi* in der Ur-Unterscheidung zu bezeichnen. Wer innerhalb eines *Dao* ursprünglich zwischen Freude und Schmerz unterscheidet, wird die Freude als Ziel aller seiner Handlungen bestimmen; wer im Ort-worin von Lust und Unlust denkt, wird nach lustvollen Dingen streben. Deshalb kann Mill annehmen, „daß Lust und das Freisein von Unlust die einzigen Dinge sind, die als Endzwecke wünschenswert sind, und daß *alle anderen* wünschenswerten Dinge ... entweder deshalb wünschenswert sind, weil sie selbst lustvoll sind oder weil sie Mittel sind zur Beförderung von Lust und zur Vermeidung von Unlust."[253] Man kann dies auch so formulieren, daß das *shi*[dies, richtig] der Ur-Unterscheidung die *Art und Weise des Begehrens* determiniert. Diese Art und Weise kann das subjektive Bewußtsein nicht beeinflussen, weil es stets nur das *Ergebnis* dieses Begehrens ist. Es kann deshalb weder seine Handlungsziele noch sein Streben und Wünschen in Frage stellen. Es gilt hier, was MacIntyre schreibt:

„Eine kritische Überprüfung unserer Wünsche und ihre rationale Umformung haben ... keinen Ort. Daraus ist die unvermeidliche Schlußfolgerung zu ziehen, daß unsere Begierden auf einzelne Gegenstände gerichtet sind... Daher können Begierden nicht das Begehren nach einer bestimmten Lebensweise einschließen, das Begehren nämlich, unsere Begehren sollte von bestimmter Art sein."[254]

3.3.2 Ökonomie als Gewohnheit

Im vorherigen Abschnitt wurde deutlich, daß aus ostasiatischer Sicht die Bestimmung des Ur-Unterschiedes einen wichtigen Schlüssel zur Erklärung gewohnheitsmäßigen Handelns darstellt. Im folgenden soll nun versucht werden, den Ur-Unterschied aufzuweisen, in dem sich ökonomisches Handeln vollzieht. Hierfür muß zunächst ein für die Ökonomie spezifisches *Dao* herausgearbeitet werden, das ich als *ökonomisches Dao* bezeichnen werde. Folgt man der Argumentation der Utilitaristen, so scheint es, als seien die Begriffspaare der Lust/Unlust, Schmerz/Freude die wichtigsten Ur-Unterscheidungen. Diese Auffassung stellt sich allerdings bei genauerem Hinsehen als trügerisch heraus, weil diesen Unterscheidungen implizit schon eine andere Form der Unterscheidung vorausgeht. Es ist dies die der *quantitativen Differenz*, also die Unterscheidung zwischen ei-

---
[253] J.S. Mill, Utilitarismus, in: O. Höffe (Hrsg.), Einführung in die utilitaristische Ethik, aaO., S. 86, eigene Hervorhebung.
[254] A. MacIntyre, Geschichte der Ethik im Überblick, aaO., S. 132. Der Autor bezieht sich hier auf die Philosophie Hobbes.

nem *Mehr und Weniger*. Diese Unterscheidung erscheint vielen utilitaristischen Autoren als so selbstverständlich, daß sie gar nicht eigens thematisiert wird. Sie wirkt vielmehr als *ungedachte Voraussetzung*.

Sehen wir zunächst, welche handlungsleitende Vorstellung den utilitaristischen Begriffspaaren Freude/Schmerz, Lust/Unlust zugrunde liegt. Zunächst fällt auf, daß der Begriff der Freude ebensowenig wie der des Leides ein einheitliches Konzept darstellt, das unmittelbar einsichtig ist. Es werden vielmehr *verschiedene* Formen der Freude unterschieden.[255] Um diese Freuden miteinander vergleichen zu können, muß ihnen ein einheitlicher Vergleichsmaßstab zugrunde liegen. Ein Maßstab, in dem nicht nur Freuden meß- und vergleichbar sind, sondern auch alle Leiden. Der Handelnde soll beide nach *einem* Maß bestimmen und so *einen* „Gratifikationswert"[256] ermitteln. Dabei wird nach einem „Achsverschiebungsmodell" vorgegangen, „d.h. jedem Mehr an Freude entspricht ein Weniger an Leid und umgekehrt."[257] Die gemeinsame Maßeinheit von Schmerz und Freude wird so zur Voraussetzung:

> „Das von Bentham vorgeschlagene Verfahren der Addition und Subtraktion von Gratifikationswerten setzt nämlich eine gemeinsame Maßeinheit von Freude und Schmerz voraus; ohne ihre Hilfe lassen sich die Gratifikationswerte nicht numerisch angeben und ohne eine numerische Angabe überhaupt nicht addieren oder subtrahieren."[258]

Diese Maßeinheit wird im Utilitarismus als eine *zahlenmäßige* verstanden. „Die Zahl", so erläutert etwa Bentham, ist der Umstand, „der im größten Ausmaß bei der Aufstellung des Maßstabs ... mitwirkt."[259] Maß und Zahl sollen es ermöglichen, die Dinge als Quantitäten zu erfassen und durch die quantitative Differenz eine Beziehung zwischen *allen* Dingen herzustellen. Die Zahl, verstanden als reine Quantität, ist der Standard, auf den alle anderen Begriffe bezogen werden. Dies wird erneut bei Bentham deutlich:

> „Das gleiche Verfahren (der Addition, SG) läßt sich ebenso auf Freude und Leid anwenden, ganz gleich in welcher Gestalt sie auftreten und durch welche Namen man sie voneinander unterscheidet: auf Freude, ob sie nun Gutes genannt wird ...,

---

[255] Vgl. J. Bentham, Eine Einführung in die Prinzipien der Moral und der Gesetzgebung, aaO., S. 80-81.
[256] Vgl. O. Höffe, Einführung in die utilitaristische Ethik, aaO., S. 11.
[257] B. Biervert, J. Wieland, Der ethische Gehalt ökonomischer Kategorien, aaO., S. 32.
[258] O. Höffe, Einführung in die utilitaristische Ethik, aaO., S. 20.
[259] J. Bentham, Eine Einführung in die Prinzipien der Moral und der Gesetzgebung, aaO., S. 55.

3 Das implizite Menschenbild der Ökonomie

Gewinn ..., Annehmlichkeit oder Vorteil, Wohltat, Vergütung, Glück und so fort; auf Leid, ob es nun Schlechtes genannt wird ..., Unheil, Unannehmlichkeit, Nachteil, Verlust, Unglück und so fort."[260]

Werden aber nun alle Freuden und Leiden im selben Ort-worin der Quantität gedacht, so wird hierdurch eine Aussage über die Wahrnehmung des Handelnden getroffen. Bentham formuliert diese in Form einer klaren Handlungsanweisung. „Man *addiere* die Werte aller Freuden auf der einen und die aller Leiden auf der anderen Seite. Wenn die Seite der Freuden überwiegt, ist die Tendenz der Handlung im Hinblick auf die Interessen dieser einzelnen Person insgesamt gut; überwiegt die Seite des Leids, ist ihre Tendenz insgesamt schlecht."[261] Der Handelnde *verrechnet* also Freuden und Leiden; seine Wahrnehmung ist ein *Berechnen*. „Unter rationaler Erkenntnis ... verstehe ich Berechnung. ... Rationale Erkenntnis geht ... auf zwei Geistesoperationen zurück: Addition und Subtraktion."[262] Das *Discourse Dao* besteht also in einem *Kalkül*.

„Er (Bentham, SG) weist auf vier Quellen von Freude und Schmerzen hin und skizziert schließlich einen *operativen Maßstab*, den hedonistischen *Kalkül* bzw. den *Nutzenkalkül*, der es erlauben soll, *alle erdenklichen* Empfindungen von Freude und Leid, selbst die heterogener Natur, gegeneinander aufzurechnen und eine *Gesamtbilanz* des menschlichen Glücks aufzustellen."[263]

Daß es sich bei dem Kalkül um eine grundlegende handlungsleitende Vorstellung handelt, wird daran deutlich, daß der Utilitarismus ein Kalkulationsverfahren entwirft, das *jeder* Handlung vorausgehen soll. Jede Handlungsalternative wird nach ihren zu erwartenden Folgen bewertet. Was Menschen tun, ist also „ganz offensichtlich: Sie behandeln Freud und Leid als positive und negative Quantitäten, die der algebraischen Behandlung zugänglich sind."[264] Wenn sich auf diese Weise die „Ökonomie als eine Rechnung von Freud und Leid"[265] zeigt und sich das Kalkül als das dominierende *Discourse Dao* herausstellt, dann wird der Ur-Unterschied, der

---

[260] J. Bentham, Eine Einführung in die Prinzipien der Moral und der Gesetzgebung, aaO., S. 81.
[261] J. Bentham, Eine Einführung in die Prinzipien der Moral und der Gesetzgebung, aaO., S. 81, eigene Hervorhebung
[262] T. Hobbes, Vom Körper, Hamburg 1967, S. 6.
[263] O. Höffe, Einführung in die utilitaristische Ethik, aaO., S. 13, eigene Hervorhebung.
[264] B. Biervert, J. Wieland, Der ethische Gehalt ökonomischer Kategorien, aaO., S. 40. Die Autoren beziehen sich hier auf Jevons.
[265] W.S. Jevons, The Theory of Political Economy, aaO., S. 44.

alle anderen *shi-fei* Urteile leitet, unmittelbar deutlich. Denn wird die Wahrnehmung soweit eingeschränkt, daß sie nur noch Quantitäten erfaßt, so unterscheidet sie nur noch zwischen *'Mehr'* und *'Weniger'*. Es ist dieses *shi-fei* Urteil, das den Ur-Unterschied des ökonomischen *Dao* darstellt. Wesentlich ist hier, daß die Differenz Mehr/Weniger nicht allein eine deskriptive Funktion erfüllt, sondern zugleich auch eine Wertung beinhaltet. Ein Mehr wird stets als shi^{gut} ergriffen, während ein Weniger als $fei^{schlecht}$ aufgefaßt wird. Besonders deutlich wird dies daran, daß ein 'Mehr' innerhalb des ökonomischen *Dao* als einziges und eigentliches *Ziel* allen Handelns aufgefaßt wird. Hier findet das in der Neoklassik implizit vorausgesetzte Streben nach Mehr seine explizite Begründung. Denn ob nun als Ziel des Handelns eine *maximale* Bedürfnisbefriedigung, die *meiste* Lust[266] oder eine „Nutzen*maximierung*"[267] genannt wird, stets wird es im Ortworin des 'Mehr' gedacht. Deshalb ist die Lehre vom Handeln „zur Theorie des Maximierungsverhaltens geworden"[268].

Wir sahen schon, daß nach ostasiatischer Überzeugung jedes *Dao* im Alltag erlernt wird, also das Ergebnis vergangener Erfahrungen, von Gewohnheiten ist. Welcher Erfahrungsprozeß liegt aber nun konkret dem ökonomischen *Dao* zugrunde? Wendet man sich zunächst wieder der Unterscheidung von Freude und Leid (Lust/Unlust) zu, so fällt auf, daß deren Maßstab nicht nur quantitativ bestimmt, sondern dessen Maßeinheit von einigen Ökonomen sehr präzise angegeben wird: das *Geld*. So schreibt etwa Gossen, durch den Maßstab des Geldes könne „die Größe aller anderen Genüsse" bestimmt werden.[269] Es spricht einiges dafür, daß die quantitative Differenz als Ur-Unterschied um so bedeutender wird, je stärker die Gewohnheiten durch den Umgang mit Geld bestimmt werden. Oder vorsichtiger formuliert: Das Geld läßt sich zumindest als „Beispiel, Ausdruck oder Symbol der modernen Betonung des Quantitätsmomentes"[270] deuten. Denn es ist das einzige Dinge, dessen Qualität „*ausschließlich* in seiner

---

[266] Vgl. O. Höffe, Einführung in die utilitaristische Ethik, aaO., S. 10-11.
[267] G. Kirchgässner, Homo oeconomicus, aaO., S. 15, eigene Hervorhebung.
[268] K.-H. Brodbeck, Die fragwürdigen Grundlagen der Ökonomie, aaO., S. 211. Brodbeck bezieht sich hier auf P.A. Samuelson.
[269] Vgl. H.H. Gossen, Entwicklung der Gesetze des menschlichen Verkehrs und der daraus fließenden Regeln für das menschliches Handeln, Braunschweig 1854, S. 123.
[270] G. Simmel, Philosophie des Geldes (1920), Reprint Neu Isenburg 2001, S. 293.

3 Das implizite Menschenbild der Ökonomie

Quantität besteht"[271]. „Nicht Gold oder Münze in ihren Eigenschaften und Formen sind wichtig, was *zählt* ist nur die Zahl, das Quantum."[272]

„Wo immer wir qualitative Tatsächlichkeiten auf quantitative Verhältnisse zurückgliedern, bleiben die Elemente – physischer, personaler, psychischer Art -, deren Mehr oder Weniger den besonderen Erfolg entscheidet, an sich selbst doch in irgendeinem Maße qualitativ charakterisiert; man mag diese Bestimmtheit immer weiter zurückschieben, so daß die gestern noch unauflösliche Qualität des Elementes heute ihrerseits als eine Modifikation nach Maß und Zahl erkennbar wird; dieser Prozeß aber geht ins Unendliche und läßt in jedem Augenblick noch eine qualitative Bestimmtheit der Elemente bestehen, um deren Wieviel es sich handelt. (...) Im Gebiet der Erscheinungen .. *erreicht nur das Geld diese Freiheit von allem Wie, diese alleinige Bestimmtheit nach dem Wieviel.* (...) Das Geld [ist] von den entsprechenden Beziehungen zu dem, was darüber und dadurch wird, völlig losgelöst; *der reine ökonomische Wert hat einen Körper gewonnen, aus dessen Quantitätsverhältnissen nun alle möglichen eigenartigen Gebilde hervorgehen*, ohne daß er etwas anderes als eben seine Quantität dafür einzusetzen hätte. So erreicht auch hier eine der großen Tendenzen des Lebens – die Reduktion der Qualität auf die Quantität – im Geld ihre äußerste und allein restlose Darstellung."[273]

Wer den Umgang mit Geld erlernt hat, der kann alle Dinge auf einen konkret faßbaren quantitativen Maßstab zurückzuführen. Das Geld schafft die Möglichkeit, alle Dinge nach Maß und Zahl zu ordnen. Es macht sie nach ihrem *Preis* vergleichbar, unabhängig davon, was für (qualitative) Eigenschaften sie sonst noch haben mögen. Oder noch allgemeiner gesagt, ist es die *Grundlage* allen Rechnens:

„Erst durch die Ausbildung der Geldrechnung haben Mass und Zahl und Rechnen für menschliches Handeln und Wirken Bedeutung erlangt. Alle Messungen der Physik und der Biologie erhalten für das Handeln erst durch die Geldrechnung ihren Sinn; nur die Geldrechnung ermöglicht es, Rechnungen und Berechnungen anzustellen, die nicht bloss theoretisch, sondern auch praktisch sind, d.i. dem Handeln dienen."[274]

Wichtig ist noch eine weitere Beobachtung: Für den Umgang mit Geld ist es allein von Bedeutung, *wieviel* man von ihm besitzt. Deshalb kann sich das Unterscheiden tatsächlich auf die Differenz des Mehr/Weniger be-

---

[271] G. Simmel, Philosophie des Geldes, aaO., S. 269, eigene Hervorhebung.
[272] K.-H. Brodbeck, Die fragwürdigen Grundlagen der Ökonomie, aaO., S. 220, Hervorhebung im Original.
[273] G. Simmel, Philosophie des Geldes, aaO., S. 294, eigene Hervorhebung.
[274] L. von Mises, Nationalökonomie, aaO., S. 219.

schränken. Dies gilt zumindest für denjenigen Umgang mit Geld, dessen Akkumulation ein Zweck an und für sich ist. Dies heißt nicht, daß Geld nicht für Güter ausgegeben, also gehortet wird.[275] Das Geld wird vielmehr ausgegeben, um *noch mehr* Geld zu bekommen. Die Tauschfunktion[276] des Geldes wird nicht genutzt, um Dinge zu erwerben, die man ge- oder verbraucht, sondern um einen (Geld)Gewinn zu machen. Das Geld wird zum Kauf von Gütern verwendet, „mit dem Ziel, *mehr* Geld zurückzuerhalten"[277]. Das Mehr erfüllt hierbei nicht nur eine deskriptive Funktion, sondern auch eine wertende; ein Mehr an Geld wird stets als *gut* beurteilt. Deshalb kann die *Liebe zum Geld* zum Ziel allen Handelns werden:

> "Money is, in many cases, desired in and for itself; the desire to possess it is often stronger than the desire to use it, and goes on increasing when all desires which point to ends beyond it, to be compassed by it, are falling off. It may, then, be said truly, that money is desired not for the sake of an end, but as part of that end."[278]

Wenn das Geld zum Ziel allen Handeln geworden ist, dann ist es „eine Quelle jener 'Ratio', deren Inhalt sich auf das bloß quantitative Mehr reduziert"[279]. Dieses Mehr läßt sich ins Unendliche fortsetzen, sowie das Zählen unendlich fortschreiten kann. Ein Mehr an Geld scheint *immer* besser als ein weniger, gleichgültig wieviel man von ihm besitzt.

Besonders deutlich wird die Bedeutung des Geldes, wenn man sich den spezifischen Gewohnheitsprozeß ansieht, der dem *Kaufmann* eigen ist. Denn sein Handeln richtet sich allein auf das Geld: „Ausgangs- und Endpunkt seines Handelns ist das Geld."[280]

> „Der Kaufmann, der Geld gegen Ware verkauft, um dafür mehr Geld zu erhalten, ist die erste Verkörperung dieser Unendlichkeit als sozialer Charakter, genauer: Die Kaufleute wenden historisch zuerst und extensiv das einfache Denkmodell des 'Mehr-ist-besser' an und dienen somit auch als Modell für jene Form der Rationa-

---

[275] Vgl. zur Geldhortung bzw. der Wertaufbewahrungsfunktion des Geldes H.H. Lechner, Währungspolitik, aaO., S. 311ff.
[276] Eine Erläuterung zu diesem Begriff findet sich in H.H. Lechner, Währungspolitik, aaO.S, 308ff.
[277] K.-H. Brodbeck, Erfolgsfaktor Kreativität, aaO., S. 231, Hervorhebung im Original.
[278] J.S. Mill, Utilitarianism, On Liberty, and Considerations on Representative Government, aaO., S. 34.
[279] K.-H. Brodbeck, Die fragwürdigen Grundlagen der Ökonomie, aaO., S. 195.
[280] K.-H. Brodbeck, Die fragwürdigen Grundlagen der Ökonomie, aaO., S. 220. Brodbeck spricht in diesem Zusammenhang von einem spezifischen *Denkmodell*, das dem Kaufmann eigen ist.

3 Das implizite Menschenbild der Ökonomie 121

lität, die sich in einem quantitativen Mehr erschöpft. (...) Lange bevor in der Physik alle Kräfte auf eine Kraft zurückgeführt wurden, rechnen Kaufleute alle Waren in die ökonomische Substanz Geld um. ... Das Geld wird zum Denkmodell für alles Berechenbare und Zählbare, das Memorial des Kaufmanns zum Archetypus des experimentellen Protokolls und insofern die Kaufmannskunst die Quelle der Rationalität."[281]

Montesquieu beschreibt das kaufmännische Streben nach einem Mehr sehr anschaulich:

„Ein Geschäft führt zum nächsten: das kleine zum mittleren; das mittlere zum großen; und der Mann, der so begierig war, nur ein wenig Geld zu verdienen, gerät in eine Situation, wo er nicht weniger begierig ist, viel Geld zu verdienen."[282]

Das Streben nach einem Mehr an Geld, das ursprünglich dem Kaufmann eigen ist, kann *jedem* Menschen zur Gewohnheit werden. Simmel spricht hier von einer Herrschaft, die das Geld über die *allgemeine* Denkart gewonnen hat.[283] Wenn das Handeln durch diese Gewohnheit bestimmt ist, dann geht es nicht mehr um den richtigen Gebrauch von etwas[284], sondern „um einen Besitz, der über den Gebrauch hinausschießt. Er (der Mensch, SG) will offensichtlich immer mehr besitzen, als er gebrauchen kann."[285]

Auch wenn die Ur-Unterscheidung des Mehr/Weniger als allgemeine Denkart betrachtet werden kann, so ist damit noch nichts darüber gesagt, welche Dinge oder Begriffe durch dieses *Discourse Dao* bestimmt werden. Denn nach ostasiatischer Ansicht werden stets nur bestimmte Begriffe innerhalb eines *Dao* in Beziehung gesetzt. Man lernt gleichzeitig mit der Ur-Unterscheidung, auf welche Gruppe von Begriffen diese anzuwenden ist. Läßt sich diese Gruppe bestimmen, so wird der *Umfang* bzw. das *Ausmaß* des *Dao* sichtbar. Die Schwierigkeit besteht hier darin, daß der Ur-Unterschied stets nur als implizite Voraussetzung des Denkens dient und nicht eigens reflektiert wird. Deshalb wird oft nicht deutlich, welchen *shifei* Urteilen er zugrundeliegt. Man kann den Umfang des ökonomischen *Dao* aber dennoch bestimmen, wenn man sich der Frage zuwendet, ob der

---

[281] K.-H. Brodbeck, Die fragwürdigen Grundlagen der Ökonomie, aaO., S. 210-213, Hervorhebung im Original.
[282] Montesquieu zitiert in A. Hirschman, Leidenschaften und Interessen , aaO., S. 64.
[283] Vgl. G. Simmel, Philosophie des Geldes, aaO., S. 252.
[284] Vgl. B. Biervert, J. Wieland, Der ethische Gehalt ökonomischer Kategorien, aaO., S. 31.
[285] A. Baruzzi, Freiheit, Recht und Gemeinwohl, Grundfragen einer Rechtsphilosophie, Darmstadt 1990, S. 3.

ökonomische Handelnde lediglich die quantitativen oder auch die qualitativen Eigenschaften von Objekten berücksichtigt. Es wird etwa dem Utilitarismus Benthams vorgeworfen, lediglich eine quantitative Orientierung vorauszusetzen. Er vertrete einen Hedonismus, der lediglich materiell orientiert sei und es auf körperliche Freuden abgesehen habe. Für ihn zählten „die qualitativen Unterschiede zwischen den verschiedenen Anlässen und Arten von Freuden nicht als solche"[286]. Demgegenüber vertritt Mill einen Utilitarismus, der nicht allein quantitative, sondern auch qualitative Elemente berücksichtigen soll. Insbesondere bezieht er verschiedene Qualitäten der Lust etwa im Bereich der geistigen, wissenschaftlichen, künstlerischen oder humanitären Freuden in die Überlegungen ein. Auch in der neueren ökonomischen Literatur wird betont, daß der ökonomisch Handelnde nicht allein materiell orientiert sei. Prinzipiell könne er *alle* Eigenschaften einer Handlungsalternative bewerten. Den Grund für eine solche Abkehr vom Materiellen sieht beispielsweise Kirchgässner darin, daß der moderne ökonomische Akteur einen neuen Wertehorizont hat, der alle Werte vom Altruismus bis zum Hedonismus umfaßt. „Er bewertet nicht allein die materiellen Eigenschaften eines Gutes, sondern z.B. auch seine ästhetische Qualität, ja prinzipiell alle Eigenschaften, die mit einer bestimmten Alternative, die er wählen kann, verbunden sind."[287] Auf den ersten Blick scheint es, als würden so alle wertenden Unterscheidungen die gleiche Rolle spielen; *neben* die Quantität scheinen unterschiedliche qualitative Aspekte zu treten. Vollkommen unberücksichtigt bleibt dabei allerdings die Frage, ob ein solches Nebeneinander tatsächlich eine Vielzahl von Ur-Unterscheidung impliziert oder aber eine Unterordnung der vielen Unterscheidungen unter *eine* Ur-Unterscheidung. Oder anders gesagt: Es wird nicht deutlich, ob in der modernen ökonomischen Theorie neben das ökonomische *Dao* noch andere *Dao* treten, oder ob immer mehr Begriffe und Unterscheidungen *unter* das ökonomische *Dao* subsumiert werden. Es läßt sich argumentieren, daß wohl eher letzteres der Fall ist. Schon bei Mill wird deutlich, daß er die qualitativen (oder) geistigen Freuden implizit im Ur-Unterschied des Mehr/Weniger denkt. Denn er unterstellt, daß in einer vergleichenden Bewertung die körperlichen Freuden *niedriger* eingestuft werden als die geistigen Freuden; der Mensch erstrebt die geistigen Freuden stärker als die sinnlichen. Hierfür muß Mill aber eine Wahrnehmung unterstellen, die alle Arten der Freude quantitativ als „mehr oder weniger stark erstrebt"[288] interpretiert. Mill stuft so auch die geistigen Freuden als

---

[286] O. Höffe, Einführung in die utilitaristische Ethik, aaO., S. 22.
[287] G. Kirchgässner, Homo oeconomicus, aaO., S. 16.
[288] O. Höffe, Einführung in die utilitaristische Ethik, aaO., S. 23.

3 Das implizite Menschenbild der Ökonomie

kalkulationswürdig oder -fähig ein. Jede Unterscheidung von geistiger Freude und ihrem Gegenteil wird bei ihm von einem quantitativen Urteil *überlagert*. Unabhängig davon, was den Dingen noch an (qualitativen) Eigenschaften zugesprochen wird, *alle* diese Eigenschaften können durch das Kalkül miteinander in Beziehung gesetzt werden. *Jede* Art des (qualitativen) *shi-fei* Urteils wird unter das ökonomische *Dao* subsumiert. Hieran wird deutlich, daß Mill weit davon entfernt ist, eine unterscheidende Aktivität als *Dao anstelle* des ökonomischen *Dao* oder zumindest *neben* diesem zuzulassen. Eine ähnliche Beobachtung gilt für die moderne ökonomische Theorie: Es mögen zwar immer wieder neue Unterschiede erkannt und erläutert werden. Aber diese werden stets (implizit) im ökonomischen *Dao*, also im Ort-worin des Mehr/Weniger gedacht. Das ökonomische *Dao* wird so zum einzig denkbaren Ort-worin aller Wahrnehmung und Tätigkeit. Dies zeigt sich besonders bei Becker, der *jeder* menschlichen Handlung ein Nutzenkalkül zugrunde legt:

> „In der Tat bin ich zu der Auffassung gekommen, daß der ökonomische Ansatz so umfassend ist, daß er auf alles menschliche Verhalten anwendbar ist, sei es nun Verhalten, das monetär meßbar ist oder unterstellte 'Schatten'-Preise hat, seien es wiederkehrende oder seltene Entscheidungen, seien es wichtige oder nebensächliche Entscheidungen, handele es sich um emotionale oder nüchterne Ziele, reiche oder arme Menschen, Männer oder Frauen, Erwachsene oder Kinder, kluge oder dumme Menschen, Patienten oder Therapeuten, Geschäftsleute oder Politiker, Lehrer oder Schüler."[289]

Deutlich wird die Annahme der Allgemeingültigkeit des Kalküls als *Discourse Dao* auch, wenn man betrachtet, wie in den ökonomischen Theorien die objektive und subjektive Sicht des Individuums bestimmt werden. Denn hier zeigt sich, daß beide stets nur *innerhalb* des ökonomischen *Dao* gedacht werden. Betrachten wir zunächst die objektiven Theorien. Es wurde schon bezüglich der Neoklassik gezeigt, wie alle Güter implizit im Ort-worin eines quantitativen Maßstabes gedacht werden (3.1.2). Dies läßt sich nun damit erklären, daß alle Dinge stets im Ort-worin des ökonomischen Ur-Unterschiedes wahrgenommen werden. Die Unterscheidung des

---

[289] G.S. Becker, Der ökonomische Ansatz zur Erklärung menschlichen Verhaltens, aaO., S. 7. Mit 'Schatten'-Preisen ist hier gemeint, „daß *komplementär zu materiellen Marktgütern auch allen anderen Handlungszielen Preise unterstellt werden können*. So nimmt etwa die Erziehung von Kindern Ressourcen wie Zeit, Liebe, Geld etc. in Anspruch, die knapp sind und denen damit ein Schattenpreis zugerechnet werden kann." F. Reckling, Interpretative Handlungsrationalität, aaO., S. 43-44, eigene Hervorhebung.

Mehr/Weniger geht allen Dingen voraus; alle *shi-fei* Urteile werden von dieser Ur-Unterscheidung überlagert. Auf diese Weise werden alle Dinge *als* Güter erkannt und unabhängig von ihren sonstigen Eigenschaften untereinander bewert- und vergleichbar. Simmel spricht in diesem Zusammenhang von einer Tendenz:

> „Diese (die Qualität, SG) in jene (die Quantität, SG) aufzulösen, die Elemente immer mehr ins Eigenschaftslose zu rücken ... und alles Spezifische, Individuelle, qualitativ Bestimmte als das Mehr oder Weniger, das Größer oder Kleiner, das Weiter oder Enger, das Häufiger oder Seltener jener an sich farblosen, eigentlich nur noch der numerischen Bestimmtheit zugängigen Elemente und Bewußtheiten zu erklären. (...) Das Interesse an dem Wieviel ...gehört zu den Grundlagen unseres geistigen Wesens."[290]

Der objektive Charakter der Dinge *als* Güter ist relativiert auf den Ort-worin, der alle Unterschiede unter den Ur-Unterschied des Mehr/Weniger subsumiert. *Innerhalb* dieses Ort-worin ist eine andere Sicht der Dinge tatsächlich nicht möglich, weil sich alle Wahrnehmung in dem *shi-fei* des Mehr/Weniger vollzieht. Eine solche *Einschränkung* der Wahrnehmung kann allerdings nicht als universell vorausgesetzt werden. Sie bleibt vielmehr auf den gewohnheitsmäßigen Umgang mit Geld relativiert. Denn in der Eigenschaft, Geld zu kosten, ist der quantitative Charakter der Dinge am ehesten verwirklicht:

> „Die Tatsache, daß immer mehr Dinge für Geld zu haben sind, sowie die damit solidarische, daß es zum zentralen und absoluten Wert auswächst, hat zur Folge, daß die Dinge schließlich nur noch so weit gelten, wie sie Geld kosten, und daß die Wertqualität, mit der wie sie empfinden, nur als eine Funktion des Mehr oder Weniger ihres Geldpreises erscheint."[291]

Die Eigenschaft geld-wert zu sein, ermöglicht es, von allen anderen Eigenschaften, die Dinge haben mögen, abzusehen. Genauer gesagt, können diese Eigenschaften zwar noch erkannt werden, aber sie werden nur noch im Horizont eines Mehr (an Geld) betrachtet. Es sei hier nochmals Simmel zitiert, der diesen Prozeß als eine Zerstörung aller Formungen beschreibt:

> „Geld als solches [ist] der fürchterlichste Formzerstörer; denn welche Formungen der Dinge a, b, und c auch der Grund sein mögen, daß sie alle den Preis m kosten, so wirkt die Unterschiedenheit derselben, also die spezifische Form eines jeden, in den so fixierten Wert ihrer nicht mehr hinein, sie ist in dem m, das nun a, b und c

---

[290] G. Simmel, Philosophie des Geldes, aaO., S. 292.
[291] G. Simmel, Philosophie des Geldes, aaO., S. 293.

gleichmäßig vertritt, untergegangen und macht innerhalb der wirtschaftlichen Schätzung gar keine Bestimmtheit dieser mehr aus. Sobald das Interesse auf den Geldwert der Dinge reduziert ist, wird ihre Form, so sehr sie diesen Wert veranlaßt haben mag, so gleichgültig, wie sie es für ihr Gewicht ist."[292]

Eine solche 'Formzerstörung' wird vor allem in den objektiven Theorien der Neoklassik deutlich. Denn die Eigenschaft, geld-wert zu sein, geht innerhalb des ökonomischen *Dao* allen Dingen *voraus*. Sie ist ein Ort des Nichts, der die objektive Welt der Dinge bestimmt, ohne aber aus objektiver Sicht selbst bestimmbar zu sein.

Betrachten wir nun die subjektive Sicht des Handelnden. Innerhalb der ökonomischen Theorie wird der Handelnde als ein Bewußtseinsfeld aufgefaßt, in dem die Güter gleichsam 'gespiegelt' werden. Dies wird daran deutlich, daß seine Eigenschaften einzig und allein in ihrer Wechselbeziehung zur objektiven Welt gedacht werden, wobei diese Beziehung (implizit) im Ort-worin des ökonomischen *Dao* vermittelt wird. Ich möchte diesen Gedanken kurz ausführen. Zunächst wird deutlich, daß die (ökonomische) Rationalität, stets nur als ein Bewußtsein-*von* zu denken ist. Das individuelle Bewußtseinsfeld birgt in sich nur Objekte, die in einem einheitlichen Güterraum vorgestellt werden. Das Bewußtsein wird so gedacht, daß es die Dinge als *Güter* erkennt und ihrem Geldwert entsprechend bewertet. Oder anders gesagt: Sein Urteilsvermögen ist auf einen Wahrnehmungsprozeß beschränkt, der durch den Ur-Unterschied des Mehr/Weniger bestimmt ist. Die Rationalität vermag so nur quantitative Differenzen zu ermitteln und zu bewerten. Sie erschöpft sich in der Berechnung und dem Vergleich von Gütern bzw. Handlungsalternativen. Doch nicht nur die Wahrnehmung der Außenwelt wird durch den Ur-Unterschied des Mehr/Weniger geleitet. Denn in diesem *shi-fei* Urteil wird nicht nur gedacht, sondern zugleich auch *gefühlt*. So hat ein Mehr oder Weniger die Folge „im Subjekt die entgegengesetzten Gefühle, das tiefste Leid und die höchste Befriedigung samt allen Mittelgliedern zwischen diesen Polen hervorzurufen"[293]. Das Subjekt fühlt sich zu den Gütern hingezogen, die ein Mehr versprechen. Die subjektive Begierde wird von der Zielvorstellung des ökonomischen *Dao* determiniert, indem sie dessen shi^{mehr} Urteil zur Maxime erhebt. Sie richtet sich nur auf diejenigen Gegenstände, die immer mehr versprechen. Wie sehr der Handelnde dabei als durch die Liebe zum Geld bestimmt angesehen wird, wird deutlich, wenn diese Liebe als eine

---

[292] G. Simmel, Philosophie des Geldes, aaO., S. 285.
[293] G. Simmel, Philosophie des Geldes, aaO., S. 293.

der „stärksten bewegenden Kräfte des menschlichen Lebens"[294] beschrieben wird. Das Geld wird so zur ungedachten Voraussetzung nicht nur der objektiven Welt der Güter, sondern auch der (subjektiven) Gefühle und Begierden. Es ist die implizite Maßeinheit, in der die *subjektiven Motive* des Menschen bewertet und verglichen werden. Dies wird etwa bei Marshall deutlich:

> "The motive is supplied by a definite amount of money: and it is this definite and exact money measurement of the steadiest motives in business life, which has enabled economics far to outrun every other branch of the study of man. (...) The force of a person's motives ... can be approximately measured by the sum of money, which he will just give up in order to secure a desired satisfaction; or again by the sum which is just required to induce him to undergo a certain fatigue."[295]

Wenn dem Handelnden eine maximale Bedürfnisbefriedigung oder ein nutzenmaximierendes Verhalten unterstellt wird, dann wird er selbst innerhalb des ökonomischen Dao bestimmt. Seine Existenz ist deswegen ebensowenig wie die der Objekte einfach gegeben. Sie ist vielmehr kontextabhängig zu verstehen. Man kann diese Einsicht auch so formulieren, daß der in der ökonomischen Literatur oft erwähnte homo oeconomicus nur innerhalb des ökonomischen Dao existiert; seine Rationalität und sein Wille werden ebenso wie seine Gefühle und Begierden allein im Ort-worin der quantitativen Differenz bestimmt. Oder noch anders gesagt: Die Existenz des homo oeconomicus ist relativiert auf einen bestimmten Kontext, der sich als ein Gewohnheitsprozeß charakterisieren läßt, wie er idealtypisch dem Kaufmann eigen ist. Die Aussage: „Der neue homo oeconomicus ist der normale Mensch"[296], gilt also nur innerhalb dieses Kontexts. Sie kann darüber hinaus keinen Anspruch auf Allgemeingültigkeit erheben.

3.3.3 Gewohnheit als unbewußter Ort-worin des ökonomisch Handelnden

Eine wesentliche Eigenschaft gewohnheitsmäßigen Handelns ist, daß es *standardisiert* ist. Wer durch Gewohnheiten bestimmt ist, der verhält sich in ähnlichen Situationen stets auf gleiche oder zumindest ähnliche Weise,

---

[294] J.S. Mill, Utilitarianism, On Liberty, and Considerations on Representative Government, aaO., S. 34. Vgl. auch A. Marshall, der schreibt: "With careful precautions money affords good measure of the moving force of a great part of motives by which men's life are fashioned." Ders., Principles of Economics, aaO., S. 39.
[295] A. Marshall, Principles of Economics, aaO., S. 15.
[296] G.C. Homans zitiert in G. Kirchgässner, Homo oeconomicus, aaO., S. 16.

3 Das implizite Menschenbild der Ökonomie 127

weil sich sein Handeln in der gegenwärtigen Situation an vergangenen, schon erlebten Situation orientiert. Diese Eigenschaft gewohnheitsmäßigem Handelns ermöglicht es, Verhalten in bestimmten Situationen vorherzusagen. Mill erkennt hierin einen wesentlichen Vorteil der Gewohnheiten, weil „im Fühlen und Verhalten die Gewohnheit die einzige ist, die Sicherheit vermittelt."[297] Wenn nun die gewohnheitsmäßige Wahrnehmung durch ein *Kalkül* bestimmt ist, dann wird erklärlich, warum Handlungen für andere nicht nur vorhersehbar, sondern auch zu einem gewissen Grad *berechenbar* sind. Doch die Voraussetzung hierfür ist nicht nur, daß der Handelnde sich im ökonomischen *Dao* bestimmt. Vielmehr muß dies zugleich für den Beobachteten *und* den Beobachter gelten. Damit Handlungen für einen Beobachter berechenbar sind, muß nicht nur die Wahrnehmung des Beobachteten, sondern auch die des Beobachters durch das Kalkül geleitet sein. Oder anders formuliert: Es muß dem *Discourse Dao* des Handelnden und der *Domain of Discourse* des Wissenschaftlers eine vergleichbare Ur-Unterscheidung zugrundeliegen. Hieran wird deutlich, daß Gewohnheiten nicht einfach nur individuell, sondern vielmehr *allgemein* (allen-gemein) sind. Wenn das ökonomische *Dao* zu einer allgemeinen Gewohnheit wird, dann ist es verständlich, warum Handlungen zumindest unter Umständen als berechenbar erscheinen. Doch daraus zu schließen, *alles* Handeln sei berechenbar, geht zu weit. Denn wie die ostasiatische Philosophie deutlich macht, ist die Vorhersehbarkeit von Handlungen stets auf einen bestimmtes *Dao* begrenzt. Sie ist sozusagen gewohnheitsrelativ. *Nur* wenn jemand gewohnheitsmäßig handelt, *dann* ist sein Handeln vorhersehbar:

> „*Berechenbare* Übergänge zwischen Situationen basieren auf unveränderten *Gewohnheiten*. Gewohnheiten sind aber stets relativiert auf etwas anderes: Auf die Möglichkeit, die Gewohnheiten zu ändern oder durch andere zu ersetzen. ... Es gibt, weil es Gewohnheiten gibt, im menschlichen Handeln mechanisch *scheinende* Strukturen, doch diese Strukturen sind stets eingebettet in eine Situation, die auch *frei* verändert werden kann."[298]

Wie kann aber nun ein Handeln gedacht werden, das weder Gewohnheiten im allgemeinen noch dem ökonomischen *Dao* im besonderen unterworfen ist? In der ökonomischen Theorie wird diese Frage zumeist gar nicht erst gestellt. Denn wenn stets vorausgesetzt ist, daß die Nutzenmaximierung

---

[297] J.S. Mill, Utilitarianism, On Liberty, and Considerations on Representative Government, aaO., S. 38.
[298] K.-H. Brodbeck, Die fragwürdigen Grundlagen der Ökonomie, aaO., S. 110, Hervorhebung im Original.

das einzige (gegebene) Handlungsziel ist[299] bzw. alle Handlungen durch das Nutzenkalkül bestimmt sind[300], dann bedeutet dies nichts anderes, als das ökonomische *Dao* als eine *universelle Gewohnheit* anzusehen. Eine Gewohnheit soll *alle* Handlungen bestimmen. Hume etwa benennt diese Voraussetzung explizit, wenn er die Gewinnsucht als „ewig" und „universell" bezeichnet.[301] Betrachten wir zunächst, welche impliziten Annahmen bezüglich des Handelnden sich hinter dieser Voraussetzung verbergen. Es wurde schon deutlich, daß Mill den Willen als den Gewohnheiten unterworfen betrachtet (3.2.3). Für den menschlichen Willen erscheinen so die Gewohnheiten als vorgegeben. Sie sind wie eine *Fremdbestimmung*, die nicht hinterfragt werden kann, sondern *ursächlich* alles Begehren determiniert. „Wo ein Begehren entsteht, war die vollständige Ursache dafür da; daher konnte (...) das Begehren selbst unmöglich nicht folgen, d.h. es folgte mit Notwendigkeit."[302] Wenn aber etwas als kausale Ursache erscheint, dann kann es vom menschlichen Willen nicht verändert werden. Menger formuliert diesen Gedanken, wenn er die Bedingungen, unter denen der Mensch etwas als nützlich empfindet, als vom menschlichen Willen unabhängig postuliert: „Ob und unter welchen Bedingungen ein Ding mir nützlich, ob und unter welchen Bedingungen es ein Gut [ist], ..., all' dies ist von meinem Willen ebenso unabhängig wie ein Gesetz der Chemie von dem Willen des practischen Chemikers."[303] Der ökonomischen Gewohnheit des Strebens nach Mehr wird der Status eines *Naturgesetzes* zugesprochen.[304] „Alle Erscheinungen des täglichen Lebens", so formuliert es Gossen, erklären sich „als die nothwendigen Consequenzen des bei einem jeden Menschen vorhandenen Strebens, die Summe seines Lebensgenusses zum Höchsten zu steigern."[305] Der wesentliche Aspekt ist hier nicht, Gewohnheiten als handlungsleitend zu betrachten. Diese Einsicht entdeckten wir schon in der ostasiatischen Philosophie. Entscheidend ist, daß Gewohnheiten wie ein *äußeres Gesetz* betrachtet werden, dem der Handelnde *notwendig* unterworfen ist: „Indem sie (die Gewohnheiten, interpretiert als Institutionen, SG) menschliches Verhalten auf einen bestimmten Ablauf

---

[299] Vgl. G. Kirchgässner, Homo oeconomicus, aaO., S. 15.
[300] Vgl. G.S. Becker, Der ökonomische Ansatz zur Erklärung menschlichen Verhaltens, aaO., S. 4ff.
[301] D. Hume zitiert in A.O. Hirschman, Leidenschaften und Interessen, aaO., S. 63.
[302] T. Hobbes, Vom Körper, aaO., S. 151.
[303] C. Menger, Grundsätze der Volkswirtschaftslehre, aaO., S. VIII-IX.
[304] Vgl. B. Biervert, J. Wieland, Der ethische Gehalt ökonomischer Kategorien, aaO., S. 37.
[305] H.H. Gossen zitiert in B. Biervert, J. Wieland, Der ethische Gehalt ökonomischer Kategorien, aaO., S. 37-38.

3 Das implizite Menschenbild der Ökonomie

festlegen, *versachlichen sie es und unterwerfen es 'äußeren' Gesetzen.*"³⁰⁶ In der Sprache der Ortlogik formuliert, bedeutet dies, die Gewohnheiten als einen Ort des Nichts anzusehen, der den Willen bestimmt, während er selbst unsichtbar bleibt. *Das Individuum erkennt die Gewohnheiten nicht als einen Ort-worin, den es selbst bestimmt, sondern läßt sich umgekehrt von ihnen bestimmen.* Das Bewußtsein wird als ein passives konstruiert, das sich dem eigentlichen Ort-worin seiner Handlungen nicht bewußt ist. „Die Vernunft blickt *passiv* zu, was aus anderen Quellen geschieht und diese Quellen sind *dunkel.*"³⁰⁷ In der Ökonomie ist das ökonomische *Dao* – das Denken in einem Mehr/Weniger – zu einer solchen dunklen Quelle geworden. Das Bewußtsein wird von ihm vollständig determiniert, ohne sich dessen bewußt zu sein. Nishida würde hier von einem Ideal der 'Wahrheit' sprechen, das der Handelnde nicht als seinen *eigenen* Inhalt erkennt.³⁰⁸

"But while the ideal of Truth is now fully recognized as the goal of all intellectual activity, it is still a 'formal' idea, Nishida tells us. In other words, Truth itself is a formal idea *from the outside*, and one to which our intellectual activity ought to conform. *The self does not see its own content as its own*, but its focus of attention is on the ideal of Truth as an eternal standard to be achieved."³⁰⁹

Dem Handelnden ist es also beispielsweise unmöglich, die Ziele seines Handelns als eigene Ziele zu erkennen. Sie erscheinen als gegebene und zugleich unbewußte Ideale, die der Vernunft nicht zugänglich sind.³¹⁰

„Ein ungeheuer Prozentsatz der Kulturmenschen bleibt ihr Leben lang in dem Interesse an der Technik, in jedem Sinne des Wortes, befangen; die Bedingungen, die die Verwirklichung ihrer Endabsichten tragen, beanspruchen ihre Aufmerksamkeit, konzentrieren ihre Kräfte derart auf sich, *daß jene wirklichen Ziele dem Bewußtsein völlig entschwinden*, ja, oft genug schließlich in Abrede gestellt werden. Das wird durch den Umstand begünstigt, daß in kulturell ausgebildeten Verhältnissen das Individuum schon in ein sehr vielgliedriges teleologisches System hineingeboren wird ..., daß er in die Mitarbeit an längst feststehenden Zwecken hineinwächst, daß sogar seine individuellen Ziele ihm vielfach als selbstverständliche aus der umgebenden Atmosphäre entgegenkommen und mehr in seinem tatsächlichen Sein und Sich-

---

³⁰⁶ A. Suchanek, Der ökonomische Ansatz und das Verhältnis von Mensch, Institution und Erkenntnis, aaO., S. 78, eigene Hervorhebung.
³⁰⁷ K.-H. Brodbeck, Die fragwürdigen Grundlagen der Ökonomie, aaO., S. 252, Hervorhebung im Original.
³⁰⁸ Vgl. K. Nishida zitiert in R.J. Wargo, The Logic of Basho, aaO., S. 313.
³⁰⁹ R.E. Carter, The Nothingness Beyond God, aaO., S. 41, eigene Hervorhebung.
³¹⁰ Vgl. H. Stewart, A Critique of Instrumental Reason in Economics, aaO., S. 58.

130 *3 Das implizite Menschenbild der Ökonomie*

Entwickeln als in deutlichem Bewußtsein zur Geltung gelangen. Alle diese Umstände helfen dazu, die Endziele nicht nur des Lebens überhaupt, sondern auch innerhalb des Lebens nur unvollständig über die Schwelle des Bewußtseins steigen zu lassen und die ganze Zuspitzung desselben auf die praktische Aufgabe, die Realisierung der Mittel, zu richten. Es bedarf wohl keines besonderen Nachweises, daß diese Vordatierung des Endzwecks an keiner Mittelinstanz des Lebens in solchem Umfange und so radikal stattfindet als am Geld."[311]

An diesem Zitat wird deutlich, daß die ökonomische Theorie tatsächlich eine bestimmte Handlungsform zutreffend beschreibt, wenn sie von zweckrationalen Handlungen in Hinblick auf *gegebene* Ziele spricht. Allgemein läßt sich eine solche Handlungsform als eine beschreiben, die sich im Ortworin eines *Dao* vollzieht, ohne daß der Handelnde sich dessen bewußt ist. In der ostasiatischen Philosophie wird eine solche Handlungsform eingehend im Mahayana Buddhismus diskutiert, der diese dem *gewöhnlichen* oder *weltlichen* (profanen) Bewußtsein zuschreibt.[312] Charakteristisch für ein solches Bewußtsein ist, daß es, eben weil es seine handlungsleitenden Vorstellungen nicht als eigene erkennt, den Ort-worin der Interrelation von subjektiver und objektiver Perspektive nicht durchschaut. Vielmehr ergreift es sich als ein *Ego*, das sich allein mit der subjektiven Perspektive identifiziert und alles andere als objektiv Gegebenes in die Außenwelt abdrängt. Izutsu beschreibt diesen Vorgang folgendermaßen:

„Das auffälligste Kennzeichen der Oberflächenschicht des Bewußtseins liegt darin, daß sie von Grund auf in den Bereich des Subjekts und den des Objektes polarisiert ist. Die Subjekt-Objekt-Polarisation der Oberflächenschicht des Bewußtseins führt natürlicherweise dazu, daß sich das Bewußtsein in dieser Schicht mit dem subjektiven Bereich seiner selbst unter Ausschluß des objektiven Bereichs identifiziert und sich selbst als existentielles Zentrum aller persönlichen Erfahrung, als 'Ego' begründet; damit wird der objektive Bereich des Bewußtseins offensichtlich nach außen gedrängt und zu einer 'äußeren' Wirklichkeit gemacht, die durch sich selbst besteht und dem Ego gegenübersteht. Ist damit die sogenannte Außenwelt erstellt, so nimmt das Oberflächen-Bewußtsein in der Eigenschaft eines Egos jedes Ding in dieser Welt als ein Objekt zur Kenntnis. Damit ist gegeben ..., daß ... das Bewußt-

---

[311] G. Simmel, Philosophie des Geldes, aaO., S. 233-34, eigene Hevorhebung.
[312] Japanisch: *zoku tai*. Das Schriftzeichen *zoku* läßt sich u.a. übersetzen mit Sitten, Gebräuche, Gewohnheit, weltlich.

sein unter den gewöhnlichen empirischen Bedingungen ausnahmslos 'Bewußtsein-von' ist."[313]

Das gewöhnliche Bewußtsein identifiziert sich mit seinen subjektiven Eigenschaften. Wenn es Dinge betrachtet, erscheinen sie ihm als äußerlich und von ihm selbst getrennt. Auf was es seinen Blick auch lenkt, stets erscheint es ihm als gegen-ständlich.

"We usually look at things, looking away from ourselves ... To look away from one's self is always to see things merely as objects, that is, as 'external' things outside of the 'internal' self. This is to confront things on the field of fundamental separation between things and the self. The field of separation or opposition between internal and external, subject and object, is the field which is called 'consciousness'."[314]

Die Einheit der Gegensätze, die in der eigenen (gewohnheitsmäßigen) Wahrnehmung gründet, ist dem Handelnden nicht bewußt. Er *verneint* also gleichsam sein eigenes, umfassendes Bewußtseinsfeld, indem er sich ausschließlich als Ego ergreift. Auf diese Weise ist es ihm unmöglich, den Ort-worin zu erkennen, in dem seine Unterscheidungen, Begriffe und Urteile gründen. Sein gewöhnliches Bewußtsein steht unter einem trügerischen Einfluß in dem Sinne, daß es die bezeichneten Dinge als gegeben, als *Entitäten* ansieht. Ihr Wesen scheint fest und unverrückbar und durch undurchlässige Grenzen von dem eigenen, subjektiven Wesen getrennt.

„Für diesen (den gewöhnlichen Menschenverstand, SG) ist die 'physische' Welt, in der der Mensch lebt, in erster Linie ein festes Ganzes, zusammengesetzt aus einer unendlichen Menge von empirischen Dingen, wobei jedes von ihnen eine physisch reale Substanz mit vielerlei Eigenschaften und Wirkweisen ist. Diese Substanzen sind jeweils mit einem ihnen eigenen ontologischen Kern ausgestattet, der gewöhnlich als 'Wesen' verstanden wird, das die einigende Mitte für alle Eigenschaften und Wirkweisen der Substanzen bildet. Jedes empirische Ding ist in dieser Sicht also eine kompakt aufgebaute ontologische Einheit, selbständig, sich selbst genügend und unabänderlich durch das eigene Wesen festgelegt, um das es sich kristallisiert und durch das es sich von allen anderen unterscheidet. Jedes Wesen ist daher ontologisch 'undurchlässig' in dem Sinne, daß es durch seine Wesensgrenzen strikt gegen jedes Einströmen eines anderen geschützt ist. (...) Es ist leicht zu sehen, daß die so konstituierte empirische Welt schließlich nichts anderes ist als ein Produkt des

---

[313] T. Izutsu, Die Entdinglichung und Wiederverdinglichung der 'Dinge' im Zen Buddhismus, aaO., S. 19.
[314] K. Nishitani, What is Religion?, Philosophical Studies of Japan, 2 (1960), S. 29.

ursprünglichen Subjekt-Objekt-Gegensatzes, der innerhalb des Gesamtfeldes der kognitiv-ontologischen Erfahrung des Menschen entstanden ist."[315]

Einer solchen Wahrnehmung des gewöhnlichen Bewußtseins entsprechend, kann das Handeln nur noch als eines verstanden werden, das sich auf Gegenstände bezieht. Alles Handeln ist nur noch ein „*Sichverhalten zu 'Objekten'*"[316].

Die japanische Philosophie sieht in vielen Wissenschaftsbereichen eine Tendenz darin, die Weltsicht des gewöhnlichen Bewußtseins zu übernehmen und als *unhintergehbar* für ihre Forschung vorauszusetzen. Vom Standpunkt ihrer abstrakten Logik „erscheint die Welt als etwas, das stets schon entschieden (gegeben) ist."[317] Man kann dies auch so formulieren, daß die wissenschaftliche *Domain of Discourse* ein *Discourse Dao* ebenso unbewußt voraussetzt wie das Bewußtsein des gewöhnlichen Menschen. Auch sie bleibt in dem als unaufhebbar erscheinenden Widerspruch von objektiver und subjektiver Sicht gefangen. Nishitani beschreibt dies am Beispiel des Gegensatzes von Materialismus und Idealismus:

"One of the contradictions manifests itself, for example, in the philosophical opposition between materialism and idealism, but, before it makes its appearance on the level of thought, it is already hidden in the daily mode of our thinking and being. The field which lies at the ground of our daily life, is that of the basic separation between the self and things, that is, the field of consciousness and within it Reality cannot present itself really. Reality appears only in broken fragments and in the form of tortured self-contradiction. The form of self-contradiction of Reality prevails strongly over us, especially since the emergence in modern times of the 'ego' as the self-relying subject. (....) In his (Descartes', S.G.) 'cogito ergo sum' is expressed the ego in its self-centred assertion of its own reality. On the other hand, however, the things in the natural world came to appear as things which have no living, intrinsic connection with the ego, as lifeless, so to speak, as the cold world of death. Even our own body, not to speak of animals, were regarded as mechanisms. Descartes equated extension with matter; and the fact that he considered it to be the 'essence' of things, meant that the natural world came to be a dead world and a mechanistic world-view came to be established. By that, it is true, the world-image of modern natural science came into being, and the way of mastering nature through

---

[315] T. Izutsu, Die Entdinglichung und Wiederverdinglichung der 'Dinge' im Zen Buddhismus, aaO., S. 15-17.

[316] M. Weber zitiert in G. Kirchgässner, Homo oeconomicus, aaO., S. 18, eigene Hervorhebung.

[317] K. Nishida, Intellegibility and the Philosophy of Nothingness, aaO., S. 224.

3 Das implizite Menschenbild der Ökonomie   133

the scientific techniques was able to be opened. However, it is also true, that the world simply became stuff for man as self-centred ego; and that ego with great power of controlling nature became surrounded by a cold, dead world."[318]

Man kann wohl auch die Ökonomie als eine Wissenschaft bezeichnen, die in einer solchen Spaltung von objektiver und subjektiver Sicht verharrt. Denn sie erhebt diese Spaltung zu einer ihrer wesentlichen Voraussetzungen, wenn sie streng zwischen objektiven Restriktionen und subjektiven Präferenzen unterscheidet.[319] Dem Handelnden stellt sie einen *gegebenen* Güter- oder Entscheidungsraum gegenüber, den er selbst nicht beeinflussen kann. „Jegliches Handeln vollzieht sich ... stets in einer *vorgegebenen Umwelt*."[320] Die empirischen Dinge können natürlicher oder sozialer Natur sein; stets bleiben sie gegen-ständlich. Unverrückbar stehen sie dem Individuum gegenüber. So erscheint etwa die Natur lediglich als eine *Ressource*, als ein *Widerstand* gegen das menschliche Handeln:

„Die moderne Wertlehre knüpft an den Gedanken einer widerständigen Erde an. ... 'Der Werth (ist) das Maß des zu überwindenden Naturwiderstandes.' Die moderne Nationalökonomie nennt diesen Widerstand *Knappheit*. Die Erde, technisch beherrscht und überwunden, leistet nur noch durch die bloß *quantitative* Schranke ihrer *Ressourcen* Widerstand: Sie unterläßt es vielfach, sich zu *erneuern*. Die *aktive* Funktion der Erde ist verschwunden, sie wird als bloßes Material für menschliche Zwecke verstanden. Als bloßes Material ist die Natur beschränkt, und diese Beschränktheit gilt als *das* ökonomische Problem."[321]

Dieser Aspekt des ökonomischen Naturbegriffes soll hier nicht vertieft werden. Allgemein kann aber gesagt werden, daß Veränderungen von natürlichen Bedingungen in der Ökonomie ebenso betrachtet werden wie Veränderungen durch das Handeln anderer Individuen, also Veränderungen der sozialen Umwelt.[322] In beiden Fällen erscheinen sie als externe Anreize, auf die das Ego reagiert, ohne sie selbst zu beeinflussen. Der Mitmensch ist ebenso wie die Natur stets nur der *Andere*, ein Gegenüber, das durch seine festen Grenzen vom Ego unüberwindbar getrennt ist. Der so von seiner Umwelt vollkommen getrennt gedachte Handelnde wird in der

---

[318] K. Nishitani, What is Religion?, aaO., S. 30-31.
[319] Vgl. G. Kirchgässner, Homo oeconomicus, aaO., S. 13.
[320] H.-G.Krüsselberg, Theoriebildung im 17., 18. und 19. Jahrhundert, in: W. Korff (Hrsg.), Handbuch der Wirtschaftsethik, Band 1, Gütersloh 1999, S. 388, eigene Hervorhebung.
[321] K.-H. Brodbeck, Die fragwürdigen Grundlagen der Ökonomie, aaO., S. 130, Hervorhebungen im Original.
[322] Vgl. G. Kirchgässner, Homo oeconomicus, aaO., S. 18.

Ökonomie allein durch seine *Präferenzen* beschrieben. Diese bezeichnen *gegebene* Gedanken, Gefühle und Begierde eines in sich selbst verschlossenen Wesens, die (scheinbar) von der Welt der Dinge unberührt bleiben. Die Ökonomie bleibt auch dann bei dieser strikten Trennung von subjektiver und objektiver Sicht, wenn die Interdependenz beider unübersehbar ist oder sich aus der dualistischen Betrachtungsweise offensichtlich *Widersprüche* ergeben.

> „Jede Handlungstheorie, die sich für die systematisch erwartbaren und im Hinblick auf ihre Effizienz analysierten Folgen (Wirkungen) von Handlungen interessiert, [steht] vor dem Problem, die Handlung wieder in Abhängigkeit von Bedingungen zu rekonstruieren. Diese Bedingungen können in bezug auf den Handelnden interne oder externe sein. Die externen werden hier zusammengefaßt unter dem Begriff der Anreizstruktur der Situation, die internen betreffen die kognitiven und die motivationalen Grundlagen des Handelnden. (...) Die 'inneren' Strukturen des Handelnden, Intentionen und Kognitionen, werden dabei 'reduziert' auf die 'äußeren' Strukturen der Reaktionen und Informationen. *Die Interdependenz dieser Fragen ist unbestritten, sie können nur nicht zugleich gestellt werden.*"[323]

Die Ökonomie als Wissenschaft bleibt im gleichen *Discourse Dao* gefangen wie die gewöhnliche Art ökonomischen Denkens. Das ökonomische *Dao* verbleibt – zumindest für den *mainstream* - ein Ort des Nichts, in dem alle Theorien gedacht werden, der aber selbst nicht reflektiert wird. Für eine Handlungstheorie bedeutet dies, daß ein anderes als gewohnheitsmäßiges Handeln nicht dargestellt werden kann. Letztere vermag deswegen über den Standpunkt des (ökonomischen) Egos nicht hinauszugehen.

3.3.4 Der kreativ Handelnde 'jenseits' aller Gewohnheiten

Während in der Ökonomie eine Handlungstheorie entworfen wird, die das ökonomische *Dao* als ein *Ort des Nichts* voraussetzt, wehrt sich insbesondere der Mahayana Buddhismus dagegen, eine solche Position als unhintergehbar zu postulieren. Denn dies bedeutete, den Handelnden faktisch zum *Sklaven* seiner Gewohnheiten zu machen. Es hieße, daß der Handelnde seine Gewohnheiten nicht erkennen, geschweige denn *verändern* könnte. Alles Handeln wäre lediglich *unbewußt*; unbewußt diesmal aber nicht hinsichtlich des subjektiven Bewußtseins wie in der Neoklassik, sondern hinsichtlich des Bewußtseins, das die objektive und subjektive Dimension in sich vereinigt und vermittelt. Der Handelnde bliebe auf diese Weise, so

---

[323] A. Suchanek, Der ökonomische Ansatz und das Verhältnis von Mensch, Institution und Erkenntnis, aaO., S. 81, eigene Hervorhebung.

3 Das implizite Menschenbild der Ökonomie   135

die Überzeugung des Mahayana Buddhismus, für immer von seinem eigentlichen Selbst getrennt:

> "On the field of consciousness, in which we are separated from things and stand confronting things, we are, correspondingly, *ever separated from ourselves and do not really come into contact with ourselves*. (...) Ordinarily, when we confront the 'external', we fancy at the same time that we as 'internal' are in real contact with ourselves and are in our home-ground. And this 'we as internal' is what is commonly called self-consciousness. However, the self which is the 'internal' as regards the 'external' and is self-centered in its relation to the 'external', is a self that is estranged from things and shut up within itself."[324]

In einer solchen Trennung erkennt der Mahayana Buddhismus eine grundlegende *Täuschung*, ohne dabei die Perspektive des subjektiven Bewußtseins prinzipiell zu verneinen. Er „gibt bis zu einem gewissen Grade sogar die Wirklichkeit einer solchen Welt zu. Er fügt jedoch sogleich eine weitere Feststellung hinzu, daß nämlich die empirische Welt, die so als objektive Ordnung von Dingen vorgestellt wird, nur die phänomenhafte Oberfläche der Wirklichkeit ist."[325] Es ist dies lediglich die profane Sicht des gewöhnlichen Bewußtseins, das den eigentlichen Ort-worin seines Handelns nicht erkannt hat. Einher geht mit dieser Auffassung, daß eine andere Weltsicht möglich ist. Man kann die Position des Mahayana Buddhismus vereinfachend so beschreiben, daß das Bewußtsein als eine zweischichtige Struktur vorgestellt wird, die aus der schon beschriebenen 'gewöhnlichen' und einer 'ursprünglichen Dimension'[326] besteht. Letzterer Dimension wird die Fähigkeit zugesprochen, die Welt auf eine andere Weise als das subjektive Bewußtsein wahrzunehmen. Die Erkenntnis oder Erfahrung dieser Dimension nimmt im Buddhismus einen zentralen Stellenwert ein. Ihre Beschreibung und logische Erfassung kann etwa als wesentliche Aufgabe der durch den Zen Buddhismus beeinflußten modernen japanischen Philosophie gelten.

Um die Sichtweise des ursprünglichen Bewußtseins zu erklären, soll zunächst Benthams Auffassung betrachtet werden, das Prinzip der Nützlichkeit sei nicht überschreitbar:

---

[324] K. Nishitani, What is Religion?, aaO., S. 29-30, eigene Hervorhebung.
[325] T. Izutsu, Die Entdinglichung und Wiederverdinglichung der 'Dinge' im Zen Buddhismus, aaO., S. 18.
[326] Japanisch: *shō tai*. *Shō tai* läßt sich auch übersetzen mit 'wahrer Natur' oder mit 'wahres' oder 'eigentliches Selbst'.

„Ist die Richtigkeit dieses Prinzips jemals förmlich bestritten worden? Anscheinend ja, und zwar von denen, die nicht wußten was sie meinten. Ist es eines direkten Beweises fähig? Anscheinend nein: denn was dazu dient, um etwas anderes zu beweisen, kann nicht selber bewiesen werden; eine Beweiskette muß irgendwo anfangen. Es ist ebenso unmöglich wie überflüssig, einen solchen Beweis vorzulegen. (...) Wenn jemand das Prinzip der Nützlichkeit zu bekämpfen versucht, so geschieht dies aus Gründen, die, ohne daß er sich dessen bewußt ist, auf eben diesem Prinzip beruhen. Sofern seine Argumente etwas beweisen, beweisen sie nicht, daß das Prinzip falsch ist, sondern daß es falsch angewendet worden ist und somit nicht den Anwendungen entspricht, die nach seiner Ansicht möglich sind. Ist es für einen Menschen möglich, die Erde zu verrücken? Ja, aber zuerst muß er eine andere Erde entdecken, um auf ihr zu stehen."[327]

Bentham unterstellt, daß die *gesamte* Wahrnehmung durch das Prinzip der Nützlichkeit bestimmt ist. Wenn dem tatsächlich so wäre, so wäre Bentham aus buddhistischer Perspektive recht zu geben, wenn er meint, man könne dieses Prinzip niemals denkend überschreiten. Denn das *Dao* bleibt für den, dessen Wahrnehmung durch es bestimmt ist, ein *Ort des Nichts* und kann deshalb nicht zum Gegenstand der Reflexion werden. Solange das *Dao* vorgegeben ist, ist eine andere Weltsicht tatsächlich nicht denkbar. Doch wir sahen bereits mehrfach, daß ein solcher Ort des Nichts aus einer *anderen* Perspektive, in einem anderen Ort-worin bewußt werden kann, sich also eine *'andere Erde'*, eine anderer Standpunkt finden läßt. Doch hierfür muß der alte Standpunkt durchbrochen und eine Wahrnehmung gefunden werden, die das Prinzip des Nutzens, die Ur-Unterscheidung des Mehr/Weniger schlicht *sein läßt*. Das Bewußtseinsfeld muß sich derart verändern, daß es diese Unterscheidung nicht mehr als grundlegendes *Discourse Dao* akzeptiert.

Wenn man auf den ökonomischen Gewohnheitsprozeß im besonderen blickt, so scheint eine andere Weltsicht recht einfach denkbar. Denn warum sollte der quantitative Unterschied der einzig denkbare Ur-Unterschied sein, der *allen* Gewohnheitsprozessen zugrunde liegt? Zumindest aus ostasiatischer Perspektive ist dies nicht vorstellbar. Vielmehr ist von einer *Vielzahl* von Ur-Unterscheidungen auszugehen, die in unterschiedlichen Kontexten erlernt und angewendet werden. Doch die ursprüngliche Dimension des Bewußtseins beschreibt nicht einfach nur eine andere Form gewohnheitsmäßiger Wahrnehmung, sondern eine Wahrnehmung, die *alle* Gewohnheitsprozesse durchbricht. Das ursprüngliche Bewußtsein akzep-

---

[327] J. Bentham, Eine Einführung in die Prinzipien der Moral und der Gesetzgebung, aaO., S. 58-59.

3 Das implizite Menschenbild der Ökonomie 137

tiert *keinen* Ur-Unterschied als handlungsleitend, bewegt sich also sozusagen 'außerhalb' aller Gewohnheitsprozesse. Was hiermit gemeint ist, wird deutlich, wenn man sich der Entdeckung von *Neuem* zuwendet. Die Eigenschaft von Gewohnheiten ist es, Vergangenes auf gegenwärtige Situation anzuwenden. Man hat einmal gelernt, einen Unterschied in einer Situation zu machen und wendet diesen 'alten' Unterschied immer wieder 'neu' an. Das gewöhnliche Bewußtsein reproduziert lediglich alte Wahrnehmungsmuster, ohne sich dessen bewußt zu sein. Es ist, so Nishida, lediglich etwas Geschaffenes, das durch die Vergangenheit bestimmt und festgelegt ist; aus ihm kann nichts Neues entstehen. „Die Welt, verstanden als das nur Vergangene, beraubt uns unseres eigenen Selbst und den Wurzeln unseres Lebens. Das heißt: Die Welt negiert sich selbst und wird unkreativ."[328] Eine andere Welt wird hingegen möglich, wenn wir *Neues* schaffen, also *kreativ* handeln:

> „Sobald wird etwas Neues erschaffen, wandelt sich unser Selbst vom Geschaffenen ins Erschaffende. In der Vergangenheit war es ein bloß Geschaffenes. Und jetzt ist dasselbe Selbst eine lebendige Dimension der poiesis. Wenn man alles von der Position des Vergangene und Geschaffenen anschaut, kann man folgendes sagen: Das Schaffende von Hier und Jetzt war in der Vergangenheit ein Nichts. (...) Das Vergangene war in seiner Zeit des Vergangenen das Gegebene, das Selbstverständliche. Aus einer Selbstverständlichkeit kann nichts Kreatives entspringen ... Die ist eben die Negation der Geburt eines neuen Lebens. Diese Negation sollte sich in Bejahung umwandeln."[329]

Kreativität entsteht immer dann, wenn auf neue Art wahrgenommen wird. Das gewöhnliche Bewußtsein ist ein subjektives, das auf eine bestimmte Art wahrnimmt, ohne diese Art selbst zu bestimmen. Die Wahrnehmung verbleibt ein Ort des Nichts, der das Ego bestimmt und in den Schranken seiner Gewohnheiten beläßt. Das Selbst, das Neues erschafft, kann hingegen die Art und Weise seiner Wahrnehmung *selbst* bestimmen. Seine Kreativität richtet sich darauf, die gewohnte Wahrnehmung zu *durchbrechen*. Es wird nicht mehr subjekthaft innerhalb eines (vorgegebenen) Ortworin der Gewohnheit bestimmt, sondern bestimmt sich *orthaft* selbst. Was dies genau bedeutet, kann zunächst im Hinblick auf Veränderungen beschrieben werden, die die 'Objektivität' der Dinge betreffen:

> „Der erste praktische Schritt, der in diese Richtung zu machen ist, besteht in der Entobjektivierung der Welt und der Dinge darin, die zunächst völlig objektiviert

---
[328] K. Nishida, Intelligibility and the Philosophy of Nothingness, aaO., S. 224.
[329] K. Nishida zitiert in H. Hashi, Die Aktualität der Philosophie, aaO., S. 55-56.

vorgefunden werden. Es gilt, die Dinge in ihrer prä-objektiven Seinsweise sehen zu lernen, nämlich in dem Zustand, den sie hatten, bevor sie durch die erkennende Aktivität des Oberflächen-Bewußtseins objektiviert wurden."[330]

Das gewöhnliche Bewußtsein nimmt die Dinge *als etwas* wahr; sie erscheinen so als *gegeben*, als objektiv bestimmt. Entsprechend ist das Handeln stets nur ein Sich-Verhalten zu Objekten. Die Wahrnehmung des ursprünglichen Bewußtseins hingegen wirkt als Widerstand dagegen, daß die Dingidentität in der jeweiligen Situation aufgeht. „Verhindernd, daß letztere selbst genügsam in sich geschlossen wird, spielt sie die Rolle, die Geschlossenheit der Situation aufzubrechen."[331] Sie ist also eine Wahrnehmung, die *Offenheit* gibt. Für das ursprüngliche Bewußtsein läßt das Wort 'als' die jeweilige Situation überschreiten. Erschien eben noch jedes Ding objektiv *als* ein Gut zu existieren, so bricht das 'als' nun diese Undurchlässigkeit der Dinge auf; die Dinge können als etwas *anderes* erscheinen. Es gibt Nichts, das noch *als* Gegebenes erschiene.[332]

Im Zen Buddhismus etwa heißt es, daß die Wirklichkeit von einer „grenzenlosen Offenheit" geprägt ist.[333] Jedes Ding ist in seinem ursprünglichen Zustand 'unartikuliert'; es kann stets neu bestimmt werden. Das ursprüngliche Bewußtsein erkennt diese Offenheit der Dinge. Es nennt sie zwar bei ihrem Namen, aber es erkennt in ihnen kein Wesen. Izutsu erläutert diesen Sachverhalt am einfachen Beispiel einer Wasserflasche:

„Konkreter ausgedrückt sollte die in dieser Dimension realisierte Wasserflasche als Einheit der Widersprüche, nicht Wasserflasche zu sein und doch Wasserflasche zu sein, dargestellt werden. Das ist nur realisierbar, wenn die Wasserflasche wesenlos ist, nämlich leer von dem determinierenden Wesen, eine Wasserflasche zu sein, denn durch ein solches Wesen würde sie in den Mauern des Wasserflasche-Seins eingeschlossen und könnte niemals darüber hinaus."[334]

---

[330] T. Izutsu, Die Entdinglichung und Wiederverdinglichung der 'Dinge' im Zen Buddhismus, aaO., S. 20.

[331] J. Murata, Wahrnehmung und Lebenswelt, in: Y. Nitta (Hrsg.) Japanische Beiträge zur Phänomenologie, aaO., S. 293.

[332] Vgl. K. Nishida, Intellegibility and the Philosophy of Nothingness, aaO., S. 176.

[333] Vgl. T. Izutsu, Die Entdinglichung und Wiederverdinglichung der 'Dinge' im Zen Buddhismus, aaO., S. 28.

[334] T. Izutsu, Die Entdinglichung und Wiederverdinglichung der 'Dinge' im Zen Buddhismus, aaO., S. 37.

Das ursprüngliche Bewußtsein verzichtet nicht auf Sprache, Begriffe oder Theorien, ist aber nicht an diese gebunden.[335] Sie erscheinen ihm nicht als unverrückbar oder absolut, sondern lediglich als *mögliche* Beschreibungen einer grenzenlosen Offenheit. Sie bleiben immer auf einen bestimmten Kontext relativiert, der denkend und handelnd überschritten werden kann. Das ursprüngliche Bewußtsein läßt sich so als ein *'Doppel-Fokus-Auge'* beschreiben: Einerseits objektiviert es die Dinge und erkennt ihre Existenz als individuelle Wirklichkeiten an. Andererseits aber durchschaut es deren nicht-wesenhaften Charakter. „Jedes Ding in der Welt wird zugleich unter diesen zwei einander widersprechenden Aspekten betrachtet."[336] Auf diese Weise werden die Dinge 'durchlässig' oder 'verflüssigt'. Das ursprüngliche Bewußtsein erkennt so den täuschenden Charakter des *Discourse Dao*, das die Dinge als fest umgrenzte Wesen erscheinen läßt.[337]

Aufgrund der Wechselbeziehungen von Subjekt und Objekt innerhalb eines *Dao* ist es unmöglich, daß eine solche Erkenntnis vom Standpunkt des subjektiven Bewußtseins aus erreicht werden kann. Denn das subjektive Bewußtsein setzt als Bewußtsein-von stets schon die Gegebenheit der Dinge *als* bestimmte Objekte voraus. Anders gesagt: Vom Standpunkt des Egos, das sich im Gegensatz zu einer gegebenen Außenwelt ergreift, kann die Außenwelt in ihrer Offenheit nicht erkannt werden. Ist beispielsweise das Denken und Fühlen implizit im Horizont eines Mehr/Weniger bestimmt, so wird das subjektive Bewußtsein die Objekte ausschließlich *als* Quantitäten erkennen. Es wird nur ein Bewußtsein-*von* Gütern sein.

> „Solange ein Subjekt bleibt, das 'Bewußtsein-von' Dingen in seiner Gegenwart hat, stehen diese kraft ihrer ontologischen Eigenschaft als Erkenntnisobjekte ... dem Subjekt gegenüber... Die Entobjektivierung der Dinge ... kann nie dadurch erreicht werden, daß man den Akt der Entobjektivierung einfach einseitig vorantreibt, dabei aber das Subjekt in seiner Subjektivität unberührt läßt. Vielmehr muß gleichzeitig die Entsubjektivierung des Subjekts durchgeführt werden. Die Annihilation der Objekte muß von einer Annihilation des Ego begleitet sein. Das bedeutet, daß die gesamte Subjekt-Objekt-Spaltung des Bewußtseins mit einem Schlag transzendiert werden muß. (...) [Dies] meint einfach die Verwirklichung eines ontologischen Zustandes, in dem jedes Ding in der empirischen Welt aufhört, als das und das Ding,

---

[335] Vgl. G.S.P. Misra, Development of Buddhist Ethics, New Delhi 1984, S. 146.

[336] T. Izutsu, Die Entdinglichung und Wiederverdinglichung der 'Dinge' im Zen Buddhismus, aaO., S. 35.

[337] Vgl. R.E. Carter, Toward a Philosophy of Zen Buddhism, Prolegomena to an Understanding of Zen Experience and Nishida's Logic of Place, Eastern Buddhist, 13/2 (1980), S. 128f.

als etwas streng durch sein Wesen Bestimmtes zu existieren. Und da es in dieser Dimension des Seins nichts gibt, das als das und das Ding subsistiert, findet das Bewußtsein nichts, woran es sich festhalten könnte. Wenn das Bewußtsein nichts findet, woran es sich festhalten könnte, hört es auf, 'Bewußtsein-von' zu sein: das 'von' ist eliminiert und damit ist es jetzt 'Bewußtsein' rein und einfachhin."[338]

Das ursprüngliche Bewußtsein verhält sich nicht passiv gegenüber einer 'Außenwelt'. Es *erschafft* vielmehr die Situation, in der es wirkt. Das Ich ist hier ein „tätiges, kreatives Selbst"[339] 'jenseits' oder 'vor' aller subjektiven und objektiven Bestimmungen. Es ist damit zugleich auch ein Selbst, dem die Außenwelt nicht mehr unverrückbar, oder gar feindlich gegenüber steht. Es kann vielmehr die Dinge *und* sich selbst kreativ neu entdecken und bestimmen. Was dem gewöhnlichen Bewußtsein als ein objektiv existierender, gegebener Entscheidungsraum erschien, erscheint dem ursprünglichen Bewußtsein als eine *offene* Handlungssituation, in der „das Subjekt das Objekt und das Objekt das Subjekt"[340] bestimmt. Oder genauer: Die Handlung vollzieht sich, *bevor* Subjekt und Objekt als Gegebene ergriffen werden. Der Handelnde wird so zu einem kreativen Element einer kreativen Welt, die sich selbst gestaltet. „Wir sind durch und durch kreativ. Wir sind formende Faktoren einer kreativen Welt, die sich selbst bestimmt."[341] In einer solchen Welt „gibt es keine Dinge, die gegebene Daten sind."[342] „Das einfach 'Gegebene' ist nichts weiter als eine abstrakte Idee."[343]

Kreatives Handeln löst sich nicht von allen Gewohnheiten, ist aber durch diese nicht determiniert. Vielmehr wird der gegenwärtige Moment immer wieder als neu und einzigartig erkannt. Aufgrund dieser Bezogenheit auf die Gegenwart ist die *Spontaneität* neben der Offenheit eine weiteres wichtiges Element der Kreativität. „Ein kreativer Prozeß enthält immer ein Element der Spontaneität, des absolut Neuen."[344] Am Beispiel der künstlerischen Tätigkeit wird deutlich, was mit einer solchen Spontaneität in der ostasiatischen Philosophie gemeint ist:

---

[338] T. Izutsu, Die Entdinglichung und Wiederverdinglichung der 'Dinge' im Zen Buddhismus, aaO., S. 22-23.
[339] K. Nishida zitiert in H. Hashi, Die Aktualität der Philsophie, aaO., S. 47.
[340] K. Nishida, Die Welt als Dialektisches Allgemeines, aaO., S. 153.
[341] K. Nishida, Intellegibility and the Philosophy of Nothingness, aaO., S. 223.
[342] K. Nishida, Intellegibility and the Philosophy of Nothingness, aaO., S. 184.
[343] K. Nishida, Intellegibility and the Philosophy of Nothingness, aaO., S. 199.
[344] J.W.T Mason, The Meaning of Shinto, The Primaeval Foundation of Creative Spirit in Modern Japan, New York 1967, S. 75.

3 Das implizite Menschenbild der Ökonomie 141

"It is a commonly accepted rule of artistic training that the student must first learn technique in order to transcend technique. To learn technique is to be conditioned by cumulative experience to perform certain acts in a certain way ... But to be conditioned by these rules only opens up possibilities of response. One must overcome the danger of being *determined* by these rules, of becoming so attached to these conditions acquired in the past that the present is no longer creative. The transcend technique is to respond to the presence of the moment before us. (...) One is *free* by not being determined by the past. One is *creative* by being responsive to the present moment expressing itself through one's own person. (...) Though conditioned by the past, one does not let the past conceal the openness of the present."[345]

Bei einer spontanen Handlung fallen Wahrnehmung und physische Tätigkeit zusammen. Eine Abwägung oder Reflexion der Situation vor der Tätigkeit unterbleibt und ist deshalb nicht mehr handlungsleitend. Denn die Reflexion als handlungsleitend zu akzeptieren, bedeutete, die gegenwärtige Situation an schon erlebten, vergangenen Situationen zu messen. Der Handelnde orientierte sich so an etwas Geschaffenem und grenzte damit die Offenheit der Situation ein. Hieraus ergibt sich unmittelbar, daß die Kreativität nicht durch eine Kalkulation bestimmt sein kann, die zwischen Wahrnehmung und Tätigkeit vermittelt. Eine Folgenabschätzung der Handlungsalternativen, wie sie der Utilitarismus postuliert, ist der Kreativität fremd. Erneut wird dies am Beispiel der künstlerischen Tätigkeit deutlich:

"Mozart sometimes became aware of an entire music piece all at once, from beginning to end. The creative intuition was complete, and the action was utterly spontaneous, joyful, and in some sense spiritual. (..) All of this is accomplished in an instant, *without calculation or analysis*, and without a decision which is at all separate from the Initial Intuition. *The surface consciousness is not engaged, nor are its tools of deliberation and calculation involved.*"[346]

Die Kreativität entfaltet sich nicht nur 'jenseits' der Subjekt-Objekt-Spaltung, sondern liegt auch 'jenseits' des Grundes einer solchen Spaltung: der Überlegung vor der Handlung, dem Kalkül. Die Kreativität ist also vom Kalkül nicht bestimmt, gleichwohl sie sich dessen bedienen kann. Man kann dies auch so formulieren, daß die Kreativität aus der Sicht des Kalküls ein Ort des Nichts ist: Erstere ist durch letzteres nicht determiniert;

---

[345] T.P. Kasulis, Zen Action / Zen Person, Honolulu 1981, S. 141-142, Hervorhebung im Original.
[346] R.E. Carter, The Nothingness Beyond God, aaO., S. 106, eigene Hervorhebung.

sie kann sich aber für das Kalkül – wie für jede andere Gewohnheit auch – (frei) entscheiden.

Die Unmöglichkeit, Kreativität durch Reflexion vollständig zu erfassen, deutet nicht darauf hin, daß der kreativ Handelnde vollkommen unbestimmt ist. Sie verweist vielmehr auf ein dynamisches Verständnis des Handelnden, das darauf verzichtet, diesen als etwas Gegebenes, Beobachtbares zu fixieren. Der Handelnde bestimmt sich selbst kreativ immer wieder neu. Dieser Prozeß ist ihm *selbst* bewußt, er kann aber nicht durch *andere* beschrieben werden. Nishida erläutert diesen Sachverhalt bezüglich der Emotionen des kreativen Selbst:

> "It is a common idea that feeling differs from knowledge, and that its content is less clear. To this I reply that the affective feeling of a sensitive artist is not necessarily less clear to *him* than the special knowledge of a scientist. The alleged unclarity of feeling means nothing more than that is cannot be expressed in conceptual knowledge. It is not that consciousness in feeling is unclear, but rather that feeling is a more subtle and delicate form of consciousness than conceptual knowledge."[347]

Die Emotionen, von denen Nishida hier spricht, sind keine subjektiven Gefühle, sondern Ausdruck einer 'Subjekt-Objekt Einheit', die sich 'vor' allen Unterscheidungen vollzieht, an denen subjektive Gefühle anhaften könnten. Nishida lehnt sich hier an die ostasiatische Auffassung an, Emotionen nicht als subjektives Fühlen gegenüber erkannten Gegenständen zu betrachten, sondern als kreativer Ausdruck des Selbst *vor* allen Gewohnheitsprozessen, die durch Sprache begleitet werden.[348] Es wird so der *gelebten* Erfahrung Priorität vor aller Logik und Sprache eingeräumt. Die Erfahrung gilt als Ort-worin von Sprache, Reflexion und Kalkulation, ohne selbst objektivierbar zu sein. Besonders deutlich wird dies, wenn man das Verhältnis von Kreativität und Gewohnheit betrachtet. Da die Gewohnheiten stets etwas Geschaffenes sind, kann das kreative Selbst, das Neues entdeckt und schafft, von ihrem Standpunkt aus nicht erkannt werden; es verbleibt ein Ort des Nichts. Umgekehrt gilt aber, daß das kreative Selbst die Gewohnheiten *bewußt* reflektieren, bejahen, verändern oder auch ver-

---

[347] K. Nishida, Affective Feeling, übers. v. D.A. Dilworth, V.H. Viglielmo, in: Y. Nitta, H. Tatematsu (Hrsg.), Analecta Husserliana 8, Japanese Phenomenology, Dodrecht 1979, eigene Hervorhebung.

[348] Vgl. das Schriftzeichen 'qing' im Chinesischen (JŌ, nasa im Japanischen gesprochen). Hansen betont, daß es sich hier weder um einen objektiven noch einen subjektiven Begriff handelt. Vgl. ders., Qing (Emotions) in Pre-Buddhist Chinese Thought, aaO.

neinen kann. Das Ego, das in seinen Gewohnheitsstrukturen verharrt, bleibt deswegen stets auf die Entdeckung der Kreativität durch das Bewußtsein relativiert. Prinzipiell kann sich *jeder* seiner Gewohnheiten bewußt werden und diese (spontan) verändern. Hieraus ergibt sich für eine Handlungstheorie, die ein bestimmtes Gewohnheitssystems voraussetzt, eine wichtige Feststellung: „Es gibt kein gesichertes Wissen über die Zukunft in der kreativen Gegenwart."[349] Alle ihre Erklärungen und Prognosen scheitern *notwendig* am kreativen Selbst. Denn diesem kann das *Discourse Dao*, in dem sich die Wissenschaft bewegt, *bewußt* werden. Seine Wahrnehmung ist nicht mehr in einem bestimmten Ur-Unterschied gefangen, sondern kann jedes *shi-fei* Urteil in seinen deskriptiven, wertenden und emotionalen Dimensionen durchbrechen. Es ist dieser Durchbruch, der jegliche objektivierende Betrachtung logisch unmöglich macht.

Es kann nun ein wichtiger Grund für die logische Unmöglichkeit der Berechenbarkeit von Handlungen angegeben werden. Die Neoklassik setzt ebenso wie der Utilitarismus implizit voraus, Handeln sei stets dem Kalkül unterworfen. Indem die japanische Philosophie die *Kreativität* des ursprünglichen Bewußtseins betont, entpuppt sie diese Ansicht als eine Täuschung. Denn sie zeigt, daß das kreative Selbst das Kalkül nicht als handlungsleitende Vorstellung akzeptiert. Für ein solches Selbst stellt die 'Außenwelt' weder einen gegebenen Güter- oder Entscheidungsraum dar, noch erschöpfen sich seine Gefühle in einer einfachen Begierde nach Mehr.

3.3.5 Die Freiheit des selbstbewußten Willens

Doch obgleich das kreative Selbst vom Standpunkt eines Beobachters nicht zu beschreiben ist, kann es in einer weiteren Dimension des ursprünglichen Bewußtseins bestimmt werden. Diese Dimension kann als *selbstbewußter Willen* bezeichnet werden, der vom Willen des Egos (dem subjektiven Willen) zu unterscheiden ist.[350] Die Aufgabe dieses Willens besteht darin, das kreative Selbst zu modifizieren und zu transformieren. Kreativität ist offen und spontan, aber das Selbst kann bestimmen, *wie* es diese Kreativität entfalten möchte. Oder anders gesagt: Das Selbst kann nach einer grenzenlosen Offenheit *bewußt* streben.

"We do, however, sometimes, act with the express purpose of changing, molding the self and the necessity for accounting for this is what provides the basis for the

---

[349] J.W.T. Mason, The Meaning of Shinto, aaO., S. 74.
[350] Nishida spricht von einem „allgemeinen" (jap: *ippansha*) Willen, um ihn von einem individuellen, subjektiven Willen abzugrenzen.

transition to a self which is active (...) On this level, the development of the self is not something which merely happens, but is something which is actively sought. One might say that the modification and even creation of the self becomes an explicit goal on this level."[351]

Der selbstbewußte Wille strebt im Gegensatz zum Willen des Egos nicht nach einem gegebenen oder bestimmten Ziel. Der freie Wille orientiert sich zwar an einem Ideal, aber dieses Ideal läßt sich nicht benennen. Denn sobald es sich benennen ließe, wäre es im Kontext eines *shi-fei* Urteil bestimmt. Kein konkreter Begriff kann beschreiben, an was sich der selbstbewußte Wille orientiert. Vielmehr vermag dieser Wille *jede* spezifische Formulierung des Guten, Schönen etc. zu übersteigen. Ihm steht es frei, *jedes Dao* zu durchbrechen; er läßt sich deswegen unter kein gegebenes Handlungsideal zwingen.

"[The] ideal does not have any specific content. Various suggestions may be put forth as the explications of what is good and acting so as to conform to these will modify the character of the person who does so, but none of these is a complete explication of the 'idea' of good. Indeed, it is precisely because this is the case that we find that we can review, evaluate, accept and reject these various specific formulations. The 'idea' of good has no specific content; it is the form of an idea; it is the notion that there is a standard and not a specific formulation of the standard. That this is the case, Nishida would say, is shown by the fact that conscience (ryōshin) makes its appearance on this level. It is the immediate apprehension of conscience in the depths of the self that the moral world including the various conceptions of standards of goodness and moral rules, is constituted."[352]

Die Bedeutung des Ideals, das keinen spezifischen Inhalt aufweist, also nicht als dieses oder jenes bestimmbar ist, läßt sich am Beispiel der Bestimmung des *Glücks* verdeutlichen. Im Utilitarismus wird das Glück als ein Ideal aufgefaßt, nach dem Menschen streben. Auf den ersten Blick scheint es sich hier um ein Ideal in oben genannten Sinne zu handeln. „Es gibt", so schreibt etwa Tugendhat, „keine objektiven, allgemeingültigen Verhaltensregeln für das Erreichen von Glück ... Ein bestimmter inhaltlicher Begriff von Glück läßt sich nicht begründen."[353] Man kann dies so interpretieren, daß Glück keinen bestimmten Gegenstand oder einen bestimmten Zustand bezeichnet, sondern vielmehr eine Art Oberbegriff, ein

---

[351] R.J. Wargo, The Logic of Basho, aaO., S. 315.
[352] R.J. Wargo, The Logic of Basho, aaO., S. 316.
[353] E. Tugendhat, Probleme der Ethik, Stuttgart 1984, S. 46. Tugendhat bezieht sich hier auf die Philosophie Kants.

„konkretes Ganzes"[354] darstellt, das aus unterschiedlichen Elementen zusammengesetzt ist. Liebe zur Musik ist beispielsweise ebenso ein mögliches Element von Glück wie Gesundheit, sagt Mill.[355] Diese Elemente aber sind stets Objekte, die das subjektive Bewußtsein als gut, schön etc. erkennt; sie sind „Objekte der Begierde"[356]. Auch wenn sich also das Glück selbst nicht definieren läßt, so sind dem Utilitarismus zufolge doch zumindest die *Elemente* des Glücks bestimmbar. Sie sind Objekte, an denen das subjektive Bewußtsein-von anhaftet. Man meint, „menschliches Glück bestehe in einem ständigen Fortschreiten von einem Gegenstand zum anderen, wobei jedoch das Erlangen des einen Gegenstandes nur der Weg ist, der zum nächsten Gegenstand führt."[357] Die Elemente des Glücks werden so als gegen-ständlich aufgefaßt. Dies gilt unabhängig davon, ob sie nun als „diesseitige Bedürfnisse und Interessen" oder „Hoffnungen und Sehnsüchte"[358] angesehen werden. Die Bestimmung des Glücks erfolgt damit stets in einer Spaltung von Subjekt und Objekt.

Es läßt sich argumentieren, daß diese Spaltung in der Ökonomie (implizit) im Ort-worin des ökonomischen *Dao* vollzogen wird. Denn die Elemente des Glücks sollen „addierbar und berechenbar"[359] und damit das Glück selbst in einem quantitativen Horizont bestimmbar sein. So meint Jevons, der Nutzen sei mit dem Zuwachs an Glück identisch.[360] Er kann sich hierfür auf Bentham berufen, der das Prinzip des Nutzens mit dem Prinzip des größten Glückes gleichsetzt.[361] Das Glück wird so zu etwas, das sich selbst *maximieren* läßt, wie in Benthams Satz „das größte Glück der größten Zahl" deutlich wird. Es wird zum Ziel kalkulierender Rationalität. Auf diese Weise „*erscheint das Leitziel menschlichen Handelns, das Glück, end-*

---

[354] J.S. Mill, Utilitarianism, On Liberty, and Considerations on Representative Government, aaO., S. 35.
[355] Vgl. J.S. Mill, Utilitarianism, On Liberty, and Considerations on Representative Government, aaO., S. 35.
[356] J.S. Mill, Utilitarianism, On Liberty, and Considerations on Representative Government, aaO., S. 34.
[357] A. MacIntyre, Geschichte der Ethik im Überblick, aaO., S. 132. Der Autor bezieht sich hier auf die Philosophie Hobbes.
[358] Vgl. O Höffe, Einführung in die utilitaristische Ethik, aaO., S. 15.
[359] Vg. A. MacIntyre, Geschichte der Ethik im Überblick, aaO., S. 214f. Der Autor bezieht sich auf die Philosophie Benthams.
[360] Vgl. W.S. Jevons, The Theory of Political Economy, aaO., S. 106.
[361] Vgl. J. Bentham, Eine Einführung in die Prinzipien der Moral und der Gesetzgebung, aaO., S. 55, Anmerkung des Autors vom Juli 1822.

lich einer empirisch-analytischen Überprüfung unterworfen zu sein."³⁶² Ist das Glück erst einmal auf diese Weise ergriffen, so ist es nicht weiter verwunderlich, wenn das Geld, ursprünglich ein Mittel zum Erreichen von Glück, „selbst zum wichtigsten Bestandteil der individuellen Vorstellung von Glück geworden ist"³⁶³.

Gegen eine solche Verfügbarkeit des Glückes wendet sich Nishida, wenn er von einem Ideal ohne bestimmbaren Inhalt spricht, das keinem vorgegebenen Ziel unterworfen ist. Ein solches Ideal läßt sich nicht als eine (ergriffene) Form der Begierde bestimmen, sondern ist gerade umgekehrt der Ort-worin, in dem alle Begierden hinterfragt werden. Die Unverfügbarkeit des Ideals ermöglicht es, immer wieder neu zu fragen, wer man selbst sein und wie man seine Umwelt sehen möchte. Sie zeigt, daß *keine* Form der (ergriffenen) Begierde jemals das eigentliche Gute oder Schöne, das eigentliche Glück darstellen kann. Eine solche Unverfügbarkeit ist die *Voraussetzung* für einen tatsächlich freien Willen. Denn wäre etwa das Glück ein vorgegebener Standard, so ließe sich ein Ort-worin denken, in dem der selbstbewußte Wille als ein bestimmter ergriffen bzw. objektiviert würde. Man könnte über diesen Willen sagen, 'wie er ist' oder 'wie er sein müßte', um das Glück zu erlangen. Er würde zu einem *bestimmten* Wesen. Genau aber dies widerspricht der Voraussetzung des selbstbewußten Willens, der sich *frei* bestimmt.

"Even at this deepest level ..., a contradiction, or an incompleteness in the story told, becomes apparent. For to view the willing, self determining, moral self as a being (object) is to conflict with a most basic requirement of morality – free will. To view the self from the perspective of its content-plane, is to view it as determined by its ideals of truth, beauty and goodness. To give content even to goodness is already to think of the self as an object within the deterministic chains of cause and effect."³⁶⁴

Damit der selbstbewußte Wille tatsächlich frei ist, bedarf es eines Ort-worin, in dem er sich selbst bestimmt. Aber dieser Ort-worin darf keine definierte Form, keinen bestimmbaren Inhalt haben, da sonst der Wille seine Freiheit verliert und zu einem determinierten Wesen wird. Am Beispiel des Glücks wurde deutlich, daß es vielen Ökonomen schwer fällt, eine sol-

---

³⁶² Vgl. O. Höffe, Einführung in die utilitaristische Ethik, aaO., S. 15, eigene Hervorhebung.
³⁶³ J.S. Mill, Utilitarianism, On Liberty, and Considerations on Representative Government, aaO., S. 34.
³⁶⁴ R.E. Carter, The Nothingness Beyond God, aaO., S. 43.

3 Das implizite Menschenbild der Ökonomie 147

che vollkommene Unverfügbarkeit zu denken. Für Nishida hingegen ist das eigentliche Problem einer jeden Handlungstheorie, den Handelnden als *Objekt* darzustellen, ohne den Ort-worin zu sehen, in dem diese Objektivierung zustande kommt. Objektivierungen sind Vorstellung *über* das Selbst, aber sie sind nicht das eigentlich handelnde Selbst. Dieses Aspekt wurde schon im Abschnitt über die Unmöglichkeit der Berechenbarkeit von Handlung angesprochen (3.1.5). Die Vorstellung des freien, selbstbewußten Willens macht nun deutlich, daß tatsächlich *keine* Objektivierung den Charakter des Handelns erfassen kann. Der letzte Schritt muß folglich darin bestehen, jegliche Subjekt-Objekt-Spaltung als eine Bestimmung des Handelnden abzulehnen.

> "What Nishida does is show that the entire distinction is greatly misconceived. ... [It] is not literally a description of the structure of reality. (...) The crucial point is, that in the state of absolute nothingness there is no differentiation of subject and object but any reference to this in language requires some use of the subject and object distinction. In short, the distinction is ultimate in language; its use is necessary in the expression of one's reflections, but it is not ultimate in the sense of characterizing that experience apart from reflection."[365]

Der wahre (oder letzte) Ort-worin des Handelns ist derjenige, in dem sich der Handelnde selbst orthaft bestimmt, ohne von etwas bestimmt zu sein. Es ist der unbegrenzbare Ort-worin, in dem alle Bestimmungen und Unterscheidungen gründen, der aber selbst durch keine dieser Bestimmungen und Unterscheidungen erfaßt werden kann.

> "The ultimate basho is the ground of self which sees but cannot itself be seen. It is ... an ultimate intuition, out of which and on which all distinctions are based."[366]

Weil sich über diesen Ort im wahrsten Sinne des Wortes 'nichts' sagen läßt, wird er im ostasiatischen Kontext oft als 'Leere' oder 'Nichts' bezeichnet:

> „Das Nichts hat nun einen positiven und einen negativen Aspekt. In negativer Hinsicht ist es wörtlich Nichts in dem Sinne, daß nichts Bestimmtes und Begrenztes in der ganzen Weite seines Feldes feststellbar ist. ... In positiver Hinsicht jedoch ist das Nichts ontologische Fülle. Gerade weil die ... Wirklichkeit 'nichtig' und 'leer' ist von allem, was wesenhaft als das und das Ding festgelegt ist, und weil sie keine ontologische Bestimmung hat, ist sie in der Lage, sich selbst in vollkommener Freiheit zu jedem Beliebigen zu determinieren. Die vorsprachliche Wirklichkeit, die der

---

[365] R.J. Wargo, The Logic of Basho, aaO., S. 329-335.
[366] R.E. Carter, The Nothingness Beyond God, aaO., S. 46.

Nullpunkt von Bewußtsein und Sein ist, ist zugleich der Ursprungsort von Bewußtsein und Sein."[367]

Nishida nennt den wahren (oder letzten) Ort-worin des Handelns das Absolute Nichts[368], weil er ein Ort des Nichts für jede andere Beschreibung des Handelnden darstellt. Dieser Begriff des Absoluten Nichts bezieht sich auf eine Erfahrungsebene, in der keine Unterscheidungen getroffen werden, die keiner begrifflichen Bestimmung zugänglich ist und auf die keine Logik angewendet werden kann, ohne das Widersprüche entstehen. Die Existenz dieser Erfahrungsebene bedeutet nicht, daß der Handelnde nicht auch durch Gewohnheiten bestimmt sein kann. Sie deutet aber darauf hin, daß eine solche Bestimmung stets nur vorläufig ist und im Ort-worin des Absoluten Nichts verändert werden kann. Der Mensch hat die Fähigkeit, seine Handlungsziele frei zu wählen, zu hinterfragen und sich so selbst zu bestimmen, eben weil sein Handeln im Absoluten Nichts gründet. Diese Fähigkeit „ist die Quelle des Lebens", schreibt Nishitani, „wo das Leben zu etwas jenseits von Funktion und Nutzen wird. In ihr wird der gewöhnliche Lebensweg überschritten und unsere gewöhnliche Seinsweise durchbrochen."[369]

Für Nishida stellt das Absolute Nichts den Ort-worin dar, in dem sich der Handelnde zum ersten Mal so zeigt, wie er wirklich ist: ohne endgültige Bestimmung. Er ist sozusagen ein Sehendes, das selbst nicht gesehen wird, ein Beobachter, der selbst nicht beobachtbar ist. In einer solchen „Bestimmung ohne Bestimmendes"[370] entdeckt Nishida die Vollendung des Selbstbewußtseins.[371]

"We herein make immediate contact with the individual for the first time. That is, through the realization of Absolute Nothingness, the individual is fully known by us in its concrete immediacy without any conceptualization. Expressed in Nishida`s terms, the individual is realized as 'that which lies within' Absolute Nothingness (i.e. it rests in Absolute Nothingness, its place), and in Absolute Nothingness determines itself without being determined ... by any other thing. This self-

---

[367] T. Izutsu, Die Entdinglichung und Wiederverdinglichung der 'Dinge' im Zen Buddhismus, aaO., S. 32-33.
[368] Japanisch: *zettai mu*.
[369] K. Nishitani, What is Religion?, aaO., S. 22.
[370] K. Nishida, Logik des Ortes, aaO., S. 50.
[371] Vgl. K. Nishida, The System of Self Consciousness of the Universal, aaO., S. 372.

3 Das implizite Menschenbild der Ökonomie

determination of the individual as it is, is the self-determination of 'place' or Absolute Nothingness."[372]

Der Handelnde, dessen Handeln sich im Absoluten Nichts gründet, läßt sich theoretisch nicht beschreiben. Denn seine Existenz ist zwar kontextabhängig zu verstehen, doch der Kontext selbst ist nicht mehr bestimmbar. Im Ort-worin des Absoluten Nichts überschreitet der Handelnde jede Grenze, innerhalb derer man nach einer Bestimmung seines Wesens sucht, eben weil sein Handeln in einer Offenheit gründet, die selbst unbestimmt ist. Daraus folgt unmittelbar, daß – zumindest aus japanischer Sicht – keine Handlungstheorie das Wesen des Handelnden jemals vollständig beschreiben bzw. objektivieren kann; es ist niemals endgültig als dieses oder jenes ergreifbar. *„Für die konkrete Einschätzung einer Handlung findet sich kein universaler Standard"*[373]:

> „Es gibt für uns keinen einzigen Standpunkt, von dem wir die ganze Ebene der vielfältigen Handlungssituationen überblicken können ... Der Versuch, unserer Erfahrung und Handlung außerhalb der jeweiligen Situation im Lichte eines Grundsatzes eindeutig zu beurteilen, wäre eine gewaltsame Einmischung in den gewobenen Lebenszusammenhang derjenigen, die – eine undurchsichtige Situation mitstützend und mitleidend – das Steuer des Lebens ergreifen wollen. Man darf also die Handlungen nicht nach einem 'metaphysischen Prinzip', das die jeweilige Situation transzendiert, beurteilen."[374]

Aus Sicht der japanischen Philosophie kann keine Handlungstheorie – auch nicht die ökonomische – allgemeingültig sein. Das Handeln im Absoluten Nichts ist durch keine Logik und keine theoretische Überlegung zu beschreiben. Es kann nur gelebt und erfahren werden, *ohne* nach einer Beschreibung zu suchen.[375] Diese Sichtweise läßt so das Streben einer „Wissenschaft vom menschlichen Handeln ... nach allgemeingültiger Erkenntnis"[376] als *vergebens* erscheinen. Zudem wird das in der ökonomischen Theorie angenommene Verhältnis von Wissenschaft und Erfahrung geradezu umgekehrt. Während in der ökonomischen Theorie gilt: „Die Wissenschaft vom menschlichen Handeln ... ist in allen ihren Teilen nicht empiri-

---

[372] M. Abe, The Logic of Absolute Nothingness as Expounded by Nishida Kitarō, Eastern Buddhist, 28/2 (1995), S. 173.
[373] K. Washida, Handlung, Leib und Institution – Perspektiven einer phänomenologischen Handlungstheorie, in: Y. Nitta (Hrsg.), Japanische Beiträge zur Phänomenologie, aaO., S. 346, eigene Hervorhebung.
[374] K. Washida, Handlung, Leib und Institution, aaO., S. 345.
[375] Vgl. R.J. Wargo, The Logic of Basho, aaO., S. 329ff.
[376] L. von Mises, Grundprobleme der Nationalökonomie, aaO., S. 12.

sche, sondern apriorische Wissenschaft; sie stammt wie die Logik und Mathematik nicht aus der Erfahrung, sie geht ihr voran"[377], erscheint aus Sicht der ostasiatischen Philosophie gerade die gelebte Erfahrung als Ort-worin, in dem auch alle theoretischen Überlegungen gründen. „Uns wird nicht durch das Denken bewußtgemacht, daß wir leben, vielmehr gilt: weil wir leben, denken wir. (...) Wir verstehen die Welt nicht von (einem Standpunkt) außerhalb der Welt, sondern auch das denkende Ich befindet sich mitten in der Welt."[378]

Die Bedeutung des Absoluten Nichts als wahrer Ort-worin allen Handelns wird besonders deutlich, wenn die Frage der *Handlungsfreiheit* betrachtet wird. Wir sahen schon, daß Nishida den Willen, der im Ort-worin des Absoluten Nichts gründet, als freien Willen auffaßt. Welche Art von Freiheit ist hier aber gemeint? Ein wesentlicher Aspekt der Freiheit ist zunächst, daß auch sie nur kontextabhängig zu verstehen ist. „Was Freiheit zu einer bestimmten Zeit und an einem bestimmten Ort ist, wird durch die spezifischen Begrenztheiten sowie durch die charakteristische Zielsetzungen dieser Zeit und dieses Ortes definiert."[379] Mit Hilfe der Ortlogik läßt sich dieser Gedanke folgendermaßen präzisieren: Jeder *basho* des Handelns läßt sich als ein Ort-worin auffassen, der dem Individuum einen bestimmten Handlungsfreiraum gewährt. Wird der Handelnde beispielsweise wie in der Neoklassik in Analogie zu einem physikalischen Feld bestimmt, so scheint seine Freiheit der Bewegungsfreiheit eines physikalischen Systems zu gleichen. In Abwesenheit von 'Anreizen' bzw. 'Zwangskräften' ist er frei, seiner 'eingeprägten Kraft' zu folgen. Thomas Hobbes hat einen Freiheitsbegriff formuliert, der einem solchen objektiven Verständnis der Freiheit entspricht: „Freiheit bedeutet genau genommen das Fehlen von Widerstand, wobei ich unter Widerstand äußere Bewegungshindernisse verstehe. Dieser Begriff kann ebensogut auf vernunft- und leblose Dinge wie auf vernünftige Geschöpfe angewandt werden." Und Hobbes sagt weiter: „Werden aber die Wörter frei und Freiheit auf andere Dinge als auf Körper angewandt, so werden sie mißbraucht."[380] Einem solchen Freiheitsbegriff fehlt die subjektive Perspektive des Handelns. Dies liegt daran, daß eine solche Perspektive aus objektiver Sicht ein Ort des Nichts darstellt und deswegen nicht erfaßt werden kann. Sie ist lediglich eine Art Horizont, in dem die Freiheit nur als eine Bewegung von Objekten gedacht wird. Überschreitet

---

[377] L. von Mises, Grundprobleme der Nationalökonomie, aaO., S. 12.
[378] K. Nishida, Logik des Ortes, aaO., S. 60-61.
[379] A. MacIntyre, Geschichte der Ethik im Überblick, aaO., S. 189. Der Autor bezieht sich hier auf die Philosophie Hegels.
[380] T. Hobbes, Leviathan, Neuwied-Berlin 1966, S. 163.

3 Das implizite Menschenbild der Ökonomie 151

man den objektiven Standpunkt und entdeckt die Dimension des (subjektiven) Bewußtseins, so erscheint aus dieser neuen Perspektive der einstige Freiraum, der den Dingen eine Bewegungsfreiheit einräumt, nicht mehr als Horizont, sondern als *Begrenzung*, die überwunden werden muß, um die tatsächlich mögliche Freiheit zu erlangen.[381] Oder allgemeiner formuliert: Aus Sicht der in ihm bestimmten Objekte stellt der Ort-worin den größtmöglichen Freiraum dar, ohne daß seine Begrenzungen sichtbar werden. Wird der Ort-worin aber selbst zum Gegenstand der Reflexion, so erscheint die in ihm mögliche Freiheit mit einem Mal beschränkt. Sein Horizont wird zu einer Grenze, die überwunden werden muß, um die tatsächlich mögliche Freiheit zu erlangen. Deshalb erscheint aus subjektiver Sicht die objektiv bestimmte Freiheit, die nur eine Bewegungsfreiheit von Körpern zuläßt, als begrenzt. Weil es aus subjektiver Sicht etwa möglich ist, nach Zielen zu streben, steht ein weiterer Handlungsfreiraum zur Verfügung.

Die ökonomische Freiheit ist, wie etwa im Utilitarismus deutlich wird, eine, die sich im Horizont der Nutzenmaximierung und der Gewohnheit des Streben nach einem Mehr bestimmt. Für einen solchen Freiheitsbegriff erscheint das ökonomische *Dao* als größtmöglicher Freiraum des Handelnden. Die Beschränkungen, die diesem Freiheitsbegriff implizit sind, werden demjenigen, der sich in diesem *Dao* bestimmt, nicht *als* Beschränkungen bewußt. Für das ursprüngliche Bewußtsein aber erscheinen die ökonomischen Zielsetzungen als eine Grenze, die es zu überwinden gilt. „Die rationalen Handlungen der Ökonomie" erscheinen nicht mehr als „frei und beliebig, sondern immer schon in Rationalität kontextuell eingebunden".[382] Sie erscheinen als *Knechtschaft* und die Nutzenmaximierung als ein *Hindernis* für ein selbstbestimmtes Handeln. Denn das ursprüngliche Bewußtsein ist frei, sich *kreativ* außerhalb der engen Grenzen der ökonomischen Freiheit zu bestimmen. Ihm liegt ein Ort-worin zugrunde, der unendlich offen und von absolut Nichts bestimmt ist. Dieser Ort ist im wahrsten Sinne *grenzenlos* und stellt deswegen für den selbstbewußten Willen keine Grenze, kein Hindernis mehr dar.

Die grenzenlose Freiheit, die sich im Absoluten Nicht gründet, überschreitet *alle* gegebenen Standpunkte und kann sie deshalb als begrenzte

---

[381] Vgl. für die Begriffe von Horizont und Grenze: A. MacIntyre, Geschichte der Ethik im Überblick, aaO., S. 188f. Auch hier bezieht sich der Autor auf die Philosophie Hegels. Zum Begriff der Grenze bei Nishida vgl. K. Nishida, Logik des Ortes, aaO., S. 32.

[382] B.P. Priddat, E.K. Seifert, Gerechtigkeit und Klugheit, aaO., S. 70.

sichtbar machen. „Wir können von Grenzen sprechen, weil es etwas gibt, das selbst nicht begrenzt ist."[383] Wenn nun gesagt wird, die Empirie habe „eben die Aufgabe, die objektiven Bedingungen der Ausübung der Freiheit festzustellen, was wiederum der Freiheit dient"[384], dann ist hier die Freiheit als eine subjektive mißverstanden, die objektiven Bedingungen gegenübersteht. Denn werden durch eine Wissenschaft objektive Bedingungen von Freiheit bestimmt, so wird die Freiheit des Handelnden in Wahrheit begrenzt. Er muß diese Bedingungen als gegeben akzeptieren, ohne sie selbst kreativ verändern zu können. In der Freiheit des ursprünglichen Bewußtseins hingegen gestaltet der Handelnde seine Umwelt aktiv selbst, ebenso wie er sich von ihr gestalten läßt. In ihr wird sowohl die subjektive als auch die objektive Sicht kreativ geschaffen; sie steht nicht als subjektive einer gegebenen Welt gegenüber. Sehr deutlich formuliert diese Einsicht Kaneko:

> „Der Standpunkt der Freiheit ist ... nicht der der Ichheit (Egoismus), auf deren Standpunkt das Ich mitten in der Welt steht und die anderen und die Dinge zu seiner Verfügung anordnet und nur dadurch die Welt für ihn ist. So angenommen, wäre es zwar erlaubt, um Gewinn für sich selbst zu ziehen, sich zu verkaufen und andere zu verraten ..., aber all diese Handlungen werden vom Standpunkt der echten Freiheit abgelehnt, weil die Freiheit in solchen Fällen nach dem Eigensinn behandelt wird. Der egoistische Wille, der in der Mitte der Welt stehen und alles als sein Mittel anordnen will, ist nichts anderes als der knechtische Wille."[385]

Die Freiheit, die sich im Ort-worin des Absoluten Nichts gründet, ist nichts anderes als das Selbst des Menschen, sein eigentliches So-Sein. Beides, „die Freiheit und das Selbst (sind) für den Menschen weder frei verfügbar noch lenkbar."[386] Sie sind unverfügbar und können von keiner bestimmten Form der Freiheit – etwa der ökonomischen – behindert werden. Der Mensch selbst kann zwar beides, die Freiheit und sein Selbst, verneinen und sich selbst im Horizont der Gewohnheiten ergreifen. Dennoch bleibt ihm die Freiheit, aus diesem Horizont auszubrechen und sich selbst und die Dinge auf neue Weise zu sehen. Diese Freiheit der Veränderung kann man dem Menschen ebensowenig nehmen, wie er sich selbst von ihr entfernen kann. Denn letzteres wäre nur durch einen Akt der Freiheit möglich.

---

[383] D. Suzuki, What is the 'I'?, Eastern Buddhist, 4/1 (1971), S. 23.
[384] T. Rendtorff, Selbstverständnis und Aufgabe der Ethik, in: W. Korff (Hrsg.) Handbuch der Wirtschaftsethik, Band 1, aaO., S. 185.
[385] T. Kaneko, Die Freiheit als Geschenk, The Philosophical Studies of Japan, 3 (1961), S. 134.
[386] T. Kaneko, Die Freiheit als Geschenk, aaO., S. 134.

3 Das implizite Menschenbild der Ökonomie 153

Die Dimension der (wahren) Freiheit ist wie das Absolute Nichts keiner Sprache, keiner Beschreibung zugänglich. Die Freiheit ist vielmehr ein Ideal, das niemals eine bestimmte Form annehmen kann. Sie kann weder als Prinzip bestimmt noch bewiesen werden:

> „Schließlich gibt es gelegentlich die Forderung, man möge doch die Freiheit wissenschaftlich 'beweisen'. Aber damit ist sowohl die Freiheit als auch die Wissenschaft mißverstanden: Freiheit ist (...) kein empirischer Sachverhalt, der induktiv erhebbar wäre; und sie ableiten aus einem höheren Prinzip, würde sie aufheben, wenn so etwas möglich wäre. Aber es gibt kein solches ihr übergeordnetes Prinzip: Das sagt gerade die Autonomie."[387]

Die Freiheit kann aber erfahren, *gelebt* werden. „Daß es Freiheit und freies Handeln gibt, ist zwar nicht wissenschaftlich-empirisch beweisbar - das wäre sogar widersprüchlich - aber es ist eine überwältigende Evidenz aus der Praxis und der praktischen Erfahrung sowohl unseres persönlichen als auch des gesellschaftlichen Lebens."[388] Eine solche gelebte Freiheit ist diejenige Wirklichkeit, die nach Ansicht Nishidas zum Ort-worin aller theoretischen Überlegungen werden muß und nicht zu Gunsten einer abstrakten Logik preisgegeben werden kann:

> *„Es ist unzulässig, an der Wirklichkeit äußerlich herumzuoperieren, um sie dem Maß unseres Denkens anzugleichen."*[389]

---

[387] T. Rendtorff, Selbstverständnis und Aufgabe der Ethik, aaO., S. 186.
[388] T. Rendtorff, Selbstverständnis und Aufgabe der Ethik, aaO., S. 186.
[389] K. Nishida, Logik des Ortes, aaO., S. 61, eigene Hervorhebung.

4 Das implizite Weltbild der Ökonomie

Durch einen schrittweisen Ortswechsel des Denkens wurden im letzten Kapitel einige der ungedachten Voraussetzungen objektiver und subjektiver ökonomischer Theorien sichtbar. Insbesondere wurden Gewohnheiten als derjenige Ort-worin aufgewiesen, der beide Sichtweisen in sich begründet und untereinander vermittelt, ohne selbst aus einer dieser Perspektiven objektivierbar zu sein. Die Gewohnheiten der Berechnung und des Strebens nach Mehr sind im gewöhnlichen Leben des ökonomisch Handelnden ständig wirksam, bleiben aber im Grunde seines Bewußtseins verborgen und treten deshalb nicht explizit in Erscheinung. Während in großen Teilen der ökonomischen Theorie eine solche Unbewußtheit der Gewohnheiten als impliziter Ort des Denkens vorausgesetzt ist, weist die Ortlogik Nishidas auf einen noch tiefer liegenden Ort-worin, in dem die Gewohnheiten begründet sind. Es ist dies das Selbstbewußtsein des Handelnden, das die Gewohnheiten als eigene erkennt und deshalb *frei* ist, diese *kreativ* zu gestalten oder gar zu durchbrechen.

Doch in diesem Gedankengang erschöpft sich die Philosophie Nishidas keineswegs. Vielmehr macht der Philosoph selbst darauf aufmerksam, daß der Gedanke des Ortes nicht beim Selbstbewußtsein des Einzelnen stehen bleiben kann. Denn strenggenommen bleibt so das Selbst eine *ungedachte* Voraussetzung. Darüber hinaus scheint es so, als könne man die Welt vom Standpunkt des Selbst aus erklären. Die Welt ist aber, so Nishida in seiner späteren Philosophie, nicht vom Selbst her zu denken. Vielmehr verhält es sich gerade umgekehrt:

> „Das Selbstbewußtsein (jikaku) muß von den einzelnen her verstanden werden, die einander gegenüberstehen und sich räumlich gegenseitig bestimmen. (...) Eine Person kann nur durch eine Person hervorgerufen werden. Ohne Gesellschaft entsteht unsere Persönlichkeit nicht."[1]

In Nishidas Philosophie vollzieht sich deshalb ein „Übergang vom Phänomen des Selbst zum Phänomen der Welt".[2] Dabei wird der Gedanke des Ortes nicht aufgegeben. Es findet vielmehr ein weiterer Ortswechsel des

---

[1] K. Nishida zitiert in R. Elberfeld, Das Verstehen der Kulturen, aaO., S. 133.
[2] R. Elberfeld, Das Verstehen der Kulturen, aaO., S. 132.

Denkens statt, sozusagen eine Veränderung des Blickwinkels um 180 Grad[3]: Der Ort-worin wird nun nicht mehr als das Selbstbewußtsein des Selbst bestimmt, sondern als Welt. „Im Gedanken der Welt wandelt sich die Frage nach dem Ort ... von einer Frage nach dem Selbstbewußtsein zur Frage nach der geschichtlichen Welt. Der Ort wird nicht mehr nur vom Selbst aus gedacht, sondern ist als Ort die Selbstbestimmung von Welt."[4] Es soll so eine individualistische Sichtweise, die den Einzelnen als fraglos gegeben voraussetzt, überwunden und der Ort der Bestimmung des Einzelnen explizit aufgewiesen werden. Die Welt wird hierfür als eine *gesellschaftlich-geschichtliche* verstanden, „die unser Selbst umfaßt"[5] und *orthaft* bestimmt. Sie gilt als ein lebendiger Ort der Begegnung, als eine „reale Welt"[6], in der sich die Vielen aufeinander beziehen.

In diesem Kapitel soll ein solcher Ortswechsel vom Selbstbewußtsein zur Welt nachvollzogen und für ein Verständnis der *gesellschaftstheoretischen* Aspekte der ökonomischen Theorien fruchtbar gemacht werden. Dabei geht es erneut darum, ein alternatives Verständnis ökonomischer Phänomene zu entwickeln, indem die zumeist ungedachten Voraussetzungen ökonomischer Theorien explizit reflektiert werden. Hierfür sollen insbesondere die Position des methodischen Individualismus sowie die ökonomischen Vorstellungen von Markt und Staat eingehend analysiert werden. Eine solche Analyse kann sich im Gegensatz zum letzten Kapitel an keine strenge Ortlogik anlehnen. Denn bei Nishida ist das „Phänomen der Welt ... nur in unsystematischer Weise entwickelt".[7] Die folgenden Abschnitte betrachten deshalb je für sich einen bestimmten Aspekt der Ökonomie. Neben Nishidas Gedanken der Welt werden weitere Überlegungen der ostasiatischen Philosophie herangezogen, um vor ihrem Hintergrund wesentliche Voraussetzungen des ökonomischen Denkens herauszuarbeiten. Um dabei den unterschiedlichen Theorieströmungen innerhalb der Ökonomie gerecht zu werden, werden diese oftmals getrennt betrachtet. Zusammen sind die unterschiedlichen Abschnitte wie eine Art Puzzle zu verstehen, in dem sich nach und nach ein umfassendes Bild der Ökonomie als *ökonomische Welt* formt.

---

[3] Vgl. Y. Matsudo, Eine Einführung in die Spätphilosophie von Kitarō Nishida, aaO., S. 64.
[4] R. Elberfeld, Das Verstehen der Kulturen, aaO., S. 133.
[5] K. Nishida, Die Welt als Dialektisches Allgemeines, aaO., S. 133.
[6] K. Nishida, Die Welt als Dialektisches Allgemeines, aaO., S. 117.
[7] R. Elberfeld, Das Verstehen der Kulturen, aaO., S. 134.

4.1 Die Bestimmung des Einzelnen in der ökonomischen Theorie

Bezieht man die Gesellschaft ausdrücklich in handlungstheoretische Überlegungen ein, so lassen sich in der 'westlichen' Denktradition zwei Erklärungsansätze unterscheiden. Zum einen soll das Handeln durch ein Allgemeines, d.h. ein soziales Ganzes im Sinne einer abstrakten Einheit aller Individuen determiniert sein. Zum anderen aber wird die Auffassung vertreten, daß der Einzelne[8] seine Handlungen selbst bestimmt und dementsprechend Handeln nur individualistisch zu erklären ist.[9] Während viele Gesellschafts- und Handlungstheorien versuchen, innerhalb dieser Dichotomie von Allgemeinem und Einzelnem nach einer befriedigenden Erklärung menschlichen Handelns zu suchen, weisen östliche Denktraditionen – und hier insbesondere die japanische Philosophie – darauf hin, daß man sich auf diese Weise leicht in einen *Widerspruch* verwickelt, der den Erklärungsansatz zum Scheitern verurteilt.[10] Ich möchte zunächst darstellen, worin nach Ansicht der japanischen Philosophie dieser Widerspruch liegt, bevor ich ihn in seiner für die Ökonomie spezifischen Form darstelle.

4.1.1 Die Einzel- und Allgemeinbestimmung des Einzelnen

Es scheint auf den ersten Blick leicht, sich einen einzigen Menschen vorzustellen: als selbständig und unabhängig von aller Gesellschaft. Der Einzelne wird nicht durch seine Beziehungen zu anderen bestimmt, sondern durch sein eigene 'Natur'. Hierfür muß allerdings die Voraussetzung erfüllt sein, daß er ein Wesen hat, über das er nur selbst verfügt. Es muß eine

---

[8] Ich werde im folgenden oft den Begriff 'Einzelner' anstelle von 'Individuum' verwenden. Dies hat einen einfachen Grund: Im Japanischen existiert kein Begriff, der dem des Individuums im Sinne von 'eigenständig', 'unabhängig', oder 'aus sich selbst heraus existierend' entspricht. Ich verwende deshalb den Begriff 'Einzelner', um entweder einen Menschen von vielen (japanisch *kōjin*), oder aber einen Menschen in einem Kontext (japanisch *ningen*) zu bezeichnen. Es soll so eine Interpretation im oben genannten Sinne vermieden werden. Vgl. zum Übersetzungsproblem T.P. Kasulis, Zen Action / Zen Person, aaO., S. 3ff.
[9] Diese Unterscheidung, die sich auch als eine von Individual- und Sozialprinzip bezeichnen läßt, findet sich schon bei H. Dietzel, Individualismus, in: L. Elster et al. (Hrsg.), Handwörterbuch der Staatswissenschaften, Jena 1923, S. 408f.
[10] Vgl. insbesondere K. Nishida, Die Welt als Dialektisches Allgemeines, aaO., S. 116-246. Vgl. auch K. Nishitani, Vom Wesen der Begegnung, in: R. Ohashi (Hrsg.) Die Philosophie der Kyōto Schule, Texte und Einführungen, Freiburg i. Br. 1990, S. 253-274.

„anthropologische Grundkonstante"[11] existieren, die *vor* jeder gesellschaftlichen Bestimmung gegeben ist. „Das reale Einzelne [ist] das, was sich selbst bestimmt", faßt Matsudo diese Position zusammen.[12] Diese Form der Selbstbestimmung des Einzelnen werde ich im folgenden seine *Einzelbestimmung* nennen.[13] Sie bezeichnet „die Selbständigkeit und somit die Unabhängigkeit vom Anderen oder auch vom Allgemeinen überhaupt".[14] Blickt man nur auf diese Einzelbestimmung des Einzelnen, so scheint dieser tatsächlich autonom zu sein und damit frei, Entscheidungen ohne Einfluß von anderen zu treffen.

Neben dieser Einzelbestimmung gibt es noch eine weitere Form der Bestimmung, in der der Einzelne lediglich als *Teil* eines Allgemeinen betrachtet wird. Der Einzelne bzw. sein Handeln erscheint durch eine 'höhere Ordnung' bestimmt. Eine solche Ordnung kann verschieden vorgestellt werden, etwa als Gott oder Staat, aber auch – wie noch deutlich werden soll – als Markt oder Wettbewerb. Wichtig ist zunächst, daß all diesen Ordnungen Priorität vor dem Einzelnen eingeräumt wird. Sie erscheinen ihm gegenüber als *gegeben*. Ohne Einfluß auf sie nehmen zu können, bleibt dem Einzelnen nur, sich ihren 'Systemimperativen' unterzuordnen. Im Gegensatz zur Einzelbestimmung vermag sich der Einzelne so nicht mehr selbst zu bestimmen. Sein Handeln erscheint vielmehr als von *außen*, bzw. *objektiv* determiniert, so daß er selbst auf eine bloße Funktion innerhalb eines vorgegebenen Geschehens reduziert ist. Es ist so, „daß das Einzelne unter ein Allgemeines subsumiert wird, so daß seine Selbstidentität oder Selbständigkeit aufgehoben wird".[15] Diese Form der Bestimmung kann als die *Allgemeinbestimmung* des Einzelnen bezeichnet werden.[16] Sie besitzt gegenüber der Einzelbestimmung den Vorteil, daß sie die Unterordnung bzw. Integration der vielen Einzelnen zu einer Vielheit garantiert.

---

[11] O. Höffe, Einführung in die utilitaristische Ethik, aaO., S. 16.

[12] Y. Matsudo, Eine Einführung in die Spätphilosophie von Kitarō Nishida, aaO., S. 72.

[13] Vgl. zum Begriff der Einzelbestimmung K. Nishida, Die Welt als Dialektisches Allgemeines, aaO., S. 126.

[14] Y. Matsudo, Eine Einführung in die Spätphilosophie von Kitarō Nishida, aaO., S. 72. Vgl. auch K. Nishida, Selbstidentität und Kontinuität der Welt, in: R. Ohashi, (Hrsg.) Die Philosophie der Kyōto-Schule, aaO., S. 55: „Daß ein Einzelnes ganz und gar einzeln ist, heißt, daß es sich ganz und gar selbst bestimmt und nicht von Anderem bestimmt wird."

[15] Y. Matsudo, Eine Einführung in die Spätphilosophie von Kitarō Nishida, aaO., S. 72.

[16] Vgl. K. Nishida, Die Welt als Dialektisches Allgemeines, aaO., S. 126.

4 Das implizite Weltbild der Ökonomie 159

Denn hier erscheint der Einzelne nicht mehr als unabhängig vom Anderen oder vom Allgemeinen überhaupt. Seine Abhängigkeit ist vielmehr stets schon eine *gegebene* Tatsache. „Daß das Allgemeine ganz und gar allgemein ist, heißt, daß es die Einzelnen völlig bestimmt und umschließt oder wenigstens die Einzelnen untereinander vermittelt."[17] Auf diese Weise wird dem Einzelnen allerdings abgesprochen, sich selbst zu bestimmen. „Das nach einer derartigen Denkweise erfaßte Einzelne ist kein wahrhaft Einzelnes. Es kann sich niemals über die Bedeutung erheben, ein Teil des Allgemeinen zu sein."[18]

In den meisten Gesellschaft- und Handlungstheorien wird entweder nur mit der Einzel- oder nur mit der Allgemeinbestimmung gearbeitet. Deshalb entgeht einem leicht die Beobachtung, daß die beiden Bestimmungen in einem *absoluten Widerspruch* zueinander stehen: Wird der Einzelne als selbständiges, unabhängiges Wesen bestimmt, so schließt dies den Einfluß eines Allgemeinen aus. Denn es ist ja gerade der Sinn der Einzelbestimmung, die Unabhängigkeit des Einzelnen von *jeglichem* äußeren Einfluß zu postulieren. Wird hingegen das Handeln des Einzelnen durch eine 'höhere Ordnung' bestimmt, so kann dieser sich nicht zugleich selbst bestimmen. Die absolute Unabhängigkeit, die durch die Einzelbestimmung postuliert wird, verkehrt sich in eine absolute Unterordnung unter ein Allgemeines:

„Einzelbestimmung und Allgemeinbestimmung stehen in einem gegenseitig negativen Verhältnis in dem Sinne, daß die eine die Negation der anderen Bestimmung bedeutet ... Dies läßt sich ... mit der Gleichung 'Affirmation des Einen – gleich – Negation des Anderen' formulieren und stellt genau den 'absoluten Widerspruch' dar, von dem Nishida spricht."[19]

Es ist logisch unmöglich, beide Formen der Bestimmung des Einzelnen *nebeneinander* zu verwenden, da sie einander widersprechen und sich ihre Aussagen wechselseitig ausschließen. Ebensowenig ist es ein Ausweg, sich lediglich auf eine Bestimmungsform festzulegen. Denn hält man an der Einzelbestimmung fest, so bleibt zu erklären, wie die vielen, voneinander unabhängigen Einzelnen zu einem Allgemeinen zusammengefügt werden können. Und im Hinblick auf die Allgemeinbestimmung wäre zu zeigen, wie überhaupt noch von einem Einzelnen gesprochen werden kann, bzw.

---

[17] K. Nishida, Selbstidentität und Kontinuität der Welt, aaO., S. 55.
[18] K. Nishida, Die Welt als Dialektisches Allgemeines, aaO., S. 126.
[19] Y. Matsudo, Eine Einführung in die Spätphilosophie von Kitarō Nishida, aaO., S. 86.

wie dieser von anderen Einzelnen zu unterscheiden ist, wenn alle seine Eigenschaften durch eine gegebene Ordnung bestimmt werden.

4.1.2 Eine widersprüchliche Bestimmung des Einzelnen

Um den Widerspruch von Einzel- und die Allgemeinbestimmung des Einzelnen in der Ökonomie aufzuzeigen, soll zunächst dargestellt werden, wie Einzelner und Allgemeines gedacht werden. Dabei wird einer grundlegenden Schwierigkeit besondere Aufmerksamkeit geschenkt, die innerhalb der ökonomischen Theorie oft übersehen, in der modernen japanischen Philosophie hingegen betont wird. Diese Schwierigkeit besteht darin, Einzelnes und Allgemeines als *Substanzen* zu betrachten, die an und für sich und damit unabhängig von allem anderen existieren. Oder anders gesagt: Sie liegt erneut im Postulat der Kontextunabhängigkeit begründet. Bei genauem Hinsehen zeigt sich, daß aufgrund dieses Postulats Einzelnes und Allgemeines nicht *zugleich* zu denken sind. Dies ist, wie im folgenden deutlich werden soll, der eigentliche Grund für den Widerspruch der Einzel- und Allgemeinbestimmung des Einzelnen.

Die Bestimmung des Einzelnen als unabhängiges und eigenständiges Wesen

In der Ökonomie zeigt sich das Postulat der Kontextunabhängigkeit sehr deutlich im Hinblick auf den Einzelnen, sofern dieser im Sinne des *methodologischen Individualismus* als Individuum bestimmt wird.[20] Dies sei kurz anhand einiger Denkformen gezeigt. Zunächst ist hier die Vorstellung zu nennen, der Mensch könne unabhängig von allen räumlichen und zeitlichen – und damit auch von allen sozialen – Beziehungen *an und für sich* existieren. Sein Wesen soll *vor* aller Vergesellschaftung gedacht werden:

> Wir wollen „uns eines methodischen Kunstgriffs bedienen, der eine lange Geschichte in der wirtschaftswissenschaftlichen Analyse hat: *der Fiktion eines isolierten Menschen*. Dies erlaubt uns, die Beziehung zwischen Mensch und Ding *aus allen gesellschaftlichen Verflechtungen* zu lösen, so daß ihre wesentlichen Züge sichtbar werden."[21]

---

[20] Zuerst wurde der Begriff des methodologischen Individualismus von Schumpeter verwendet. Vgl. J. Schumpeter, Das Wesen und der Hauptinhalt der theoretischen Nationalökonomie, Leipzig 1908, S. 88ff.

[21] A. Lowe, Politische Ökonomik, Frankfurt/Main-Wien 1965, S. 21, eigene Hervorhebung.

4 Das implizite Weltbild der Ökonomie

Als Metapher für einen solchen isolierten Menschen wird in der Ökonomie häufig Defoes *Robinson Crusoe* verwendet[22]: ein Mensch allein auf einer Insel mit seinen Begierden und Erfahrungen, abgeschnitten vom Rest der Menschheit – ein solches Bild prägt die Vorstellungen über den Menschen noch in der modernen Literatur.[23] Ebenso wie Robinson Crusoe nur von Dingen umgeben ist und keine sozialen Kontakte pflegt, so soll jeder Einzelne als Individuum prinzipiell vorstellbar sein. Dieser methodische Ansatz findet sich schon bei Hobbes, der in seiner Theorie vom Bürger schreibt: „Wir wollen ... annehmen, daß die Menschen gleichsam wie Schwämme plötzlich aus der Erde hervorgewachsen und erwachsen wären, ohne daß einer dem anderen verpflichtet wäre."[24] Aber auch in der modernen Literatur ist der 'isolierte Mensch' nicht unbekannt. So konstruiert beispielsweise Rawls in seiner von Ökonomen viel beachteten 'Theorie der Gerechtigkeit' eine Entscheidungssituation, in der hinter einem „Schleier der Ungewißheit" (*veil of ignorance*) von jedem Handlungskontext des Menschen abgesehen wird:

> „Es wird also angenommen, daß den Parteien bestimmte Arten von Einzeltatsachen unbekannt sind. Vor allem *kennt niemand seinen Platz in der Gesellschaft*, seine Klasse oder seinen Status; ebensowenig seine natürliche Gaben, seine Intelligenz, Körperkraft usw. Ferner kennt niemand seine Vorstellungen vom Guten, die Einzelheiten seines vernünftigen Lebensplanes, ja nicht einmal die Besonderheiten seiner Psyche wie die Einstellung zum Risiko oder seine Neigung zum Optimismus oder Pessimismus. Darüber hinaus setze ich voraus, daß die Parteien *die besonderen Verhältnisse in ihrer eigenen Gesellschaft nicht kennen, d.h. ihre wirtschaftliche und politische Lage, den Entwicklungsstand ihrer Zivilisation und Kultur*. Die Menschen im Urzustand wissen auch nicht, *zu welcher Generation sie gehören*."[25]

Die Schwierigkeit der 'Fiktion eines isolierten Menschen' besteht darin, daß sie sich nur schwer denken läßt. Oder anders gefragt: Wer hat schon je einen völlig isolierten Menschen *beobachten* können? Wie soll man sich ihn jenseits von Gesellschaft, Zivilisation, Kultur und Generation tatsächlich *vorstellen*? „Ein einziges Einzelnes läßt sich nicht denken", bringt Nishida das Problem auf den Punkt.[26] Und Hayek gibt zumindest zu, daß die Vorstellung eines isolierten, abgeschlossenen Individuums „zu unserem

---
[22] Vgl. D. Defoe, The Life and Adventures of Robinson Crusoe, a York 'Mariner', Edinburgh 1838.
[23] Vgl. A. MacIntyre, Geschichte der Ethik im Überblick, aaO., S. 143f.
[24] T. Hobbes, Lehre vom Menschen und vom Bürger, Leipzig 1918, S. 167.
[25] J. Rawls, Eine Theorie der Gerechtigkeit, aaO., S. 160, eigene Hervorhebung.
[26] K. Nishida, Die Welt als Dialektisches Allgemeines, aaO., S. 127.

Verständnis der Gesellschaft nichts beizutragen" hat.[27] Eine Alternative wird im methodologischen Individualismus nun darin gesehen, zunächst doch vom Handeln des Menschen in einem bestimmten sozialen Kontext auszugehen, um dann schrittweise von diesem wieder zu abstrahieren. Auf diese Weise soll die wahre, allgemeingültige Natur des Menschen erkannt werden. Ein solcher Ansatz läßt sich anhand der politischen Philosophie von Hobbes folgendermaßen skizzieren:

„Von der gegebenen Gemeinschaft aus werden ihre Bestandteile in dem Sinne gedanklich isoliert, daß von dem Bestehen der Gemeinschaft abgesehen wird und gesagt wird, wie sich die einzelnen Menschen in diesem Fall verhalten müßten. (...) Die Methode der politischen Philosophie entspricht also der der Physik: Von einem gegebenen Ereignis sind seine Antezedenzien zu isolieren. Die Wirkungsweise jedes einzelnen von ihnen ist für sich zu betrachten. (...) Die Analyse, die Hobbes zu seiner Theorie vom Naturzustand hinführt, geht von seiner Kenntnis über die Staaten seiner Zeit aus. Hobbes beansprucht jedoch, daß diese Theorie nicht nur für die Menschen seiner Zeit, sondern für alle Menschen zu jeder Zeit gültig ist. Für die Abstraktion, die zu den höchsten Universalien führt, ist es gleichgültig, von welchen Begriffen man ausgeht, weil von aller Bestimmtheit abstrahiert wird. Hobbes meint, daß seine Theorie vom Naturzustand in analoger Weise gewonnen wird: *Weil in ihr von aller politischen Gemeinschaft abstrahiert wird, ist es irrelevant, von der Kenntnis welcher politischen Gemeinschaft die Abstraktion ausgeht.*"[28]

Wir begegneten einer ähnlichen Form der Abstraktion schon im zweiten Kapitel: Aussagen, die über einen Gegenstand in einem bestimmten Kontext gewonnen werden, sollen auch auf andere Kontexte übertragbar sein. Hierfür wird implizit vorausgesetzt, daß der Gegenstand auf gleiche Weise existiert, wenn er in einen anderen Zusammenhang gestellt wird. Auf den Einzelnen übertragen bedeutet dies, daß dieser die Eigenschaften, die von ihm in einem bestimmten gesellschaftlichen Kontext ausgesagt werden, auch in anderen gesellschaftlichen Zusammenhängen aufweisen soll. Er bleibt der gleiche in *jedem* Kontext, wird also durch keinen gesellschaftlichen Kontext in seinen 'wirklichen' oder 'tatsächlichen' Eigenschaften beeinflußt. Er erscheint als ein unabhängiges Wesen, das unverändert von einem Kontext zum nächsten, von einer Situation zur anderen schreitet. Es soll deshalb seine „vorpolitische, vorgesellschaftliche, zeitlose menschli-

---

[27] F.A. Hayek, Wahrer und falscher Individualismus, in: Ders., Individualismus und wirtschaftliche Ordnung, Zürich 1952, S. 15.
[28] M. Esfeld, Mechanismus und Subjektivität in der Philosophie von Thomas Hobbes, Stuttgart-Bad Canstatt 1995, S. 255-56, eigene Hervorhebung.

che Natur"[29] bestimmt werden können, wie in der Chemie ein „Atom"[30] aus einem komplexen Wirkzusammenhang destilliert und isoliert erforscht wird.

Man findet den Gedanken der Kontextunabhängigkeit in der ökonomischen Theorie auch noch in einer etwas anderen, abgeschwächten Variante. Diese abstrahiert nicht mehr von allen gesellschaftlichen Zusammenhängen, sondern betont lediglich die *Eigenständigkeit der Entscheidungen*.[31] In diesem Zusammenhang wird oft hervorgehoben, die ökonomische Theorie betrachte weder einen isolierten Menschen, noch abstrahiere sie von seinem Leben in Gesellschaft. Vielmehr erscheint es nun

„mit dem methodologischen Individualismus durchaus vereinbar, daß die Individuen sich innerhalb eines Kollektivs anders verhalten, als wenn sie allein sind. Innerhalb einer Gruppe stehen ihnen nicht nur ganz andere Handlungsmöglichkeiten offen, sondern durch eine solche Gruppe kann auch die Selbsteinschätzung ihrer Lage (und damit ihr Informationsstand) entscheidend verändert werden."[32]

Dennoch bleibt es auch bei dieser Spielart des methodologischen Individualismus dabei, „daß man bei der Beschreibung gewisser wirtschaftlicher Vorgänge von dem Handeln der Individuen ausgehe"[33]. Der Einzelne trifft zwar in gesellschaftlichen Situationen Entscheidungen, tut dies aber aufgrund von Präferenzen, die allein durch ihn selbst (kausal) bestimmt sind. „Das Individuum handelt (nur) entsprechend seinen *eigenen* Interessen"[34], kann sich also hinsichtlich seiner Präferenzen oder Interessen von *jeder* gesellschaftlichen Vorgabe lösen. Es bestimmt so „Inhalt und Grenzen sei-

---

[29] A. MacIntyre, Geschichte der Ethik im Überblick, aaO., S. 124. MacIntyre bezieht sich hier auf Hobbes.
[30] P.A. Samuelson etwa spricht bezüglich von Individuen ausdrücklich von „Atomen", Vgl. ders., Maximum Principles in Analytical Economics, aaO., S. 3. Vgl. auch C. Menger, der von einem „Atomismus" spricht. Ders., Untersuchungen über die Methode der Socialwissenschaften und der Politischen Ökonomie insbesondere, Leipzig 1883, S. 82ff.
[31] Vgl. beispielsweise G. Kirchgässner, Homo oeconomicus, aaO., S. 16.
[32] G. Kirchgässner, Homo oeconomicus, aaO., S. 24.
[33] J. Schumpeter, Das Wesen und der Hauptinhalt der theoretischen Nationalökonomie, aaO., S. 90-91.
[34] G. Kirchgässner, Homo oeconomicus, aaO., S. 16, eigene Hervorhebung.

ner gesellschaftlichen Bindung selbst".[35] Damit erscheint auch hier der Einzelne als eine „letzte gesellschaftliche Einheit"[36], die nicht weiter hinterfragt wird. Diesen Gedanken hat von Mises sehr klar formuliert: „Das Ich ist die Einheit des handelnden Menschen. Es ist fraglos gegeben und kann durch kein Denken aufgelöst werden."[37]

Eine wesentliche Eigenschaft eines solchen 'Ichs' ist die *Unabhängigkeit* von jeglichem Allgemeinen. Nishitani formuliert dies so, daß die Bedeutung eines Allgemeinen für den Einzelnen verneint wird, indem auf die „Absolutheit des einzelnen Menschen und sein unangreifbares Herrsein" verwiesen wird.[38] Jeder wird als absoluter Herr über sich selbst anerkannt.[39] Er ist stets der, der „sich selbst bestimmt"[40]. Die japanische Philosophie verweist jedoch auf eine grundlegende Schwierigkeit, die sich aus dieser Vorstellung ergibt. Denn wie soll ausgehend von ihr eine Gemeinschaft der vielen Einzelnen gedacht werden? Zwar schreibt etwa Milton Friedman recht unbekümmert, die Gesellschaft bestehe aus einer Anzahl unabhängiger Haushalte, sozusagen einer Ansammlung von Robinson Crusoes[41], wie aber lassen sich die vielen Einzelnen wirklich *zusammen* denken? Da das wesentliche Merkmal des Einzelnen dem methodologischen Individualismus nach gerade seine Unabhängigkeit von Anderen bzw. einem Allgemeinen ist, erscheint es unmöglich, sich ihn mit anderen vereinigt zu denken. „Die Individualität eines Dinges schließt seine Allgemeinheit aus."[42] Anders gesagt, erlaubt es die Einzelbestimmung dem Handelnden nicht, sich in ein Allgemeines zu integrieren bzw. sich diesem unterzuordnen. Der einzige Ausweg, um dennoch eine Einheit oder Gemeinschaft denken zu können, besteht – so eine wichtige Aussage der japani-

---

[35] E.E. Nawroth, Die Sozial- und Wirtschaftsphilosophie des Neoliberalismus, Heidelberg 1961, S. 55. Daß diese Auffassung im (klassischen) Liberalismus vertreten wird, nicht aber durchweg im Ordoliberalismus, darauf hat insbesondere Lechner kritisch hingewiesen. Vgl. H.H. Lechner, Soziale Marktwirtschaft und Neoliberalismus im Urteil der katholischen Soziallehre, Schmollers Jahrbuch, 81/6 (1962), S. 688ff.
[36] A. MacIntyre, Geschichte der Ethik im Überblick, aaO., S. 124.
[37] L. von Mises, Nationalökonomie, aaO., S. 34.
[38] K. Nishitani, Vom Wesen der Begegnung, aaO., S. 260.
[39] Vgl. K. Nishitani, Vom Wesen der Begegnung, aaO., S. 260.
[40] Y. Matsudo, Eine Einführung in die Spätphilosophie von Kitarō Nishida, aaO., S. 72.
[41] Vgl. M. Friedman, Capitalism and Freedom, Chicago-London 1982, S. 13.
[42] E.E. Nawroth, Die Sozial- und Wirtschaftsphilosophie des Neoliberalismus, aaO., S. 27.

schen Philosophie – darin, eine Art 'einende Kraft' anzunehmen, die eine Einheit unter den vielen Einzelnen vermittelt. „Um sagen zu können, daß die einander selbständig Gegenüberstehenden sich aufeinander beziehen, muß zwischen ihnen ein Medium gedacht werden."[43] Nishitani präzisiert diesen Gedanken, indem er feststellt, daß jeder Standpunkt, der den Einzelnen als vollkommen unabhängiges Wesen denken will, „über dem einzelnen Menschen oder in ihm selbst irgendein Allgemeines, d.h. irgendein Gesetzhaftes" anerkennt. „Aufgrund eben dieses anerkannten Gesetzhaften läßt jeder dieser Standpunkte die einzelnen Menschen sich aufeinander beziehen."[44]

„Das Allgemeine, das als Sein des Seienden gegen den Einzelnen gesetzt ist, sei es als Staat, sei es als praktische Vernunft, sei es als Gott oder als was immer, vermittelt durch sein Gesetz die Einzelnen zueinander und bringt sie so zur vermittelten Einheit. In solcher 'gesetzhaften' Einheit herrscht das Allgemeine als Sein des Seienden, als das Identische, kurz als Substanz."[45]

Die Bestimmung des Einzelnen als Teil des Allgemeinen

Ein Allgemeines im Sinne einer 'gesetzhaften Einheit' wird auch in der Ökonomie gedacht. Es verbirgt sich etwa hinter der von Adam Smith geprägten, diffusen Metapher der „unsichtbaren Hand"[46]. Denn deren Funktion ist es, die Handlungen der Vielen zu koordinieren und zu einer Einheit im Sinne einer *harmonischen Ordnung* zu vermitteln: „Die berühmte 'invisible hand' sorgt dafür, daß aus den egoistischen Einzelhandlungen ein harmonisches Gesamtergebnis resultiert."[47] Wie genau die unsichtbare Hand zu denken ist, ist allerdings umstritten. Zumindest zwei Denkfiguren

---

[43] K. Nishida, Die Welt als Dialektisches Allgemeines, aaO., S. 127.
[44] K. Nishitani, Vom Wesen der Begegngung, aaO., S. 260.
[45] K. Nishitani, Vom Wesen der Begegngung, aaO., S. 262.
[46] A. Smith, Theorie der ethischen Gefühle, Hamburg 2004, S. 316, sowie ders., Der Wohlstand der Nationen, Eine Untersuchung seiner Natur und seiner Ursachen, München 1974, S. 371.
[47] K.W. Rothschild, Theorie und Ethik in der Entwicklung ökonomischer Lehrmeinungen, in: B. Bievert, M. Held (Hrsg.), Ökonomische Theorie und Ethik, aaO., S. 14.

lassen sich unterscheiden.[48] In der klassischen Nationalökonomie verweist die unsichtbare Hand zumeist auf eine *göttliche* Fügung. Sie wird als „gottgewolltes, weil von Ihm geschaffenes Prinzip der Natur"[49] interpretiert. Die „ewigen und unwandelbaren Gesetze"[50] Gottes gelten als „die Kraft, welche die menschliche Gesellschaft zusammenhält"[51]. „Die Welt ist ein mit mechanischer Notwendigkeit ablaufendes System, Gott und Gottesglaube sind im deistischen Denken Garanten des ungehinderten Ablaufs des natürlichen Systems."[52] Sehr eindrücklich wird diese Ansicht etwa von Bastiat vertreten:

> „Ich möchte die Harmonie der göttlichen Gesetze aufzeigen, *die die menschliche Gesellschaft beherrschen.* (...) Ich glaube, dass Er, der die materielle Weltordnung schuf, auch der sozialen Weltordnung seine Aufmerksamkeit nicht vorenthalten hat. Ich glaube, dass Er die freien Kräfte ebenso kombiniert und in harmonischen Bewegung gesetzt hat, wie die leblosen Moleküle. (...) Ich glaube, zur allmählichen und friedlichen Entwicklung der Menschheit ist nichts weiter nötig, als daß man diese Tendenzen nicht durchkreuzt und ihre freie Bewegung nicht stört."[53]

In ähnlicher Weise schreibt Gossen:

> „Indem er die Wirksamkeit dieser Kraft wie bei allen anderen Kräften bestimmten, ihr eigenthümlichen Gesetzen unterwarf, hat er durch dieselbe für das Zusammenleben der Menschen genau dasselbe erreicht, was er durch die Schwerkraft und die ihr eigenthümlichen Gesetze für das Zusammensein seiner Welten erreichte. Wie er durch diese Ordnung in seine Welten schaffte, so schaffte er durch jene Ordnung unter seinen Menschen, wie er durch die Gesetze der Schwerkraft seine Welten ihre Bahnen, ewig und unabänderlich vorschrieb, *so schrieb er durch die Gesetze der*

---

[48] Vgl. für eine ausführliche Gegenüberstellung der beiden unterschiedlichen Denktraditionen M. Büscher, Gott und Markt – religionsgeschichtliche Wurzeln Adam Smiths und die 'Invisible Hand' in der säkularisierten Industriegesellschaft, in: A. Meyer-Faje, P. Ulrich (Hrsg.), Der andere Adam Smith, Beiträge zur Neubestimmung von Ökonomie als politischer Ökonomie, Bern-Stuttgart 1991, S. 123-144.
[49] M. Büscher, Gott und Markt, aaO., S. 128.
[50] H.H. Gossen, Entwicklung der Gesetze des menschlichen Verkehrs, aaO., S. 3.
[51] H.H. Gossen, Entwicklung der Gesetze des menschlichen Verkehrs, aaO., S. 4.
[52] M. Büscher, Gott und Markt, aaO., S. 128.
[53] C.F. Bastiat, Harmonies Economiques, Paris 1855, Zitat übers. in M. Büscher, Gott und Markt, aaO., S. 129, eigene Hervorhebung.

4 Das implizite Weltbild der Ökonomie

Kraft zu genießen dem Menschen ewig und unabänderlich seine Bahn im Zusammenleben mit seines Gleichen vor."[54]

Im Vergleich zu Bastiat und Gossen zeigt sich in der modernen ökonomischen Literatur ein anderes Bild. Denn hier ist es nicht mehr die Hand Gottes, sondern der *Markt* bzw. der *Wettbewerb*, der die Vielen zur Einheit vermittelt. Die Harmonie des gesellschaftlichen Lebens erscheint als *Folge* von Marktgesetzen. „Das Prinzip des Laisser-faire in der fortgeschrittenen Industriegesellschaft heisst: Marktkräfte und Sachgesetzlichkeiten (Sachzwänge) als *Bedingung* für harmonische Entwicklung der Wirtschaft anerkennen."[55] Dabei wird die Existenz solcher Gesetzlichkeiten zumeist einfach fraglos vorausgesetzt. „Der ökonomische Ansatz *unterstellt* die Existenz von Märkten", bringt Becker diese Ansicht auf den Punkt.[56] Wie die Natur von Naturgesetzen beherrscht ist, so muß das ökonomische Handeln der Vielen von einem „verborgenen, zur Koordinierung und zum Zusammenschluß führenden Gesetze"[57] beherrscht sein. Diese Vorstellung wird besonders deutlich, wenn der Markt als eine *Maschine* gedacht wird, deren Mechanik die vielen einzelnen Teile zu einem harmonischen Ganzen integriert. Wie selbstverständlich diese mechanistische Metapher in der Ökonomie verwendet wird, zeigt beispielhaft folgendes Zitat aus einem volkswirtschaftlichen Lehrbuch:

„Ein Konkurrenzsystem ist ein äußerst komplizierter Mechanismus, der über ein System von Preisen und Märkten die wirtschaftlichen Handlungen von Millionen verschiedener Individuen abstimmt. Ohne eine zentrale Entscheidungsstelle löst dieser Mechanismus eines der kompliziertesten Probleme, das man sich vorstellen kann, denn es umfaßt Tausende von unbekannten Variablen und Gleichungen. Niemand hat dieses System erdacht."[58]

Kaum ein Begriff charakterisiert die Ökonomie so sehr wie der des Markt-Mechanismus. Er ist vielleicht sogar das wichtigste gemeinsame Element der verschiedenen ökonomischen Theorien:

„Die Wirtschafts-Mechaniker sind sich darin auf eine tiefe Weise einig: Eugen von Böhm-Bawerk ... stimmt in diesen Chor der Wirtschaftsmechaniker ebenso ein – er

---

[54] H.H. Gossen, Entwicklung der Gesetze des menschlichen Verkehrs, aaO., S. 3-4, eigene Hervorhebung.
[55] M. Büscher, Gott und Markt, aaO., S. 134, eigene Hervorhebung.
[56] G.S. Becker, Der ökonomische Ansatz zur Erklärung menschlichen Verhaltens, aaO., S. 3, eigene Hervorhebung.
[57] A. Lowe, Politische Ökonomik, aaO., S. 47.
[58] P.A. Samuelson, Volkswirtschaftslehre, Band 1, aaO., S. 64.

spricht von einer *'Mechanik der Tauschwertbildung'* – wie Leon Walras, der Vater der modernen Gleichgewichtstheorie, der von einem *'Mechanismus der Konkurrenz'* spricht. Selbst Schumpeter kennt einen *'Mechanismus der Verkehrswirtschaft'*, und sogar sein 'dynamischer Unternehmer' wird von ihm als Maschine beschrieben. 'Auch der Unternehmer ist *hier* kein Veränderungsfaktor, sondern Träger des *Veränderungsmechanismus.*' Noch Keynes spricht von einer *'monetären Maschine'*. Auch Autoren, die nicht auf eine Tendenz zum Gleichgewicht der 'ökonomischen Kräfte' vertrauen, verbleiben in ihrer Umkehrung der Gleichgewichtstheorie im Bann der Mechanik. 'Das System', sagt Gunnar Myrdal über das Problem der Unterentwicklung, bewegt sich von sich aus nicht in Richtung auf irgendein *Gleichgewicht der Kräfte*, sondern ganz im Gegenteil davon weg.'"[59]

Ein wichtiges Merkmal des Marktes im Sinne eines Gesetzhaften ist seine Eigenständigkeit bzw. Unabhängigkeit gegenüber den Einzelnen. Der Markt stellt ein Allgemeines dar, das die Handlungen der Vielen koordiniert, ohne aber umgekehrt von diesen bestimmt zu sein. „Für die Ökonomie ist dies fast trivial und seit Adam Smith (1776) eigentlich selbstverständlich: Üblicherweise hat keines der Individuen, die auf einem Markt tätig sind, die Absicht, dadurch den Marktmechanismus als einen gesellschaftlichen Koordinationsmechanismus in Gang zu setzen, und doch tragen alle, bewußt oder unbewußt, mit oder gegen ihre Absicht, dazu bei."[60] Smith bemüht für diese Vorstellung den Vergleich mit der Mechanik:

„Die Räder einer Uhr sind alle wunderbar dem Zwecke angepasst, für den diese angefertigt wurde. Alle ihre verschiedenen Bewegungen wirken in der genauesten Weise zusammen, um diese Wirkung hervorzubringen. Sie könnten es nicht besser tun, wenn sie mit dem Wunsch oder der Absicht, diesen Zweck zu erreichen, begabt wären. Doch schreiben wir einen solchen Wunsch oder eine solche Absicht niemals ihnen zu, sondern dem Uhrmacher, und wir wissen, daß sie durch eine Feder in Bewegung gehalten werden, die die Wirkung, die sie hervorbringt, so wenig beabsichtigt, als jene Räder die ihrige."[61]

Auch wenn dieses deistische Weltbild, das hinter der Mechanik des Marktes einen Schöpfer ('Uhrmacher') vermutet, im Laufe der Jahrhunderte an Einfluß verliert, so bleibt der Glaube an Kräfte, deren Wirkungen der Mensch „wohl schwächen, aber ... nicht paralysieren kann"[62], erhalten. Diese werden nun aber dem Markt selbst zugeschrieben. Smiths System

---

[59] K.-H. Brodbeck, Erfolgsfaktor Kreativität, aaO., S. 41-42, eigene Hervorhebung.
[60] G. Kirchgässner, Homo oeconomicus, aaO., S. 22.
[61] A. Smith, Theorie der ethischen Gefühle, aaO., S. 130.
[62] H.H. Gossen, Entwicklung der Gesetze des menschlichen Verkehrs, aaO., S. 4.

4 Das implizite Weltbild der Ökonomie

der natürlichen Freiheit, das sich von selbst herstellt[63], wird als „spontane Ordnung"[64] des Marktes interpretiert. Der Markt entspricht „dem anonymen Walten eines entpersönlichten Kommunikations- und Sanktionssystems"[65], das seinen eigenen Gesetzmäßigkeiten unabhängig von sozialen Beziehungen und menschlicher Gestaltung folgt. Er wird damit zur *Voraussetzung* einer harmonischen Gesellschaftsordnung. „Das autonome Selbstinteressse (die Eigenverantwortung) der Individuen kann sich im freien Spiel der Kräfte und Wettbewerb zu einer Gesamtharmonie entwickeln – 'the results of human action, but not the execution of any human design'."[66]

Wird der Markt als ein Wesen gedacht, so impliziert dies nicht nur dessen Unabhängigkeit, sondern auch die *Unterordnung* bzw. *Unterwerfung* der Einzelnen unter sein Gesetz. „Die Freiheit der Menschen wird von einer verborgenen, inneren Kraft beherrscht: von der *invisible hand* der mechanischen Naturgesetze."[67] Der Markt stellt eine sachzwanghaft respektierte höhere Ordnung"[68] dar, der man sich zu unterwerfen hat:

„Die Wirklichkeit ist einer mechanistischen Naturkausalität unterworfen: Die Welt ist ein mit den Mitteln der Mechanik bestimmbares System bewegter Materie, dem auch der Mensch eingegliedert ist. Zur mechanistischen Ontologie und Anthropologie, die die Welt und den Menschen als dem Mechanismus naturhafter Prozesse unterworfen begreift, gehört die aus subjektloser Notwendigkeit hervorgehende Praxis einer 'Konkurrenz- und Marktgesellschaft'."[69]

Zusammengefaßt ergibt sich folgendes Bild: Einerseits betont die ökonomische Theorie die Unabhängigkeit und Eigenständigkeit des Einzelnen, indem sie diesen als ein selbstbestimmtes Wesen beschreibt. Anderseits erkennt sie ein Gesetzhaftes an, das über den Einzelnen steht, um zu erklären, wie diese zu einer Einheit vermittelt werden. Bei genauem Hinsehen zeigt sich, daß dieses Gesetzhafte nicht die vielen, voneinander vollkommen unabhängigen Einzelnen zueinander in Beziehung setzt, sondern vielmehr deren Individualität *vernichtet*. „Sobald das Individuum dem All-

---

[63] Vgl. A. Smith, Der Wohlstand der Nationen, aaO., S. 582.
[64] Vgl. G. Kirchgässner, Homo oeconomicus, aaO., S. 22.
[65] A. Lowe, Politische Ökonomik, aaO., S. 47.
[66] M. Büscher, Gott und Markt, aaO., S. 128. Büscher bezieht sich hier auf A. Ferguson.
[67] K.-H. Brodbeck, Erfolgsfaktor Kreativität, aaO., S. 41, Hervorhebung im Original.
[68] Vgl. M. Büscher, Gott und Markt, aaO., S. 140.
[69] M. Büscher, Gott und Markt, aaO., 126-27.

gemeinen unterworfen wird, wird es relativiert und verliert seine Absolutheit. ... Das Allgemeine wirkt als eine Art Zerstörung der absoluten Individualität."[70] Durch die Unterordnung unter das Allgemeine büßt der Einzelne seine Selbständigkeit und Unabhängigkeit ein; er verliert seine Bedeutung. Die „'Moleküle des sozialen Systems, d.h. die Individuen', sind zum belanglosen Restbestand geworden, weshalb Pareto sagt, daß er diese Individuen-Moleküle 'der Kürze halber einzig mit dem Namen Residuen bezeichnen' werde."[71] Einmal zu einem solchen Restbestand degradiert, liegt es nahe, die vollständige „Exklusion des Individuums ... aus dem operationalen Marktsystem"[72] zu postulieren. „Die am Markt angebotene Menge einer Ware paßt sich ganz von selbst der wirksamen Nachfrage an"[73], ohne daß der Einzelne ein bestimmendes Element in diesem Geschehen ist. Vielmehr wird seine Einzelbestimmung in der „anonymen Herrschaft" eines „störungslosen, systemischen Kreislaufs von funktionalen Sachbeziehungen"[74] völlig negiert. Es zeigt sich hier, daß Individuum und Markt nicht *gleichzeitig* zu denken sind. Setzt man den Markt voraus, so kann der Einzelne als selbständiges, unabhängiges Wesen nicht gedacht werden. Betrachtet man aber zuerst das Individuum bzw. eine Vielzahl voneinander unabhängiger Individuen, so kann dem Allgemeinem keine eigenständige Existenz *neben* diesen zugesprochen werden. Es kann nur als eine „Aggregation individueller Entscheidungen"[75], oder „als aggregiertes Resultat individuellen Rationalverhaltens in Interaktionen angesetzt werden."[76] Watsuji Tetsuro formuliert dieses Problem in seiner allgemeinen Form folgendermaßen:

> "Therefore, for human beings, we cannot first presuppose individuals, and then explain the establishment of social relationships among them. Nor can we presuppose society and from there explain the occurrence of individuals. Neither the one nor the other has 'precedence'. As soon as we find the one, it already negates the other and

---

[70] K. Nishitani zitiert in E. Gallu, Sunyata, Ethics and Authentic Interconnectedness, in: T. Unno (Hrsg.), The Religious Philosophy of Nishitani Keiji, Encounter with Emptiness, Berkeley 1989, S. 191.
[71] K.-H. Brodbeck, Die fragwürdigen Grundlagen der Ökonomie, aaO., S. 65. Brodbeck zitiert hier V. Pareto.
[72] J. Wieland, Ökonomische Organisation, Allokation und Status, aaO., S. 55.
[73] A. Smith, Der Wohlstand der Nationen, aaO., S. 50.
[74] J. Wieland, Ökonomische Organisation, Allokation und Status, aaO., S. 2.
[75] G. Kirchgässner, Homo oecnomicus, aaO., S. 23.
[76] K. Homann, Sinn und Grenze der ökonomischen Methode in der Wirtschaftsethik, in: D. Aufderheide, K. Homann (Hrsg.), Wirtschaftsethik und Moralökonomik: Normen, soziale Ordnung und der Beitrag der Ökonomie, Berlin 1997, S. 23.

thus stands as that which itself has suffered from the negation of the other. For this reason, it is correct to hold that what is here called precedence is meant only as negation."[77]

Weil es unmöglich ist, Individuum und Markt zusammen oder gleichzeitig zu denken, werden in den ökonomischen Theorien für gewöhnlich zwei widersprüchliche Bestimmungsweisen des Einzelnen verwendet: Geht man vom Markt aus, so zeigt sich der Einzelne durch und durch von einem Allgemeinen bestimmt und dessen Wirken unterworfen. Setzt man hingegen zunächst den Einzelnen als unabhängiges Wesen voraus, so scheint es, als könne sich dieser völlig selbst bestimmen. Diese Bestimmungen sind nicht zusammen zu denken. Hierin liegt der Widerspruch von Einzel- und Allgemeinbestimmung in der Ökonomie begründet.

4.1.3 Exkurs: Die Unvereinbarkeit von individuellem und allgemeinem Gleichgewicht

Wie sehr der Widerspruch von Einzelnem und Allgemeinem die ökonomische Theorie durchzieht, sei kurz am Beispiel der ökonomischen Vorstellung des *Gleichgewichts* gezeigt. Ein wichtiges Postulat der ökonomischen Theorie lautet, daß sich auf Märkten nach Abschluß aller Transaktionen Angebot und Nachfrage ausgleichen, sich die Märkte also im Gleichgewicht befinden. Dieser Zustand ist durch zwei Bedingungen definiert, die *gleichzeitig* erfüllt sein müssen: Zum einen muß ein *individuelles* Gleichgewicht existieren; jedes Individuum hat seinen Nutzen unter Berücksichtigung von Restriktionen (Ressourcen, Budget) zu maximieren. Dabei wird davon ausgegangen, daß seine Transaktionen dezentralisiert und unabhängig von den Entscheidungen anderer stattfinden. Zum anderen sollen alle von den Individuen erwünschten Situationen miteinander vereinbar sein. Es muß also ein *allgemeines* Gleichgewicht existieren, d.h. die aggregierte Nachfrage muß gleich dem aggregierten Angebot sein. Ein solches allgemeines Gleichgewicht ist sehr bedeutend. Denn nach Meinung vieler Ökonomen beweist es die Möglichkeit einer *Harmonie* zwischen widerstreitenden individuellen Interessen. Das allgemeine Gleichgewicht soll zeigen, „daß freie und egoistische Individuen, die ihre Handlungen durch den Markt aufeinander abstimmen, eine friedliche Gesellschaft (freiwilliger Tausch) bilden, die durch eine optimale Verteilung der vorhandenen Ressourcen gekennzeichnet ist."[78] Es wird als Beweis dafür angesehen, daß

---

[77] T. Watsuji, Watsuji Tetsuro's Rinrigaku, Ethics in Japan, übers. v. S. Yamamoto, R.E. Carter, New York 1996, S. 102.
[78] J. Cartelier, Das Geld, aaO., S. 51-52.

,,'natürliches' (und daher egoistisches) individuelles Streben in einem 'natürlichen' System freien Tausches und freier Konkurrenz zu einem wünschenswerten sozialen Optimum größerer Opulenz führt. Ökonomisch 'gutes' Handeln wird zugleich zum allgemein 'guten' Handeln."[79] Man kann sich leicht die politischen, ideologischen und ethischen Schlußfolgerungen vorstellen, die aus dem postulierten Zugleich von individuellem Interesse und sozialer Harmonie gezogen werden können. Cartelier weist allerdings zu Recht darauf hin, daß diese *inakzeptabel* sind.[80] Denn was auch immer für Verdienste dem individuellen und dem allgemeinen Gleichgewicht zugesprochen werden, sie können nicht *gleichzeitig* gedacht werden.

Um dies zu zeigen, sei zunächst von den individuellen Handlungen in einer reinen Tauschgesellschaft ausgegangen. Die verschiedenen Individuen treffen mit ihren jeweiligen Tauschgütern zufällig bilateral aufeinander und schließen nur dann ein Geschäft miteinander ab, wenn es ihren je eigenen Interessen entspricht. Außer den Tauschpartnern ist in diesen Prozeß niemand anderes einbezogen. Der Tausch ist also in dem Sinne freiwillig, daß die Individuen unabhängig entscheiden können, ob und mit wem sie tauschen wollen. Es ist richtig, daß auf diese Weise die Vorstellung des individuellen Gleichgewichts vollständig durchgehalten wird; jeder tauscht nur dann, wenn dies seinen eigenen Nutzen maximiert. Allerdings führt ein solcher Marktprozeß nicht zwangsläufig zu einem allgemeinen Gleichgewicht. Denn die bilateralen Zusammentreffen führen nicht notwendig dazu, daß *alle* möglichen und vorteilhaften Transaktionen getätigt werden. Dies liegt daran, daß die Bedürfnisse aller Tauschpartner nur selten wechselseitig deckungsgleich sind. Wenn aber „die Bedürfnisse nicht harmonieren, ist es sehr gut möglich, daß der Anbieter von Getreide (der Eisen nachfragt) mit dem Nachfrager von Getreide (der Baumwolle anbietet) kein Geschäft abschließen kann. Der Getreidemarkt schließt trotz gleichzeitiger Nichtbefriedigung von jeweils einem Anbieter und einem Nachfrager."[81] Dies bedeutet nichts anderes, als daß es zu keinem gegenseitigen Ausgleich der Wünsche und damit zu keinem allgemeinen Gleichgewicht kommt. Es wird weder ein einheitlicher Preis eines Gutes noch ein Gleichgewicht aller Angebote und Nachfragen existieren. Es gibt „keinen allgemeinen Getreidepreis, keinen allgemeinen Baumwollpreis usw. Mögli-

---

[79] K.W. Rothschild, Theorie und Ethik in der Entwicklung ökonomischer Lehrmeinungen, aaO., S. 14.
[80] Vgl. J. Cartelier, Das Geld, aaO., S. 29.
[81] J. Cartelier, Das Geld, aaO., S. 34.

cherweise muß der in Baumwolle ausgedrückte Getreidepreis ansteigen, während der in Eisen ausgedrückte Getreidepreis sinken muß. Wird man dann sagen, daß die Getreidenachfrage höher oder niedriger als das Angebot ist? Daß der Getreidepreis steigt oder sinkt?"[82] Ein einheitlicher Preis ist auf diese Weise nicht vorstellbar. „Die Organisation der Transaktionen in der Form des Tauschhandels ist mit dem Gesetz von Angebot und Nachfrage, so wie es allgemein verstanden wird, unvereinbar."[83] Nimmt man also die individuellen Transaktionen im Sinne eines Warentausches als Ausgangspunkt der Darstellung, so gelangt man nicht zu einem 'harmonischen Ganzen' im Sinne eines allgemeinen Gleichgewichts. Der Markt erweist sich als unfähig, ein solches Resultat hervorzubringen.

Um dieses Problem zu umgehen, kann man – wie etwa in der axiomatischen Werttheorie üblich – versuchen, zunächst von der Bedingung des allgemeinen Gleichgewichts auszugehen. Mit Hilfe eines allgemeinen Gleichungssystems werden Gleichgewichtspreise für alle Güter dergestalt bestimmt, daß es stets zu einem Ausgleich von aggregiertem Angebot und Nachfrage für jedes Gut kommt. Auf diese Weise gelingt es tatsächlich, die Bedingung des allgemeinen Gleichgewichts zu formulieren. Allerdings ergibt sich nun ein anderes Problem. Denn ein solche 'Harmonie' zeigt *weniger*, als es vielen Ökonomen recht sein kann, weil sie strenggenommen überhaupt nichts mit einer Marktwirtschaft zu tun hat. Deutlich wird dies daran, daß sich ein solches allgemeines Gleichgewicht auch in einer Planwirtschaft realisieren ließe. Eine „Planungsstelle würde die Preise solange in Abhängigkeit von den bei ihr zentral zusammenlaufenden Informationen anpassen, bis man sich sicher wäre, daß die Wünsche der verschiedenen Individuen miteinander vereinbar sind (aggregiertes Angebot = aggregierte Nachfrage für jedes Gut)."[84] Mit anderen Worten enthält das postulierte Gleichungssystem kein einziges typisch marktwirtschaftliches Element. Es beweist also auch nicht, daß nur eine Marktwirtschaft eine 'harmonische' Gesellschaft begründet. Mehr noch: Es ist unmöglich, mit der Vorstellung des allgemeinen Gleichgewichts den Prozeß der dezentralen Entscheidungsfindungen und Abwicklungen von Transaktionen, also die typische Eigenschaft von Märkten, abzubilden. Denn die individuellen Pläne werden durch ein „mechanisches 'Zuweisungskalkül'"[85] nicht zusammengeführt, sondern *ersetzt*. Jedem Individuum ist nur noch die Durchführung

---

[82] J. Cartelier, Das Geld, aaO., S. 27.
[83] J. Cartelier, Das Geld, aaO., S. 27.
[84] J. Cartelier, Das Geld, aaO., S. 30.
[85] L. Lachmann, Marktwirtschaft und Modellkonstruktionen, in: K.R. Leube (Hrsg.), Die österreichische Schule der Nationalökonomie, Band 2, aaO., S. 182.

derjenigen Transaktionen erlaubt, die *zuvor* auf der Ebene des allgemeinen Gleichgewichtes festgelegt wurden. Es darf von vornherein keine Pläne realisieren wollen, die dem allgemeinen Gleichgewicht widersprechen. Die Bedingung des allgemeinen Gleichgewichts schafft es also nicht, die individuellen Pläne der Vielen zu koordinieren. Letztere werden vielmehr einem Allgemeinen unterworfen, so daß ihre Individualität gerade *negiert* wird. Nicht zu Unrecht spricht Cartelier in diesem Zusammenhang von einer Konzeption der „Marktwirtschaft mit den Charakterzügen einer totalitären Gesellschaft":

> „Die ganze Gesellschaft ist in die Handlung von zwei Tauschpartnern einbezogen, so daß der Begriff der bilateralen Vereinbarung keinen Sinn mehr ergibt. Das Konzept des freiwilligen Tausches – als Vereinbarung zwischen zwei Individuen konzipiert – ist bar jeden Inhalts, sobald die Bedingung für seine Durchführung die einhellige Zustimmung aller Individuen ist. Das Individuum der modernen Wirtschaftstheorie kann nur frei handeln, wenn es sich strikt an die auf der Ebene der ganzen Gesellschaft (vorher) festgelegte Situation hält. Jede andere Handlung ist verboten, da unverständlich."[86]

Hinsichtlich der Vorstellung von individuellem und allgemeinem Gleichgewicht ergibt sich also zusammengefaßt folgendes Bild: Betrachtet man das Zusammentreffen der Tauschenden als zufällig und bilateral, so kann hieraus keine sinnvolle Vorstellung des Allgemeinen abgeleitet werden. Wird letzterem aber nun Vorrang gegeben und durch ein Gleichungssystem zuerst festgelegt, so verliert die Vorstellung der dezentralen Handelsvereinbarung – das eigentliche Charakteristikum des Marktes – ihren Sinn; die individuellen Pläne der Einzelnen werden negiert. Individuelles und allgemeines Gleichgewicht sind also nicht *gleichzeitig* zu denken. Die Hoffnung auf eine durch den Markt hervorgebrachte Harmonie von einander widerstreitenden Interessen erweist sich somit als unbegründet. Diese Aussage ist allerdings zumindest in den *mainstream economics* bis jetzt kaum zur Kenntnis genommen worden. Dies mag daran liegen, daß das grundlegende Problem nicht erkannt wird: die logische Unmöglichkeit, Individuum und Allgemeines voneinander unabhängig zu bestimmen und dennoch gleichzeitig zu denken.

---

[86] J. Cartelier, Das Geld, aaO., S. 55.

4.2 Die Bestimmung des Einzelnen als kontextabhängige Existenz (I)

Im vorherigen Abschnitt wurde deutlich, daß die Gemeinschaft vieler nicht verstanden werden kann, wenn man von voneinander unabhängigen bzw. isolierten Individuen ausgeht. Denn in diesem Falle muß ein Allgemeines angenommen werden, das die Vielen unter sich subsumiert. Dadurch wird aber die Vorstellung der unabhängigen Individuen preisgegeben, so daß auch hier von einer Gemeinschaft der vielen Einzelnen nicht sinnvoll gesprochen werden kann. Die individualistische Auffassung, die den Einzelnen verabsolutiert, erweist sich als ebenso problematisch wie ein mechanistisches Denken, das das Allgemeine als gegeben ansieht und damit die Einzelbestimmung des Einzelnen negiert. Von wo soll aber dann eine Erklärung von Mensch und Gesellschaft ausgehen? Zunächst sei die Antwort skizziert, die die japanische Philosophie auf diese Frage gibt, um sie dann auf die Ökonomie zu übertragen.

4.2.1 Die Kontextabhängigkeit des Einzelnen

Zunächst ein wenig vereinfacht gesagt, liegt der ostasiatische 'Schlüssel' zu einem alternativen Erklärungsansatz darin, den Einzelnen nicht als eine Substanz zu betrachten, sondern als eine *kontextabhängige* Existenz. Es ist dabei die Gesellschaft – verstanden als das alltägliche, lebendige Zusammenspiel einer Vielzahl von Menschen –, die den Kontext dieser Abhängigkeit darstellt. Sie wird damit als *konstitutiv* für das Verständnis des Einzelnen angesehen. Das Erklärungsverhältnis von Individuen und Gesellschaft wird also hier im Vergleich zum methodologischen Individualismus genau umgedreht: Gesellschaft entsteht nicht aus einem Zusammenspiel von Individuen, sondern geht jeder Vorstellung über den Einzelnen notwendig *voraus*. Sie ist der *Ort-worin*, in dem die Einzelnen bestimmt werden, deren ungedachte *Voraussetzung*, nicht aber ein Ergebnis ihrer Aggregation. Kimura formuliert diese Betrachtungsweise so, daß das „Dazwischen"[87] von Mensch und Mensch einen *basho* darstellt, in dem alle Vorstellungen über die Einzelnen gründen:

"The 'betweenness of person and person' (hito to hito to no aida) and 'betweenness' (aida) do not signify merely a relationship between two individuals. The 'between-

---

[87] Japanisch: *aida*.

ness of person and person is the 'locus' (basho) functioning as the source from out of which both I and others arise."[88]

Hierin spiegelt sich die japanische Überzeugung, daß das isolierte, unabhängige Individuum eine reine *Abstraktion* darstellt, die die Gesellschaft als denjenigen Kontext, in dem diese Abstraktion vollzogen wird, vergißt. Der Mensch wird nicht erst zu einem Gesellschaftswesen durch den „Zufall gesellschaftlicher Kontakte"[89], sondern es verhält sich genau umgekehrt: „Ohne Umgebung gibt es keine Einzelnen."[90] Letztere werden innerhalb „eines Beziehungsgeflechtes von Erfahrungen"[91] bestimmt, in dem sie stets in einer konkreten, räumlich-zeitlichen Beziehung zueinander stehen.

Diese Vorstellung der Kontextabhängigkeit des Menschen bedarf einiger einführender Erläuterungen. Eine Betrachtung von Kommunikation bzw. Sprache soll hierfür als Einstieg dienen. Sprache kann als ein Medium verstanden werden, das den verschiedenen Menschen ermöglicht, sich aufeinander zu beziehen. Sie vermittelt zwischen den Einzelnen. Aus japanischer Sicht ist dieser Sachverhalt aber nun nicht so zu verstehen, daß zunächst Einzelne existieren, die die Sprache als Mittel nutzen, um ihren jeweiligen Standpunkt zu vertreten. Vielmehr wird die Sprache als ein Ort-worin angesehen, in dem der Einzelne als dieser oder jener überhaupt erst bestimmt wird. Sie ist der *basho*, der der Bestimmung des Einzelnen zugrunde liegt, auch wenn diese Tatsache dem Sprecher nicht notwendig bewußt ist. Diese Betrachtungsweise läßt sich von einer eher 'westlichen' Interpretation von Sprache deutlich abgrenzen:

"There is an important distinction to be made between the way Westerners and Japanese see the function of language. Suppose we represent interpersonal communication as aRb, where a and b are persons and R is the linguistic medium through which they communicate. The Western view typically regards a and b as two transmitters, each emitting signals to be received and interpreted by the other. In English, for example, we speak of language as a bridge spanning the gap between *I* and *you*. The isolated a and b together create an R so that communication can take

---

[88] B. Kimura zitiert in S. Odin, The Social Self in Zen and American Pragmatism, New York 1996, S. 70.
[89] A. MacIntyre, Geschichte der Ethik im Überblick, aaO., S. 174. MacIntyre bezieht sich hier auf die Philosophie Hobbes.
[90] K. Nishida, Logik des Ortes, aaO., S. 150.
[91] I. Kōyama, Das Prinzip der Entsprechung und die Ortlogik, in: R. Ohashi (Hrsg.), Die Philosophie der Kyōto-Schule, aaO., S. 317.

place. In Japan, however, the event is viewed quite differently: the *R* is primary. The *R* is the given out of which *a* and *b* take their shape. (...) Language is being spoken from the perspective of the *R* not *a* or *b*. The *a* and *b* – the *I* and *you* – only become meaningful insofar as the *R*, the context of the language used in a given instance, *gives* them meaning."[92]

Im Japanischen geht man davon aus, daß Kommunikation einen Kontext darstellt, in dem jeder Einzelne sich selbst bestimmt. Die Beziehung der Kommunizierenden geht der Einzelbestimmung voraus. Dies bedeutet, daß der Einzelne nur als dieser oder jener bestimmbar ist, wenn er in einer konkreten Relation zu anderen gedacht wird[93]:

"Japanese requires each conversant to understand his or her position vis-à-vis the other person. In most social situations, a conversation between strangers can hardly begin until there has been exchange of business cards or an introduction by an intermediary so that each party is aware of the other person's relative status. In other words, a context must exist before ... people can begin to relate formally to each other. (...) Again, in terms of the original model, *a* and *b* assume meaning only in reference to the R. Without clearly established context, people are individually distinguishable, but meaningless as persons in the full sense. (...) In Japan the context is given primacy over the individual: the context defines and elaborates the individual rather than vice versa."[94]

Der Einzelne kann sich erst mit Hilfe von Sprache (bzw. sprachlicher Unterscheidungen) bestimmen, wenn er sich in einer konkreten Beziehung zu Anderen befindet. Er erscheint als diese oder jene Person nur in sozialen Kontexten. Eine solche Auffassung vertritt etwa auch der Konfuzianismus, der die Beziehungen zwischen Menschen als konstitutiv für den Einzelnen ansieht.[95] Sie bedingt unter anderem die Einsicht, daß die Bestimmung des Einzelnen variiert, je nachdem in welchem Kontext er sich gerade befindet. Er ist keine gegebene Substanz, die sich unverändert durch unterschiedliche Kontexte bewegt, sondern eine *kontextabhängige* Existenz, die sich im Wandel der zwischenmenschlichen Beziehungen immer wieder neu bestimmt:

"We must restrain our Western tendency to regard Mr. A as a person going from one context to the next, from one situation to another. In the Japanese secular

---

[92] T. Kasulis, Zen Action / Zen Person, aaO., S. 7-8, Hervorhebung im Original.
[93] Vgl. für eine ausführliche Analyse der Bestimmung des Einzelnen im japanischen Kontext C. Nakane, Japanese Society, Berkeley 1972.
[94] T. Kasulis, Zen Action / Zen Person, aaO., S. 8.
[95] Vgl. D.L. Hall, R.T. Ames, Thinking from the Han, aaO., S. 27.

framework, Mr. A is only a person insofar as he is in these contexts. If we could list all relational determinations (employee, customer, son, and so on) we would not have a list of roles that Mr. A plays – we would have what Mr. A is as a person. Without these associations Mr. A would be a solitary chess piece with neither a chessboard nor a rulebook to give him function and significance. Though ontologically distinct, he would still lack distinctive meaning."[96]

Man kann die Vorstellung der Kontextabhängigkeit des Einzelnen genauer heraus arbeiten, wenn man die unterschiedlichen Auffassungen über die Subjekt-Objekt-Beziehung vergleicht, wie sie in der japanischen Philosophie und in der ökonomischen Theorie vorherrschen. Zumindest in den *mainstream economics* wird davon ausgegangen, daß die Beziehungen des Einzelnen zu den Dingen, die ihn umgeben, rein individuelle Angelegenheiten sind. Die Beziehung zwischen Mensch und Ding soll unabhängig von allen gesellschaftlichen Verflechtungen betrachtet werden können.[97] Aufgrund dieser Annahme meint man, Mensch-Ding-Beziehungen unabhängig von Mensch-Mensch-Beziehungen untersuchen zu können. Mehr noch: Die Mensch-Ding-Beziehung wird als *konstitutiv* für das Verständnis sozialer Beziehungen aufgefaßt. Hat man erst einmal das Verhältnis des Menschen zu Objekten studiert, so sollen sich hieraus Kenntnisse über das menschliche Miteinander ableiten lassen. Aus Sicht der japanischen Philosophie handelt es sich hierbei um eine Täuschung, zumindest aber um ein Mißverständnis. Denn ihrer Ansicht nach geht jeder Mensch-Ding-Beziehung notwendig eine soziale Beziehung voraus. Letztere ist der Ort-worin, der Subjekt und Objekt in sich birgt und untereinander vermittelt. Man kann von diesem *basho* zwar abstrahieren. Aber auf diese Weise werden die zwischenmenschlichen Beziehungen lediglich zu einem vergessenen Kontext, zu einem Ort des Nichts, der für die spezifische Mensch-Ding-Beziehung zwar konstitutiv ist, nicht aber explizit reflektiert wird.

Man kann diesen Gedanken verdeutlichen, wenn man die Funktion der Gewohnheiten, die Gegenstand des letzten Kapitels war, nochmals genauer betrachtet. Die Gewohnheiten können als Ort-worin betrachtet werden, in dem subjektives Bewußtsein und objektive Dinge der Außenwelt gleichursprünglich entstehen und ein logisches Verhältnis zwischen ihnen begründet wird. Hiermit ist allerdings noch nichts darüber gesagt, ob die Gewohnheiten selbst subjektiver Natur sind. In der ostasiatischen Philosophie wird diese Vorstellung im allgemeinen verneint. Denn die Gewohnheiten gehen dem subjektiven Bewußtsein (dem Ich in der Subjekt-Objekt-

---

[96] T. Kasulis, Zen Action / Zen Person, aaO., S. 130.
[97] Vgl. erneut etwa A. Lowe, Politische Ökonomik, aaO., S. 21.

4 Das implizite Weltbild der Ökonomie 179

Beziehung) stets notwendig voraus. Sie sind keine Angelegenheit eines isolierten Menschen, sondern werden im alltäglichen Umgang mit *anderen* erlernt. Ein Kind etwa lernt, sich gegenüber Objekten auf eine bestimmte Weise zu verhalten, indem es seine Eltern, Spielgefährten oder Verwandten *imitiert*.

> "For a set of instructions to guide us, we need skill at applying words in different situations. Confucius probably noticed that we acquire this skill when we emulate social superiors – parents, older siblings, teachers. We mimic their ways of pronouncing or writing names; we try to act in similar ways towards similar objects; and we copy these behavior in response to the instructions containing names of things and actions. Thus we learn to interpret a *dao* into action. Confucius used this basic social process as the model of practical interpretation of a *dao* – *zhen*^{rectifying} *ming*^{names}. Rectifying names was thus the key to successful use of a *dao* in a social setting – to making a *dao xing*^{walk}. Lacking this, he said, *li*^{ritual} would not work and people would lack that by which they move hand and foot."[98]

„Ursprünglich bedeutet 'lernen' 'imitieren'. Mit anderen Worten, es bedeutet, einer anderen Person zu folgen, die schon über eine Fähigkeit verfügt, und diese Fähigkeit selbst zu erlangen, indem man diese Person imitiert. (...) Es wird mit anderen Menschen ausgeführt, ist also keine Kontemplation einer isolierten Person."[99] Watsuji verdeutlicht diese Auffassung an einem Beispiel: Wenn eine Wand beobachtet wird, muß gleichzeitig jemand existieren, der diese Wand beobachtet. Beobachter und Beobachtetes bilden auf diese Weise eine Subjekt-Objekt-Beziehung. Doch diese Beziehung, so Watsuji, kann niemals unabhängig von sozialen Beziehungen gedacht werden, selbst wenn der Beobachter ganz allein in einem Zimmer die Wand anstarren sollte:

> "However, in this case if I become conscious of the wall as wall, then social consciousness has already intervened. What is called a wall is that 'form' society imprints on clay or sand as a specific tool (that is, as a part of a house). The form does not belong to the consciousness of 'I' alone, but rather exhibits a meaning common to all those who are concerned with this tool. Hence, for us to look at the wall as a wall indicates that we are conscious of a meaning that is expressive of this particular thing and indicates that we have already significantly entered the realm of common consciousness."[100]

---

[98] C. Hansen, Qing (Emotions) in Pre-Buddhist Chinese Thought, aaO., S. 187-88.
[99] T. Watsuji, Watsuji Tetsuro's Rinrigaku, aaO., S. 29.
[100] T. Watsuji, Watsuji Tetsuro's Rinrigaku, aaO., S. 73.

Wer sich also als Subjekt im Gegensatz zu einem Objekt ergreift, der kann dies nur im Ort-worin der Gewohnheiten tun. Dieser ist aber niemals individuell, sondern stets schon den Vielen gemein. Subjekt *und* Objekt sind in einem sozialen Kontext geborgen und werden in ihm zueinander vermittelt. Aus ostasiatischer Sicht ist es deswegen logisch unmöglich, den Einzelnen getrennt von diesem Kontext zu denken und als das „letztlich Wirkliche"[101] zu betrachten. „Das Individuum ... wird nicht als Einheit der Gesellschaft betrachtet."[102] Die sozialen Beziehungen gehen ihm vielmehr *voraus*.[103] Oder anderes formuliert: „Das Selbst ist dadurch, daß es durch andere vermittelt wird, es selbst."[104] Der Umgang des Einzelnen mit Objekten kann deswegen nicht als Ausgangspunkt für die Erklärung des sozialen Zusammenlebens dienen. Watsuji faßt diese Position folgendermaßen zusammen:

> "We do not accept the scheme of individual versus object as the starting point of scientific knowledge. Objects are found, not within individual consciousness, but rather within the consciousness of *ningen* (the betweenness of human beings, SG). (...) The subject is not something static like a mirror, whose only business is to contemplate objects, but includes within itself the connections between oneself and the other."[105]

Auf den ersten Blick scheint es so, als könne nicht entschieden werden, welche Position plausibler ist: der methodologische Individualismus, der den Einzelnen als prinzipiell unabhängig von allen sozialen Bezügen postuliert, oder aber die ostasiatische Perspektive, die letztere Bezüge als konstitutiv für den Einzelnen ansieht. Man müßte aber letzterere Position vorziehen, wenn sich zeigen ließe, daß in der ökonomischen Theorie stets ein sozialer Kontext *implizit* vorausgesetzt ist, der als ein Ort-worin alle Vorstellungen vom Individuum und dessen Beziehung zu Objekten bestimmt, ohne selbst reflektiert zu werden. Oder anders gesagt: Es müßte sich ein sozialer Kontext als ein *Ort des Nichts* aufweisen lassen, in dem die individualistische Position der Ökonomie gedacht wird, ohne selbst ex-

---

[101] W. Röpke zitiert in E.E. Nawroth, Die Sozial- und Wirtschaftsphilosophie des Neoliberalismus, aaO., S. 71.
[102] H. Nakamura, Ways of Thinking of Eastern Peoples: India-China-Tibet-Japan, Japanese National Commission for Unesco 1960, S. 308.
[103] Vgl. H. Nakamura, Ways of Thinking of Eastern Peoples, aaO., S. 304ff.
[104] K. Nishida zitiert in E. Weinmayr, Denken im Übergang – Kitarō Nishida und Martin Heidegger, in: H. Buchner (Hrsg.), Japan und Heidegger, Sigmaringen 1989, S. 49.
[105] T. Watsuji, Watsuji Tetsuro's Rinrigaku, aaO., S. 31.

plizit reflektiert zu werden. Im folgenden soll dies versucht werden. Es sei allerdings noch eine kurze Bemerkung vorangestellt: Wenn die Wechselbeziehungen der Vielen als ein Ort-worin aufgewiesen werden sollen, in dem der Einzelne bestimmt wird, dann geht es hierbei nicht um eine abstrakte Vorstellung eines solchen Miteinanders. Letzteres wird vielmehr gedacht als ein „lebendiges und dynamisches Dazwischen"[106], als ein „Ort interaktiver Möglichkeiten, ein Raum in dem Gemeinschaft passiert"[107]. Denn der japanischen Philosophie ist nicht daran gelegen, sich die Beziehungen der Menschen in einem abstrakten Sinne vorzustellen. Vielmehr geht es ihr darum, das „Sich-einander-gegenüberstehen", das „Gegenseitig-aufeinander-wirken" oder auch das „Sich-wechselseitig-bestimmen"[108] der Vielen in seiner Vielfalt und Fülle zu erfassen, ohne es auf eine einfache Formel, ein einfaches Gesetz zu reduzieren.

4.2.2 Der Markt als gesellschaftlicher Kontext

Für die Ökonomie ist kaum ein Begriff so bedeutend wie der des Marktes. Denn „die Wirtschaft schlechthin wird wesentlich mit dem Marktgeschehen identifiziert".[109] Allerdings herrscht keineswegs Einigkeit darüber, was nun genau unter einem Markt zu verstehen ist. Es lassen sich zumindest zwei Bedeutungen unterscheiden: Zum einen bezeichnet der Markt einen objektiven Mechanismus oder ein mechanisches System (4.1.2). Zum anderen wird mit dem Begriff des Marktes aber auch ein Ort beschrieben, in dem Waren gehandelt werden. Hier ist man weit davon entfernt, einen Mechanismus oder eine Art Gesetz hinter dem Markt zu vermuten. Eher kommt man schon der japanischen Vorstellung eines konkreten Ortes gelebter Beziehungen nahe. Die Bedeutung des Marktes als ein Ort soll deshalb genauer untersucht werden. Als Ausgangspunkt kann hier Jevons Definition des Marktes dienen:

> "By a market I shall mean much what commercial men use it to express. Originally a market was a public place in a town where provisions and other objects were exposed for sale, but the word has been generalized, so as to mean any body of persons who are in intimate business relations and carry on extensive transactions in any commodity. A great city may contain as many markets as there are important

---

[106] T. Watsuji, Watsuji Tetsuro's Rinrigaku, aaO., S. 18.
[107] R.E. Carter, Encounter with Enlightenment, A Study of Japanese Ethics, New York 2001, S. 126.
[108] K. Nishida zitiert in E. Weinmayr, Denken im Übergang, aaO., S. 48.
[109] E.E. Nawroth, Die Sozial- und Wirtschaftsphilosophie des Neoliberalismus, aaO., S. 293.

branches of trade, and these markets may or may not be localized. The central point of a market is the public exchange – mart or auction rooms – where the traders agree to meet and transact business. In London, the Stock Market, the Corn Market, the Coal Market, the Sugar Market and many others, are distinctly localized. .... But this distinction of locality is not necessary. The traders may be spread over a whole town, or region, or country, and yet make a market, if they are, by means of fairs, meetings, published price lists, the post office or otherwise, in close communication which each other."[110]

Deutlich wird hier, daß Märkte *Räume* bezeichnen, in denen Menschen miteinander in Beziehung treten. Diese kann man sich zunächst als konkrete Orte vorstellen, in denen Menschen (physisch) aufeinander treffen. Doch es ist nicht der Markt*platz* in Sinne eines physikalischen Raumes, der von entscheidender Bedeutung ist. Eine Stadt kann einen Marktplatz besitzen und dennoch würde man nicht sagen, daß in ihr ein Markt stattfindet, wenn der Platz leer von Menschen wäre. Der Begriff des Marktes deutet nicht auf einen abstrakten Raum, sondern auf eine Gruppe von Menschen hin, die untereinander ein Beziehungsgeflecht bilden. Watsuji würde hier wohl von einer „subjektiven Räumlichkeit" sprechen, die durch das „Dazwischen von Menschen" gebildet wird.[111] Ein solches 'Dazwischen' kann im Hinblick auf den Markt genauer bestimmt werden. Denn folgt man der Definition Jevons, so läßt sich dieses als ein umfassendes Geflecht von engen Geschäftsbeziehungen und Transaktionen charakterisieren: „So wie jeder sein eigenes verkauft, so kauft er auch von anderen, und jeder handelt hier mit jedem; dies ist es, was der Erzeugung den Charakter einer allumfassenden Zirkulation gibt."[112] In der Ökonomie ist es üblich, eine solche Zirkulation als ein Netz von *Tauschbeziehungen* zu charakterisieren. Man kann also zunächst sagen, daß sich der Tausch als „Form und Funktion des interindividuellen Lebens"[113] hinter dem Begriff des Marktes verbirgt.

Die Bedeutung des Tausches für die Ökonomie ist daran abzulesen, daß die ökonomische Theorie *alle* menschlichen Beziehungen als Tauschbeziehungen interpretiert. So setzt schon Smith voraus, daß *jeder* Mensch vom Tausch lebt, oder in einem gewissen Sinne ein Kaufmann wird.[114] Er versucht damit wie etwa auch Hobbes, das „Vehikel 'Tausch' universell zu

---

[110] W.S. Jevons, The Theory of Political Economy, aaO., S. 132.
[111] Vgl. T. Wastuji, Watsuji Tetsuro's Rinrigaku, insbes. Kapitel 9.
[112] D. Defoe zitiert in J. Wieland, Ökonomische Organisation, Allokation und Status, aaO., S. 52.
[113] G. Simmel, Philosophie des Geldes, aaO., S. 59.
[114] Vgl. A. Smith, Der Wohlstand der Nationen, aaO., S. 23.

4 Das implizite Weltbild der Ökonomie

autonomisieren"[115]. Und auch für die meisten nachfolgenden Ökonomen steht fest, daß die Gesellschaft im Grunde nichts anderes ist als eine *Tausch*gesellschaft, auch wenn diese Vorstellung oft *implizit* bleibt:

> „Aus den formalen Prinzipien (der ökonomischen Theorie, SG) ergibt sich oft eine implizit bleibende Vorstellung über die Interaktion in der sozialen Welt. Man kann sie als die *Kommensurabilität der Güter* bezeichnen. Das ist die Vorstellung, dass *alle menschlichen Interaktionen* als Tausch interpretiert werden können. Vorausgesetzt wird eine soziale Welt, ... in der alle Güter für die Individuen potenziell austauschbar, also kommensurabel sind."[116]

Betrachten wir genauer, was die Vorstellung der Tauschbeziehung beinhaltet. Man kann den Tausch als eine Beziehung zwischen verschiedenen Handlungen in einer Gesellschaft ansehen. Im Tausch *koordinieren* die Tauschpartner ihre Handlungen. Ich möchte hier nicht auf die Funktion einer solchen Koordination im einzelnen eingehen[117], sondern lediglich auf eine ihrer wesentlichen Voraussetzungen hinweisen: Die Existenz einer *gemeinsamen Kommunikationssphäre*. Schon in Jevons Definition des Marktes wird deutlich, daß Märkte nur existieren, wenn die Marktteilnehmer miteinander kommunizieren. Die Kommunikation ermöglicht es den Menschen, einen Markt zu bilden, auch wenn sie nicht physisch aufeinander treffen. Eine wichtige Voraussetzung ist hier eine *Sprache*, in der die Menschen „permanent Informationen austauschen können"[118]. Es ist gleichgültig für einen Markt, wo sich die Marktteilnehmer physisch befinden. Aber sie müssen alle die verfügbaren Informationen *verstehen* können, um einen gleichen Wissenstand zu erreichen. Denn „Märkte dehnen sich nur soweit aus, wie sich eine Gemeinschaft gleichen Wissens auszudehnen vermag."[119] Es ist also die gemeinsame Kommunikation, die einen Markt bestimmt. Deutlich wird dies etwa am englischen Begriff '*commerce*', der heute zwar nur ökonomische Aktivitäten bezeichnet, im 18. Jahrhundert aber noch 'sich unterhalten', 'kommunizieren', 'sich treffen' bedeutete.[120]

---

[115] E.K. Seifert, B.P. Priddat, Gerechtigkeit und Klugheit, aaO., S. 53.

[116] F. Reckling, Interpretative Handlungsrationalität, aaO., S. 53, eigene Hervorhebung.

[117] Vgl. für eine ausführliche Darstellung K.-H. Brodbeck, Erfolgsfaktor Kreativität, aaO., insbesondere Kapitel 12 und 14.

[118] W.S. Jevons, The Theory of Political Economy, aaO., S. 132.

[119] W.S. Jevons, The Theory of Political Economy, aaO., S. 133.

[120] Vgl. A. Silver, Two Different Sorts of Commerce, in: J. Weintraub, K. Kumar (Hrsg.), Public and Private in Thought and Practice: Perspectives on a Grand Dichotomy, Chicago 1997, S. 49.

Die ökonomischen Begriffe des 'vollständigen Marktes' und der 'vollständigen Konkurrenz' verdeutlichen, wie bedeutsam die gemeinsame Kommunikation der Vielen ist. Denn sie setzen die Existenz *vollständiger Informationen* voraus. Jeder Marktteilnehmer muß über ein vollständiges Wissen bezüglich der Angebote und Nachfragen aller gehandelten Waren verfügen, also etwa über die Tauschverhältnisse, in denen die Waren zueinander stehen. Dieses Wissen ist nicht etwa individuell, vielmehr muß es allen gemein sein. Vollständige Märkte fordern einen *vollständiger Konsens* darüber, wie jede einzelne Ware zu bewerten ist.[121] Hayek spricht in diesem Zusammenhang von einem Prozeß der Meinungsbildung[122]: Es müssen Informationen so kommuniziert werden, daß jede Ware von allen Tauschpartnern im gleichen Tauschverhältnis getauscht wird. „Im selben Markt kann es zu keinem gegebenen Augenblick zwei Preise für den gleichen Artikel geben"[123], lautet aus diesem Grund eine weitere wichtige Annahme der vollständigen Konkurrenz, die auch als das 'Gesetz des einheitlichen Preises' bekannt ist.[124] Ein solches Gesetz ist aber nur denkbar, wenn die Vielen fähig oder bereit sind, durch Kommunikation ihre Handlungen so zu koordinieren, daß die notwendigen Informationen in Umlauf gebracht werden.[125] Die Kommunikation ist die Voraussetzung dafür, daß „Käufer und Verkäufer in einem solch freien Austausch miteinander stehen, daß sich die Preise für die gleichen Güter sich leicht und schnell angleichen."[126]

Liegt den Märkten aber nun eine spezifische Form der Kommunikation zugrunde? Um dieser Frage nachzugehen, muß zunächst ein Denkhindernis überwunden werden. Dabei handelt es sich um die in der ökonomischen Theorie verbreitete Auffassung, Kommunikation *entstehe* durch das Zusammentreffen unabhängiger Individuen. Dies entspricht einer Vorstellung von Sprache, wie sie schon dargestellt wurde: Die voneinander unabhängigen Einzelnen sollen der gemeinsamen Kommunikation vorausgehen. Deutlich wird dies etwa daran, daß der Tausch – interpretiert als eine „Ad-

---

[121] Vgl. W.S. Jevons, The Theory of Political Economy, aaO., S. 134.
[122] Vgl. F.A. Hayek, Der Sinn des Wettbewerbs, in: Ders., Individualismus und wirtschaftliche Ordnung, aaO., S. 139f.
[123] W.S. Jevons, The Theory of Political Economy, aaO., S. 137.
[124] Vgl. W.S. Jevons, The Theory of Political Economy, aaO., S. 136. Jevons spricht hier vom „*law of indifference*".
[125] Vgl. J. Cartelier, Das Geld, aaO., S. 33.
[126] A. Cournot zitiert in A. Marshall, Principles of Economics, aaO., S. 324.

dition zweier Prozesse des Gebens und des Empfangens"[127] – als *gesellschaftsstiftend* angesehen wird: Erst im Tausch sollen Menschen beginnen, miteinander zu interagieren und so Gesellschaft begründen. Eine solche Vorstellung läßt sich auf Hobbes und dessen Konzept des 'ursprünglichen Vertrages' zurückführen. Denn Hobbes meint, Verträge zwischen Menschen als *konstituierend* für die Gesellschaft aufweisen zu können. Die voneinander völlig unabhängigen Individuen treten zum ersten Mal durch Verträge zueinander in Kontakt und begründen dadurch soziale Beziehungen.[128] Auch wenn diese Vorstellung auch in der modernen ökonomischen Literatur vertreten wird[129], so ist sie dennoch nicht haltbar. Denn die Vorstellung eines Vertrages setzt schon immer genau das voraus, was als *Resultat* des Vertrages angesehen wird: Gemeinschaft bzw. Kommunikation. Denn der Begriff des Vertrages impliziert, „daß es eine öffentliche Sprache gibt"[130]. Eine Kommunikationssphäre muß immer schon existieren, um Verträge aushandeln zu können. Sie kann also nicht erst durch Verträge begründet werden.[131] Gemeinsame Vorstellungen über Details eines Vertrages (Preis, Art der Ware, Bedingungen der Vertragserfüllung etc.) gehen dem Vertrag selbst notwendig *voraus*. Eine Feststellung, die in ähnlicher Weise auch für den Tausch gilt:

„Wenn aber der Warentausch in den Händen von *Menschen* liegt, dann ist es offenkundig, daß diese Menschen *zueinander* schon in eine *andere* soziale Beziehung getreten sind, bevor sie *Tauschpartner* werden: Sie reden miteinander, achten gemeinsame ethische Überzeugungen (Tausch ist kein Gewaltakt, sondern dessen Abwesenheit), sie *erkennen* einander als Käufer und Verkäufer (verhalten sich also auch *kognitiv* zueinander) usw. All dies ist beim Tausch *vorausgesetzt*, weswegen

---

[127] G. Simmel, Philosophie des Geldes, aaO., S. 45.
[128] Dies gilt insbesondere für den Herrschaftsvertrag. Vgl. zur Diskussion M. Esfeld, Mechanismus und Subjektivität in der Philosophie Thomas Hobbes, aaO., S. 320ff.
[129] Vgl. beispielsweise J.M. Buchanan, Die Grenzen der Freiheit, Tübingen 1984, S. 8: „Wie wir aus den Arbeiten von Thomas Hobbes, aber auch jüngeren und älteren Vertragtheoretikern wissen, kann man die Entstehung des Staates, zumindest begrifflich, aus einem individualistischen Kalkül herleiten."
[130] M. Esfeld, Mechanismus und Subjektivität in der Philosophie von Thomas Hobbes, aaO., S. 248.
[131] Vgl. J. Hirschberger, Geschichte der Philosophie, aaO., S. 216. Hirschberger weist hier darauf hin, daß es immer schon eine gemeinsame Moral geben muß, um Verträge schließen zu können. „Soll ein Vertrag möglich sein, dann muß es Moral schon geben, weil sonst der erste Grundsatz des Vertragsrechtes 'pacta sunt servanda' nicht zur Verfügung steht."

der Tausch, wie Aristoteles wußte, schon in einer *konoinia*, einer Gesellschaft erfolgt – deshalb kann der Tauschakt diese Gesellschaft nicht *stiften*."[132]

Wird in der ökonomischen Theorie Vertrag oder Tausch dennoch als gesellschaftsstiftend bezeichnet, so wird allenfalls *zirkulär* argumentiert: Die Gemeinschaft der Vielen soll aus individuellen Handlungen hervorgehen; sie geht aber gleichzeitig diesen Handlungen immer schon (implizit) voraus. Aus diesem Grunde läßt sich zu Recht gegen den Begriff des ursprünglichen Vertrages einwenden, daß er nicht logisch gedacht werden kann:

„Hobbes stellt an den ursprünglichen Vertrag zwei unvereinbare Forderungen: Er möchte ihn gerne zur Grundlage aller allgemein anerkannten Maßstäbe und Regeln machen, er möchte aber auch, daß es sich um einen Vertrag handelt. Damit es ein richtiger Vertrag sein kann, müssen schon solche allgemein anerkannten Maßstäbe existieren, wie sie nach seiner Lehre aber nicht vor dem Abschluß des Gesellschaftsvertrages existieren können. Der Begriff eines *ursprünglichen* Vertrages geht an seinem inneren Widerspruch zugrunde und kann nicht einmal als kohärent aufgebaute Metapher fungieren."[133]

Hieran wird deutlich, „daß der Tausch nicht aus sich selbst heraus gesellschaftliche Ordnung erzeugt; er ist vielmehr in eine solche Ordnung *eingebettet*."[134] Koordination und Kommunikation entstehen nicht durch bilaterale Tauschakte, sondern sind beispielsweise in Form von Regeln, einer gemeinsame Schrift oder gemeinsamen Vorstellungen über den Gebrauch eines Gutes schon immer dessen Voraussetzung.

Wie aber ist nun diese Voraussetzung genauer zu denken? In welcher Form müssen die Marktteilnehmer miteinander kommunizieren, um die Waren gleich zu bewerten? Diese Fragen sind nicht gerade einfach zu beantworten. Ich nehme deswegen die Antwort vorweg, bevor ich sie begründe: Es ist vor allem das *Geld*, das in der Ökonomie implizit als „soziale Vernetzung"[135], als „Kommunikationsmedium"[136] gedacht wird. Diese Antwort erscheint zunächst problematisch, weil sie einer wichtigen Aussage der *mainstream economics* widerspricht. Denn diese vertritt die Auffassung, daß das Geld keine notwendige Voraussetzung für die Koordination von

---

[132] K.-H. Brodbeck, Zirkel des Wissens, aaO., S. 378, Hervorhebung im Original.
[133] A. MacIntyre, Geschichte der Ethik im Überblick, aaO., S. 130.
[134] K.-H. Brodbeck, Erfolgsfaktor Kreativität, aaO., S. 201, Hervorhebung im Original.
[135] K.-H. Brodbeck, Zirkel des Wissens, aaO., S. 382.
[136] J. Wieland, Ökonomische Organisation, Allokation und Status, aaO., S. 53.

Handlungen darstellt.[137] So wird ihm etwa von Wicksell lediglich die Funktion eines „Schmiermittels" zugesprochen:

„Unter den vielen Gleichnissen, vermittelst welcher man die Natur und die Funktion des Geldes zu veranschaulichen gesucht hat, ist das von dem Öle in einer Maschinerie aus mehreren Gesichtspunkten recht zutreffend; das Öl bietet keinen Teil der eigentlichen Maschinerie, ist weder treibende Kraft, noch ausführendes Werkzeug, und in einer absolut vollendeten Maschinerie würde ein Minimum an Schmiermitteln erforderlich sein."[138]

Ist das Geld aber nun wirklich keine notwendige Voraussetzung der 'Marktgesetze', wie es die axiomatische Werttheorie postuliert? Oder anders gefragt: Kann es auf Märkten tatsächlich zu einem einheitlichen Preis eines jeden Gutes kommen, wenn ein reiner Tausch Ware gegen Ware vorausgesetzt ist? Bei genauem Hinsehen zeigt sich, daß dies höchstens *zufällig* der Fall sein kann, sobald mehrere Güter gegeneinander getauscht werden. Dies liegt daran, daß eine 'Transitivität der Tauschakte' sehr unwahrscheinlich ist. Brodbeck schildert anschaulich, was dies bedeutet:

„Wenn in Hamburg zwei Warenbesitzer '20 Ellen Leinwand = 1 Rock' aushandeln und in Berlin zwei andere Warenbesitzer durch Feilschen auf den Tauschwert '20 Ellen Leinwand = 10 Pfd. Tee' kommen, dann heißt das nie und nimmer, daß wiederum zwei Tauschpartner in München nun ausgerechnet '10 Pfd. Tee = 1 Rock' aushandeln würden. Das wäre *ein Wunder.*"[139]

Die zufälligen Tauschakte bilden normalerweise keine zirkuläre Kette, so daß es unmöglich ist, den Preis eines Gutes eindeutig zu bestimmen. Wenn in der ökonomischen Theorie aber dennoch von der Existenz eines einheitlichen Preises ausgegangen wird, dann liegt das daran, daß immer schon eine ganz bestimmte Form der Kommunikation implizit angenommen wird: die einer einheitlichen Maß- bzw. Recheneinheit. Denn die Bedingung der Transitivität der Tauschakte ist *immer* erfüllt, wenn nicht alle Güter untereinander getauscht werden, sondern jeweils nur gegen ein einziges Gut. Die verschiedenen bilateralen Handlungen sind stets miteinander vereinbar, wenn *jeder* Marktteilnehmer bereit ist, Angebot und Nachfrage nach jedem Gut in einem allgemein anerkannten bzw. allgemein verbreiteten Zahlungsmittel zu kommunizieren, das als Maß- bzw. Rechen-

---

[137] Vgl. M. Friedman, Capitalism and Freedom, aaO., S. 14.
[138] K. Wicksell, Vorlesungen über Nationalökonomie, Band 2, Jena 1922, S. 4-5.
[139] K.-H. Brodbeck, Zirkel des Wissens, aaO., S. 381, Hervorhebung im Original. Brodbeck diskutiert hier die Unvereinbarkeit von allgemeiner und individueller Wertform in der Theorie Karl Marx.

einheit die Güter für alle Beteiligten vergleichbar macht. Dies setzt aber nun nichts anderes voraus als „die Herausbildung eines symbolisch generalisierten Kommunikationsmediums". Und zu Recht kann man hier anfügen: „Seit Aristoteles wissen wir, daß dieses Medium in der Wirtschaft das Geld ist."[140] Denn in dessen Nikomachischer Ethik heißt es: „Darum muß auch alles, wovon es Tausch gibt, vergleichbar sein. Dazu ist das Geld bestimmt und ist sozusagen eine Mitte. Denn es mißt alles, also auch das Übermaß und den Mangel und auch, wie viele Schuhe zum Haus oder Nahrungsmittel äquivalent sind."[141] Wenn auf einem Markt dezentral und bilateral getauscht wird, dann ist es allein das Geld, das den Ausgleich von Angebot und Nachfrage und die Existenz eines einheitlichen Preises garantiert. Denn nur das Geld als „Maß der Preise"[142] ermöglicht es, die Preise eines Gutes in *einer* nominalen Recheneinheit auszudrücken, so daß eine einheitliche Art der Wissensverbreitung bzw. eine einheitliche Handlungsorientierung gewährleistet ist.

Die einzelnen Tauschakte sind also nur insofern bilateral oder zufällig, als daß sie keine unmittelbare Kenntnis anderer Tauschakte voraussetzen. Dennoch sind sie nicht völlig unabhängig voneinander, wie es häufig in der ökonomischen Theorie postuliert wird. Denn ihnen geht eine gemeinsame Handlungs- und Kommunikationssphäre voraus: Geld und Tausch vergesellschaften und binden die Menschen unweigerlich zusammen. Es ist die „'Bargeld-Beziehung'..., die die Große Gesellschaft zusammenhält."[143] *Bevor* zwei Individuen miteinander tauschen, erkennen sie (implizit) an, daß sie ihre Ware in Geldpreisen vergleichen. Das Geld wird so zu einer *allgemeinen* Maß- und Recheneinheit, in der Gleichheit und Unterschiedenheit von Bedürfnissen *unterschiedlicher* Individuen ausgedrückt werden. Dies „ist die wichtigste Bedingung für die Kommunikation der Individuen".[144] Allerdings sollte man hier vorsichtig sein und nicht in den Fehler verfallen, das Geld als eine Entität zu ergreifen, indem man es etwa als ein Objekt oder ein besonderes Gut versteht. Denn es erlangt seine Bedeutung allein innerhalb der Kommunikation der Marktteilnehmer. „Das Geld hat ... als Rechnungseinheit beim Kauf und Verkauf keinen Wert in oder aus sich

---

[140] J. Wieland, Ökonomische Organisation, Allokation und Status, aaO., S. 53.
[141] Aristoteles, Nikomachische Ethik, aaO., S. 165.
[142] K.-H. Brodbeck, Erfolgsfaktor Kreativität, aaO., S. 220.
[143] F.A. Hayek, Recht, Gesetzgebung und Freiheit, Band 2: Die Illusion der sozialen Gerechtigkeit, Landsberg am Lech 1981, S. 155.
[144] J. Cartelier, Das Geld, aaO., S. 73.

4 Das implizite Weltbild der Ökonomie

selber, sondern besitzt nur eine *relative* Bedeutung."[145] Sein Wert wird in den Kommunikationsprozessen der Märkte zwar *definiert*, kann aber nicht selbst gemessen oder sonstwie bestimmt werden. Denn das Geld kann nicht als „Marktpreis ausgedrückt, nicht .. gemessen werden".[146] Es ist eine gesellschaftliche Realität, die jeder Vorstellung eines 'vollständigen Marktes' vorausgeht, ohne selbst objektivierbar zu sein. Man kann dies auch so formulieren, daß das Geld eine Form des 'lebendigen, dynamischen Miteinanders' darstellt, die für die ökonomische Theorie des vollständigen Marktes einen Ort des Nichts darstellt.

Wenn das Geld implizit als Kommunikationsmedium vorausgesetzt ist, dann gilt nicht mehr allein der universelle Imperativ zu tauschen, sondern der Imperativ zu *kaufen* und zu *verkaufen*.[147] Der Tausch ist hier kein reiner Warentausch, sondern funktioniert wie ein Tausch zwischen *Kaufleuten*. Denn es ist den Kaufleuten eigen, Waren gegen Geld zu tauschen und alle Waren auf den einheitlichen Maßstab des Geldes zu reduzieren. Schon bei Smith wird deutlich, daß Gesellschaft tatsächlich wie eine Gesellschaft von Kaufleuten gedacht wird:

„Mag auch zwischen den verschiedenen Gliedern keine wechselseitige Liebe und Zuneigung herrschen, so wird die Gesellschaft zwar weniger glücklich und harmonisch sein, wird sich aber deshalb doch nicht auflösen müssen. Die Gesellschaft kann zwischen einer Anzahl von Menschen – *wie eine Gesellschaft unter mehreren Kaufleuten* – auch aus einem Gefühl ihrer Nützlichkeit heraus, ohne gegenseitige Liebe und Zuneigung bestehen bleiben; und mag auch kein Mensch in dieser Gesellschaft einem anderen verpflichtet oder in Dankbarkeit verbunden sein, so dann die Gesellschaft doch noch *durch eine Art kaufmännischen Austausches guter Dienste*, die gleichsam nach einer vereinbarten Wertbestimmung geschätzt werden, aufrechterhalten werden."[148]

Ich möchte diesen Gedanken der Gesellschaft der Kaufleute als 'Dazwischen der Menschen' nicht weiter vertiefen. Es soll vielmehr der Frage nachgegangen werden, inwieweit eine Gesellschaft, in der das Geld zur wichtigsten Form der Kommunikation geworden ist, implizit der Bestimmung des Einzelnen in der ökonomischen Theorie zugrundeliegt. Ist das Streben nach Mehr tatsächlich ein 'natürlicher Trieb', eine individuelle Ei-

---

[145] K.-H. Brodbeck, Buddhistische Wirtschaftsethik, aaO., S. 56, Hervorhebung im Original.
[146] H.H. Lechner, Währungspolitik, aaO., S. 326.
[147] Vgl. A. Silver, Two Different Sorts of Commerce, aaO., S. 45.
[148] A. Smith, Theorie der ethischen Gefühle, S. 127-128, eigene Hervorhebung.

genschaft, wie es der methodologische Individualismus sieht? Oder ist es eine *kontextabhängige* Eigenschaft derjenigen Menschen, die sich in einer von Geld geprägten Tauschgesellschaft bestimmen? Ich möchte an einigen Beispielen zeigen, warum einiges für letztere Auffassung spricht.

4.2.3 Die kontextabhängigen Eigenschaften des ökonomisch Handelnden

Wie schon im vorherigen Kapitel deutlich wurde, wird in der ökonomischen Theorie das Streben nach einen Mehr bzw. die *Unendlichkeit* der Bedürfnisse als wesentliche Eigenschaft des Menschen betrachtet. Ist diese Eigenschaft aber nun tatsächlich eine 'anthropologische Konstante'? John Locke weist darauf hin, daß dies nicht der Fall ist. In seinem *Second Treatise* beschäftigt sich Locke mit der Frage, nach wieviel Besitz der Mensch strebt.[149] Seine Antwort macht zunächst deutlich, daß sich ein unendliches Streben keineswegs verallgemeinern läßt. Denn es gibt Gesellschaften, so Locke, in denen jeder nur dasjenige besitzt, das er unmittelbar zu *verwenden* weiß, ohne es zu zerstören oder zu verschwenden:

„So viel, wie jemand zu irgendeinem Vorteil seines Lebens gebrauchen kann, bevor es verdirbt, darf er sich durch seine Arbeit zum Eigentum machen. Was darüber hinausgeht, ist mehr als sein Anteil und gehört anderen. Nichts ist von Gott geschaffen worden, damit die Menschen es verderben lassen oder vernichten. (...) So viel Land ein Mensch bepflügt, bepflanzt, bebaut, kultiviert und so viel er von dem Ertrag verwerten kann, so viel ist sein Eigentum."[150]

Diese Grenze des Besitzes ist, so Locke weiter, unmittelbar für den Verstand einsichtig. Wer wollte schon nach mehr Besitz streben, wenn dieser nicht unmittelbar benötigt wird und deswegen verdirbt? Locke hält also eine Begrenzung der Bedürfnisse für durchaus möglich. Er betrachtet diese aber nicht als Eigenschaft eines isolierten Menschen. Vielmehr gibt er für sie einen anderen Grund an: die *Abwesenheit des Geldes*.[151] Deutlich wird dies vor allem, wenn Locke die umgekehrte Einsicht formuliert: Die Einführung des Geldes und die stillschweigende Übereinkunft der Vielen, diesem einen Wert beizumessen, hebt die Begrenztheit der Bedürfnisse unmittelbar auf:

---

[149] Vgl. J. Locke, Zwei Abhandlungen über die Regierung, Frankfurt/Main 1977, 5. Kapitel.
[150] J. Locke, Zwei Abhandlungen über die Regierung, aaO., S. 219.
[151] Vgl. J. Locke, Zwei Abhandlungen über die Regierung, aaO., S. 230.

„Dieselbe Regel für das Eigentum, nämlich daß jeder Mensch so viel haben sollte, wie er nutzen kann, würde auch noch heute, ohne jemanden in Verlegenheit zu bringen, auf der Welt gültig sein, denn es gibt genug Land, das auch für die doppelte Anzahl von Bewohnern noch ausreicht, wenn nicht die *Erfindung des Geldes* und die *stillschweigende Übereinkunft der Menschen, ihm einen Wert beizumessen* (durch Zustimmung), die Bildung größerer Besitztümer und das Recht darauf mit sich gebracht hätte."[152]

Für Locke ist ein unendliches Streben nach Mehr nur *in* einer Gesellschaft denkbar, die Geld verwendet und in der man sich einig ist, dieses gegen Güter zu tauschen. „Wenn man sich etwas ausdenkt, was ... dem Gebrauch und dem Wert des Geldes entspricht, so wird man sehen, wie derselbe Mensch (der vorher seine Bedürfnisse begrenzte, SG) unverzüglich beginnt, seinen Besitz zu vergrößern."[153] Das Streben nach Besitz ist demzufolge keine gegebene, 'natürliche' Eigenschaft des Menschen. Oder anders gesagt: Es erscheint nur als 'natürlich' in einem spezifischen, gesellschaftlichen Kontext. Der Art des Strebens geht eine bestimmte Form der wechselseitigen Beziehungen notwendig voraus. In einer Gesellschaft, in der kein Geld verwendet wird, kann es als begrenzt und in einer Gesellschaft, die Geld verwendet, nur als unbegrenzt gedacht werden. Das unendliche Streben ist also weder eine Eigenschaft eines isolierten Subjektes noch eine Gewohnheit, die sich in allen gesellschaftlichen Kontexten findet. Sie ist nur im Ort-worin einer bestimmten Gesellschaftsform denkbar. Dabei macht Locke deutlich, daß keine 'objektiven' Eigenschaften des Geldes diese Gesellschaftsform prägen. Denn seine eigentliche Bedeutung erlangt das Geld, so Locke, nur durch die *Einwilligung der vielen Menschen* in seinen Gebrauch.[154] Es ist dieser *Konsens*, der es den Menschen ermöglicht, Reichtümer in Form von Geld weit über die Grenzen des unmittelbaren Gebrauchs anzuhäufen.

Der Gedankengang Lockes wird in den modernen ökonomischen Theorien nicht diskutiert. Aber auch hier zeigt sich implizit, daß die individuelle Nutzenmaximierung *in* einem bestimmten gesellschaftlichen Kontext gedacht wird. Dies ist daran zu erkennen, daß dieses Konzept nur im Ort-worin eines durch Geld geprägten *Discourse Dao* denkbar ist (3.3.2). Dieses *Dao* ist aber weder eine Eigenschaft eines isolierten Individuums, noch eine individuelle Gewohnheit, sondern eine Gewohnheit, die nur in einer

---

[152] J. Locke, Zwei Abhandlungen über die Regierung, aaO., S. 222, eigene Hervorhebung.
[153] J. Locke, Zwei Abhandlungen über die Regierung, aaO., S. 230.
[154] Vgl. J. Locke, Zwei Abhandlungen über die Regierung, aaO., S. 230.

bestimmten Gesellschaft tatsächlich *praktiziert* werden kann. Denn die Nutzenmaximierung setzt nicht nur voraus, daß ein Einzelner in Geldeinheiten rechnet, sondern daß die Vielen dies tun. Schließlich ist die Nebenbedingung des Maximierungskalküls– die Budgetgerade – keine Funktion, die einem Individuum allein zuzuordnen ist. Ihrer Definition nach bezeichnet sie vielmehr ein Substitutionsverhältnis der Güter, das in der Kommunikation der Vielen ermittelt wird. Die Budgetgerade „misst das Verhältnis, zu *dem der Markt* bereit ist, Gut 1 für Gut 2 zu 'substituieren'."[155] Die Nutzenmaximierung setzt somit einen *Vergleich* des eigenen Begehrens mit dem Begehren anderer voraus. Es „schätzen die Menschen alles im Vergleich zu dem, was andere haben".[156]

Wie sehr die Bestimmung des Einzelnen implizit im Ort-worin von Marktprozessen gedacht wird, zeigt sich auch daran, daß der Einzelne für viele Ökonomen einfach aufhört zu existieren, sobald er sich außerhalb dieser Prozesse bewegt. So meint etwa Schumpeter, daß im Marktprozeß die „de facto die unfähigen Menschen ... eliminiert werden."[157] Die Möglichkeit der Teilnahme an einer geldförmigen Kommunikation wird zur *Existenzfrage* erhoben: „Allein der binäre Code Zahlen oder Nichtzahlen zählt: Wer zahlt, bekommt, was er will, wer nicht zahlen kann oder will, muß zuschauen."[158] „'Zahlen oder Nichtzahlen – das ist, ganz streng gemeint, die Seinsfrage der Wirtschaft'."[159] Die Kommunikationssphäre des Geldes beschreibt eine Grenze, und nur wer sich innerhalb dieser befindet, kann sinnvoll bestimmt werden. „Wessen Ware mangels Kommunikation (für andere) nicht verfügbar ist, der kann nicht als Teil des Marktes angesehen werden", formuliert Jevons diese Ansicht.[160] „Wer keinen Zugang (zum Markt, SG) bekommt, dessen Macht reduziert sich auf Null und er hört in einer Wettbewerbsgesellschaft auf, zu existieren."[161] Wer keinen Besitz hat, den andere positiv bewerten, dessen wirtschaftliche Existenz ist vernichtet. Seine Existenz ist deswegen „vom Tun sehr vieler, oft unüberseh-

---

[155] H.R. Varian, Grundzüge der Mikroökonomie, aaO., S. 21, eigene Hervorhebung.
[156] C.B. MacPherson, The Political Theory of Possessive Individualism, Hobbes to Locke, Oxford 1962, S. 34.
[157] J. Schumpeter, Kapitalismus, Sozialismus und Demokratie, Tübingen 1950, S. 123.
[158] M.Schramm, Spielregeln gestalten sich nicht von selbst, Institutionenethik und Individualethos in Wettbewerbssytemen, in: D. Aufderheide, K. Homann (Hrsg.), Wirtschaftsethik und Moralökonomik, aaO., S. 150.
[159] N. Luhmann, Ökologische Kommunikation, Kann die moderne Gesellschaft sich auf ökologische Gefährdungen einstellen?, Opladen 1990, S. 104.
[160] W.S. Jevons, The Theory of Political Economy, aaO., S. 133.
[161] C.B. MacPherson, The Political Theory of Posessive Individualism, aaO., S. 56.

4 Das implizite Weltbild der Ökonomie

bar vieler anderer Menschen abhängig".[162] Der Geldbesitz ist hierbei besonders bedeutsam. Denn einzig und allein das Geld wird von anderen mit Sicherheit immer positiv bewertet. Nur sein Besitz garantiert jedem die Existenz. Es fungiert als „Zutrittsschranke", als die „*Grenze* des Marktes, der Handlungsgemeinschaft"[163]. „Der Marktprozeß schließt ein, und er schließt aus. Die Grenze markiert das Geld ... Wenn man Geld besitzt, besitzt man die Eintrittskarte für das Marktspiel."[164]

Die vorangegangenen Überlegungen zur Kontextabhängigkeit des ökonomisch Handelnden sind keineswegs erschöpfend und könnten angesichts der Fülle ökonomischer Lehrmeinungen fortgesetzt werden. Zumindest aber sollte deutlich geworden sein, daß es nicht in der 'Natur' eines isolierten Individuums liegt, unendlich nach Mehr zu streben, sondern in der Einbettung des Einzelnen in einen bestimmten gesellschaftlichen Kontext. Das unendliche Streben ist Ausdruck eines *sozio-historischen* Kontextes, nicht aber eines unveränderlichen menschlichen Wesens. Es ist interessant, daß diese Aussage der Auffassung vieler Nationalökonomen bis ins 19. Jahrhundert hinein entspricht.[165] So meint etwa Bagehot, Motive und Geschmack des ökonomisch Handelnden seien ein Ergebnis der Ausbreitung des Handels. Theorien, die den Menschen nur als Käufer und Verkäufer betrachteten, könnten deswegen nur *in* bestimmten Kontexten gültig sein: in denjenigen Nationen, die ausschließlich mit Kaufen und Verkaufen beschäftigt seien.[166] Defoe hat diese Einsicht schon früher formuliert, wenn er sagt: "Conversing among tradesman will make him a tradesman."[167] Und auch Mill schränkt die Gültigkeit ökonomischer Gesetze ein: „In der politischen Ökonomie .. werden von englischen Denkern empirische Gesetze der menschlichen Natur stillschweigend angenommen, die aber eigentlich nur für Großbritannien und die Vereinigen Staaten formuliert wurden."[168] Dieses Gespür für die kontextabhängige Bestimmung des Menschen ist in den

---

[162] W. Eucken zitiert in E.E. Nawroth, Die Sozial- und Wirtschaftsphilosophie des Neoliberalismus, aaO., S. 292.

[163] K.-H. Brodbeck, Erfolgsfaktor Kreativität, aaO., S. 220, Hervorhebung im Original.

[164] K.-H. Brodbeck, Erfolgsfaktor Kreativität, aaO., S. 229.

[165] Vgl. J. Persky, Retrospectives, The Ethology of *Homo Economicus*, Journal of Economic Perspectives, 9/2 (1995), S. 227f.

[166] Vgl. W. Bagehot zitiert in J. Persky, Retrospectives, The Ethology of *Homo Economicus*, aaO., S. 227.

[167] D. Defoe zitiert in J. Wieland, Ökonomische Organisation, Allokation und Status, aaO., S. 57, Fußnote.

[168] J.S. Mill zitiert in J. Persky, Retrospectives, The Ethology of *Homo Economicus*, aaO., S. 228.

modernen ökonomischen Theorien weitgehend verloren gegangen. Denn diese gehen davon aus, ihre Aussagen seien „unabhängig von jeder Annahme bezüglich der Organisation und dem Ablauf des Zusammentreffens der Wirtschaftssubjekte".[169]

4.3 Die Bestimmung der ökonomischen Welt

Man kann zu Recht fragen, ob durch die Einsichten des vorherigen Abschnittes tatsächlich etwas gewonnen ist. Mag auch die Position eines extremen Individualismus als reine Abstraktion aufgewiesen worden sein, so scheint man auf den ersten Blick doch nur wieder an den Ausgangspunkt vieler ökonomischer Überlegungen zurückgekehrt. Denn schließlich wird in großen Teilen der ökonomischen Literatur keineswegs geleugnet, daß das Handeln des Einzelnen an seinen Nebenmenschen orientiert und von deren erwarteten Verhalten bestimmt ist. So bezeichnet es Hayek als den „albernsten der verbreiteten Irrtümer", daß der Individualismus das Vorhandensein isolierter und selbstgenügsamer Individuen voraussetzt, statt von Menschen auszugehen, „deren ganze Natur und ganzes Wesen durch ihr Leben in der Gesellschaft bestimmt ist". Seiner Ansicht nach ist auch „der Individualismus in erster Linie eine Theorie der Gesellschaft."[170] Warum also die japanische Philosophie bemühen, um den ökonomisch Handelnden als kontextabhängige Existenz aufzuzeigen, die nur *in* einer von Geldbeziehungen geprägten Gesellschaft denkbar ist? Um diese Frage zu beantworten, muß die Darstellung des letzten Abschnittes um wichtige Aspekte erweitert werden. Hier geht es vor allem darum, *genau* zu zeigen, wie der soziale Kontext, in dem sich der Einzelne bestimmt, zu denken ist. Was heißt es wirklich, wenn die japanische Philosophie meint, der Einzelne existiere nur *in* einem solchem Kontext? Wird hier am Ende nicht eine Art kollektivistische Auffassung vertreten, die den Einzelnen unter ein Allgemeines (ein Kollektiv) subsumiert? Im folgenden sollen diese Fragen schrittweise beantwortet werden.

4.3.1 Die ökonomische Welt als Handlungsfeld

In der japanischen Philosophie wird der Begriff der *Welt* verwendet, um eine Gemeinschaft oder Gesellschaft als Ort eines „lebendigen und dynamischen Dazwischen"[171] zu beschreiben. Die Welt, so macht Nishida deutlich, ist als eine gesellschaftlich-geschichtliche zu betrachten:

---

[169] J. Cartelier, Das Geld, aaO., S. 28.
[170] F.A. Hayek, Wahrer und falscher Individualismus, aaO., S. 15.
[171] T. Watsuji, Watsuji Tetsuro's Rinrigaku, aaO., S. 18.

„Die Welt, die er (Nishida SG) thematisiert, ist auf jeden Fall keine bereits vergegenständlichte, 'objektive Welt' im Sinne der Gesamtheit aller Dinge; noch ist sie eine bloß 'subjektive' Welt etwa im Sinne des Inbegriffs aller möglichen Erfahrungen. Gegenüber diesen 'abstrakten' Auffassungen über die Welt soll die Welt für Nishida eine 'reale' und 'konkrete' Welt sein, d.h. die Welt, 'in der die Dinge räumlich-zeitlich aufeinander wirken'. (...) Die reale, konkrete Welt, in der wir geboren werden, denken, handeln und letztlich sterben und die sich Nishida stets vor Augen hält, ist keine andere als eine gesellschaftliche, geschichtliche Welt."[172]

Der Begriff der Welt kann in zweierlei Hinsicht verstanden werden. Zunächst kann er ein „All des Seienden" bezeichnen: „Das japanische Wort für die Welt z.B. heißt *sekai* und setzt sich zusammen aus *se* (die Zeiten Vergangenheit, Gegenwart, Zukunft) und *kai* (die Richtungen Nord, Ost, Süd, West, Oben, Unten). Die Welt als *sekai* ist also Zeit und Raum im Ganzen."[173] Damit ist aber nicht gesagt, daß „die Welt ausschließlich als etwas zeitlich und räumlich Einheitliches nivelliert wird. Die reale Welt, in der wir leben und handeln, muß gerade in ihrer Vielfältigkeit und Vielschichtigkeit erfaßt werden."[174] Die Welt im Ganzen beinhaltet keine abstrakten Vorstellungen von Zeit und Raum, sondern die vielfältigen Seinsweisen, in denen Menschen sich aufeinander beziehen, sich einander gegenüberstehen und sich gegenseitig bestimmen. „Die reale Welt, in der wir handeln, ist in der Tat vielschichtig und -seitig, tief und breit, zeitlich und räumlich, individuell und allgemein."[175] Zu unterscheiden von diesem umfassenden Weltverständnis ist die Vorstellung von Welt, wie sie etwa in dem japanischen Wort *yo* zum Ausdruck kommt. Denn *yo* „bezeichnet ... eher eine begrenzte Zeit wie die Generation oder die Epoche eines Herrschers".[176] *Yo* meint also eine Welt in einem räumlich und zeitlich begrenzten Sinne, in der die Menschen auf eine ganz bestimmte Weise handeln. Zum einen bezeichnet 'Welt' im Japanischen also eine soziohistorische Welt im Sinne einer Gesamtheit aller Welten, zum anderen eine *bestimmte* Welt, die sich innerhalb dieser Gesamtheit befindet und sich als

---

[172] Y. Matsudo, Eine Einführung in die Spätphilosophie von Kitarō Nishida, aaO., S. 64-65. Vgl. auch S. Ueda, The Difficulty of Understanding Nishida's Philosophy, aaO., S. 182.
[173] R. Ohashi, Japan im interkulturellen Dialog, München 1999, S. 93.
[174] Y. Matsudo, Eine Einführung in die Spätphilosophie von Kitarō Nishida, aaO., S. 66.
[175] Y. Matsudo, Eine Einführung in die Spätphilosophie von Kitarō Nishida, aaO., S. 66.
[176] R. Ohashi, Japan im interkulturellen Dialog, aaO., S. 93.

ihr Teil lokalisieren läßt.[177] Ich werde den Begriff der Welt zunächst in letzterem, begrenzten Sinne verwenden, wenn ich im folgenden von der *ökonomischen Welt* spreche. Erst später wird dann das Verhältnis dieser ökonomischen Welt zu anderen Welten diskutiert werden (4.9).

Der Weltbegriff der japanischen Philosophie läßt sich zunächst durch eine *negative* Definition näher erklären. Die Welt soll zum einen keine gegebene Ordnung bzw. kein gegebenes Allgemeines, ja überhaupt kein „abstraktbegrifflich Vorgestelltes" bezeichnen.[178]

> Denn „wird die Welt als Selbstbestimmung eines völlig aus dem wechselseitigen Bestimmungsgeschehen losgelösten, das heißt absoluten Seienden gedacht, so ist mit der Gegebenheit dieses Seienden auch schon die Wirklichkeit im Ganzen bestimmt. Sie kommt bloß als 'ein Erkenntnisgegenstand bzw. als eine tote Sache, als Vergangenheit' in Frage und erscheint als etwas 'einfach Gegebenes'."[179]

Zum anderen soll mit der Welt aber auch keine Einheit unzähliger, voneinander unabhängiger Einzelwesen bezeichnet werden. An dieser negativen Beschreibung der Welt wird deutlich, daß nach einer Bestimmungsweise jenseits der beiden Erklärungsansätze gesucht wird, die für die ökonomische Theorie charakteristisch sind. Die Welt soll weder vom Individuum, noch von einer mechanisch-kausalen Ordnung her verstanden werden. Gibt es aber nun eine wirkliche Alternative, um die Welt *positiv* zu bestimmen? MacIntyre weist in einer Studie zu den unterschiedlichen Vorstellungen von Individuum und Sozialem in Japan und den USA darauf hin, daß von amerikanischen Wissenschaftlern diese Frage zumeist verneint wird, da sie *jede* Gesellschaft zumindest implizit als entweder individuell oder kollektiv orientiert betrachten. Die Unterscheidung von Individuum und Allgemeinen wird so in allen kulturellen Kontexten als gegeben vorausgesetzt.[180] Hierdurch entgeht einem, daß in der japanischen Philosophie tatsächlich eine alternative Beschreibung der Welt entworfen wird. Kurz gesagt liegt diese darin, die Welt *orthaft* zu bestimmen: Die Welt wird als ein Ortworin aufgefaßt, der aller individuellen und allgemeinen Bestimmung zugrunde liegt. Sie vermittelt beide Bestimmungen zueinander, ohne selbst vom Standpunkt des Allgemeinen oder des Individuellen beschreibbar zu

---

[177] Vgl. Y. Matsudo, Eine Einführung in die Spätphilosophie von Kitarō Nishida, aaO., S. 66.

[178] K. Nishida zitiert in E. Weinmayr, Denken im Übergang, aaO., S. 49.

[179] E. Weinmayr, Denken im Übergang, aaO., S. 49. Weinmayr zitiert hier Nishida.

[180] Vgl. A. MacIntyre, Individual and Social Morality in Japan and the United States: Rival Conceptions of the Self, Philosophy East and West, 40/4 (1990), S. 498ff.

sein. In diesem Sinne ist sie ein *Ort des Nicht*, der stets vorausgesetzt, nicht aber explizit reflektiert wird.

Soll die Welt weder vom Einzelnen noch vom Allgemeinen her gedacht werden, so muß ein alternativer Ausgangspunkt der Erklärung gefunden werden. Bei Nishida wird ein solcher deutlich: „Die Welt ... muß die Welt der Tat sein, und das Wirken erfordert einen Aufenthaltsort."[181] Für Nishida bildet jede Art von Taten eine ganz bestimmte, spezifische Welt, wobei er den Begriff der Tat sehr weitreichend interpretiert. Denn „dazugehören für Nishida all unsere Tätigkeiten wie das Wahrnehmen, Denken und Sich-Ausdrücken, Arbeiten oder auch das triebhafte Handeln."[182] Eine Welt ist ein „Standort"[183], der in sich eine ganz bestimmte Tat umfaßt und gleichzeitig durch diese Tat gestaltet wird. „Die Tat [ist] ein 'Ergebnis der geschichtlichen, dialektischen und schöpferischen Welt'... Die Tat ist andererseits das, was die Geschichtlichkeit der Welt selbst ausmacht."[184] Wie aber wird eine solche Tat gedacht? Um diese Frage zu beantworten, muß zunächst ein wichtiger Unterschied von ökonomischer Theorie und ostasiatischer Philosophie bezüglich des Handlungsverständnisses dargestellt werden. Gehen wir zunächst von ersterer aus. Vereinfacht gesagt, soll in den Wirtschaftswissenschaften etwas oder jemand ermittelt werden, der für eine Handlung verantwortlich ist bzw. diese verursacht. Es sollen Kräfte aufgezeigt werden, die das Handlungsresultat determinieren, wobei diese Kräfte entweder dem Menschen oder aber seiner Außenwelt – etwa einem Kollektiv – zugeschrieben werden. Doch die Suche nach einem bestimmten Handlungsträger erweist sich bei genauem Hinsehen als außerordentlich schwierig, weil sich eine Handlung niemandem allein zuordnen läßt. Diese Schwierigkeit wurde schon im Hinblick auf den Tausch deutlich: Dieser bleibt unverständlich, wenn man nur auf ein einzelnes tauschendes Subjekt blickt, weil dieses selbst schon immer die vielen anderen, die auch am Tausch beteiligt sind, voraussetzt. Die Tauschenden sind wechselseitig unmittelbar voneinander abhängig, „indem jeder von beiden Prozessen (des Gebens und des Nehmens, SG) in absolutem Zugleich Ursache und Wirkung des anderen ist"[185]. Der Tausch läßt sich aber auch nicht auf etwas zurückführen, das unabhängig von den Wechselbeziehungen der

---

[181] K. Nishida, Die Welt als Dialektisches Allgemeines, aaO., S. 145.
[182] Y. Matsudo, Eine Einführung in die Spätphilosophie von Kitarō Nishida, aaO., S. 65.
[183] K. Nishida, Die Welt als Dialektisches Allgemeines, aaO., S. 122.
[184] Y. Matsudo, Eine Einführung in die Spätphilosophie von Kitarō Nishida, aaO., S. 54-55.
[185] G. Simmel, Philosophie des Geldes, aaO., S. 45-46.

Tauschenden existiert. Es gibt, wie Simmel anschaulich darstellt, kein von den Tauschenden unabhängiges Drittes, auf dem die Tauschhandlung beruht:

> „Es wird nämlich gegenüber dem Begriff des Tausches oft jene Denkunklarheit begangen, infolge derer man von einer Beziehung, einem Verhältnis so spricht, als wäre es etwas außerhalb der Elemente, zwischen denen es spielt. Es bedeutet doch nur einen Zustand oder eine Veränderung innerhalb jedes derselben, aber nichts, was zwischen denselben, im Sinne der räumlichen Besonderung eines zwischen zwei anderen befindlichen Objekts, existierte. Indem man die beiden Akte oder Zustandsänderungen, die in Wirklichkeit vor sich gehen, in den Begriff 'Tausch' zusammenfaßt, liegt die Vorstellung verlockend nahe, als wäre mit dem Tausch etwas neben oder über demjenigen geschehen, was in dem einen und in dem anderen Kontrahenten geschieht – wie wenn die begriffliche Substantialisierung im Begriff des 'Kusses' den man ja auch 'tauscht', verführen wollte, den Kuß für etwas zu halten, was irgendwo außerhalb der Lippenpaare, außerhalb ihrer Bewegung und Empfindung läge."[186]

Selbst der Tauschwert eines Gutes geht den Tauschhandlungen nicht voraus, da er selbst erst „durch die Gegenseitigkeit des Sichaufwiegens"[187] entsteht. Er wird in einem „Probierverfahren" ermittelt, das stets schon die vielen Tauschpartner zumindest implizit voraussetzt.[188] Hieran wird erkennbar, wie schwer es ist, Handlungen kausal auf einen bestimmten Verursacher zurückzuführen. In Anlehnung an das Handlungsverständnis bei Nishida formuliert Weinmayr diese Einsicht so:

> „'Handeln' spielt an auf die aktive und produktive Leistung des Menschen, der auf anderes einwirkt, Wirklichkeit gestaltet, hervorbringt und so sichtbar macht. (...) Auf der Suche nach dem Ursprung oder Motiv dieses Handels gelangt man jedoch nicht an den ersten Anfang einer Willensleistung eines autonomen Subjekts oder zu einem Ensemble letztbegründbarer Handlungsnormen. Die Frage nach dem 'Wer' und dem 'Warum' des Handelns verweist vielmehr darauf, daß das handelnde Selbst selbst nur im wechselseitigen Bestimmungsgeschehen aller Seienden existiert, mithin ein von anderen Gestaltetes, ein Ort der Gegenwart unzähliger fremder Willen ist. 'Spricht man vom Wirken, so geht man vom individuellen Selbst aus.

---

[186] G. Simmel, Philosophie des Geldes, aaO., S. 35.
[187] G. Simmel, Philosophie des Geldes, aaO., S. 31. Die Unmöglichkeit, den Tauschwert als eigenständige Substanz zu denken, zeigt K.-H. Brodbeck. Vgl. ders., Zirkel des Wissens, aaO., S. 375ff.
[188] Vgl. zum Begriff des Probierverfahrens H.H. Lechner, Währungspolitik, aaO., S. 274.

4 Das implizite Weltbild der Ökonomie

Aber wir wirken nicht von außerhalb der Welt, sondern befinden uns, wenn wir wirken, bereits mitten in der Welt. Unser Wirken ist ein Gewirktwerden.'"[189]

Handeln ist also – wenn man es aus Sicht eines Handlungsträgers beschreibt – stets beides *zugleich*: aktiv und passiv, „Gebildetes und Bildendes"[190]. Es ist nicht eindeutig zu bestimmen. Oder anders gesagt: Es existiert kein *prime mover*, der als Ursache oder Ursprung einer Handlung angesehen werden könnte. Er kann weder im Handelnden noch in seiner Außenwelt eindeutig lokalisiert werden.[191] Aus diesem Grund wählt die japanische Philosophie einen anderen Ausgangspunkt, der auf den ersten Blick ungewöhnlich erscheint. Sie geht von Handlungen aus, ohne sie als von einem Handlungsträger bestimmt anzusehen. Handlungen erscheinen in einem Kontext (einer Welt), aber sie werden von niemandem in diesem Kontext kausal verursacht. Man kann hier von einer *reinen Aktivität* innerhalb einer Welt sprechen, einer *Handlung ohne Täter*. Diese Auffassung erscheint deshalb ungewöhnlich, weil die deutsche oder englische Sprache einen sozusagen zwingt, zusammen mit einem Verb zugleich auch immer einen Täter zu nennen: Die *Tasse* steht auf dem Tisch, der *Mann* fährt mit dem Zug, *Es* regnet Bindfäden. Auf diese Weise drängt sich die Frage nach dem Wer, nach dem Täter einer Handlung unmittelbar auf. Im Japanischen oder Altchinesischen hingegen erscheint diese Frage weit weniger relevant.[192] Denn es sind Sprachen, in denen eine reine Aktivität, eine Handlung ohne Täter zum Ausdruck gebracht wird. Grammatikalisch bedeutet dies, daß etwa das Japanische eine *Sprache ohne Subjekt* ist:

„Es ist wohl eine wirklich wesentliche Eigenschaft, daß das Subjekt hinsichtlich der Grammatik im Japanischen im Unterschied zu den europäischen Sprachen nicht unbedingt notwendig ist. Dies ist keine bloße Abkürzung aus Gründen der Be-

---

[189] E. Weinmayr, Denken im Übergang, aaO., S. 51-52. Weinmayr zitiert hier Nishida.
[190] E. Weinmayr, Denken im Übergang, aaO., S. 52.
[191] Vgl. zum Begriff des *prime mover* T.S. Lebra, Japanese Patterns of Behavior, Honolulu 1976, S. 6ff. Vgl. für eine Diskussion des Begriffes und seiner Bedeutung im japanischen Kontext S. Graupe, Japanese Modes of Business Behaviour, A Cultural Perspective on Efficiency and Accountability in the Japanese Context, praxis perspektiven, Band 5, Würzburg 2002., S. 47-54.
[192] Vgl. für eine ausführliche Analyse R. Elberfeld, Phänomenologie der Zeit im Buddhismus, aaO., S. 85ff. Inwieweit die folgenden Aussagen für das Japanische im allgemeinen oder nur für das Altjapanische zutreffen, ist umstritten.

quemlichkeit. Vielmehr kann dies so interpretiert werden, daß die japanische Sprache kein Subjekt hat."[193]

So sagt man beispielsweise 'Zug fahren' oder 'regnen', ohne daß gesagt wird, *wer* diese Handlungen ausführt. Dabei wird das Subjekt nicht etwa verborgen, sondern als nicht bestimmend für die Handlung angesehen. Es existiert so „die Möglichkeit, das Subjekt und das Objekt einfach wegzulassen und nur den Vorgang als ein Geschehen – oder 'das 'Tun' – zu benennen".[194] Mehr noch: Es wird deutlich, daß das Geschehen selbst, der Handlungskontext also, den Täter überhaupt erst *als* Täter bestimmt. 'Zug fahren' bestimmt jemanden erst *als* Zugfahrenden bzw. *als* Reisenden. Und 'laufen' bestimmt jemanden *als* Läufer. Das Subjekt verursacht also keine Handlung, sondern wird durch den Handlungskontext selbst bestimmt bzw. hervorgebracht. Oder besser gesagt: Im strengen Sinne existiert gar kein Subjekt; es wird lediglich ein Thema aus einer Erlebniseinheit hervorgehoben.[195] Auf jeden Fall wird der Handlung, dem Geschehensprozeß Priorität zugesprochen. Der Satz von Mises „Den Begriff des Handelns erfassen wir als denkende und handelnde Menschen"[196] wird also umgedreht: Der Mensch, sein Denken und Handeln wird von der Handlung her verstanden. „Unser eigenes Leben besitzen wir im wahren Sinn [nur] als Handelnde."[197]

Auf der Grundlage eines solchen Handlungsverständnis ist es möglich, die Welt als Handlungskontext zu beschreiben, ohne ihr ein Subjekt zugrundezulegen. Sie wird als Ort-worin gedacht, der lediglich *reine Aktivität* ist, ohne diese Aktivität einem Handlungsträger (kausal) zuzuordnen. Um die Eigenschaften einer solchen Welt herauszuarbeiten, ist die Metapher des *Feldes* besonders geeignet, wobei hier kein konservatives Feld, sondern ein *relativistisches*, d.h. selbst-handelndes und selbst-bestimmendes Feld gemeint ist.[198] Die Metapher des Feldes begegnete uns schon im dritten Kapitel, wo sie dazu diente, die Beziehung von Objekten und subjektivem Bewußtsein zu beschreiben (3.3.1). Hier soll mit ihrer Hilfe nun skizzenar-

---

[193] T. Shimomura, Mentalität und Logik der Japaner, in R. Ohashi (Hrsg.), Die Philosophie der Kyōto-Schule, aaO., S. 382.
[194] R. Elberfeld, Phänomenologie der Zeit im Buddhismus, aaO., S. 93.
[195] Vgl. R. Elberfeld, Phänomenologie der Zeit im Buddhismus, aaO., S. 109f.
[196] L. von Mises, Grundprobleme der Nationalökonomie, aaO., S. 22.
[197] K. Nishida, Logik des Ortes, aaO., S. 158, eigene Hervorhebung.
[198] Vgl. besonders L.K. Tong, The Art of Appropriation: Towards a Field-Being Conception of Philosophy, Fairfield 2000. Vgl auch D.L. Hall, R.T. Ames, Thinking from the Han, aaO., Kapitel 2 und 3.

tig angedeutet werden, wie die Beziehung des Einzelnen zur ökonomischen Welt gedacht werden kann. Hierfür wird das Geld wie ein Feld – genauer: wie ein Handlungsfeld – aufgefaßt, das die *Quelle* aller möglichen und tatsächlichen Taten der ökonomischen Welt darstellt.[199] So ermöglicht das Geld beispielsweise die berechnende Wahrnehmung oder auch das Streben nach Mehr. Es ist wie ein offener Raum zu verstehen, der eine Vielzahl von Handlungen zuläßt, diese zugleich aber wie ein Kraftfeld bestimmt. Der Einzelne kann innerhalb eines solchen Handlungsfeldes als eine Feldexistenz *(field-being)* aufgefaßt werden; er erscheint als Fokus oder Brennpunkt des Feldes. Ein solche Interpretation der Feldmetapher ist von besonderem Interesse, da auch in der Ökonomie zumindest implizit das Konzept des Feldes benutzt wird, um die Beziehung von Mensch und Gesellschaft zu beschreiben. Indem die ostasiatische Feldmetapher im folgenden näher erläutert und mit ökonomischen Interpretationen des Feldes kontrastiert wird, soll die neuartige Perspektive deutlich werden, die die ostasiatische Philosophie im Hinblick auf die ökonomische Welt eröffnet.

4.3.2 Der Einzelne in der ökonomischen Welt

Betrachten wir zunächst die Bestimmung des Einzelnen in der ökonomischen Welt.[200] In der ökonomischen Theorie wird der Einzelne mitunter als ein energiegeladenes Einzelwesen gedacht, das Impulse auszustrahlen und aufzunehmen vermag.[201] Es bleibt aber unklar, was diese aus der Physik übernommene Metapher *konkret* aussagen soll. Was etwa ist mit der Energieladung des Einzelnen genau gemeint? Wie ein Blick auf die Physik zeigt, ist eine Energieladung nur innerhalb eines Energiefeldes denkbar, wobei ihre Größe von der Position des Energieträgers innerhalb des Feldes abhängig ist. Ihre Größe ist *Ausdruck* des zugrundeliegenden Feldes; sie selbst ist als kontextabhängige Existenz zu betrachten. Wird dieser Gedanke auf den ökonomisch Handelnden übertragen, so bedeutet dies, ihn ebenfalls kontextabhängig zu verstehen. Er wird als eine bestimmte Funktion innerhalb des Handlungsfeldes, als eine spezifische Bestimmung von Aktivität gedacht.[202] Was aber ist genau unter seiner 'Energie' zu verstehen? Dem taoistischen Verständnis nach bezeichnet diese das *Resultat* aller Ak-

---

[199] Vgl. L.T. Tong, The Art of Appropriation, aaO., S. 11. Der Gedanke wird hier in seiner allgemeinen Form entwickelt.
[200] Hier wird zunächst davon abgesehen, daß diese Welt eine Welt der Vielen ist.
[201] Vgl. E.E. Nawroth, Die Sozial- und Wirtschaftsphilosophie des Neoliberalismus, aaO., S. 61.
[202] Vgl. L.K. Tong, The Art of Appropriation, aaO., S. 14.

tivitäten, die je ausgeführt wurden. Sie ist das Produkt oder Ergebnis gegenwärtiger und vergangener Aktivitäten innerhalb des Handlungsfeldes:

"Facts and effects are continuously made or produced by virtue of the work or dispensation of power, that is of matter-energy. Here the term 'matter energy' is to be taken in a special sense, not to be identified with its usual signification in the physical sciences. 'Matter-energy' is an abbreviation for vibrant energy and karmic matter, the latter referring to the accumulated effects or products of past actions. The appropriation of karmic matter by vibrant energy, which consists in the creative transformation of karmic matter through karmic labor, is what defines the meaning of subjectivity."[203]

Diese Einsicht läßt sich folgendermaßen auf die ökonomische Welt übertragen: Das Geld als Handlungsfeld gewährt dem Einzelnen eine Vielzahl von Taten. Diese sind zunächst nicht als Aktivität eines spezifischen Subjekts zu verstehen, sondern als *Möglichkeiten*, diese Aktivitäten überhaupt auszuführen. Das Geld gewährt dem Einzelnen, etwas zu besitzen oder nach einem Mehr im Sinne der Nutzenmaximierung zu streben. Es ist dabei aber ebensowenig mit einem bestimmten Streben zu identifizieren wie das physikalische Energiefeld mit einer bestimmten Energieladung. Man kann auch sagen, daß Besitz und Streben zunächst *allgemeine* Handlungsformen beschreiben, ohne daß diese von jemand bestimmtem ausgeübt werden. Der Einzelne kann sich diese Handlungsformen *aneignen*. So kann beispielsweise ein bestimmter Geldbetrag von jedem beliebigen Menschen besessen werden. Sein Besitz ist eine Möglichkeit für viele. Erst indem ein Einzelner diesen Geldbetrag ver-meint, ihn sich also aneignet, wird der Geldbetrag der Möglichkeit beraubt, auch von anderen besessen zu werden. Der Geldbesitz wird so zu einer individuellen Aktivität des Einzelnen. Dem taoistischen Verständnis nach wird der Einzelne erst durch eine solche *Privation* zu einem Wesen im Sinne einer Feldexistenz. Ebenso wie ein Objekt im Energiefeld allein durch die Energiemenge bestimmt ist, die es in sich konzentriert, ist der Einzelne dadurch bestimmt, daß er sich die Handlungsformen des Feldes aneignet. Erst indem jemand sich die Handlungsweise des Schreiners aneignet, wird er zum Schreiner und erst indem jemand die Handlungsweise der Regierung vermeint, wird er zum Regierenden.[204] Und der Einzelne wird zu einem 'energiegeladenen Einzelwesen' im ökonomischen Sinne, wenn er sich das Geld zu eigen macht und seine Wahrnehmung und Handlungen durch es bestimmen läßt. Oder allgemeiner formuliert: Er wird zu einem solchen Wesen, indem er sich am

---

[203] L.K. Tong, The Art of Appropriation, aaO., S. 9.
[204] Vgl. L.K. Tong, The Art of Appropriation, aaO., S. 5-6.

Geld festhält, wobei ein solches Sich-Festhalten durchaus wörtlich zu verstehen ist: Der Einzelne hält sich selbst fest, indem er das Geld ergreift und umgekehrt ergreift er sich selbst, wenn er am Geld festhält. Vermeinen der Handlung und Subjekt (Handlungsträger) – so eine wichtige Aussage des Taoismus und des Buddhismus – entstehen stets *gleichursprünglich*. Nur im beständigen Umgang mit Geld gründet deshalb die Existenz des ökonomisch Handelnden. Man kann dies auch so formulieren, daß sein *Ego* in nichts anderem als einer „artikulierten Aktivität" besteht, in der 'Kunst' sich die 'Energie' des Handlungsfeldes – das Geld – anzueignen.[205] In dem Moment, in dem der Einzelne in dieser Kunst versagt, ist seine 'Energie' vernichtet; er hört im Kontext der ökonomischen Welt auf zu existieren.

Die 'Energieladung' ist aber nicht die einzige Eigenschaft, durch die der Einzelne innerhalb eines Handlungsfeldes beschreibbar ist. Denn dem Einzelnen ist noch die *Kraft* eigen, sich immer wieder neu in Handlungen zu ergreifen und damit seine Position im Handlungsfeld zu verändern. Es ist dieser Prozeß, durch den die Existenz des Egos *aufrecht* erhalten wird: „Jeder individuelle Handlungsprozeß strebt danach, sich selbst zu verewigen, d.h. sich unendlich selbst in seinen Handlungen zu ergreifen."[206] Tong beschreibt dieses Streben als ein „Wille zur Macht". Es manifestiert sich als „der Wille zu ergreifen, festzuhalten und zu kontrollieren."[207] Ein solcher Wille zur Macht nimmt im Handlungsfeld des Geldes eine ganz spezifische Gestalt an, insofern die Macht hier als *unbegrenzt* erscheint. Denn es liegt in ihrer Natur, sich immer fortschreitend zu vermehren.[208] Die Kraft des Einzelnen im Handlungsfeld des Geldes richtet sich also nicht nur darauf, die eigene Existenz im Feld aufrecht zu erhalten, sondern auch darauf, diese auszudehnen. Sie ist ein Streben nach *unendlicher* Aneignung.

Ohne auf die Metapher der Energie und Kraft näher einzugehen, zeigt sich, daß die ostasiatische Philosophie den Handelnden nicht als ein Wesen oder eine Substanz betrachtet, sondern als einen fortlaufenden *Prozeß*. Der Handelnde ist nichts anderes als gegenwärtige und vergangene Aktivität.[209] „Unser Selbst ... ist durchgehend aktiv."[210] „Kurz, in der Metapher der Fel-

---

[205] Vgl. L.K. Tong, The Art of Appropriation, aaO., S. 7.
[206] L.K. Tong, The Art of Appropriation, aaO., S. 22.
[207] L.K. Tong, The Art of Appropriation, aaO., S. 22.
[208] Vgl. T. Hobbes, Leviathan, aaO., S. 66.
[209] Dies wird im Hinblick auf den klassischen Konfuzianismus besonders deutlich hervorgehoben in R.T. Ames, The Focus-Field in Classical Confucianism, in: Ders. et al. (Hrsg.), Self as Person in Asian Theory and Practice, New York 1994, S. 198ff.
[210] K. Nishida, Logik des Ortes, aaO., S. 242.

dexistenz gibt es keinen Unterschied zwischen handeln und existieren; existieren ist handeln und handeln bedeutet zu existieren. Es ist alles Handlung!"[211] Hieraus ergibt sich unmittelbar, daß von einem Wesen des Einzelnen nicht mehr sinnvoll gesprochen werden kann. Der Einzelne ist keine fixierbare Substanz; er verändert sich vielmehr handelnd beständig selbst. Zudem kann der Einzelne nicht kontextunabhängig gedacht werden, weil er als Fokus immer vom Kontext des Feldes abhängig ist. „Per Definition kann ein Fokus nicht unabhängig sein: Seine Struktur und Kontinuität wohnt dem Kontext unaufhörlich inne."[212] Die 'Natur' des Einzelnen ist es sozusagen, Energiekonzentration und Kraftvektor *in* einem Handlungsfeld darzustellen; sie ist vom diesem Feld nicht zu trennen. 'An sich', d.h. abstrahiert vom Handlungsfeld ist der Einzelne lediglich eine Nicht-Entität, ein Nicht-Wesen.[213] Die Eigenschaften des Einzelnen liegen allein in der Beziehung zu demjenigen Feld begründet, in dem dieser sich befindet.[214]

"From the Field-Being standpoint, the world or universe is not a discrete collection of rigidly bounded 'substantial entities', but is in reality a dynamic plenum or continuum of empowered activity, an encompassing and unified field of power concrescence. Every determination in the universe is a field-topological event, a warp of power – of energy, experience and meaning – arising from a holo-reflexive articulation or complexification of the dynamic plenum in its undivided wholeness. Strictly speaking there are no things at all, conceived as intrinsically separate and independent individual substances. The differentiated beings, entities or objects which show themselves in our ordinary conscious experience are not substantial entities but are what we call field individuals, which, as worldly existents, are more or less enduring centers of empowered activity, or field-topological loci of power concrescence. Indeed, it is out of the self-definition of power concrescence as limited and shaped by the holo-reflexive complexification of the dynamic plenum that individuals are born in the Great Flow, in the universal process of becoming."[215]

---

[211] L.K. Tong, The Art of Appropriation, aaO., S. 14.
[212] D.L. Hall, R.T. Ames, Thinking from the Han, aaO., S. 43.
[213] Vgl. L.K. Tong, The Art of Appropriation, aaO., S. 21-22. Tong fügt hier hinzu, daß diese Vorstellung des Nicht-Wesens im Buddhismus durch den Begriff der „Leere" ausgedrückt wird: „As the Buddhists would say, the so-called things are in themselves empty, devoid of self-nature."
[214] Vgl. K. Nishida, Logik des Ortes, aaO., S. 80.
[215] L.K. Tong, Dao and Logos: Prolegomena to a Quintessential Hermeneutics, in: C. Bickmann (Hrsg.), Tradition und Traditionsbruch, erscheint 2005.

4.3.3 Die logische Unmöglichkeit, die ökonomische Welt zu bestimmen

Wie aber läßt sich nun das Handlungsfeld selbst beschreiben? Es scheint zunächst naheliegend, es als eine Ansammlung oder Aggregation von Energiekonzentrationen bzw. als eine wechselseitige Interaktion dieser Konzentrationen zu interpretieren. Eine solche Interpretation ist allerdings problematisch. Denn ein Feld, so zeigt ein Blick auf die Physik, ist nicht durch die Energiekonzentrationen zu beschreiben, die sich in ihm befinden. „Das gesamte Feld entspricht nicht der Summe seiner Teile."[216] Es stellt weder eine bestimmte Energiekonzentration dar noch eine Aggregation solcher Konzentrationen. Es ist allerdings auch nicht durch eine Abwesenheit dieser Konzentrationen bestimmt. Das Feld ist vielmehr der *Ort-worin*, in dem die verschiedenen Energiekonzentrationen entstehen, sich verändern und vergehen, ohne vom Standpunkt einer dieser Konzentrationen erkennbar zu sein. Dies bedeutet auf das Handlungsfeld übertragen: Aus Sicht der Handelnden ist dieses Feld ein Ort-worin, der stets vorausgesetzt, nicht aber objektivierbar ist. Man kann von ihrem Standpunkt aus nicht sagen, ob es existiert oder nicht. Das Handlungsfeld ist keine Einheit, die aus (vor)gegebenen Einzelnen zusammengesetzt ist, sondern bestimmt selbst *orthaft* die Einzelnen. Es ist kein Ergebnis einer Aggregation von Einzelwesen, sondern umgekehrt gerade deren *Voraussetzung*.[217] Im Hinblick auf die ökonomische Welt bedeutet dies, daß diese zwar eine Gesamtheit von Handlungen darstellt, nicht aber als eine Ansammlung von Individuen vorstellbar ist:

> "The plenum is itself not a digitum, nor analyzable into a collection of *digiti*. (...) The world as a dynamic and fluid articulate totality of field action is not be digitized into a collection of substantial entities or assembled into a machine made up of mechanical parts, however intriguing and orderly that substantial or mechanical assembly is."[218]

Wenn ein Handlungsfeld nicht als eine Ansammlung von Entitäten verstanden werden kann, dann liegt es nahe, es als eine Feld*ordnung*[219] aufzufassen. Diese Möglichkeit diskutiert etwa Hayek, wenn er von der Gesellschaft als einer „abstrakten Gesamtordnung"[220] spricht, die von „spontanen

---

[216] P. Mirowski, More Heat than Light, aaO., S. 81.
[217] Vgl. erneut R.J. Wargo, The Logic of Basho aaO., S. 201-202.
[218] L.K. Tong, The Art of Appropriation, aaO., S. 18-23.
[219] Vgl. zum Begriff, L.K. Tong, The Art of Appropriation, aaO., S. 11.
[220] F.A. Hayek, Recht, Gesetzgebung und Freiheit, Band 2, aaO., S. 159.

Ordnungskräften"[221] gebildet wird. Entscheidend ist hier, ob die Ordnungskräfte als kontextunabhängig und damit die Feldordnung als eine eigenständige bzw. unabhängige Existenz betrachtet wird. An vielen Stellen wird deutlich, daß dies der Fall ist, etwa wenn Hayek von einer „Demut gegenüber den unpersönlichen und anonymen sozialen Vorgängen"[222] oder gar von einem „*überbewußten Mechanismus*"[223] spricht. Es soll eine „spontane Ordnung", existieren, die von „überpersönlichen, 'selbstorganisierenden' Kräften" geschaffen wird.[224] Man kann argumentieren, daß durch die Vorstellung einer solchen Ordnung eine neue Form der unsichtbaren Hand postuliert wird. Dabei wird deren Funktion, die Vielen zu einer 'gesetzhaften Einheit' zu verbinden, von einem Unbewußten erfüllt; ein Gedankengang, den schon Simmel beschreibt:

„Die wirtschaftlichen Wechselwirkungen verlaufen eben überhaupt in so wunderbarer Zweckmäßigkeit, in so fein organisiertem Ineinandergreifen unzähliger Elemente, daß man einen überschauenden, nach überindividueller Weisheit schaltenden Geist als Lenker derselben annehmen müßte, wenn man nicht auf die *unbewußte Zweckmäßigkeit* des menschlichen Gattungslebens zurückgreifen wollte."[225]

Auf diese Weise scheint die Feldmetapher lediglich dahin zu führen, die ökonomische Welt im Sinne eines „gegebenen Ganzen"[226] zu beschreiben. Dieser Eindruck täuscht allerdings, weil Hayeks Aussage auf einer falschen Interpretation der Metapher beruht. Ihm unterläuft nämlich ein Gedankenfehler, den schon Simmel kritisiert. Hayek folgert aus der Tatsache, „bewußtes Wollen und Voraussehen des einzelnen würde nicht ausreichen, das wirtschaftliche Getriebe in derjenigen Harmonie zu halten, die es neben all seinen furchtbaren Dissonanzen und Unzulänglichkeiten aufweist", es müßten „unbewußte Erfahrungen und Berechnungen angenommen werden, die sich im geschichtlichen Verlauf der Wirtschaft summieren und denselben regulieren"[227]. Aus unbewußten Vorstellungen auf die tatsächliche Existenz einer Ordnung zu schließen aber „ist zweifellos logisch unberechtigt. Die bloß negative Tatsache, daß wir uns in diesem Falle keiner

---

[221] F.A. Hayek, Recht, Gesetzgebung und Freiheit, Band 1: Regeln und Ordnung, München 1980, S. 63.
[222] F.A. Hayek, Wahrer und falscher Individualismus, aaO., S. 18.
[223] F. A. Hayek, Studies in Philosophy, Politics and Economics, London-Henley 1967, S. 61, eigene Hervorhebung.
[224] F.A. Hayek, Recht, Gesetzgebung und Freiheit, Band 1, aaO., S. 79.
[225] G. Simmel, Die Philosophie des Geldes, aaO., S. 138, eigene Hervorhebung.
[226] F.A. Hayek, Recht, Gesetzgebung und Freiheit, Band 2, aaO., S. 43.
[227] G. Simmel, Philosophie des Geldes, aaO., S. 138.

4 Das implizite Weltbild der Ökonomie

begründenden Vorstellung bewußt sind, drehen wir unter der Hand in die positive um, daß unbewußte Vorstellungen vorhanden sind." Unbewußte Vorgänge als eine *wirkende Ursache* zu behandeln, verkennt, daß sie ein „bloßes Symbol des wirklichen Verlaufes sind".[228]

Wie aber kommt die Vorstellung eines unbewußten Vorganges als wirkende Ursache zustande? Wir sahen schon, wie der Einzelne als eine kontextabhängige Existenz im Handlungsfeld bestimmt werden kann. Wenn man allein auf diese Bestimmung blickt, dann affirmiert das Feld den Einzelnen absolut.[229] Es räumt ihm die Möglichkeit ein, Feldhandlungen zu vermeinen und sich so als Individuum zu ergreifen. Das Feld bietet aber noch eine ganz andere Möglichkeit des Ergreifungsprozesses. Diese wird daran deutlich, daß sich nicht nur ein Einzelner in einem Handlungsfeld bestimmt, sondern die *Vielen* dies tun. Eine Handlung ist nicht allein privat, sie ist zugleich auch allgemein in dem Sinne, daß sie von *jedem* vollzogen werden kann. Sie kann also nicht nur individualisiert, sondern zugleich auch verallgemeinert werden, indem sie als eine allgemeine Handlungs*regel* verstanden wird. Es ist diese Richtung, in der die Feldordnung gedacht wird. Hayek formuliert dies sehr klar: Es ist die „Regelmäßigkeit des Verhaltens", die „den allgemeinen Charakter der sich ergebenden Ordnung ... bestimmt."[230] In der ökonomischen Welt liegt diese Regelmäßigkeit des Verhaltens darin begründet, daß alle Einzelnen sich im Feld des Geldes ergreifen und diese vielen Ergreifungsprozesse miteinander verbunden werden. „Nicht mehr der von unersättlicher Habgier angetriebene Kaufmann reist jetzt rastlos um die Welt, sondern diese wird vernetzt."[231] In der Ökonomie wird in diesem Zusammenhang etwa von einem „zirkulären Netz" oder einem „Kreislauf des Handels" gesprochen.[232] Doch damit soll kein Beziehungsgeflecht von Menschen bezeichnet werden, sondern ein *abstraktes* Regelwerk. Es geht den Ökonomen nicht um die Beschreibung einer *face-to-face society*, sondern um eine „abstrakte Gesellschaft ..., in der ... nur abstrakte Regeln und unpersönliche Signale das Handeln ... bestimmen."[233] Dabei wird vom Einzelnen und seinen spezifischen Beziehungen zu anderen völlig abstrahiert. Das Handlungsfeld wird als eine rein

---

[228] G. Simmel, Philosophie des Geldes, aaO., S. 138.
[229] Vgl. K. Nishida, Die Welt als Dialektisches Allgemeines, aaO., S. 130.
[230] F.A. Hayek, Recht, Gesetzgebung und Freiheit, Band 1, aaO., S. 62.
[231] J. Wieland, Ökonomische Organisation, Allokation und Status, aaO., S. 48.
[232] Vgl. J. Wieland, Ökonomische Organisation, Allokation und Status, aaO., S. 48.
[233] F.A. Hayek, Recht, Gesetzgebung und Freiheit, Band 3: Die Verfassung einer Gesellschaft freier Menschen, Landsberg am Lech 1981, S. 219. Der Begriff „abstrakte Gesellschaft" stammt von K. Popper.

anonyme Funktionsrelation aufgefaßt. Dabei kommt dem Geld erneut eine besondere Bedeutung zu, weil erst dieses die Annahme solcher Funktionsrelationen zuläßt. Denn nur durch das Geld können alle Handlungen einheitlich in Preisen codiert werden, so daß ein preisvermittelter Funktionszusammenhang angenommen werden kann.[234] Eine solche „handlungsstrukturierende Macht"[235] des Handlungsfeldes läßt sich soweit verallgemeinern, bis die Funktionsrelationen als *autonom* und das Handlungsfeld als *eigenständige Wirklichkeit* angesehen werden. Letzteres wird zu einem objektiven Ding-Ding-Nexus, zu einem System, das „sich ganz von selbst"[236] herstellt. „Damit ist der Weg frei, ökonomische Ordnung als ein *mechanisches System* zu denken"[237], in dem alle Handlungen *gesetzhaft* zu einer Einheit verbunden werden. Die ökonomische Welt erscheint als ein künstlicher Körper, als ein mechanischer Kreislauf von Ereignissen. Sie wird selbst zur *Maschine*, von der gedacht wird, daß sie „sich selbst ... absolut bestimmt"[238].

In einer solchen kausal-mechanistischen Interpretation der Welt wird die gedankliche Verallgemeinerung des Handlungsfeldes auf die Spitze getrieben. Während der Einzelne absolut bejaht wird, indem allein seine individuelle Aneignung der Feldhandlungen betrachtet und von allen anderen abstrahiert wird, so wird der allgemeine Charakter des Feldes absolut affirmiert, indem man die Feldhandllungen als unabdingbare Regeln *aller* Handlungen innerhalb eines Feld betrachtet, ohne irgendeine bestimmte Handlung eines Einzelnen zu betrachten. Es ist unmittelbar einsichtig, daß auf diese Weise die Individualität des Einzelnen absolut *negiert* wird. Alle Handlungen erscheinen nur noch als Ausdruck allgemeiner (allengemeiner) Regeln, die *objektiv* gegeben scheinen. Auch wenn auf diese Weise die ökonomische Welt tatsächlich als eine „imaginäre Maschine" gedacht werden kann, in der „in der Einbildung die verschiedenen Bewegungen und Wirkungen zusammengesetzt werden, die in Wirklichkeit ausgeführt werden"[239], so bleibt sie tatsächlich nur das: eine Imagination, eine *gedankliche Abstraktion*. Dies gilt insbesondere, wenn man ein eigenständiges Wesen hinter einer solchen Maschine vermutet. Denn ebenso wie

---

[234] Vgl. J. Wieland, Ökonomische Organisation, Allokation und Status, aaO., S. 53f.
[235] J. Wieland, Ökonomische Organisation, Allokation und Status, aaO., S. 55.
[236] A. Smith, Der Wohlstand der Nationen, aaO., S. 582.
[237] J. Wieland, Ökonomische Organisation, Allokation und Status, aaO., S. 49, eigene Hervorhebung.
[238] K. Nishida, Die Welt als Dialektisches Allgemeines, aaO., S. 140.
[239] A. Smith, Essays on Philosophical Subjects, hrsg. v. W.P.D. Wightman, J.C. Bryce, Glasgow 1980, S. 66.

keine Feldexistenz kontextunabhäng ist, so bleibt auch die Vorstellung einer allgemeinen Ordnung notwendig auf den Kontext des Feldes relativiert. Es existiert keine eigenständige, vom Handlungsfeld unabhängige Ordnung, die das Handeln der Vielen kausal oder mechanisch bestimmen könnte. Vielmehr ist das Handeln der Vielen in einem Handlungsfeld die logische und notwendige Voraussetzung dafür, daß eine abstrakte Ordnung überhaupt vorgestellt werden kann. Unabhängig davon, daß die Vielen ihre Wahrnehmung und ihr Handeln im Handlungsfeld des Geldes bestimmen und damit dieses Handlungsfeld allen-gemein wird, gibt es keinen 'Marktmechanismus', keine 'Sachzwänge'. Eine wie auch immer geprägte ökonomische Ordnung hat kein Wesen; sie ist keine Entität, die man vom Handlungsfeld des Geldes separieren könnte. Für sie gilt ebenso wie für das Individuum: 'An sich', d.h. abstrahiert vom Handlungsfeld, ist sie lediglich eine Nicht-Entität, ein Nicht-Wesen. Ihre Substanzialität liegt allein in ihrer Beziehung zum Feld begründet, in dem sie orthaft bestimmt wird. Auch sie ist eine *kontextabhängige* Existenz. Hieraus folgt, daß das Handlungsfeld weder ausgehend von einer Feldordnung noch ausgehend vom Individuum bestimmt werden kann. Von beiden Standpunkten kann man weder auf die Existenz noch auf die Nicht-Existenz des Feldes schließen. Letzteres ist immer schon das Gegebene, die implizite Voraussetzung. Und auch hier gilt: Was als Voraussetzung dient, kann nicht selbst erklärt werden.

4.3.4 Die ökonomische Welt als ein Ort des Nichts

Wird die Welt als ein Handlungsfeld interpretiert, so zeigt sich, daß sie weder vom Standpunkt des Individuums noch vom Standpunkt einer gegebenen Ordnung erfaßt werden kann. „Weder die Vielen noch das Eine bilden das Fundament (*base*) der Welt."[240] Die Welt zeigt sich vielmehr als eine „Bestimmung ohne ein Bestimmendes, das von einer absolut übergeordneten Ebene das Geschehen bestimmen und lenken würde."[241] Sie ist der Ort-worin, der Individuum *und* Allgemeines in sich birgt und zueinander vermittelt. Die Welt läßt sich also folgendermaßen charakterisieren: Sie ist weder eine Ansammlung von Individuen noch eine abstrakte Ordnung. Sie ist auch nicht als eine Kreuzungsfläche dieser beiden Pole zu denken.[242] Sie bestimmt vielmehr *orthaft* beide Pole zugleich.

---

[240] K. Nishida, Intelligibility and the Philosophy of Nothingness, aaO., S. 168.
[241] K. Nishida, Logik des Ortes, aaO., S. 166, Anmerkung des Übersetzers.
[242] Vgl. K. Nishida, Die Welt als Dialektisches Allgemeines aaO., S. 140.

Die Welt stellt für jede Erklärung, die entweder vom Individuum oder vom Allgemeinen ausgeht, einen Ort des Nichts dar. Tong macht diese Aussage anhand der Feldmetapher deutlich:

> "The Field then is the universal matrix conceived as the womb of all field individuals and field orders (the particulars and universals in traditional Western metaphysics), the two primary types of existence in the plenum of Field-Being. When we think of the Field as source of all possibilities and existence in articulate action, it is identified as the field potential. Since the field makes room for all particularity – all particular roles and functions – and, hence, cannot be identified with any particular roles or functions, it is the nothing that lies at the root of all things, that is the 'Radical Nothing'. But the field potential, as Radical Nothing, is also referred to as the 'Let-Be', the ultimate activity that is the articulate source and ground of all existence in the universe (in a specific world, SG)."[243]

Die Welt stellt einen offenen Raum dar, einen Ort der Möglichkeiten, der die Existenz aller spezifischen Erscheinungsformen gewährt. Sie birgt insbesondere Einzelnes und Allgemeines *zugleich* in sich. In ihrer „Funktion, die Kontradiktorischen gleichzeitig zu setzen"[244], durchbricht die Welt den Gegensatz dieser beiden Pole, ohne ihn aufzulösen. Denn in ihr erscheinen Einzelnes und Allgemeines nicht als unvereinbare Gegensätze[245], sondern als *positiv interdependent*[246]. Diese positive Interdependenz läßt sich darauf zurückführen, daß die gleiche Handlungsform auf zwei unterschiedliche Weisen ergriffen werden kann: zum einen objektiv im Sinne einer Ordnung, insofern sie als 'allgemeiner Charakter' der Vielen betrachtet wird und zum anderen als Ausdruck von Individualität bzw. Subjektivität, wenn sie als 'besondere Erscheinungsform' des Einzelnen angesehen wird. Diese beiden Pole sind niemals zu trennen, da sie sich ursprünglich auf die gleiche Handlung beziehen. Sie sind in einem radikalen Sinn interdependent, d.h. wechselseitig aufeinander angewiesen. Eine allgemeine Ordnung zeigt sich nur, wenn sich die unzähligen Einzelnen in einem bestimmten Handlungsfeld ergreifen und die Einzelnen können sich nur dann in diesem Feld ergreifen, wenn dieses im Sinne einer allgemeinen Ordnung anerkannt ist. Beides, Ordnung und Individuum bzw. Allgemeines und Einzelnes verweisen aufeinander, ohne daß sich einer der Pole *außerhalb* des Hand-

---

[243] L.K. Tong, The Art of Appropriation, aaO., S. 11.
[244] Y. Matsudo, Eine Einführung in die Spätphilosophie von Kitarō Nishida, aaO., S. 86.
[245] Vgl. L.K. Tong, The Art of Appropriation, aaO., S. 17.
[246] Vgl. Y. Matsudo, Eine Einführung in die Spätphilosophie von Kitarō Nishida, aaO., S. 86.

lungsfeldes bestimmen ließe. „Es gibt nichts, an das wir denken oder über das wir reden könnten, was nicht eine reine Funktion, d.h. eine Funktion oder Bestimmung von Aktivität wäre."[247]

Weil die Welt diejenige ist, die Einzelnes und Allgemeines in sich birgt und zueinander vermittelt, gilt, daß sie selbst weder aus Sicht des Einzelnen noch aus Sicht des Allgemeinen erklärt werden kann. Sie ist vielmehr ein *Ort des Nichts*, der nicht als 'etwas' zu bestimmen ist. Die Welt ist ein Feld von Handlungsmöglichkeiten, aber ebensowenig ein Wesen wie ein physikalisches Feld. Sie ist weder eine Aggregation von 'Einzelwesen' noch ein Ergebnis ihrer Wechselwirkungen. Sie ist vielmehr wie ein offener Raum, der diese Wechselwirkungen überhaupt erst ermöglicht. Die Welt ist aber auch keine abstrakte Ordnung; sie ist vielmehr der Ort-worin, der der Existenz einer solchen Ordnung vorausgeht.

4.3.5 Die Widersprüchlichkeit der ökonomischen Welt

Wird die Welt als ein Ort des Nichts aufgefaßt, so wird erkennbar, daß sie nicht vollständig objektivierbar ist. Man sieht sich mit der „Unmöglichkeit einer Letztbegründung des Bestimmungs- und Gestaltungsgeschehen der Welt"[248] konfrontiert. Eine Konfrontation, die für Nishida – wie für andere ostasiatische Philosophen auch – *unausweichlich* ist, da kein Mittelpunkt existiert, von dem die Welt aus erfaßt werden kann:

„Der Mensch kann nicht dieser Mittelpunkt sein, weil er zwar handelt, aber die Tat nicht ihm allein gehört; sie ist ein Ausdruck der Welt, von der er stammt und in der er überhaupt handeln kann. Ebensowenig kann ein (abstraktes) Allgemeines wie z.B. Gott, das Sein, das Eine den Mittelpunkt ausmachen, der die Welt lenken und zu einer Einheit verbinden soll."[249]

Konkret bedeutet dies für die ökonomische Welt, daß sie weder als Markt im Sinne einer Sachgesetzlichkeit oder eines Mechanismus noch als eine Aggregation von Individuen erfaßt werden kann. Sie ist weder vom Einzelnen noch vom Allgemeinen her zu denken:

„Denkt man den Menschen als das gestaltende Subjekt der Welt, das heißt führt man die konkrete Gegebenheit und Präsenz der Wirklichkeit auf die aktive Leistung

---

[247] L.K. Tong, The Art of Appropriation aaO., S. 14.
[248] E. Weinmayr, Denken im Übergang, aaO., S. 50.
[249] Y. Matsudo, Eine Einführung in die Spätphilosophie von Kitarō Nishida, aaO., S. 66.

des Menschen zurück und nimmt diesen als den Ursprung der Wirklichkeit, so übersieht man, daß jeder Mensch selbst im Bestimmungsgeschehen aller Seienden, das heißt in der Welt im Ganzen gründet. Betrachtet man umgekehrt den einzelnen Menschen als bloß passives, durch und durch gestaltetes Moment im kontinuierlich ablaufenden Selbstgestaltungsprozeß irgendeiner letzten und wahren Wirklichkeit, dem nur noch das bloß passive Anschauen der Wirklichkeit im nachhinein ihrer Gestaltung übrigbleibt, so übersieht man, daß das Ganze der Welt in Wahrheit und im letzten nur ist als das wechselseitige Bestimmungsgeschehen aller Einzelnen."[250]

Die Welt widersetzt sich jeglicher rationaler Beschreibung im Sinne einer logischen, eindeutigen Aussage.[251] Sie läßt sich lediglich *widersprüchlich* beschreiben. Diese Widersprüchlichkeit der Welt wird insbesondere von Nishida betont:

„Nishida faßt die konkrete Welt als 'Welt der absolut widersprüchlichen Selbstidentität des Einen und des Vielen' ...; in ihr gilt: 'das Eine zugleich das Viele, das Viele zugleich das Eine'. Die Welt zeigt so ein Doppelgesicht, das jeden Versuch, sie aus einem Gegenüber in einem Blick zu fixieren oder eine eindeutige Aussage über sie zu treffen, irritiert. Als das Eine und Allgemeine umfaßt die Welt die vielen Einzelnen, vermittelt sie untereinander und bietet so allen Einzelnen den Ort, in dem sie miteinander in Beziehung stehen, aufeinander wirken, sich gegenseitig gestalten und so erst als Einzelne sein können. Als das 'orthaft Vermittelnde' ... von völlig unabhängigen, gegeneinander ganz und gar diskontinuierlichen Einzelnen hat diese Welt jedoch keine Mitte, ihre Einheit und Kontinuität ist zerrissen. Nishida bezeichnet sie daher als das 'diskontinuierlich-kontinuierlich Vermittelnde', oder als 'Ort diskontinuierlicher Kontinuität' oder 'widersprüchlicher Selbstidentität'."[252]

Die Welt läßt sich „nicht vergegenständlichen und zeigt sich daher wesentlich als absolute Negativität"[253]. Sie kann nicht als ein Gegebenes, als ein „bloß ewig Unveränderliches" erfaßt werden.[254] Jegliche Beschreibung der Welt als eine kohärente Einheit wird daher von Nishida abgelehnt; eine Haltung, die auch im Taoismus vertreten wird:

"The Daoist posture of mirroring the world cannot be either dialectical or analytic, since both analysis and dialectic require a putative whole, the former in order to divide into parts, the latter in order to form the opposing parts into some synthetic

---

[250] E. Weinmayr, Denken im Übergang, aaO., S. 51.
[251] Vgl. L.K. Tong, The Art of Appropriation, aaO., S. 19.
[252] E. Weinmayr, Denken im Übergang, aaO., S. 50.
[253] Y. Matsudo, Eine Einführung in die Spätphilosophie von Kitarō Nishida, aaO., S. 110.
[254] K. Nishida, Die Welt als Dialektisches Allgemeines, aaO., S. 144.

whole. Neither the 'ten thousand things' nor the self that plies its way among them, may be summed to a coherent whole."[255]

Die Ablehnung jeglicher rationalen Erklärung der Welt impliziert nicht, daß keine Beschreibung möglich ist. So wird in den Begriffen des Feldes und des Ort-worin eine *Alternative* sichtbar, die die Widersprüchlichkeit der Welt sowie die wechselseitige, kontextbedingte Abhängigkeit aller Existenzen innerhalb dieser Welt anerkennt. Eine solche Sichtweise mag vielleicht unbefriedigend oder gar unwissenschaftlich erscheinen. Sie stellt aber sowohl für den Taoismus als auch für die japanische Philosophie die einzige Möglichkeit dar, den Charakter der Welt zu erfassen. Denn aus ihrer Sicht stellen die Vorstellungen substantieller Einzelner und eines gegebenen Allgemeinen *Täuschungen* dar. Sie sind reine Abstraktionen, die die lebendige, sozio-historische Welt als denjenigen Kontext vergessen lassen, in dem diese Abstraktion vollzogen wird. Es ist diese Einsicht, die dazu führt, alle rationale Erklärungen der Welt, wie sie etwa in der Ökonomie angestrebt werden, abzulehnen.

4.4 Die Eigenschaften der ökonomischen Welt

Lehnt man es ab, die Welt als eine abstrakte Ordnung zu beschreiben, so ist es notwendig, die Beziehungen der Einzelnen zueinander genauer zu durchdenken, als dies bis jetzt der Fall war. Wie ist die Welt als Einheit der Vielen zu erklären, wenn weder ein Mechanismus noch eine Gesetzmäßigkeit angenommen wird, die diese Einheit vermittelt? Diese Frage ist von besonderem Interesse, da ihre Antwort auf eine Eigenschaft der Welt hinweist, die in japanischen Philosophie oft hervorgehoben wird: auf ihren *schöpferischen, dynamischen* Charakter. Wie gezeigt werden soll, ist es dieser Charakter, der die Berechnung und Prognose der Welt sowie ihre Beherrschbarkeit logisch unmöglich macht.

4.4.1 Der schöpferische, dynamische Charakter der ökonomischen Welt

Der Gedanke der Ordnung beruht darauf, von jeder spezifischen Bestimmtheit einzelner Elemente abzusehen und diese als logisch gleichwertig bzw. als austauschbar zu betrachten. So wird der Handelnde auf ein Exemplar einer bestimmten Begriffsklasse reduziert. Der Ordnungsgedanke abstrahiert von *jeglicher* spezifischen Situation, in der Menschen handeln. „Das Selbst wird nur verstanden als eine einheitliche und damit formale

---

[255] D.L. Hall, R.T. Ames, Thinking from the Han, aaO., S. 67.

Definition – fixiert als Ego oder Ideal."²⁵⁶ Es ist diese Abstraktion, so eine wichtige Einsicht der ostasiatischen Philosophie, die es *unmöglich* macht, den eigentlichen Charakter der Welt zu verstehen. Deutlich wird dies erneut an der Metapher des Feldes. Denn ein Handlungsfeld besteht nicht aus Handlungsmöglichkeiten, die in einer Art Vakuum existieren. An sich, das heißt ohne die konkreten Vielen, die sich in ihm bewegen, ist es 'leer'. Es ist ein Raum von Handlungsmöglichkeiten, aber außerhalb der Vielen, die sich diese Möglichkeiten tatsächlich aneignen, gibt es diesen Raum nicht. Das Feld *an sich* ist nichts, eine reine Abstraktion. Es existiert aber stets als ein *bestimmtes* Feld. Oder anders gesagt: Eine bestimmte Aktivität ist nichts, ohne daß sie von jemanden ergriffen wird. Der Besitz etwa ist nichts, ohne daß Ich oder Du ihn besitzt. Und das Geld als Handlungsfeld existiert nicht unabhängig davon, daß die Vielen sich in den durch Geld vermittelten Aktivitäten tatsächlich ergreifen. Auf den Gedanken der Welt übertragen bedeutet dies, daß diese im Gegensatz zu einer abstrakten Ordnung „kein vermittelndes Etwas"²⁵⁷ bezeichnet. Es ist vielmehr so, daß sie „ihr Selbst nur in den vielen Einzelnen hat. 'Das wahre ganze Eine hat sein Selbst in den einzelnen Vielen.' Anders: Das, was die Welt ist, die Gestalt der Welt bestimmt sich je aus dem wechselseitigen Gestaltungsgeschehen und Wirkungszusammenhang aller Seienden."²⁵⁸ Die Welt ist stets nur vorstellbar als eine bestimmte Aktivität, die durch die vielen Einzelnen auf ihre je eigene, einzigartige Weise ergriffen wird. Sie ist nichts als die vielen Brennpunkte, wobei jeder Brennpunkt sich wiederum in ihr bestimmt.²⁵⁹

Der Gedanke, jeder Einzelne bestimme sich im Handlungsfeld, ist also irreführend, sofern man sich dieses Handlungsfeld als ein Etwas vorstellt. Das Geld als Handlungsfeld ist keine eigenständige oder unabhängige Substanz, die die Vielen zueinander vermittelt. Genauer: Das Geld ist zwar ein Vermittelndes, aber seine eigene Existenz nährt sich nur daraus, daß die Vielen sich in ihm aufeinander beziehen. Nishida würde in diesem Zusammenhang von einer *Bestimmung ohne Bestimmendes* ²⁶⁰ sprechen:

> „Wir können aber die Gegenwart ebensowenig wie die Welt selbst aufzeigen noch fassen; sie sind überall und nirgends. Da die Welt auch kein einziges Subjekt ihrer

---

[256] R.T. Ames, The Focus-Field Self in Classical Confucianism, aaO., S. 208.
[257] K. Nishida, Logik des Ortes, aaO., S. 170.
[258] E. Weinmayr, Denken im Übergang, aaO., S. 50. Weinmayr zitiert hier Nishida.
[259] Vgl. R.T. Ames, The Focus-Field Self in Classical Confucianism, aaO., S. 207.
[260] Japanisch: *genteisurumono-naki gentei*. Vgl. etwa K. Nishida, Logik des Ortes, aaO., S. 155.

4 Das implizite Weltbild der Ökonomie 215

sozio-historischen Gestaltung zuerkennt, läßt sie sich wiederum nur noch derart beschreiben, daß sie sich selbst bestimmt, ohne doch selber das Substratum dieser Bestimmung zu sein. Die Selbstbestimmung der Welt ... läßt sich mit Nishida nur noch als 'Bestimmung ohne Bestimmendes' ... bezeichnen."[261]

Die Welt bestimmt die Handlungen der Einzelnen, wird aber zugleich auch von diesen bestimmt. Es gib in diesem Bestimmungsprozeß nichts, woran man sich festhalten kann. Er hat keine Ursache, auf die er *kausal* zurückzuführen ist. Deshalb heißt es etwa im Buddhismus: „Das Schaffen und das Geschaffene vermitteln sich und haben keine eigene Wesenheit. Das Schaffen für sich und das Geschaffene für sich ist nie zu ergreifen, wie eifrig man auch streben mag."[262] Man kann diese Einsicht auch so formulieren, daß die Welt keinen Mittelpunkt kennt, um den sie sich dreht. Schäffle hat dies bezüglich der ökonomischen Welt klar formuliert: „Die Volkswirtschaft ... ist nicht ... von einem einzigen oder wenigen beherrschenden Mittelpunkten aus geleitet. Jeder einzelne macht sich in der Volkswirtschaft selbst zum Mittelpunkt, wirkt täglich auf eigene Faust für sich und für andere."[263] Alles ist am Bestimmungsgeschehen der Welt beteiligt, ohne ein eigenständiges Subjekt in diesem Geschehen zu sein.[264]

„Welt läßt sich nicht vom Vielen her als eine nachträgliche Einigung und Zusammenfügung von immer schon vorliegenden einzelnen Seienden begreifen, da jedes Einzelne erst in und aus dem Bestimmungsgeschehen der Welt das ist, was es ist. Dieses Bestimmungsgeschehen ereignet sich jedoch nicht als eine sich bis ins Besondere ausdifferenzierende Selbstbestimmung einer bereits feststehenden Einheit oder eines obersten Allgemeinen, sondern als wechselseitige Bestimmung von unzähligen Einzelnen, das heißt wirklich voneinander verschiedenen, nicht verallgemeinerbaren oder in eine Einheit versammelbaren Seienden."[265]

Der Einzelne wird also in einer Welt bestimmt, die selbst nicht greifbar ist. Ein solcher Bestimmungsprozeß, in dem keine erste oder letzte Ursache

---

[261] Y. Matsudo, Eine Einführung in die Spätphilosophie von Kitarō Nishida, aaO., S. 67.
[262] Satz aus dem Kegon-Sutra zitiert in E. Weinmayr, Denken im Übergang, aaO., S. 55-56.
[263] A. Schäffle, Das gesellschaftliche System der menschlichen Wirthschaft, Ein Lehr- und Handbuch der Nationalökonomie, teilw. abgedruckt in A. Kruse (Hrsg.), Nationalökonomie, Ausgewählte Texte zur Geschichte einer Wissenschaft, Stuttgart 1960, S. 239.
[264] Vgl. Y. Matsudo, Eine Einführung in die Spätphilosophie von Kitarō Nishida, aaO., S. 66.
[265] E. Weinmayr, Denken im Übergang, aaO., S. 50.

auszumachen ist, wird in der ostasiatischen Philosophie häufig mit der Metapher des Spiegelns beschrieben. Allerdings muß man hier vorsichtig sein, da diese Metapher im asiatischen und westlichen Kontext eine andere Bedeutung hat.[266] Denn in ersterem Kontext wird der Spiegel nicht als eine unveränderliche Substanz gedacht, in der sich die Vielen widerspiegeln. Das Spiegeln wird vielmehr als eine Aktivität ohne *prime mover* gedacht, sozusagen als ein 'Spiegeln ohne Spiegel'. Jeder Einzelne bestimmt sich als Person, indem er die vielen anderen in sich spiegelt und in den anderen gespiegelt wird.[267] Oder: Jedes Ding ist „tätig, indem es in sich selbst die Welt spiegelt"[268]. Die Vielen spiegeln sich wechselseitig, ohne daß dieser Prozeß einen Anfang oder ein Ende hätte. Jeder Teil steht in einem gegenseitigen Abhängigkeitsverhältnis mit einem anderen. Es existiert nichts selbständig; nichts weist unveränderliche Eigenschaften auf. Es gibt weder ein Einzelnes noch ein Allgemeines, das im Sinne eines substantiellen Wesens ergriffen werden kann. Der Prozeß des Spiegelns beschreibt somit eine Existenzweise, die man als 'Entstehen in Abhängigkeit'[269] bezeichnen kann:

> „'Entstehen in Abhängigkeit' ... meint, daß kein Seiendes für sich existiert, sondern nur in Beziehung zu allem Anderen das ist, was es gerade ist. Eines der schönsten Bilder für diese Wirklichkeitserfahrung ist das Gleichnis vom Netz im Palast der Gottheit Indra. In jede Masche dieses Netzes ist ein Kristall eingeflochten. Da jeder Kristall für sich klar, das heißt 'leer' oder 'nichts' ist, spiegeln sich alle anderen Kristalle in ihm, wie er sich auch in allen anderen Kristallen spiegelt. Die Wirklichkeit ist dieses 'unerschöpfliche, unendliche Spiegelspiel', ein Wirkungszusammenhang, in dem alles mit allem zusammenhängt."[270]

An diesen Gedanken läßt sich unmittelbar eine weitere Überlegung anknüpfen: Wenn alles und jedes im Gestaltungsakt der Welt bestimmt ist, gleichzeitig aber selbst an diesem Gestaltungsakt teilhat, dann ist alles in der Welt *schöpferische* Tat. Kein Mensch ist nur Geschaffenes, sondern er gestaltet „sich selber vom Geschaffenen zum Schaffenden"[271]. Sowohl die Welt als auch der Einzelne *wandeln* sich beständig. Sie sind *dynamisch*, bleiben niemals ein einem vorbestimmten Endpunkt stehen:

---

[266] Vgl. D.L. Hall, R.T. Ames, Thinking from the Han, aaO., S. 51.
[267] Vgl. R.E. Carter, Encounter with Enlightenment, aaO., S. 28.
[268] K. Nishida, Logik des Ortes, aaO., S. 242.
[269] Japanisch: *engi*, Eine Übersetzung des buddhistischen Begriffs pratityasamutpada (sanskrit).
[270] E. Weinmayr, Denken im Übergang, aaO., S. 55.
[271] K. Nishida, Logik des Ortes, aaO., S. 247.

"Das empirische Ich ist tätig, genauso tätig ist die Welt, die dem Ich die reine Erfahrung ermöglicht. Die Welt der Erfahrung ist dynamisch, bleibt nie stehen. Das Ich und die Welt stellen sich niemals als Kategorien im Stillstand (stasis) dar, sondern (Ich und Welt) gestalten ein sich selbst bewegendes Kontinuum (kinesis). Basierend auf ihrer Wechselwirkung verändern sich der Inhalt der Erfahrungen und die Gedanken des Ich. Ebenso erscheint die Welt in ihrer dynamischen Änderung von Tag zu Tag immer mit einem anderen Gesicht."[272]

Das Einzelne verändert sich, verliert dabei aber nicht seine Identität. Genauer: „Seine Identität besteht eher darin, daß es seine Identität aufgibt. Es ist es selbst eben im Verlust seiner selbst."[273] Diese Aussage klingt zunächst unverständlich, läßt sich aber leicht erläutern. Jemand mag in der ökonomischen Welt vom bettelarmen Studenten zum erfolgreichen Unternehmer aufsteigen, nur um nach weiteren Jahren im Konkurs vor den Trümmern seiner Existenz zu stehen. Dieser 'jemand' wird sich immer noch als *derselbe* verstehen. Dennoch ist seine Existenz im ökonomischen Kontext stets eine *andere*. Er ist also weder substantiell derselbe, noch ist er jemand gänzlich anderes. Nishida würde in diesem Zusammenhang von unserem Selbst als einer „selbstwidersprüchlichen Existenz" sprechen.[274]

„Als Stätte eines 'zugleich' von sich Widersprechenden, als absolut widersprüchliche Selbstidentität hat kein Seiendes, keine Gestalt dauernden Bestand. 'Alle Dinge verändern sich, gehen über, nichts ist ewig' ... 'Was lebt ist etwas, das stirbt. Es ist wirklich ein Widerspruch, aber in diesem Widerspruch besteht unsere Existenz.'"[275]

In jeder Handlung bestimmt der Handelnde sich selbst und seine Umwelt neu. Ebenso wird er von seiner Umwelt bestimmt. Jedes Handeln markiert so einen Übergang, „in dem sich das ... Entstehen und Vergehen von Wirklichkeit ereignet und fortsetzt. Alles, was ist, befindet sich nicht nur in Bewegung, sondern ist selbst eine 'Bewegung von einem Gebildeten zu einem Bildenden.'"[276] Die Welt selbst ist wie ein *relativistisches* Feld, das sich selbst bestimmt und in der Zeit wandelt. Dabei ist es das Handeln, das sich „als das schöpferische Element der geschichtlichen Welt" erweist".[277]

---

[272] H. Hashi, Die Philosophie der Aktualität, aaO., S. 48.
[273] R. Ohashi, Japan im interkulturellen Dialog, aaO., S. 88.
[274] K. Nishida, Selbstidentität und Kontinuität der Welt, aaO., S. 74.
[275] E. Weinmayr, Denken im Übergang, aaO., S. 52, eigene Hervorhebung. Weinmayr zitiert hier Nishida.
[276] E. Weinmayr, Denken im Übergang, aaO., S. 52, eigene Hervorhebung. Weinmayr zitiert hier Nishida.
[277] R. Ohashi, Japan im interkulturellen Dialog, aaO., S. 159.

Innerhalb dieses schöpferischen Tuns gibt es dem ostasiatischen Verständnis nach nichts, das sich nicht ändern würde – auch nicht die Welt selbst.

„Die Wirklichkeit im Ganzen ist eine, in einem radikalen und abgründigen Sinn, *offene* und *schöpferische* 'Bewegung von Gestalt zu Gestalt'... in der 'die Welt der widersprüchlichen Selbstidentität des Einen und des Vielen ... sich selbst ganz und gar grundlos ... und ohne Ende gestaltet.'"[278]

Die Welt bestimmt sich selbst als ein „Gestaltungsakt. Dieser Gestaltungsakt ist schöpferisch im Sinne einer Bestimmung ohne Bestimmendes."[279] Man kann eine solche Bestimmung auch so beschreiben, daß sich der Kontext der Handlung selbst in einem ständigen Wandel befindet, ohne daß dieser Wandel gegen einen hierzu relativ invarianten Bezugspunkt außerhalb des Gestaltungsgeschehens gemessen werden könnte:

"Reality in the Japanese context cannot be linked to any transcendental point of reference. It is rather perceived as the world of appearances, which one has to accept, as it is contingent on an given place and time. Reality is therefore not structured by principles but rather by multiple, continually shifting contexts, between which it continuously flows. (...) For the Japanese, thus, the world is not something the subject can impose his logic upon. ... He perceives himself and the world as perpetually changing."[280]

4.4.2 Die logische Unmöglichkeit, die ökonomische Welt zu berechnen

Aus japanischer Perspektive gilt: „Die Kontexte bewegen sich immer. 'Die Variabilität des Kontextes macht diesen nicht selbst zu einer bloßen Variante einer invarianten Strukturregelung.'"[281] Diese Auffassung soll kurz der ökonomischen Vorstellung des *Gleichgewichts* gegenübergestellt werden. Die Ökonomie kennt sowohl einen statischen als auch einen dynamischen Gleichgewichtsbegriff. Wenden wir uns zunächst dem ersten Begriff

---

[278] E. Weinmayr, Denken im Übergang, aaO., S. 52-53, eigene Hervorhebung. Weinmayr zitiert hier Nishida.
[279] K. Nishida, Selbstidentität und Kontinuität der Welt, aaO., S. 61-62.
[280] S. Graupe, Japanese Modes of Business Behaviour, aaO., S. 48. Vgl. A. Berque, Das Verhältnis der Ökonomie zu Raum und Zeit in der japanischen Kultur, in: K. Werhahn-Mees, C. von Barloewen (Hrsg.), Japan und der Westen, Band 1, Frankfurt 1986, S. 24.
[281] K. Washida, Handlung, Leib und Institution, aaO., S. 346. Washida zitiert hier B. Waldenfels.

4 Das implizite Weltbild der Ökonomie

zu. Beim „statischen Gleichgewicht", so etwa von Mises, wirken die den Ruhestand störenden Ursachen so, daß dieses Gleichgewicht „immer wieder in der gleichen Weise gestört und immer wieder neu in der gleichen Art erreicht" wird.[282] Die Ökonomen sprechen auch von einem *stabilen* Gleichgewicht: „Bei einem stabilen Gleichgewicht bewirken innere Kräfte eine Rückkehr zum Gleichgewicht, falls eine äußere Störung auftritt."[283] Dieses Konzept des stabilen Gleichgewichts ist für die Ökonomie sehr wichtig. Denn es gilt,

> „daß ein Gleichgewicht stabil sein muß, soll es ökonomische Bedeutung haben. Denn sonst wird man nicht schließen können, daß ein wirtschaftliches System dem Gleichgewicht zustrebt, es wird sich vielmehr in nicht näher definierbaren Ungleichgewichtszuständen bewegen. ... Allein wenn sich ein stabiles Gleichgewicht ausmachen läßt, ist damit ein Bezugspunkt gefunden, dem das ökonomische System voraussichtlich zustreben wird."[284]

Warum aber *muß* das „menschliche Handeln ... einer derartigen Gleichgewichtslage zustreben", wie etwa von Mises meint?[285] Weil sonst eine *mechanische* Beschreibung der ökonomischen Welt unmöglich ist. „Wenn sich kein stabiles Gleichgewicht als Bezugspunkt der Analyse und 'Gravitationszentrum' des Systems ausmachen läßt, dann kann über Gesetzmäßigkeiten und zukünftige Entwicklungen buchstäblich nichts gesagt werden." Ist diese Antwort aber tatsächlich eine „eigentliche Rechtfertigung der 'Gleichgewichtsanalyse'"[286]? Es handelt sich hier wohl eher um einen Fehlschluß. Denn nur weil eine mechanische Analyse außerhalb von Gleichgewichtszuständen unmöglich ist, müssen solche Zustände keineswegs existieren. Schließlich ist es immerhin denkbar, daß sich die mechanische Analyse selbst als *logisch unmöglich* erweist, weil die ökonomische Welt eben kein stabiles Gleichgewicht begründet.

Ist aber die ökonomische Welt nun stabil oder nicht? Einige Ökonomen argumentieren mit Wahrscheinlichkeiten: „Wie oft hat der Leser schon ein Ei beobachtet, das auf dem Kopf steht?", fragt etwa Samuelson suggestiv,

---

[282] L. von Mises, Nationalökonomie, aaO., S. 238.
[283] B. Felderer, S. Homburg, Makroökonomik und neue Makroökonomik, Berlin-Heidelberg et al. 1999, S. 13.
[284] B. Felderer, S. Homburg, Makroökonomik und neue Makroökonomik, aaO., S. 13.
[285] L. von Mises, Nationalökonomie, aaO., S. 317.
[286] B. Felderer, S. Homburg, Makroökonomik und neue Makroökonomik, aaO., S. 14.

um die hohe Wahrscheinlichkeit der Stabilität der ökonomischen Welt zu suggerieren.[287] Felderer und Homburg argumentieren folgendermaßen:

> „Warum ist der Gleichgewichtsbegriff so grundlegend für die ökonomische Analyse? Nun ... ist ein gleichgewichtiger Zustand ex definitione zeitlich beständig, während ein ungleichgewichtiger nur vorübergehenden Charakter hat. Es ist deshalb *wahrscheinlicher*, daß sich die Volkswirtschaft in einem Zustand des Gleichgewichtes befindet oder zumindest diesem zustrebt."[288]

Diese Argumentation ist irreführend. Denn aus der Tatsache, ein ungleichgewichtiger Zustand sei nur vorübergehend, kann keineswegs gefolgert werden, die Welt müsse einem gleichgewichtigen Zustand zustreben. So legt die japanische Auffassung nahe, daß eine Welt sich zwar nicht in *einem* ungleichgewichtigen Zustand befindet (was tatsächlich logisch unmöglich ist, weil dieser Zustand unbeständig ist), sich aber sozusagen von Ungleichgewicht zu Ungleichgewicht bewegt, ohne *jemals* einen Ruhepunkt zu erreichen. Daß ein solcher Fortgang der Welt tatsächlich wahrscheinlicher ist als ein zeitlich beständiger Gleichgewichtszustand, darauf deutet ein wichtiger Unterschied von einer gesellschaftlich-geschichtlichen Welt menschlicher Taten und einer physikalischen Welt wie der eines Eis hin. Hat ein Ei einmal eine Ruhelage erreicht, bewegt es sich aus dieser nur noch heraus, wenn es von *außen* dazu veranlaßt wird. Es sind nur *exogene* Kräfte, die seine Ruhelage stören können. Hören diese Kräfte auf zu wirken, so kehrt das Ei in seine ursprüngliche Position zurück. Andersherum gesagt, ist es dem Ei unmöglich, sich durch innere Kräfte aus dem Gleichgewichtszustand zu bewegen. Doch in der ökonomischen Welt sind die inneren Kräfte ganz anderer Art. Sie sind keine blinden Kräfte, sondern *Taten*, von denen Nishida sagt: „Unsere Taten müssen ein Gestaltungsakt sein."[289] Indem *Menschen* sich in diesen Taten ergreifen und neu bestimmen, wird jede 'Ordnung' sozusagen immer wieder von *innen* heraus zerstört. Die Welt wird nicht von außen bewegt, sondern ist so zu denken, „daß die Wirklichkeit die Wirklichkeit selbst bestimmt"[290]. In der Feldmetapher heißt dies nichts anderes, als daß Handlungsfeld und Feldexistenzen sich wechselseitig gestalten und verändern. „Das Gestaltete gestaltet seinen Gestalter."[291] In diesem Falle kann kein Gleichungssystem voneinander

---

[287] P.A. Samuelson, Foundations of Economic Analysis, aaO., S. 5.
[288] B. Felderer, S. Homburg, Makroökonomik und neue Makroökonomik, aaO., S. 13, Hervorhebung im Original.
[289] K. Nishida, Die Welt als Dialektisches Allgemeines, aaO., S. 172.
[290] K. Nishida, Die Welt als Dialektisches Allgemeines, aaO., S. 172.
[291] E. Weinmayr, Denken im Übergang, aaO., S. 52.

4 Das implizite Weltbild der Ökonomie

unabhängiger Gleichungen ermittelt werden, da kein konservatives Feld existiert. Das Handlungsfeld weist vielmehr *innere Freiheitsgrade*, eine *innere Dynamik* auf. Weil es in ihm nichts gibt, das unverändert bleibt, verstößt es gegen das *Konstanzprinzip*, das eine notwendige Voraussetzung für das Konzept des Gleichgewichts darstellt (3.1.3). Ein solcher Verstoß ist in den Naturwissenschaften – an die sich die Ökonomie mit ihrem Gedanken des stabilen Gleichgewichts anzulehnen versucht – kein unbekanntes Phänomen.[292] Und um so mehr ist der Wettbewerb „seiner Natur nach ein dynamischer Prozeß, dessen wesentlichste Merkmale als nicht bestehend angenommen werden, wenn man die Annahmen macht, die der statischen Analyse zugrundeliegen."[293]

Können die Schwierigkeiten, die mit einem statischen Gleichgewichtsbegriff verbunden sind, überwunden werden, wenn man von einem *dynamischen Gleichgewicht* ausgeht? Dies scheint auf den ersten Blick der Fall zu sein. Denn die dynamische Gleichgewichtsanalyse erlaubt es, Veränderungen der Gleichgewichtslage darzustellen. Dabei kann allerdings nicht jede Art der Veränderung abgebildet werden. Vielmehr wird lediglich ein 'Zustand mit Beharrungsvermögen' beschrieben. Dies bedeutet, daß die Rate der Veränderung stabil bleibt. Die Veränderung der Gleichgewichtslage wird gegen etwas gemessen, das relativ *konstant* bleibt. Normalerweise wird die Zeit als eine solche Konstante verwendet und somit vorausgesetzt, daß „die Rate der Veränderung im *Zeitablauf* stabil ist"[294]. Insbesondere Brodbeck macht darauf aufmerksam, daß diese Vorstellung problematisch ist.[295] Denn sie impliziert, „daß in mechanischen Modellen die ökonomischen Variablen ein-eindeutig mit einem Zeitindex, damit mit einer Uhr verknüpft sind. (...) Es ist implizit unterstellt, daß zwischen 'ökonomischen Körpern' und der 'Uhr' eine bewegliche, aber funktional unveränderliche Verbindung existiert."[296] Dies bedeutet, daß alle Einzelnen ihre Handlungen an *einen* konstant fortschreitenden Körper anpassen müßten, etwa an

---

[292] Vgl. P. Mirowski, More Heat than Light, aaO., S. 90ff.
[293] F.A. Hayek, Der Sinn des Wettbewerbs, aaO., S. 125.
[294] B. Felderer, S. Homburg, Makroökonomik und neue Makroökonomik, aaO., S. 12, Fußnote, eigene Hervorhebung.
[295] Vgl. für eine ausführliche Darstellung zum Zeitbegriff in der Ökonomie K.-H. Brodbeck, Die fragwürdigen Grundlagen der Ökonomie, aaO., Kapitel 3. Vgl auch ders., Die Nivellierung der Zeit in der Ökonomie, in: J. Manemann (Hrsg.), Befristete Zeit, Jahrbuch der Politischen Theologie, 3 (1999), S. 135-151. Vgl. zur Behandlung der Zeit in der Neoklassik auch P. Mirowski, More Heat than Light, aaO., S. 319ff.
[296] K.-H. Brodbeck, Die fragwürdigen Grundlagen der Ökonomie, aaO., S. 78-79.

den Zeiger einer 'Weltuhr'. Denn „was die modernen Wissenschaften als eine Repräsentation der Zeit gewählt haben, ist eine Bewegung eines sich bewegenden physischen Körpers entlang einer bestimmten Bahn."[297] Aber selbst „die Tatsache, daß jedermann über eine Uhr verfügt und seine Handlungen daran orientiert, heißt keineswegs, daß die Handlungen in ihrer gesamten Struktur mit der Uhr synchronisierbar sind – wie ein fallender Stein oder der Umlauf des Mondes."[298] Handlungen können zwar mit Hilfe von Uhren koordiniert werden; doch ist dies nicht typisch für sie. Dies zeigt sich allein daran, wie schwer es ist, Handlungen *tatsächlich* zu synchronisieren (etwa im Militär oder in einigen Sportarten).

Eine Synchronisation von Handlungen (sofern sie existiert) wird im Handlungsfeld aktiv geschaffen, sie wird nicht *kausal* durch etwas wie 'die Zeit' hervorgerufen. Aus ostasiatischer Sicht liegt dies daran, daß die Zeit keine gegebene, relativ unveränderliche Ursache darstellt, sondern selbst in der Welt geboren wird und wieder verlöscht.[299] „Es gibt keine Zeit außerhalb des Wandels oder des Erscheinen-Vergehens der Dinge innerhalb der Welt."[300] „Sie ist [vielmehr] mit allen Dingen verwoben."[301] Es ist eine „Tatsache, daß die Zeit bestimmt wird, indem die Gegenwart die Gegenwart selbst bestimmt"[302]. Die Zeit wird selbst durch die Handlungen innerhalb des Feldes *geschaffen*; sie ist selbst eine Funktion von Aktivität:

> "There is no absolute time in which the plenum occurs, nor is there an absolute space in which the plenum is contained or situated. Time and space, like everything else ..., is a function or determination of activity, a role or state or character assumed or performed by the plenum. Thus time is the plenum performing the function of temporality, and space is the plenum assuming the role of spatiality."[303]

Was aber eine Funktion von Aktivität darstellt, ist selbst von Aktivität abhängig und damit nicht relativ zu dieser stabil. Ursache und Wirkung können nicht klar voneinander unterschieden werden, weil alles zugleich Ursache und Verursachtes ist. Die dynamische Gleichgewichtstheorie kämpft

---

[297] T. Watsuji, Watsuji Tetsuro's Rinrigaku, aaO., S. 195.
[298] K.-H. Brodbeck, Die fragwürdigen Grundlagen der Ökonomie, aaO., S. 81-82.
[299] Vgl. K. Nishida, Logik des Ortes, aaO., S. 141. Vgl. grundlegend zum Begriff der Zeit im Buddhismus R. Elberfeld, Phänomenologie der Zeit im Buddhismus, aaO., Vgl. auch T. Watsuji, Watsuji Tetsuro's Rinrigaku, aaO., Kapitel 10.
[300] M. Abe, Dōgen on Buddha Nature, Eastern Buddhist, 4/1 (1971), S. 66.
[301] N. Iino, Dogens's Zen View of Interdependence, Philosophy East & West, 12/1 (1962), S. 55.
[302] K. Nishida, Logik des Ortes, aaO., S. 141.
[303] L.K. Tong, The Art of Appropriation, aaO., S. 14.

also mit einem ähnlichen Problem wie die statische: Sie versucht, Veränderungen von unabhängigen Variablen abhängig zu machen. Aber solche Variablen existieren nicht. „Es gibt nichts außerhalb dieses Ganzen. Es gibt keine Andersartigkeit, weder in ihm noch außerhalb."[304] Dies ist der Grund, warum der Begriff des Gleichgewichts im ostasiatischen Kontext abgelehnt wird, wenn er eine Welt der Taten beschreiben soll. Denn eine solche Welt ist weder ewig unveränderlich, wie es das statische Gleichgewicht nahelegt, noch schreitet sie in einer Zeit gleichförmig voran, wie es das dynamische Gleichgewicht suggeriert.

Wenn sich aber nun tatsächlich kein invariantes Prinzip über oder außerhalb der ökonomischen Welt ausmachen läßt, dann hat dies eine weitere wichtige Konsequenz: Die Entwicklung dieser Welt kann auf keinerlei kausal wirkende Faktoren zurückgeführt werden; eine weitere Aussage, die der ökonomischen Denkweise zuwiderläuft:

Denn „wie jeder in der Geschichte ökonomischer Ideen Bewanderte sofort zugeben wird, haben praktisch alle Ökonomen im 19. Jahrhundert und viele im 20. Jahrhundert in unkritischer Weise geglaubt, daß für die Erklärung einer gegebenen historischen Entwicklung allein der Hinweis auf bedingende oder kausale Faktoren, wie eine Zunahme der Bevölkerung oder des Kapitalangebots, ausreichend sei."[305]

Mehr noch: Wenn die Existenz kausaler Faktoren verneint wird, dann bedeutet dies gleichzeitig, die *Berechenbarkeit* wirtschaftlicher Prozesse bzw. deren Prognose als *logisch unmöglich* anzusehen. Denn wenn alles von allem in dem radikalen Sinne abhängig ist, dann bietet sich nichts mehr als Grundlage von Berechnungen an.

Ich möchte kurz an zwei Beispielen zeigen, wie schwer es tatsächlich ist, Faktoren in der ökonomischen Welt zu isolieren, gegen die der Wandel gemessen werden kann: zum einen am Begriff der 'volkswirtschaftlichen Produktionsfunktion' und zum anderen an der Vorstellung des 'technischen Fortschritts.' Betrachten wir zunächst den ersten Begriff.[306] Die volkswirtschaftliche Produktionsfunktion ist ein wichtiger Grundbegriff der modernen ökonomischen Theorie, wobei die sog. Cobb-Douglas-Funktion wohl deren bekannteste Variante darstellt. Eine Produktions-

---

[304] L.K. Tong, The Art of Appropriation, aaO., S. 14.
[305] J. Schumpeter, Beiträge zur Sozialökonomik, Wien-Köln-Graz 1987, S. 183.
[306] Vgl. ausführlich zur neoklassischen Produktionstheorie und deren implizite Annahme eines konservativen Feldes P. Mirowski, More Heat than Light, aaO., Kapitel 6.

funktion repräsentiert die *verfügbare Produktionstechnologie*, um Kapital- und Arbeitseinsatz in Output zu transformieren. Sie gibt also an, wieviel Output sich mit einem gegebenen Kapital- und Arbeitsvolumen bei gegebener Produktionstechnologie erzeugen läßt. Ich möchte hier nicht auf die Schwierigkeiten der konkreten Darstellung einer solchen Produktionsfunktion eingehen, sondern auf ihre Rolle in einfachen ökonomischen Wachstumsmodellen wie etwa dem Solow-Modell hinweisen.[307] In diesen Modellen stellt die Produktionsfunktion das *invariante* Element dar, gegen das das Wachstum der Volkswirtschaft gemessen wird. Wachstum wird (kausal) auf eine Zunahme des Kapitalstocks zurückgeführt und so eine 'gleichmäßig fortschreitende Wirtschaft' beschrieben.[308] Eine solche Wirtschaft bewegt sich auf einen *vorgegebenen* stationären Zustand zu, der als Steady-State-Niveau oder als Wachstumsgleichgewicht bezeichnet wird. „Unabhängig vom Ausgangspunkt wird die betrachtete Ökonomie schließlich in den stationären Zustand gelangen. Der stationäre Zustand verkörpert in diesem Sinne das langfristige Gleichgewicht der Wirtschaft."[309] Auch wenn sich ein solches Gleichgewicht theoretisch beschreiben läßt, so bleibt ungeklärt, *wie* bzw. *ob* dieser Punkt tatsächlich erreicht werden kann.[310] „Dieses Problem bleibt bis heute ungelöst. Es gibt keine befriedigende Darstellung der Bedingungen, unter denen Anpassungsmechanismen die Wirtschaft in eine Position des allgemeinen Gleichgewichts bringen."[311] Anders gesagt: Ein zukünftiger Zustand kann zwar abstrakt berechnet werden, es gibt aber keinen Hinweis darauf, daß die ökonomische Welt sich tatsächlich in diesen Zustand bewegt. Cartelier formuliert dieses Problem anschaulich: „Die Situation der Wirtschaftswissenschaftler gleicht ein bißchen derjenigen von Astrophysikern, die zwar die Umlaufbahn für einen Satelliten berechnen könnten (Existenz), aber nicht imstande wären, diese Umlaufbahn von der Erde aus zu erreichen (Stabilität)."[312] Die zentrale Schwierigkeit besteht hier darin, daß die Annahme einer konstanten Produktionsfunktion impliziert, die Produktionstechnologie würde im untersuchten Wachstumszeitraum *konstant* bleiben. Denn nur so kann die Pro-

---

[307] Vgl. etwa N.G. Mankiw, Makroökonomik, Stuttgart 2000, S. 92ff.

[308] Vgl. erneut N.G. Mankiw, Makroökonomik, aaO., 4. Kapitel. Der Begriff der „gleichmäßig fortschreitenden Wirtschaft" geht auf Cassel zurück. Vgl. G. Cassel, Theoretische Sozialökonomik, Leipzig 1927, S. 27ff.

[309] N.G. Mankiw, Makroökonomik, aaO., S. 97.

[310] Vgl. N. Kaldor, A Classificatory Note on the Determinateness of Equilibrium, The Review of Ecomic Studies, 1/2 (1934), S. 122-36.

[311] R. Dorfman zitiert in L. Lachmann, Marktwirtschaft und Modellkonstruktionen, aaO., S. 192.

[312] J. Cartelier, Das Geld, aaO., S. 33.

4 Das implizite Weltbild der Ökonomie 225

duktionsfunktion in einer Welt ständiger Veränderungen selbst unverändert bleiben. Die Gültigkeit einer solchen Annahme ist allerdings schwer zu begründen, zumindest wenn man von *realen* Wachstumsprozessen ausgeht und nicht eine abstrakte Modellwirtschaft betrachtet. Denn da es sich um eine *gesamtwirtschaftliche* Produktionsfunktion handelt, dürfte sich entweder in keinem Sektor die Produktionsweise ändern oder aber die Veränderungen müßten sich bei einer Aggregation stets gegenseitig aufheben. „In der Wirklichkeit ist volkswirtschaftlicher Wachstum jedoch fast stets von erheblichen Verschiebungen der relativen Größe der einzelnen Sektoren begleitet."[313] Die Produktionsfunktion ist kein Etwas, das man innerhalb der Welt fixieren könnte. Ihre relative Stabilität ist keineswegs garantiert:

"It is impossible to legitimately abstract away the process whereby inputs are transformed into outputs, because the conservation principles that define the stability of the technological field are absent. There is no symmetry of the process of production ... that can be represented by an output index; neither can the output index be defined prior to the economic process. Output is not virtual in the sense of being identical *ex ante* and *ex post*, and therefore the output index is not path-independent. Further, the transformation of input commodities into output commodities is not generally a one-way street. In the language of field formalism, such a process would *be analogous to a relativistic field that is self-acting and self-generating.* ... Such fields possess no general global conservation principles."[314]

Aufgrund der Schwierigkeiten, die mit der Annahme einer konstanten Produktionsfunktion verbunden sind, wird versucht, ökonomische Veränderungsprozesse 'realistischer' darzustellen. Hierfür wird etwa unterstellt, daß die verfügbare Produktionstechnologie sich bedingt durch 'technologischen Fortschritt' in der Zeit wandelt. Sie kann so selbst zu einer wichtigen „Quelle ökonomischen Wachstums"[315] werden. Der technologische Fortschritt wird hierfür als ein gleichmäßiger Anstieg der Produktivität der Produktionsfaktoren aufgefaßt. Um diesen Anstieg zu messen, wird im Solow-Modell eine 'Effizienzeinheit' festgelegt; der technologische Fortschritt kann so als eine Abnahme des Kapitals pro Effizienzeinheit interpretiert werden. Auf diese Weit erscheint eine Berechenbarkeit des technologischen Fortschritts möglich. Das Modell bleibt allerdings die Antwort schuldig, ob oder wie eine solche Effizienzeinheit sinnvoll bestimmt werden kann. Dies gilt vor allem, wenn man den technischen Fortschritt nicht

---

[313] L. Lachmann, Marktwirtschaft und Modellkonstruktionen, aaO., S. 184.
[314] P. Mirowski, More Heat than Light, aaO., S. 318-319, eigene Hervorhebung.
[315] N.G. Mankiw, Makroökonomik, aaO., S. 122.

als eine *ex post* vollzogene Tatsache ansieht, sondern *ex ante* bestimmen, also *prognostizieren* möchte. Denn es steht *ex ante* niemals fest, welche technischen Neuheiten einen Fortschritt bedeuten oder in welchem Sektor eine Zu- oder Abnahme der Effizienz zu erwarten ist. Es ist somit *willkürlich*, eine im vorab festgelegte Effizienzeinheit als konstant vorauszusetzen. Es ist damit auch nicht einsichtig, warum die Wirtschaft sich in den prognostizierten Gleichgewichtszustand bewegen sollte. Auch hier scheitert also die Prognose von Veränderungen der ökonomischen Welt daran, daß kein Faktor identifiziert werden kann, der im Prozeß des 'Entstehen in Abhängigkeit' unverändert bleibt.

In der ökonomischen Theorie sind natürlich noch andere, realistischere oder zumindest komplexere Modelle entworfen worden als die beiden hier vorgestellten. Doch die Hoffnung hierdurch die ökonomische Welt eines Tages besser berechnen zu können, verkennt das eigentliche Problem. Denn dieses liegt nicht darin, daß nicht gut genug oder gar falsch gerechnet wird, sondern in dem Glauben, ökonomischen Welt *jemals* mit Hilfe mathematischer Formeln objektivieren zu können. Es ist dieser Glaube, der in der ostasiatischen Philosophie allgemein abgelehnt wird, da er den schöpferischen, dynamischen Charakter einer Welt, die sich ohne Bestimmendes beständig neu bestimmt, verkennt. Die Auffassung dieser Philosophie kommt damit der von Schumpeter nahe, der im „Prozeß der schöpferischen Zerstörung" das eigentliche Merkmal der Ökonomie entdeckt:

> „Der Kapitalismus ist also von Natur aus eine Form oder Methode der ökonomischen Veränderung und ist nicht nur nie stationär, sondern kann es auch nicht sein. (...) [Er ist ein Prozeß, der] unaufhörlich die alte Struktur zerstört und unaufhörlich neue schafft. Dieser Prozeß der 'schöpferischen Zerstörung' ist das für den Kapitalismus wesentliche Faktum. (...) Jedes Teilstück der Wirtschaftsstrategie erhält seine wahre Bedeutung nur gegen den Hintergrund dieses Prozesses und innerhalb der durch ihn geschaffenen Situation. Es muß in seiner Rolle im ewigen Sturm der schöpferischen Zerstörung gesehen werden, es kann nicht davon unabhängig verstanden werden, oder gar auf dem Grund der Hypothese, daß eine ewige Windstille herrscht."[316]

In der ökonomischen Theorie hat man sich dieser Einsicht dadurch zu entziehen versucht, daß „der Ökonom „Bestehen und Weiterbestand des Fortschrittsgleichgewichts, dessen Zustandekommen er nicht zu erklären vermag, einfach postuliert."[317] Man tut einfach so „*als ob* der Endzustand (ein

---

[316] J. Schumpeter, Kapitalismus, Sozialismus und Demokratie, aaO., S. 136-138.
[317] L. Lachmann, Marktwirtschaft und Modellkonstruktionen, aaO., S. 183.

stationärer Zustand) bereits erreicht sei. Die *Utopie* wird analysiert, nicht die alltägliche Welt des 'Chaos'"[318]. Damit versinken aber alle „Probleme menschlichen Handelns in einer Welt unerwarteter Veränderungen ... hinter einem Rauchschleier von Formeln und Funktionen."[319] Sie werden zu einem belanglosen Restbestand, zu einer bloßen Übergangsstufe. Eine solche Stufe umfaßt aber nichts weiter als die *gesamte* ökonomische Wirklichkeit. „In der Wirklichkeit ist *alles Erscheinende* nur Übergangsstufe zu einem unerreichten, noch fernen Ziel", gibt von Thünen zu.[320] Man kann dies auch so formulieren, daß sich die ökonomische Welt stets nur von Übergangszustand zu Übergangszustand fortbewegt, ohne *jemals* den von Ökonomen berechneten Endzustand zu erreichen.

Man kann hieraus schließen, daß die ökonomische Welt – sofern man sie als eine wirklich *lebendige* und nicht als bloße Modellwelt begreift – tatsächlich kein statisches (konservatives) Feld darstellt und deswegen durch kein mechanisches Gesetz beschrieben werden kann. Sie ist ein beständiges Gestaltungsgeschehen, ein schöpferisches Wirken. Genauer gesagt ist sie beides zugleich: Gestaltetes und Gestaltendes. Sie ist – wie Schumpeter es formuliert – adaptives *und* schöpferisches Reagieren. Wenn aber der schöpferische Aspekt tatsächlich „praktisch nie *ex ante* verstanden werden kann; d.h. daß es durch Anwendung der Regeln über das Schließen aus vorgegebenen Fakten nicht vorhergesagt werden kann", dann kann auch der Zustand der Welt nicht prognostiziert werden. „Schöpferisches Reagieren verändert soziale und ökonomische Situationen für immer; oder mit anderen Worten: Es bringt Situationen hervor, von denen keine Brücke zu jenen Situation führt, die sich ohne seinen Einfluß ergeben hätten."[321] Eine Determinierung des Endresultats aus gegebenen Ausgangsdaten erweist sich deswegen als logisch unmöglich. Der Traum der Berechenbarkeit bleibt in *jedem* Moment nichts weiter als eine Utopie.

---

[318] K.-H. Brodbeck, Die fragwürdigen Grundlagen der Ökonomie, aaO., S. 118, Hervorhebung im Original.
[319] L. Lachmann, Marktwirtschaft und Modellkonstruktionen, aaO., S. 183.
[320] Zitiert in K.-H. Brodbeck, Die fragwürdigen Grundlagen der Ökonomie, aaO., S. 117.
[321] J. Schumpeter, Beiträge zur Sozialökonomik, aaO., S. 183.

4.5 Die Bestimmung des Einzelnen als kontextabhängige Existenz (II)

Auf den vorangegangen Seiten sollte deutlich werden, daß die Bestimmung des Einzelnen nicht von einer Eigenständigkeit oder Unabhängigkeit des Einzelnen ausgehen kann. "Der Einzelne kann ... nicht der absolut Einzelne sein, der gänzlich aus dem Bezug [zu anderen] herausgetreten ist."[322] Man kann diese Einsicht auch so formulieren, daß die Einzelbestimmung nicht die alleinige Form der Bestimmung des Einzelnen ist, wie es der methodologische Individualismus postuliert. In diesem Abschnitt soll nun eine Alternative zu dieser Bestimmungsform aufgezeigt werden, ohne in das andere Extrem zu verfallen, den Einzelnen allein als durch eine vorgegebene Ordnung bestimmt anzusehen.

4.5.1 Die Bestimmung des Einzelnen in der ostasiatischen Philosophie

Es wird in interkulturellen Vergleichen oft betont, daß Menschen in Ostasien im Vergleich zu denen im Westen stärker kollektivistisch orientiert seien. So wird es etwa als ein taoistisches oder konfuzianistisches Ideal angesehen, sich selbst und die eigenen Interessen einer größeren Gruppe unterzuordnen, sich selbst also zu Gunsten eines Allgemeinen aufzugeben. Ames und Hall zitieren hierfür zwei Beispiele:

> "'Selflessness ... is one of the oldest values in China, present in various forms in Taoism and Buddhism, but especially in Confucianism. The selfless person is always willing to subordinate his own interests, or that of some small group (like a village) to which he belongs, to the interest of a larger social group.'

> 'Most Chinese view society as an organic whole or seamless web. Strands in a web must all be of certain length, diameter, and consistency, and must all be fitted together in accordance with a preordained pattern. ... The hope is that each individual will function as properly as a cog in an ever more efficient social machine.'"[323]

---

[322] K. Nishitani, Vom Wesen der Begegnung, aaO., S. 263.
[323] D.L. Hall, R.T. Ames, Thinking from the Han, aaO., S. 24. Die beiden Autoren zitieren hier D.J. Munro und R.R. Edwards.

Den Wissenschaftlern entgeht dabei allerdings, daß sie die Stellung des Einzelnen in der Gesellschaft nach ihren eigenen (i.e. 'westlichen') Kategorien beschreiben. Interkulturelle Unterschiede des Verständnis des Menschen werden als eine Variation innerhalb der Kategorien 'des Sozialen' und 'des Individuellen' beschrieben, nicht aber als ein Unterschied darin, wie diese Kategorien selbst verstanden werden. Eine solche Vorgehensweise erweist sich als problematisch, insofern ostasiatische Denktraditionen tatsächlich auf einem alternativen Verständnis von Individuum und Sozialem beruhen. Ich möchte dieses Verständnis zunächst in seinen Grundzügen heraus arbeiten.

Es ist richtig, daß etwa chinesische Vorstellungen über den Einzelnen keinen klaren Begriff von Individualität enthalten. „Die westliche Vorstellung des abgetrennten, unterschiedenen Einzelnen in ihren unterschiedlichen Formen ist für die Chinesen ein Greuel."[324] Letztere sind nicht bereit, daß Abgetrennte, Unterschiedene *an und für sich*, also in seiner Isolation zu betrachten. Um etwas abzutrennen, muß man implizit immer schon etwas Ganzes voraussetzen. „Was würde es bedeuten, etwas zu trennen, das zuvor nicht irgendeine Einheit oder Ganzheit war? Eine Unterscheidung dient dazu, zum einen eine vorhandene Einheit, zum anderen aber auch einen signifikanten Unterschied innerhalb dieser Einheit zu bezeichnen."[325] Wenn aber das Einzelne als Unterschiedenes stets schon auf eine ursprüngliche Einheit verweist, dann kann es nicht als etwas Individuelles im Sinne von unteilbar, isoliert, in sich abgeschlossen vorgestellt werden. Dies bedeutet allerdings nicht, den Einzelnen automatisch unter ein Ganzes zu subsumieren und seine Eigenheit völlig preiszugeben. Er wird vielmehr als *einzigartig in einem Kontext* verstanden. „Ein einzigartiger Einzelner hat den Charakter eines einzigen, unersetzlichen Besonderen. Er ist wie ein Kunstwerk, das zwar formal mit anderen Werken vergleichbar sein mag, aber dennoch qualitativ einzigartig ist."[326] Die Bedeutung der Einzigartigkeit kann mit Hilfe der Feldmetapher verdeutlicht werden. Jede Feldexistenz spiegelt das Feld auf ihre ganz besondere Weise. Sie ist wie ein Brennpunkt, der seine Umgebung perspektivisch fokussiert. Sie ist zwar nicht vom Feld unabhängig, hat aber dennoch einen eigenen, unverwechselbaren Charakter; sie ist nicht einfach beliebig durch einen anderen Brennpunkt auszutauschen. Ihre Einzigartigkeit liegt im „Ort des Eigenen"

---

[324] D.L. Hall, R.T. Ames, Thinking from the Han, aaO., S. 25.
[325] R.E. Carter, Encounter with Enlightenment, aaO., S. 128.
[326] D.L. Hall, R.T. Ames, Thinking from the Han, aaO., S. 25.

innerhalb des Feldes begründet.³²⁷ Auf den Gedanken Welt übertragen bedeutet dies, daß jeder Einzelne sich auf einzigartige Art und Weise in der Welt bestimmt. Er ist wie ein einmaliger Mikrokosmos, der in sich die ganze Welt spiegelt und dabei von anderen einmaligen Mikrokosmen gespiegelt wird.³²⁸ In diesem Spiegelungsprozeß ist jeder einzigartig *in* seinen Beziehungen zu anderen:

> "In the model of unique individual, determinacy lies in the achieved quality of one's multivalent relationships. A person becomes recognized, distinguished, or renowned by virtue of communal deference to the quality of one's character. Much of the effort in understanding the traditional Confucian conception of self has to do with clarifying this distinction between autonomy and uniqueness. While the definition of self as irreducible social certainly precludes autonomous individuality, it does not rule out the second, less familiar notion of uniqueness expressed in terms of my roles and my relationships."³²⁹

Der Einzelne wird *innerhalb* Welt als einzigartig anerkannt, ist aber nicht vollständig durch diese Welt bestimmt. Oder anders gesagt: Er ist nicht allein durch ein Allgemeines bestimmt, sofern dieses im Sinne einer gegebenen Ordnung vorgestellt wird. Denn eine solche Ordnung abstrahiert notwendig von aller Einzigartigkeit, weil sie den Einzelnen als einen *substituierbaren* Teil einer Gruppe oder Klasse betrachtet. Sie relativiert jeden Einzelnen soweit, bis alle als *gleichartig* oder *austauschbar* erscheinen. Wird das Allgemeine hingegen als ein Handlungsfeld verstanden, so impliziert die Allgemeinbestimmung keine solche Austauschbarkeit, sondern eher so etwas wie 'auf dem gleichen Grund stehen', 'Affinität', 'Ähnlichkeit', 'Analogie'.³³⁰ Auf diese Weise kann eine Allgemeinbestimmung gedacht werden, die *zugleich* die Einzelbestimmung zuläßt: Der Einzelne erscheint weder allein als ein austauschbarer Teil einer Maschine noch als ein völlig unabhängiges Wesen. „Ich und Du werden aus derselben Umgebung geboren"³³¹, sind aber nicht identisch. Jeder ist vielmehr einzigartig *in* seiner Umgebung. Dies macht seine Einzelbestimmung aus. Damit wird

---

³²⁷ Vgl. L.K. Tong, The Art of Appropriation, aaO., S. 36f. Vgl. zur chinesischen Vorstellung des „unique place" auch D.L. Hall, R.T. Ames, Thinking from the Han, aaO., S. 26.
³²⁸ Vgl. M. Yusa, The Religious Worldview of Nishida Kitarō, Eastern Buddhist, 20/2 (1987), S. 69f.
³²⁹ D.L. Hall, R.T. Ames, Thinking from the Han, aaO., S. 25.
³³⁰ Vgl. D.L. Hall, R.T. Ames, Thinking from the Han, aaO., S. 59. Es handelt sich bei den Begriffen um mögliche Übersetzungen des chinesischen *qi*.
³³¹ K. Nishida, Logik des Ortes, aaO., S. 145.

ein Entweder-Oder von Einzel- und Allgemeinbestimmung vermieden, ohne dabei den Unterschiede zwischen beiden zu verwischen. Sie erscheinen als widersprüchliche Bestimmungen, die der Einzelne in der Welt handelnd *zugleich* in sich vereinigt. Beide Bestimmungen sind absolut voneinander verschieden, betonen aber lediglich zwei Aspekte einer ursprünglicheren Einheit. Diese ursprünglichere Einheit ist dabei als ein *Ort-worin* zu verstehen, der selbst weder individuell noch allgemein ist. Will man sie dennoch erfassen, so ist sie nur als Einheit der Widersprüche oder besser als eine „*widersprüchliche Selbstidentität*" zu bezeichnen.[332]

Insbesondere Watsuji macht darauf aufmerksam, daß der japanische Begriff *ningen* eine solche widersprüchliche Selbstidentität bezeichnet und sich deshalb von der Vorstellung des Einzelnen als Individuum deutlich unterscheidet. Das Wort *ningen* wird aus zwei verschiedenen Schriftzeichen zusammengesetzt, wobei sich das erste, NIN, mit 'Mensch', das zweite, GEN, mit 'Beziehung', 'Dazwischen' übersetzen läßt. *Ningen* wird im Japanischen zum einen im Sinne von 'Öffentlichkeit' gebraucht zum anderen aber auch im Sinne von 'Mensch', 'Person' oder 'Selbst'.[333] Der Begriff ist folglich nicht auf eine allgemeine oder individuelle Bestimmung zu reduzieren:

"*Ningen* is the public and, at the same time, the individual human beings living within it. Therefore, it refers not merely to an individual 'human being' nor merely to 'society'. What is recognized here is a dialectical unity of those double characteristics that are inherent in a human being. Insofar as it is a human being, *ningen* as an individual differs completely from society. Because it does not refer to society, it must refer to individuals alone. Hence, an individual is never communal with other individuals. Oneself and others are absolutely separate. Nevertheless, insofar as *ningen* also refers to the public, it is also through and through that community which exists between person and person, thus signifying society as well, and not just isolated human beings. Precisely of its not being human beings in isolation, it is *ningen*. Hence, oneself and the other are absolutely separated from each other but, nevertheless, become one in communal existence. Individuals are basically different from society and yet dissolve themselves into society. *Ningen* denotes the unity of these contradictories."[334]

---

[332] Japanisch: *mujunteki jikodōitsu*. Der Begriff stammt von K. Nishida. Vgl. zur Begriffserklärung K. Nishida, Logik des Ortes, aaO., S. 308, Anmerkung des Übersetzers.
[333] Vgl. T. Watsuji, Watsuji Tetsuro's Rinrigaku, aaO., S. 14f.
[334] T. Watsuji, Watsuji Tetsuro's Rinrigaku, aaO., S. 15.

An dem Begriff *ningen* wird deutlich, daß der Handelnde im japanischen Kontext weder allein als ein soziales Wesen noch allein als ein Individuum verstanden wird. „Die Vorstellung der menschlichen Person in Japan umfaßt sowohl die Person oder das Selbst im Sinne des Individuums als auch das Selbst oder die Person als unentwirrbar und unentrinnbar verwickelt in eine Gemeinschaft oder die Interaktion einer Gruppe. Deshalb sind wir weder nur Individuen noch allein soziale Wesen; wir sind beides."[335] Diese widersprüchliche Selbstidentität des Einzelnen ist dem widersprüchlichen Charakter der Welt geschuldet. Denn wenn in der Welt weder ein substantielles Einzelnes existiert, das sich selbst bestimmt, noch ein substantielles Allgemeines, dem der Einzelne vollständig unterworfen ist, dann gibt es keine Position, von der aus der Handelnde eindeutig bestimmt werden kann. Dies bedeutet nicht, auf eine Bestimmung zu verzichten, wie der Begriff *ningen* deutlich macht. Eine solche kann vielmehr folgendermaßen formuliert werden: Der Einzelne ist weder allein einzel- noch allein allgemeinbestimmt, Er ist auch nicht der Kreuzungspunkt beider Bestimmungen. Er vereinigt *orthaft* beide Bestimmung in sich und vermittelt sie zueinander, ohne selbst aus der Sicht einer dieser Bestimmungen vollständig objektivierbar zu sein. In dieser orthaften Vermittlung liegt sein eigentlicher Charakter begründet.

4.5.2 Der ökonomisch Handelnde als widersprüchliche Selbstidentität

Dem Widerspruch von Einzel- und Allgemeinbestimmung, der vom Standpunkt dieser Bestimmungsformen absolut erscheint, liegt eine tiefere oder umfassendere Bestimmung des Einzelnen zugrunde, aus der die beiden Bestimmungsrichtungen gleichursprünglich hervorgehen. „Urteile innerhalb eines logischen Widerspruches sind höchstens vorletzte Urteile, die uns eigentlich nur darauf hinweisen, daß unsere Erfahrung vollständiger und genauer verstanden werden kann. Ein tieferes Wissen durchbricht die Oberfläche des Widerspruchs und vermag zu erfassen, daß Gegensätze notwendig Gegensätze innerhalb eines ganz bestimmten Kontextes sind."[336] Läßt sich nun aber eine solche Aussage auf die Bestimmung des Handelnden in der ökonomischen Welt übertragen? Dies bedeutete, den ökonomisch Handelnden als eine widersprüchliche Selbstidentität aufzufassen, die *beide* Bestimmungsformen in sich umfaßt: die Einzelbestimmung als ein unabhängiges und eigenständiges Subjekt und die Allge-

---

[335] R.E Carter, Encounter with Enlightenment, aaO., S. 126.
[336] R.E Carter, Encounter with Enlightenment, aaO., S. 127.

4 Das implizite Weltbild der Ökonomie 233

meinbestimmung als Teil eines Mechanismus. Der ökonomisch Handelnde muß zugleich als absolut selbstbestimmt *und* als absolut fremdbestimmt erscheinen; als frei von aller gesellschaftlichen Bindung *und* unentrinnbar von der Gesellschaft abhängig. Die folgenden Überlegungen sollen zeigen, daß einiges für eine solche Auffassung spricht.

Die Bestimmung des Handelnden im Sinne einer „Einzelbestimmung-gleich-Allgemeinbestimmung"[337] muß vom Handeln in der Welt ausgehen. Sie betrachtet, wie sich in einem Handlungsfeld die Vielen einander gegenüberstehen, sich wechselseitig spiegeln und wie aus diesem Prozeß die Bestimmungsrichtungen des Einzelnen hervorgehen. Der Einzelne muß, wie es Nishitani formuliert, in der Begegnung mit anderen verstanden werden. In der Begegnung mit dem Du zeigt sich, wie jeder sowohl „als Herr der Absolute" als auch „je der absolut Relative" bestimmt wird.[338] Ich möchte dies für die ökonomische Welt zeigen, indem ich mich auf einen Handlungsbegriff konzentriere, der für ein Verständnis der ökonomischen Welt wichtig ist, bis jetzt aber noch nicht diskutiert wurde: die *Arbeit* bzw. die *Lohnarbeit*. Diese soll im folgenden als eine reine Aktivität, also als eine Handlung ohne Handlungsträger verstanden werden, wie es der ostasiatische Handlungsbegriff nahelegt, auch wenn dies den gängigen ökonomischen Auffassungen zum Arbeitsbegriff widerspricht.[339] Ausgehend von der ökonomischen Welt kann die Arbeit auf zwei verschiedene Weisen ergriffen werden. Zum einen kann sie als Besitz desjenigen bezeichnet werden, der die Arbeit *ausführt*, dem Arbeiter also. Denn die Arbeit ist fraglos der Besitz desjenigen, der sie mit seinem Körper und seinen Händen bewerkstelligt, so formuliert es Locke.[340] Indem die Arbeit ausgeführt wird, ergreift sich der Arbeiter in ihr; er vermeint sie als *seinen* Besitz. Zum anderen aber kann auch ein anderer sich die Arbeit aneignen, ohne selbst die entsprechenden Handlungen zu vollziehen: „Der Torf, den mein Knecht gestochen hat ... [wird] ... mein Eigentum. Es war *meine* Arbeit, ..., die mein Eigentum an [ihm] bestimmt hat."[341] Es ist hier der Arbeitgeber, der sich die Arbeit aneignet. Beide Ergreifungsprozesse, der des Arbeiters und der des Arbeitgebers, sind nicht getrennt voneinander zu denken. Denn

---

[337] Vgl. zum Begriff, K. Nishida, Die Welt als Dialektisches Allgemeines, aaO., S. 135f.

[338] Vgl. K. Nishitani, Vom Wesen der Begegnung, aaO., S. 261.

[339] Vgl. für die unterschiedlichen Definitionen von Arbeit J. Kruse, Geschichte der Arbeit und Arbeit als Geschichte, Münster-Hamburg-London 2003.

[340] Vgl. J. Locke, Zwei Abhandlungen über die Regierung, aaO., S. 216.

[341] J. Locke, Zwei Abhandlungen über die Regierung, aaO., S. 215-16, eigene Hervorhebung.

der Arbeiter ist nicht an der Arbeit (dem Arbeitsergebnis) an sich interessiert, sondern erwartet für seine Handlungen einen *Lohn*. In dieser Erwartung ist er unmittelbar auf den Arbeitgeber angewiesen. Der Arbeitgeber hingegen ist an dem Arbeitsergebnis interessiert, kann dieses aber nicht selbst hervorbringen. Sein Ergreifungsprozeß verweist deshalb notwendig auf den Arbeiter. In der Arbeit drückt sich so eine wechselseitige Abhängigkeit aus; der Arbeiter ist auf den Arbeitgeber angewiesen und umgekehrt. Genauer gesagt sind es zwei Ergreifungsprozesse, die aufeinander verweisen, ohne daß die Arbeit selbst auf einen dieser Prozesse reduziert werden kann. Wichtig ist zudem noch, daß die Arbeit wie alle ökonomischen Aktivitäten (implizit) im Handlungsfeld des Geldes gedacht wird. Die Arbeit existiert außerhalb des monetären Rahmens nicht, weil sie immer schon auf einen Lohn bzw. einen Gewinn verweist, den Arbeiter bzw. Arbeitgeber als ihren Besitz ergreifen wollen.[342] Ich möchte es bei dieser rudimentären Beschreibung des Arbeitsbegriffes belassen und untersuchen, welchen Einfluß die Arbeit auf das ökonomische Verständnis der Einzelbestimmung ausübt. Hierfür möchte in Anlehnung an Nishitanis Überlegungen die Beziehung von Arbeiter und Arbeitgeber als ein persönliches Verhältnis von Ich und Du betrachten.[343]

Es soll zunächst der sozio-historische *Veränderungsprozeß* betrachtet werden, der mit der Zunahme von Arbeitsverhältnissen als die lebendige Form des 'Dazwischen' von Menschen einhergeht, um die besondere Beziehung von Ich und Du herauszuarbeiten, die durch ein solches Verhältnis begründet wird. Das Du, das dem Ich gegenübersteht, ist zunächst immer ein *Bestimmtes*. Das Ich gründet sich in Abgrenzung und Unterscheidung nicht zu einem abstrakten Gegenüber, sondern in vielfältigen, konkreten Beziehungen etwa zum Vater, zur Familie oder zur Dorfgemeinschaft. Der Vater ist hier nicht irgendein Vater, sondern ein ganz bestimmter. Nur in der Beziehung zu diesem einen Vater kann sich das Ich als Tochter oder als Sohn bestimmen. Die Beziehung von Ich und Vater ist damit einzigartig und unersetzlich für die Existenz des Ich. Insbesondere Simmel macht darauf aufmerksam, daß der Arbeitsbegriff eine solche persönliche Beziehung implizierte, bevor er im Handlungsfeld des Geldes bestimmt wurde.[344] Denn in der Arbeit war etwa der Diener ebenso an einen *einzigen* Herrn gebunden wie der Bauer an ein bestimmtes Stück Land. Das Ich des Dieners

---

[342] Vgl. J. Cartelier, Das Geld, aaO., S. 89.
[343] Vgl. K. Nishitani, Vom Wesen der Begegnung, aaO., sowie ders., Modernisierung und Tradition in Japan, in: K. Werhahn-Mees, C. von Barloewen (Hrsg.), Japan und der Westen, Band 1, aaO., S. 183-204.
[344] Vgl. G. Simmel, Philosophie des Geldes, aaO., S. 314ff.

4 Das implizite Weltbild der Ökonomie

steht einem konkreten Du gegenüber, das nicht einfach auswechselbar ist. Das gleiche galt auch für die Handwerker: „Die Handwerker, die in kleinen Werkstätten arbeiteten, ... haben ... selbst ihre Kunden gekannt."[345] Die Arbeit des Handwerkers ist davon abhängig, daß jemand Bestimmtes ihm einen Auftrag erteilt, denn „der Dorfschuhmacher ... wird nicht ein Paar Schuhe machen, das nicht bei ihm bestellt ist."[346] „In seinem Produkt verweist der Handwerker auf andere. Er fertigt ein Produkt nach Ideen, die ihm aufgetragen wurden."[347] Mehr noch, man kann sogar sagen, daß die Existenz des Handwerkers selbst vom Bedarf konkreter Kunden abhängig ist. Denn für ihn ist nur Platz in der Welt, wenn diese Kunden ihn etwa als Schuhmacher gebrauchen.[348] Bezieht sich der Begriff der Arbeit aber auf ein Lohnverhältnis, so bezeichnet das Du nicht mehr notwendig eine bestimmte Person. Es ist hier nämlich – wie es Nishitani in einem anderen Zusammenhang formuliert – „jene Dimension, die dem 'Ich' ein 'Du' gegenüberstellt, gänzlich verloren"[349]. Das Du, das zuvor einen bestimmten Herren, einen bestimmten Kunden bezeichnete, wird *austauschbar*. Der Arbeiter *als* Arbeiter ist davon abhängig, daß jemand mit ihm ein Arbeitsverhältnis eingeht, aber dieser jemand muß kein konkretes Du sein. Denn der Arbeiter bezieht sich lediglich auf einen *Geldlohn*, der ihm von einer Vielzahl von Arbeitgebern gewährt werden kann:

> „Gewiß ist der Arbeiter an die Arbeit gefesselt wie der Bauer an die Scholle, allein die Häufigkeit, mit der die Geldwirtschaft die Unternehmer austauscht, und die vielfache Möglichkeit der Wahl und des Wechsels derselben, die die Form des Geldlohnes dem Arbeiter gewährt, geben diesem doch eine ganz neue Freiheit innerhalb seiner Gebundenheit. Der Sklave konnte selbst dann den Herrn nicht wechseln, wenn er bereit war, sehr viel schlechtere Lebensbedingungen auf sich zu nehmen – was der Lohnarbeiter in jedem Augenblick kann; indem so der Druck der unwiderruflichen Abhängigkeit von dem individuell bestimmten Herrn in Wegfall kommt, ist bei aller sachlichen Bindung, doch der Weg zu einer personalen Freiheit beschritten."[350]

---

[345] S. de Sismondi, Grundsätze der Politischen Ökonomie oder Der Reichtum in seinen Beziehungen zur Bevölkerung, teilw. abgedruckt in: A. Kruse (Hrsg.), Nationalökonomie, aaO., S. 52.
[346] S. de Sismondi, Grundsätze der Politischen Ökonomie, aaO., S. 52.
[347] K.-H. Brodbeck, Die fragwürdigen Grundlagen der Ökonomie, aaO., S. 218.
[348] Vgl. S. de Sismondi, Grundsätze der Politischen Ökonomie, aaO., S. 52.
[349] K. Nishitani, Modernisierung und Tradition in Japan, aaO., S. 190.
[350] G. Simmel, Philosophie des Geldes, aaO., S. 317.

Die Frage, wer genau dem Ich in einem Arbeitsverhältnis gegenübersteht ist, verliert durch den Bezug der Arbeit zum Geld an Bedeutung. Positiv kann man dies so formulieren, daß die Arbeit den Arbeiter frei bzw. unabhängig von dem Willen *bestimmter* anderer macht.[351] Hierin spiegelt sich eine grundsätzliche Wirkung des Geldes auf die Ich-Du-Beziehung wider. Denn es ermöglicht Beziehungen, „aus denen ... alle Elemente eigentlich individueller (einzigartiger, SG) Natur entfernt sind." Es begründet die „Auswechselbarkeit der Personen" in denjenigen Beziehungen, in denen sich der Einzelne bestimmt.[352] So ist etwa die Existenz des Käufers nicht mehr von einem spezifischen Verkäufer abhängig und umgekehrt. Die einzigartigen Eigenschaften des Gegenübers werden bedeutungslos, weil „allein der binäre Code Zahlen oder Nichtzahlen gilt"[353].

> „In dieser klassischen Bedeutung ist der Tausch vollkommen unpersönlich, was genau dem Idealtypus von Interaktion entspricht... (...) Der Händler am Obststand verdrischt vielleicht sein Pferd, erschießt Hunde und verspeist Ratten. Doch keine dieser Eigenschaften braucht meinen Tausch mit ihm, der sich ja nur auf das Ökonomische bezieht, zu beeinflussen."[354]

Noch deutlicher wird die Unabhängigkeit von einem bestimmten Du im Handlungsfeld des Geldes, wenn man den Arbeitgeber betrachtet. Denn auch dieser kann sich in der Arbeit ergreifen, ohne dabei auf ein konkretes Gegenüber angewiesen zu sein; auch er wird frei von bestimmten Beziehungen. „Die Befreiung des Arbeiters muß sozusagen auch mit einer Befreiung des Arbeitgebers, d.h. mit dem Wegfall der Fürsorge, die der Unfreie genoß, bezahlt werden", wobei hier unter Befreiung, die „Aufhebung individuell festgelegter Abhängigkeit" zu verstehen ist.[355] Auch das Ich des Arbeitgebers vermag sich aus Bindungen an ein konkretes Du zu befreien. Dieser Prozeß wird durch die Zunahme der *Arbeitsteilung* verstärkt; eine Entwicklung, die schon Adam Smith als die treibende Kraft von wirtschaftlicher Entwicklung und Wohlstand bezeichnet.[356] Hier soll es nicht um diesen Aspekt des Wohlstandes gehen, sondern um die Auswirkungen der Arbeitsteilung auf die Beziehung von Arbeiter und Arbeitgeber. Durch die Arbeitsteilung reduziert sich der Handlungsumfang der Arbeit, „indem

---

[351] Vgl. G. Simmel, Philosophie des Geldes, aaO., S. 318.
[352] G. Simmel, Philosophie des Geldes, aaO., S. 316.
[353] M. Schramm, Spielregeln gestalten sich nicht von Selbst, aaO., S. 150.
[354] J.M. Buchanan, Die Grenzen der Freiheit, aaO., S. 25.
[355] G. Simmel, Philosophie des Geldes, aaO., S. 318.
[356] Vgl. A. Smith, Untersuchung über das Wesen und die Ursachen des Wohlstandes, teilw. abgedruckt in: A. Kruse (Hrsg.), Nationalökonomie, aaO., S. 92.

4 Das implizite Weltbild der Ökonomie   237

sie jedermanns Geschäft auf eine einfache Verrichtung einschränkt und diese Verrichtung zur alleinigen Beschäftigung seines Lebens macht."[357] Eine einfache Tätigkeit ist von *jedem*, zumindest aber von vielen zu erlernen. Der Arbeitgeber wird deswegen von einem bestimmten Spezialisten ebenso unabhängig, wie es dem Arbeiter möglich ist, sich in ganz unterschiedlichen Arbeitsverhältnissen zu bestimmen. In der Ökonomie erreicht dieser Gedanke der Vereinfachung der Arbeit im Begriff der *Arbeitskraft* bzw. der *Arbeitsenergie* ihren Extrempunkt. Schon bei Smith wird deutlich, daß die Arbeitsteilung den Umfang der Arbeit soweit verringert, daß der Arbeiter durch eine *Maschine* ersetzt werden kann.[358] Ein Gedanke, den Hegel folgendermaßen formuliert:

„Das Arbeiten des Einzelnen wird durch die Teilung *einfacher* und hierdurch die Geschicklichkeit in seiner abstrakten Arbeit sowie die Menge seiner Produktionen größer. (...) Die Abstraktion des Produzierens macht das Arbeiten ferner immer mehr *mechanisch* und damit am Ende fähig, daß der Mensch davon wegtreten und an seine Stelle die *Maschine* eintreten lassen kann."[359]

Die Arbeitsteilung ermöglicht es, Arbeit als eine „*physisch-mechanische* Tätigkeit" zu interpretieren.[360] Die Arbeit wird in Arbeitskraft bzw. -leistung umgedeutet und gehört damit zu den einfachen „Produktionsmitteln", deren „Stoffe und Kräfte" man ausbeuten bzw. nutzbar machen kann.[361] Dies bedingt, alle Erscheinungsformen der Arbeit in einem einheitlichen Maßstab auszudrücken. Menschliche Handlungen werden im Begriff der Arbeit auf *Energiemengen* reduziert, die von der mechanischen Energie nicht zu unterscheiden sind. Ich möchte nicht darauf eingehen, wie eine solche formale Gleichheit von mechanischer Energie und Arbeitsenergie zu denken ist, sondern lediglich auf ihre Bedeutung für die Beziehung von Arbeiter und Arbeitgeber hinweisen. Ist die Arbeit nur noch bloße Energiemenge, dann wird der Arbeitgeber sowohl von jedem bestimmten Arbeiter als auch von jeder bestimmten Maschine unabhängig. Mehr noch, er wird frei von jeder konkreten Umgebung, also etwa einem be-

---

[357] A. Smith, Untersuchung über das Wesen und die Ursachen des Wohlstandes, aaO., S. 94.

[358] Vgl. A. Smith, Untersuchung über das Wesen und die Ursachen des Wohlstandes, aaO., S. 95f.

[359] G.W.F. Hegel zitiert in K.-H. Brodbeck, Erfolgsfaktor Kreativität, aaO., S. 176-77, Hervorhebung im Original.

[360] K.-H. Brodbeck, Die fragwürdigen Grundlagen der Ökonomie, aaO., S. 139, eigene Hervorhebung.

[361] Vgl. H. Meyer, Produktion, abgedruckt in: A. Kruse (Hrsg.), Nationalökonomie, aaO., S. 98.

stimmten Produktionsstandort. Er kann so Inhalt und Grenze derjenigen Beziehungen selbst festlegen, in denen er sich bestimmt.

Nishitani hat die allgemeine Struktur einer solchen 'Freiheit' herausgearbeitet. Werden Handlungen auf Energiemengen reduziert, so kann das Ich dem Du völlig indifferent gegenüberstehen. Das Du wird seiner Einzigartigkeit beraubt; es wird austauschbar, so daß das Ich sich unabhängig von ihm bestimmt.

> „Weil dem Menschen ... nicht nur alle 'Dinge', sondern auch die anderen Menschen als mechanisch manipulierbar und steuerbar gelten, mangelt es hier an jeglichem Widerstand, an jeglichem 'Gegenüber'. Das heißt, das Subjekt findet kein stoffliches Objekt, findet außerhalb seiner selbst kein 'Sein an sich', kein Sein, das sich ihm entgegenstellt, an das es sich halten könnte. Weiterhin fehlt dieser Position jegliche Beziehung zu einem anderen, ganz zu schweigen von einer Beziehung zu einem Du. Hier gibt es schlechterdings nichts, das man ein 'Du' nennen könnte. Alles ist in der dritten Person, ist ein *Es*, das sogar aufhören mag, ein *Es* zu sein, wenn es auf Kraft oder Energie reduziert wird. Wir haben es hier mit einem Standpunkt zu tun, der dem Ich eine ganz außergewöhnliche Macht einräumt, denn letztlich ist hier nichts mehr anzutreffen, das ihm auch nur den leisesten Widerstand entgegensetzte. In einer Welt, in der alles auf Kraft und Energie reduziert ist, steht grundsätzlich alles zur freien Verfügung und kann nach Belieben manipuliert werden. Wir haben hier in gewissem Sinne den Standpunkt eines Subjekts vor uns, das den Höhepunkt seiner Entwicklung erreicht hat."[362]

Es wird hier ein wichtiger Punkt deutlich: Die eigenständige oder unabhängige Existenz des Ich liegt nicht in seiner Isolation oder seinem 'vorgesellschaftlichen', 'natürlichen' Wesen begründet, sondern darin, daß das Ich sich *in* einer Welt bestimmt, in der jedes Du austauschbar, umwandelbar und ersetzlich geworden ist. Nishitani schreibt diese Möglichkeit dem Zeitalter der Technik zu und interpretiert die Reduktion des Du auf Energie und Kraft ausschließlich als ein physikalisches Phänomen. Aber hierdurch kann im strengen Sinne nur verstanden werden, warum in der Arbeit Mensch und Maschine auswechselbar geworden sind. Sofern aber der Energiemetapher (implizit) der Begriff des Geldes zugrunde liegt, kann die Vorstellung des unabhängigen Ich weit über diesen Rahmen ausgeweitet werden. Denn im Handlungsfeld des Geldes wird der Einzelne von *allen* spezifischen Bindungen befreit. Nicht nur in der Arbeit wird das bestimmte Du bedeutungslos, sondern etwa auch im Tausch.

---

[362] K. Nishitani, Modernisierung und Tradition in Japan, aaO., S. 194.

4 Das implizite Weltbild der Ökonomie

Wir sind „von jedem bestimmten Element dieser Gesellschaft außerordentlich unabhängig, weil seine Bedeutung für uns in die einseitige Sachlichkeit seiner Leistung übergangen ist, die deshalb viel leichter auch von soundso viel anderen und persönlich verschiedenen Menschen produziert werden kann, mit denen uns nicht als das in Geld restlos ausdrückbare Interesse verbindet."[363]

Erst in der ökonomischen Welt kann eine Form der Einzelbestimmung gedacht werden, die den Einzelnen als unabhängig von *jeglicher* bestimmten Beziehung betrachtet. Dies heißt aber nicht, daß der Einzelne ein isoliertes Wesen darstellt. „Die individuelle Freiheit ist keine rein innere Beschaffenheit eines isolierten Subjekts."[364] Die Einzelbestimmung beruht nicht auf der völligen Abwesenheit von Beziehungen, sondern auf einem *anonymen* Beziehungsgeflecht. Sie impliziert nicht den Verlust von Bindungen überhaupt, sondern nur von Bindungen an ein einzigartiges, unersetzliches Gegenüber.

Betrachten wir nun die Allgemeinbestimmung des Einzelnen. Ich möchte die Überlegungen hierzu mit einem Gedanken Nishitanis beginnen. Wenn dem Ich, so Nishitani, kein Du mehr gegenübersteht, dann wird es selbst bedeutungslos. „Der Mensch sieht und benutzt alles unter dem Gesichtspunkt der Funktion, und so ist er selbst auf eine bloße Funktion reduziert."[365]

„Im selben Zuge (wie das Subjekt seinen Höhepunkt erreicht hat, SG) verliert Subjektivität jegliche Bedeutung und der Mensch wird enthumanisiert. Wenn kein 'Du' mehr dem 'Ich' Widerstand entgegensetzt, bis gar jegliches 'Du' verschwindet, so verflüchtigt sich damit auch die Position des 'Ich'. 'Ich' ist dann nur noch die Kraft, welche die Kräfte der Welt steuert. Die Souveränität des Menschen ist nicht mehr als die Kraft, welche die Welt der Kräfte lenkt. Sie wird zu einer mechanischen Kraft, die mechanische Abläufe steuert. Wenn alles in Es verwandelt wird und die Dinge sich zur freien Verfügung und Manipulation anbieten, dann entgleitet die Subjektivität selbst dem zum Maschinisten verkommenen Menschen. Unter dem Einfluß der Technologie läuft auch das Selbstbewußtsein des Subjektes Gefahr, nach und nach zu verfallen."[366]

Nishitanis Gedanke läßt sich für den Begriff der Arbeit nachvollziehen. Weil der Einzelne eine Bestimmung von Aktivität ist, wird sein Charakter

---

[363] G. Simmel, Philosophie des Geldes, aaO., S. 315.
[364] G. Simmel, Philosophie des Geldes, aaO., S. 315.
[365] K. Nishitani, Modernisierung und Tradition in Japan, aaO., S. 198.
[366] K. Nishitani, Modernisierung und Tradition in Japan, aaO., S. 194-95.

entsprechend *geringer*, wenn der Umfang seiner Tätigkeiten abnimmt. Adam Smith bemerkt diesen Zusammenhang, wenn er sagt, daß die Arbeitsteilung nicht nur den Umfang der Tätigkeiten, sondern auch den Umfang des Tätigen selbst reduziert:

> „Mit fortschreitender Arbeitsteilung wird die Tätigkeit der überwiegenden Mehrheit derjenigen, die von ihrer Arbeit leben, also der Masse des Volkes, nach und nach auf einige wenige Arbeitsgänge eingeengt, oftmals auf nur einen oder zwei. Nun formt aber die Alltagsbeschäftigung ganz zwangsläufig das Verständnis der meisten Menschen. Jemand, der täglich nur wenige einfache Handgriffe ausführt, die zudem immer das gleiche oder ähnliche Ergebnis haben, hat keinerlei Gelegenheit seinen Verstand zu üben. Denn da Hindernisse nicht auftreten, braucht er sich auch über deren Beseitigung keine Gedanken zu machen. So ist es ganz natürlich, daß er verlernt, seinen Verstand zu üben, und so stumpfsinnig und einfältig wird, wie ein menschliches Wesen eben nur sein kann."[367]

Bei Smith ist die Arbeit schon aus einer Ich-Du-Beziehung herausgelöst; sie erscheint nur noch als eine Ich-Es-Beziehung. Doch das Ich vermag in dieser Ich-Es-Beziehung nicht zu bestehen. Indem der Arbeiter sich nur noch in den einfachsten Tätigkeiten bestimmt, wird er selbst *weniger*. Er bestimmt sich nicht mehr durch den Kontakt zu einer Vielzahl von Kunden, nicht mehr im Herstellungsprozeß eines Handwerks, sondern nur noch in einem einzigen Handgriff: dem Ziehen eines Drahtes *oder* im Schneiden eines Drahtes *oder* im Weißglühen der Nadel.[368] Er wird so selbst zu einer bloßen Funktion. Der ökonomische Arbeitsbegriff treibt diese Reduktion, die sich in der Smithschen Vorstellung der Arbeitsteilung abzeichnet, bis in ihr Extrem. Indem jeder Produktionsfaktor nur noch als Energiemenge bezeichnet wird, wird der Arbeiter selbst zu einer bloßen Arbeits*kraft* in einem rein mechanischen Sinne:

> Der Mensch wird „zu einem Subjekt auf der Ebene der 'Arbeitsenergie'. Dem entspricht nun auf der anderen Seite, daß alles den Charakter eines 'Subjekts der Arbeit' auf energetischer Ebene enthält statt den eines stofflichen Objekts. Dadurch verlieren Subjekt und Objekt ihren jeweiligen Status; beide werden zu 'abstrakten Subjekten' nivelliert. (...) Das Ich aus der Ich-Es-Beziehung erfährt seinerseits eine Abstraktion und nimmt den Charakter eines Es an; die Stofflichkeit des Es erfährt gleichfalls eine Abstraktion; sie wird auf bloße Funktionalität reduziert, und das Es

---

[367] A. Smith, Der Wohlstand der Nationen, aaO., S. 662.
[368] Ich beziehe mich hier auf Adam Smiths Beispiel der arbeitsteiligen Produktion von Stecknadeln. Vgl. ders., Untersuchung über das Wesen und die Ursachen des Wohlstandes, aaO., S. 92f.

ist nur noch ein 'Subjekt von Arbeit'. Beide, das Ich und das Es werden im abstrakten Sinne zu 'handelnden Dingen'. Das heißt, die Ich-Du-Beziehung wird zu einer Es-Es-Beziehung abstrahiert, das Ich-Du wird in abstrakter Weise vergegenständlicht."[369]

Auf diese Weite wird der Arbeiter beliebig. Er wird austauschbar, weil ihn keinerlei einzigartige Eigenschaft mehr auszeichnet. „Der Mensch ist am Ende nur noch eine Arbeitskraft"[370] „Doch nicht nur der Arbeiter, sondern unterschiedslos alle Menschen – der Kapitalist, der Angestellte, der Beamte, werden zu Subjekten auf der Ebene der Arbeitsenergie, zu abstrakten Subjekten."[371] Deshalb können die Ökonomen mit gewisser Berechtigung von einer „Exklusion des Individuums ... aus dem operationalen Marktsystem"[372] sprechen und annehmen, daß sie es nur noch mit Ding-Ding-Relationen zu tun haben. „'Da ist ein Mensch.' Diese 'Ist-heit wird fortabstrahiert, ist nicht länger faßbar, oder vielmehr: diese ursprüngliche und eigentliche Realität geht verloren."[373]

In dem Ausmaß wie dieser Verlust sich verstärkt, wird die Abhängigkeit des Einzelnen von unbestimmten anderen immer größer. Auch dies wird unmittelbar deutlich, wenn man die Arbeitsteilung betrachtet. Der Einzelne wird durch diese Teilung frei von *bestimmten* Beziehungen, zugleich wird seine Existenz aber determiniert von einer unüberschaubarer Anzahl anderer Menschen, die er selbst nicht kennt. Er wird abhängig von einer *anonymen* Masse. „Seitdem ungeheure Kapitalien in einer großen Werkstatt nicht mehr Handwerker, sondern Fabrikarbeiter vereinigen, kennen diese nicht mehr die Verbraucher, die vielleicht viele hunderte von Meilen von ihnen entfernt leben, sie wissen nichts mehr von ihrer Not oder von der Verminderung ihrer Nachfrage."[374]

„Man betrachte die Habseligkeiten des gemeinsten Handwerkers oder Tagelöhners in einem zivilisierten und blühenden Lande, und man wird gewahr werden, daß die Zahl der Menschen, von deren Fleiß ein Teil, wiewohl nur ein kleiner Teil, dazu gebraucht wurde, ihm diese Sachen zu verschaffen, alle Berechnungen übersteigt. Der wollene Rock z.B., der den Tagelöhner bekleidet, ist so grob und gemein er auch aussehen mag, doch das Produkt der vereinigten Arbeit einer großen Menge

---

[369] K. Nishitani, Modernisierung und Tradition in Japan, aaO., S. 199.
[370] K. Nishitani, Modernisierung und Tradition in Japan, aaO., S. 190.
[371] K. Nishitani, Modernisierung und Tradition in Japan, aaO., S. 199.
[372] J. Wieland, Ökonomische Organisation, Allokation und Status, aaO., S. 55.
[373] K. Nishitani, Modernisierung und Tradition in Japan, aaO., S. 193.
[374] S. de Sismondi, Grundsätze der Politischen Ökonomie, aaO., S. 52.

von Arbeitern. (...) Wenn wir, sage ich, alle diese Dinge prüfen und erwägen, welche Mannigfaltigkeit der Arbeit auf jedes von ihnen verwendet worden ist, so werden wir einsehen, daß ohne den Beistand und die Mitwirkung vieler Tausende nicht der allergeringste Einwohner eines zivilisierten Landes auch nur in der, wie wir sie uns fälschlicherweise vorstellen, leichten und einfachen Art, in der er gewöhnlich ausgestattet ist, versorgt werden könnte."[375]

In einem solchen Netz anonymer Abhängigkeiten erscheint der Einzelne austauschbar. Ebenso wie er unabhängig von jedem bestimmten Gegenüber geworden ist, so ist auch seine spezifische Existenz jedem anderen gleichgültig. Wie alle anderen ist er auf eine bloße Funktion reduziert, die stets auch von einem anderen ausgefüllt werden kann. Seine Einzigartigkeit ist verloren; er ist auf ein *Geschaffenes* oder *Bewirktes* reduziert. Er kann deswegen als ein Molekül eines chemischen Systems, als ein Rädchen im Getriebe einer gigantischen Maschine betrachtet werden. Die in einer arbeitsteiligen Gesellschaft unüberschaubar gewordenen, anonymen Beziehungen objektivieren sich ihm gegenüber als ein Mechanismus. Die wechselseitigen Abhängigkeiten erscheinen als *eine* „unsichtbare, allgegenwärtige Kraft", die „Millionen Willen und Güterelemente" leitet.[376] Diese Kraft *bedroht* und *unterwirft* den Einzelnen. Sie gestaltet ihn überall und immer, so wie sie jeden anderen gestaltet. Hierin liegt die Allgemeinbestimmung des Einzelnen begründet; eine Bestimmung, die oft als „Entfremdung"[377] bezeichnet und die von Sōseki Natsume als der „Schmerz der Existenz" in der modernen Welt beschrieben wird.[378]

Der wirkliche Grund für diesen Schmerz bleibt allerdings unergründet, solange man nicht auf die Bedeutung des Geldes verweist. Denn nur im Geld sind alle einzigartigen Elemente menschlicher Beziehungen entfernt, so daß diese einen gänzlich *allgemeinen* Charakter annehmen. Durch das Geld ist es möglich, in Kontakt zu *jedem* anderen zu treten und damit von bestimmten anderen unabhängig zu werden. In einer arbeitsteiligen Gesell-

---

[375] A. Smith, Untersuchung über das Wesen und die Ursachen des Wohlstandes, aaO., S. 96-97.

[376] A. Schäffle, Das gesellschaftliche System der menschlichen Wirthschaft, aaO., S. 239.

[377] Der Begriff der Entfremdung geht auf Hegel zurück und wurde insbesondere von Marx adaptiert.

[378] N. Soseki zitiert in T. Najita, Die historische Entwicklung der kulturellen Identität im modernen Japan und die humanistische Herausforderung der Gegenwart, in: K. Werhahn-Mees, C. von Barloewen (Hrsg.), Japan und der Westen, Band 3, Frankfurt 1986, S. 187.

schaft wird es gleichzeitig zunehmend schwerer, Beziehung anders als im Geld zu bestimmen. Dem Kaufmann ist der einzigartige Charakter des Käufers gleichgültig. Aber dieser muß ein *allgemeines* Merkmal stets erfüllen: Er muß Geld besitzen. Die Beziehung zum Geld liegt allen Beziehungen zugrunde und nivelliert gleichzeitig alle anderen Eigenschaften von Käufer und Verkäufer.[379] Selbst die Zugehörigkeit zu einer Gruppe oder Gemeinschaft basiert nicht mehr auf Eigenschaften wie Geburt, Fähigkeiten oder Glauben, sondern einzig und allein auf der Beziehung zum Geld. Sozialer „Aufstieg und Abstieg bedeutet Geldverdienen oder Geldverlieren", so formuliert es Schumpeter.[380] Indem das Geld so zur einzig „vereinigenden Wirkung" wird, *zerstört* es alle anderen Formen wechselseitiger Beziehungen:

> „Wenn unter mehreren Interessen, die die Vereinigung eines Kreises (einer Gemeinschaft, SG) ausmachen, das eine auf alle anderen zerstörend wirkt, so wird natürlich dieses selbst die anderen überleben und schließlich noch die einzige Verbindung zwischen den Elementen darstellen, deren sonstige Zusammenhänge es zernagt hat. Nicht nur auf Grund seines immanenten Charakters, sondern gerade weil es auf so viele anderen Verbindungsarten der Menschen destruktiv wirkt, sehen wir das Geld den Zusammenhang zwischen sonst ganz zusammenhangslosen Elementen herstellen."[381]

Wenn sich jeder nur noch in durch Geld vermittelten Beziehungen bestimmt, dann erreichen diese Beziehungen selbst einen objektiven Charakter. Denn 'objektiv' läßt sich definieren als „das, was für alle gleich ist".[382] Es ist dieser Aspekt, der verständlich macht, warum die Existenz des Einzelnen in einer arbeitsteiligen Gesellschaft tatsächlich einem Allgemeinen unterworfen erscheint. „Der ökonomisch orientierte Mensch, der durch die geldförmige ökonomische Zivilisation hervorgebracht wird, wird sehr wahrscheinlich zu einem bloßen Rädchen im Getriebe des ökonomischen Systems verallgemeinert werden."[383]

Werfen wir einen Blick zurück. Nur in der ökonomischen Welt kann der Einzelne als unabhängig von jeglicher bestimmten Beziehung angesehen werden. Die Menschen können „die tradierten Schlacken ihrer Eingebun-

---

[379] Vgl. G. Simmel, Philosophie des Geldes, aaO., S. 341.
[380] J. Schumpeter, Kapitalismus, Sozialismus und Demokratie, aaO., S. 122.
[381] G. Simmel, Philosophie des Geldes, aaO., S. 375.
[382] J. Cartelier, Das Geld, aaO., S. 46.
[383] T. Watsuji, Watsuji Tetsuro's Rinrigaku, aaO., S. 108.

denheit an Sitte und Gewohnheit endlich abschütteln"[384], und sich als eigenständige Subjekte ergreifen. So meint auch Nishitani, in der Moderne sei „in jedem einzelnen ein Bewußtsein für das eigene Subjekt-Sein entstanden".[385] Doch diese Entwicklung spiegelt nur *eine* Bestimmungsrichtung des Einzelnen in der ökonomischen Welt. Denn gleichursprünglich mit dem Bewußtsein für die Eigenständigkeit und Unabhängigkeit des Einzelnen entsteht die Vorstellung der absoluten Unterwerfung des Einzelnen unter einen gigantischen Mechanismus, den er nicht mehr gestaltet, sondern nur noch erleidet. Getrennt von dieser Bestimmung des Einzelnen ist dessen 'Freiheit' undenkbar. „Getrennt von der Allgemeinbestimmung gibt es ... keine Einzelbestimmung."[386] Die Gesetzmäßigkeit der Dinge und die nach innen konzentrierte, von dem Äußeren unabhängige Persönlichkeit entstehen *gleichursprünglich*.[387] Sie bedingen sich wechselseitig, wobei die ökonomische Welt den Ort-worin ihrer Vermittlung darstellt:

> „Wenn nun die Vorstellung der Persönlichkeit, als Gegenstück und Korrelat zu der Sachgesetzlichkeit, im gleichen Maße wie diese erwachsen muß, so wird nun aus diesem Zusammenhang klar, daß eine strengere Ausbildung der Sachlichkeitsbegriffe mit einer ebensolchen der individuellen Freiheit Hand in Hand geht: So sehen wir die eigentümliche Parallelbewegung der letzten drei Jahrhunderte: daß einerseits die Naturgesetzlichkeit, die sachliche Ordnung der Dinge, die objektive Notwendigkeit des Geschehens immer klarer und exakter hervortritt, und auf der anderen Seite die Betonung der unabhängigen Individualität, der persönlichen Freiheit, des Fürsichseins gegenüber allen äußeren und Naturgewalten eine immer schärfere und kräftigere wird."[388]

MacPherson spricht hier vom Paradox der Markgesellschaft: Individuelle Freiheit und Unterordnung unter ein Allgemeines widersprechen sich gegenseitig und sind dennoch unauflöslich miteinander verwoben:

> „The market makes men free; it requires for its effective operation that all men be free and rational; yet the independent rational decisions of each man produce at every moment a configuration of forces which confronts each man compulsively.

---

[384] B.P. Priddat, E.K. Seifert, Gerechtigkeit und Klugheit, aaO., S. 53. Die Autoren beziehen sich hier auf Hobbes.
[385] K. Nishitani, Modernisierung und Tradition in Japan, aaO., S. 183.
[386] K. Nishida, Die Welt als Dialektisches Allgemeines, aaO., S. 169.
[387] Vgl. G. Simmel, Philosophie des Geldes, aaO., S. 358.
[388] G. Simmel, Philosophie des Geldes, aaO., S. 320.

All men's choices determine, and each man's choice is determined by, the market."[389]

Man kann dieses Paradox auch hinsichtlich des vermeintlichen Gegensatzes von Individualismus und Kollektivismus formulieren: Je mehr die individuelle Selbständigkeit betont wird, desto stärker muß auch die Vorstellung eines Allgemeinen werden, dem der Einzelne unterworfen ist. Beide widersprechen sich, sind aber dennoch wechselseitig voneinander abhängig. Sie begründen *gemeinsam* die absolut widersprüchliche Selbstidentität des ökonomisch Handelnden. Der Individualismus, der in der Ökonomie immer wieder als die wesentliche Errungenschaft der Moderne gepriesen wird, ist nicht vom Gedanken eines Kollektivismus zu trennen, der die vielen Einzelnen unter ein Gesetz zwingt. Individuelle Freiheit und Unterordnung unter eine anonyme Masse sind zwei Seiten *ein und derselben* Medaille. Es ist also nicht richtig, zwischen rein individualistischen und rein kollektivistischen Gesellschaften zu unterscheiden und zu meinen, der Grad des Individualismus in einer Gesellschaft verhalte sich umgekehrt proportional zum Grad des Kollektivismus. Vielmehr gilt: je stärker der Individualismus, desto stärker auch der Kollektivismus.[390] Dieser Zusammenhang wird leicht übersehen, wenn man nur auf eine Seite blickt und die lebendige Wirklichkeit der ökonomischen Welt als denjenigen Ort-worin vergißt, der beide Seiten in sich birgt und zueinander vermittelt. Trotz ihrer Gegensätzlichkeit liegt Individualismus und Kollektivismus also ein ähnlicher Gedankenfehler zugrunde: Die ökonomische Welt wird als ein *Ort des Nichts* stets vorausgesetzt, nicht aber reflektiert. Auf diese Weise übersehen beide Positionen, daß sie die jeweilige Gegenposition schon immer implizit voraussetzen, um ihren eigenen Standpunkt zu begründen. Nicht zu Unrecht schreibt Nishida deshalb: „Individualismus und Kollektivismus sollen einander diametral entgegengesetzt sein. Ich aber denke, daß sie [in ein Problem] zusammenfallen."[391]

Es ist zu betonen, daß Einzel- und Allgemeinbestimmung in der ökonomischen Welt zwar gleichursprünglich entstehen, dennoch aber in einem radikalen Sinn unvereinbar sind. Die Unabhängigkeit des Einzelnen geht niemals einfach in einem Allgemeinen auf, ebensowenig wie seine Unterordnung als Eigenständigkeit oder gar Freiheit interpretiert werden kann.

---

[389] C.B. Macpherson, The Political Theory of Possessive Individualism, aaO., S. 106.
[390] Vgl. C.B. MacPherson, The Political Theory of Posesive Individualism, aaO., S. 256.
[391] K. Nishida zitiert in S. Odin, The Social Self in Zen and American Pragmatism, aaO., S. 86.

Die beiden widerstreitenden Pole des Handelns lassen sich niemals miteinander versöhnen, sind aber dennoch im Handelnden vereinigt. Der Einzelne bestimmt sich selbst in ihrem beständigen Widerstreit als eine 'Bestimmung ohne Bestimmendes'. Während diese Bestimmungsform des Einzelnen in der Ökonomie zumeist nicht erkannt wird, macht etwa MacIntyre darauf aufmerksam, daß sich der Mensch der modernen Wirtschaftsgesellschaft tatsächlich als ein geteiltes Selbst, ja sogar *selbst-zerteilendes* Selbst bestimmt, das zugleich die Einzel- und Allgemeinbestimmung *widersprüchlich* in sich vereinigt. Er analysiert hierfür die amerikanische Gesellschaft:

> "The present characteristic American self I take to be a *divided self, often enough a self-divided self.* ... From the individualism of the Enlightenment there derives a capacity of the self to abstract himself from the particular social role which it happens inhabit and indeed from the social order of which that role is a constitutive part, so as to reflect upon itself as an individual qua individual, rather than qua family member or member of a this or that social group ... It involves a belief that the individual is free to withdraw him- or herself from these influences and take toward them whatever attitude he or she chooses to adopt in accordance with those preferences which are truly his or hers qua individual. So there is this part of the self which views itself as *beyond all social roles*, capable of escaping from its past history and of making it new. (...) [On the other hand] there emerges a part of the self which wears and responds to the badges of acquisitive and competitive success, an aspect of the self dominated by the social relations of an at once bureaucratized and individualist market economy, for which society appears not as that from which I am able to abstract myself and upon which I sit in judgement, but as the *source of an impersonal vocation inflicted upon me.* (...) There are a remarkably large number of individuals who find within themselves .. all .. these attitudes, each partially constitutive of *a divided and inconsistent self.* Moreover, these attitudes when spelt out, are not merely *mutually incompatible,* they are *incommensurable.* There are available in the shared culture of modern America no standards by appeal to which these conflicts can be rationally resolved."[392]

Das Selbstbewußtsein des Handelnden ist gespalten: Von der Einzelbestimmung her erscheint es als Subjekt des Bewußtseins und von der Allgemeinbestimmung her erscheint es als Objekt des Bewußtseins. Es birgt

---

[392] A. MacIntyre, Individual and Social Morality in Japan and the United States, aaO., S. 491-92, eigene Hervorhebung. MacIntyre verweist noch auf einen dritten Aspekt, der das Selbstverständnis bestimmt: die Haltung des Einzelnen gegenüber Institutionen.

damit in sich zugleich eine Selbstanhänglichkeit und eine Selbstentfremdung.[393]

4.6 Die Bedeutung des Egoismus für die ökonomische Welt

In den letzten Abschnitten wurde ein alternatives Verständnis von ökonomischer Welt und ökonomisch Handelndem deutlich. Zusammenfassend gesagt liegt dieses darin begründet, sowohl Welt als auch Handelnden *orthaft* zu denken: Während sich die ökonomische Welt als Ort-worin darstellt, der die Vorstellungen von Individuum und (mechanischer) Ordnung in sich birgt und untereinander vermittelt, zeigt sich der Einzelne als derjenige, der sich in dieser Welt handelnd sowohl im Sinne der Einzel- als auch der Allgemeinbestimmung selbst bestimmt. Welt und Handelnder entziehen sich so jeglicher rationalen Beschreibung; sie sind aus Sicht sowohl des methodologischen Individualismus als auch des mechanistischen Ordnungsgedankens ein Ort des Nichts, der als *Voraussetzung* dieser Erklärungsansätze dient, ohne selbst explizit reflektiert zu werden. In diesem Abschnitt soll deutlich werden, daß es sich dennoch lohnt, die Position des methodologischen Individualismus nochmals zu betrachten. Denn in einer bestimmten Form besagt dieser nicht – wie bisher angenommen –, daß der Einzelne tatsächlich unabhängig von anderen existiert, sondern daß jeder Einzelne *sich selbst so sieht*. Nicht mehr eine Charakterisierung durch einen außenstehenden Beobachter steht hier im Vordergrund, sondern eine Annahme über das *Selbstverständnis* des Einzelnen: die Annahme, dieser begreife sich selbst im Gegensatz zu jedem anderen und handele aufgrund dieser Wahrnehmung ausschließlich eigeninteressiert bzw. egoistisch. In dieser Variante geht es dem methodischen Individualismus darum, das Bild, das Menschen von sich selbst haben, ernst zu nehmen und von diesem ausgehend das Miteinander der Vielen zu verstehen. Wie sich zeigen soll, wird ein solcher Erklärungsansatz auch in der ostasiatischen Philosophie eingehend diskutiert. Der Individualismus wird hier auf die *gewöhnliche Sichtweise* bzw. das *gewöhnliche Bewußtsein* der Menschen zurückgeführt. Er wird als eine Form der Selbstwahrnehmung durchschaut, die von Grund auf in Mein und Dein, Ich und Du unterscheidet, ohne den gemeinsamen Ort-worin dieser Differenzen wahrzunehmen.[394] Im folgenden wird diese gewöhnliche Sichtweise in ihrer für den ökonomisch Handelnden

---

[393] Vgl. M. Abe, The Problem of Self-Centeredness as the Root-source of Human Suffering, Japanese Religions, 15/4 (1989), S. 17.

[394] Dies gilt insbesondere für den Buddhismus. Vgl. etwa A.D. Brear, The Nature and Status of Moral Behavior in Zen Buddhist Tradition, Philosophy East & West, 24/4 (1974), insbes. S. 429ff.

spezifischen Form herausgearbeitet. Es soll dabei deutlich werden, daß sich von ihrem Standpunkt aus das Miteinander der Vielen nur als ein *Kampf aller gegen alle* zeigen kann; ein Kampf, in dem sowohl die Absolutheit des Einzelnen als auch die allgemeine Ordnung beständig bedroht ist und sich die Welt nur als Leiden erweist.

4.6.1 Der Egoismus des gewöhnlichen Bewußtseins

„Das erste Prinzip der Ökonomie besagt, daß jeder Handelnde nur von seinem Eigeninteresse bewegt ist."[395] Es „wird im allgemeinen davon ausgegangen, daß er nur seine eigenen Interessen verfolgt: Er ist grundsätzlich auf seinen eigenen Vorteil bedacht, ist egoistisch."[396] Auf diese knappe Formulierung läßt sich eine der wichtigsten Aussagen der Ökonomie über den Menschen bringen.[397] Diese bezieht sich dabei nicht allein auf ein Individuum, sondern zumindest implizit auf das *Zusammentreffen* vieler Einzelner, die je nach ihrem eigenen Interesse streben. Der egoistisch Handelnde wirkt *inmitten* einer Welt, in der seine Interessen unzähligen anderen Interessen gegenüberstehen. In der ökonomischen Literatur wird oft betont, daß es sich bei dieser Aussage um ein realistisches Menschenbild handelt[398]: „Das in der Ökonomik unterstellte Menschenbild ist so unrealistisch nicht."[399] Doch was beschreibt ein solches Menschenbild genau? Die japanische Philosophie gibt hierauf eine interessante Anwort. Denn ihrer Meinung nach entspringt jegliche Form des Egoismus einer Übersicht über die Wirklichkeit, die sich vom Standpunkt des gewöhnlichen Bewußtseins bietet. Der Egoismus gründet in der *gewöhnlichen Sichtweise*, in der sich der Einzelne ausschließlich mit seiner Einzelbestimmung identifiziert. Seine Interessen erscheinen ihm als subjektiv bzw. innerlich; sie gehören seiner Innenwelt an, die er gegen eine Außenwelt verteidigt bzw. durchsetzt.

Diese Einschätzung bedarf einiger Erklärungen. Im vorherigen Kapitel wurde schon deutlich, daß die gewöhnliche Sichtweise es verhindert, die Wechselbeziehung von subjektiver und objektiver Sicht bzw. von Innen- und Außenwelt im Ort-worin der Gewohnheiten zu durchschauen (3.3.3). Dieser Erklärungsansatz beschränkte sich allerdings auf den Umgang des Menschen mit Objekten; er soll nun auf die Beziehung des Einzelnen zu

---

[395] F.Y. Edgeworth, Mathematical Psychics, aaO., S. 16.
[396] G. Kirchgässner, Homo oeconomicus, aaO., S. 45-46.
[397] Vgl. A.K. Sen, Rational Fools, aaO., S. 317.
[398] Vgl. etwa A. Marshall, Handbuch der Volkswirtschaftslehre, teilw. abgedruckt in: A. Kruse (Hrsg.), Nationalökonomie, aaO., S. 25.
[399] G. Kirchgässner, Homo oeconomicus, aaO., S. 47.

seinen Mitmenschen ausgeweitet werden. Grundsätzlich gesagt, ergreift sich der Einzelne in der gewöhnlichen Wahrnehmung als eine innere Einheit, die er als *unabhängig* von allen anderen Menschen und deren Handlungen betrachtet. Inmitten einer Welt der wechselseitigen Abhängigkeiten versteht er sich als freies und unverfügtes *Ego*. Anders gesagt: Der Handelnde identifiziert sich ausschließlich mit derjenigen Bestimmungsrichtung der Welt, die seine Freiheit und Unabhängigkeit betont. Er ergreift sich als 'absoluter Herr': „Die innere Einheit ist nichts mehr als die Richtung der Selbstaffirmation, von der wir denken, daß wir (uns) selbst individuell bestimmen."[400] Doch ein solches Herrsein ist nicht isoliert denkbar, da die Einzelbestimmung nicht unabhängig von der Allgemeinbestimmung existiert. Der subjektive Standpunkt entfaltet sich deswegen notwendig in *Abgrenzung* und *Ablehnung* der Allgemeinbestimmung. Letztere wird als „Richtung der Selbstnegation" und damit als „äußerlich" empfunden.[401] Die wechselseitigen Abhängigkeiten in der Welt werden vom Standpunkt des Egos als etwas ihm *Äußeres* betrachtet, das zu ihm selbst im absoluten Gegensatz steht. „Weil wir schlicht auf dem Standpunkt des Subjekt-Objekt-Gegensatzes stehen, neigen wir dazu zu denken, daß die innere und die äußere Einheit durch und durch im Gegensatz zueinander stehen."[402] Auf diese Weise werden in der gewöhnlichen Wahrnehmung die Mitmenschen in die Außenwelt abgedrängt. Sie erscheinen als gegen-ständig, als eine Bedrohung, gegen die man sich notwendig zu verteidigen hat. Der Einzelne befindet sich in einer Art „*unsympathetic isolation*"[403]; für ihn sind die unabdingbaren wechselseitigen Abhängigkeiten nichts weiter als ein Übel, das er *unfreiwillig* erleidet. Die Gemeinschaft, in der er lebt, ist für ihn eine äußere Wirklichkeit, die scheinbar durch sich selbst besteht und ihm unversöhnlich gegenübertritt.[404]

"To be a self-conscious existence is for a human being to be conscious of the distinction between self and others. From the dimension of consciousness the self regards others as objects against which the self stands as subject. Out of the subject-object dichotomy thus created, consciousness grasps everything from that dichotomous point of view. Putting itself at the center of the world, the self regards all others from the outside, as existing peripheral to itself. This is the case not only in knowing, the self's cognitive activity, but also in doing, the self's volitional activity."

---

[400] K. Nishida, Die Welt als Dialektisches Allgemeines, aaO., S. 131.
[401] Vgl. K. Nishida, Die Welt als Dialektisches Allgemeines, aaO., S. 131.
[402] K. Nishida, Die Welt als Dialektisches Allgemeines, aaO., S. 131.
[403] F.Y Edgeworth zitiert in A.K. Sen, Rational Fools, aaO., S. 326.
[404] Vgl. erneut T. Izutsu, Die Entdinglichung und Wiederverdinglichung der 'Dinge' im Zen Buddhismus, aaO., S. 19.

In other words, from the dichotomous point of view the self regards others not only as objects of cognition, but also as objects of emotion and volition, that is, as objects of like and dislike, love and hate, affection and detestation. In this way, the human self becomes inextricably involved in the subject-object dichotomy and the persistent self-centeredness engendered by it."[405]

4.6.2 Die ökonomische Welt als Kampf aller gegen alle

Der Standpunkt der gewöhnlichen Wahrnehmung ist im wesentlichen einer, der sich *gegen* andere richtet. „Sobald wir denken, daß wir uns in Spannung mit objektivierten anderen befinden, werden wir auf aggressive oder defensive Weise handeln, um unseren Willen durchzusetzen."[406] Hobbes etwa setzt eine solche Handlungsweise als *gegeben* voraus. Denn nach ihm hat jeder „den Wunsch und Willen zu schaden."[407] Unversöhnlich stehen sich die Menschen gegenüber; ein Zusammenschluß der Kräfte zweier Menschen ist für Hobbes undenkbar[408]:

"And because the power of one man resisteth and hindereth the effects of the power of another, power is simply no more, but the excess of one above that of another. For equal powers opposed, destroy one another; and such their opposition is called contention."[409]

In der ökonomischen Literatur wird ein solcher Streit oft als 'Naturzustand' bezeichnet. Dabei soll der Begriff der Natur darauf hindeuten, daß es sich um einen Zustand handelt, in dem Menschen lebten, bevor sie sich zu einer Gesellschaft zusammenschlossen. Der Streit soll insbesondere der Tausch- bzw. Handelsgesellschaft (zeitlich) vorausgehen, nicht aber diese selbst charakterisieren. Aus Sicht der japanischen Philosophie ist hinsichtlich dieser Einschätzung einige Skepsis angebracht. Denn ihrem Verständnis nach gibt es keinen Naturbegriff, der einen „Zustand vor der Kultivierung" bezeichnen kann.[410] Vor allem ist für sie kein menschliches Miteinander außerhalb einer bestimmten Kultur bzw. Gemeinschaft denkbar. Ein

---

[405] M. Abe, The Problem of Self-Centeredness, aaO., S. 16-17.
[406] D.L. Hall, R.T. Ames, Thinking from the Han, aaO., S. 57.
[407] Vgl. T. Hobbes, Lehre vom Menschen und vom Bürger, aaO., S. 84.
[408] Vgl. C.B. MacPherson, The Political Theory of Possessive Individualism, aaO., S. 17ff.
[409] T. Hobbes, The Elements of Law, Natural and Politic (1640), I,8,4.
[410] Vgl. R. Ohashi, Japan im interkulturellen Dialog, aaO., S. 29f.

4 Das implizite Weltbild der Ökonomie 251

'Naturzustand' existiert immer nur *in* der Welt, niemals jenseits davon.[411] Deshalb muß auch mit dem Streit der Menschen eine Form der Begegnung angesprochen sein, wie sie sich in der Welt zeigt.

Nishitani hat die allgemeine Struktur dieser Form klar herausgearbeitet. Um seinen Gedankengang nachzuvollziehen, sei erneut die Beziehung von Ich und Du betrachtet. Sofern Ich und Du in der gewöhnlichen Wahrnehmung gründen, beharren beide wie selbstverständlich auf ihr „unvertretbares Herrsein"[412]. Jeder identifiziert sich mit sich selbst; er will einzig und allein über sich bestimmen. Es gilt so, „daß sowohl Ich als auch Du je der durch und durch Absolute sind, ..., daß beide je der absolute Absolute sind".[413] Doch diese Sichtweise ist nicht die allein gültige, weil sich vom Standpunkt des jeweilig anderen die Lage anders darstellt. Vom Standpunkt des Ich ist das Du lediglich ein Gegenüber, das dem absoluten Herrsein des Ich zu unterwerfen ist. Und umgekehrt trachtet das Du danach, sich das Ich unterzuordnen. Dies heißt, daß beide auch als absolut untergeordnet erscheinen, solange sie auf ihr je eigenes Herrsein beharren. „Und dies besagt in sich, daß sowohl Ich als auch Du je der absolut Relative sind."[414] Das Ego wirkt in der Welt der Relationen, aber es kann keine Relation zu anderen zulassen, ohne sich in seiner Selbständigkeit und Unabhängigkeit bedroht zu fühlen. Aus diesem Grunde streben sowohl Ich als auch Du danach, den anderen zu vernichten oder zu unterwerfen. Die Macht des anderen soll getilgt oder zur *eigenen* Macht werden.

„Der beste Weg, Überlegenheit über andere zu gewinnen, ist ... zu versuchen, die Machtmittel einer anderen Person auf sich zu übertragen. (...) Dieses Verhalten besteht zunächst darin, zu versuchen, sich die äußeren Güter von anderen anzueignen. Der größte Sieg liegt jedoch darin, andere als Konkurrenten auszuschalten, indem man sich nicht nur ihre äußeren Güter aneignet, sondern auch über ihre Personen herrscht und damit ihre inneren Güter zu seiner Verfügung hat."[415]

Das Leben der Egos ist wie ein ständiger Wettkampf. Wird man geschlagen, bedeutet dies Elend; schlägt man den anderen, so verheißt dies

---

[411] Diese Ansicht wird etwa auch von MacPherson vertreten. Vgl. ders., The Political Theory of Possessive Individualism, aaO., S.18f.
[412] K. Nishitani, Vom Wesen der Begegnung, aaO., S. 261.
[413] K. Nishitani, Vom Wesen der Begegnung, aaO., S. 264.
[414] K. Nishitani, Vom Wesen der Begegnung, aaO., S. 264.
[415] M. Esfeld, Mechanismus und Subjektivität in der Philosophie Thomas Hobbes, aaO., S. 217-18. Esfeld bezieht sich hier auf Hobbes.

Glück.[416] Jeder versucht sich den anderen soweit unterzuordnen, bis dessen Herrsein vernichtet ist:

> „Wo der Absolute in der Welt der Relation wirkt, ergeht es seinem Wirken ganz von selbst, ohne Zutun, so, daß es keine Relation zuläßt, d.h. daß der Absolute jeden ihm entgegenkommenden Anderen in sich selbst fängt, ihn sich ihm entreißt und so ihn sich aneignet. Solange ein Selbst selbständiger und unabhängiger Herr ist und wahres Selbst sein will, ergeht es ihm ganz von selbst so. ... Allein, solange auch das Du Herr ist, ergeht es ihm ebenso."[417]

Es ist dieser absolute Standpunkt, den die ökonomische Theorie voraussetzt, wenn sie vom eigeninteressiert Handelnden ausgeht. Dies wird beispielsweise an der Art und Weise deutlich, wie der Altruismus behandelt wird. Denn selbst „die uneigennützige Begegnung mit dem Du ist immer nur vom Ich her gesehen."[418] Ich bin nur an Deinem Wohlergehen interessiert, wenn Ich mir davon einen Nutzen verspreche; Ich lasse es Dir nur gutgehen, wenn ich mich selbst dabei wohl fühle etc. Wie Amartya Sen zeigt, wird allein diese Form des Altruismus innerhalb der Ökonomie anerkannt. Ein Handeln, von dem der andere und nicht man selbst profitiert, erscheint hingegen als ausgeschlossen.[419] Adam Smith hat diese Position schon sehr früh prägnant formuliert: „Nicht vom Wohlwollen des Schlachters, Brauers oder Bäckers erwarten wir das, was wir zum Essen brauchen, sondern davon, daß sie ihre eigenen Interessen wahrnehmen."[420] Der Andere wird stets nur als ein *Mittel* zur Selbsterhaltung, Selbstbestätigung und Selbststeigerung gebraucht.[421]

Es ist zwar richtig, daß sich der eigeninteressiert Handelnde in einem gewissen Sinne *neutral* gegenüber seinem Mitmenschen verhält. Denn „soweit er zu seinem 'Nächsten' nicht in einer besonderen Beziehung steht, bedeutet es ihm zunächst nichts, ob es diesem gut oder schlecht geht. Er blickt weder mit Neid noch mit Schadenfreude auf ihn, er erfreut sich aber auch nicht an seinem Wohlergehen."[422] Doch eine solche 'gegenseitig

---

[416] Vgl. T. Hobbes, The Elements of Law, Natural and Politic, aaO., I,9,21.
[417] K. Nishitani, Vom Wesen der Begegnung, aaO., S. 266-67.
[418] E.E. Nawroth, Die Sozial- und Wirtschaftsphilosophie des Neoliberalismus, aaO., S. 55.
[419] Vgl. A.K. Sen, Rational Fools, aaO., S. 326ff.
[420] A. Smith, Der Wohlstand der Nationen, aaO., S. 17.
[421] Vgl. M. Esfeld, Mechanismus und Subjektivität in der Philosophie von Thomas Hobbes, aaO., S. 260.
[422] G. Kirchgässner, Homo oeconomicus, aaO., S. 46.

4 Das implizite Weltbild der Ökonomie

desinteressierte Vernünftigkeit' entpuppt sich bei genauem Hinsehen als tiefer Egoismus. Denn sie besagt, daß für das Ego kein wirkliches Gegenüber mehr existiert. Das Du ist nur von Bedeutung, wenn es *mir* nutzt. „Hier gibt es keine Relation mehr, kein 'Sich' und keinen 'Anderen', kurz keine 'Person' und kein 'persönliches Verhältnis'." Das Du ist allein das, „was meinem eigenen Selbst zugehört"[423]. Ansonsten steht das Ich dem Du indifferent gegenüber. Während etwa Kirchgässner meint, in dieser Indifferenz einen gar nicht so „unsympathischen" Charakterzug des ökonomisch Handelnden zu erblicken[424], erkennt Nishitani in ihr den eigentlichen *Grund* für das absolute Gegeneinander von Ich und Du. Denn sie bezeichnet eine Beziehungslosigkeit im Sinne einer „absoluten Gegnerschaft", in der „beide einander als absolute Indifferenz entreißen, und zwar diese Indifferenz als je zugehörig zu ihrem eigenen Wesen"[425]. Der Standpunkt des Ich vernichtet vollständig das Du, ebenso wird das Ich vom Standpunkt des Du aus absolut negiert.

> „Dieser Sachverhalt ist ein vollkommener Widerstreit und ein vollkommener Widersinn. Er zeigt eine absolute Gegnerschaft, in der Ich und Du, je als der Todfeind, niemals unter demselben Himmel in gemeinsamer Mitwelt sein wollen. Solange beide niemals unter demselben Himmel zusammen sein wollen, muß der eine den anderen töten. Hier herrscht ein Entweder-Oder, nämlich ... entweder Verschlucken oder Verschluckt werden, in welchem Verhältnis jeder jedem gegenüber Wolf sein muß. ... Die Absolutheit eines jeden duldet es nicht, in der Relation zu stehen."[426]

Es soll nun der Frage nachgegangen werden, ob ein solcher Widerstreit eine stabile Beziehung zwischen Menschen begründen kann; eine Frage, die in der Ökonomie oft bejaht wird. Wird im Widerstreit der eine vollkommen vernichtet, so wird die Beziehung zwischen beiden Kontrahenten zerstört. Soll also eine stabile Beziehung existieren, dann „müssen die beiden Menschen, die niemals unter demselben Himmel zusammen sein wollen, doch vollkommen in Frieden miteinander leben"[427]. Dies kann aber nur sein, wenn es keinen Schwächeren oder Stärkeren gibt, die Kontrahenten also in irgendeiner Hinsicht *gleich* sind. In der ökonomischen Literatur wird eine solche Gleichheit auf verschiedene Weise zu begründen versucht. Bei genauem Hinsehen zeigt sich allerdings, daß sie stets nur angenommen wird. Sie ist kein Ergebnis des Widerstreits, sondern vielmehr

---

[423] K. Nishitani, Vom Wesen der Begegnung, aaO., S. 268.
[424] Vgl. G. Kirchgässner, Homo oeconomicus, aaO., S. 46.
[425] K. Nishitani, Vom Wesen der Begegnung, aaO., S. 268.
[426] K. Nishitani, Vom Wesen der Begegnung, aaO., S. 264.
[427] K. Nishitani, Vom Wesen der Begegnung, aaO., S. 264.

dessen *Voraussetzung*. Ich möchte dies kurz an einigen Beispielen verdeutlichen. Die Gleichheit der Individuen kann als ein Gleichgewicht von Kräften interpretiert werden. Wie sich in einem physikalischen System Druck und Stoß gegenseitig im Gleichgewicht halten, sollen sich die Kräfte der Egos wechselseitig *aufheben* und so einen stabilen Zustand begründen. Es sorgt „der Wettbewerb der selbstsüchtigen Individuen *gegeneinander* dafür, daß ihre Selbstsucht beschränkt wird."[428] Damit sich die Kräfte der Einzelnen aber tatsächlich wechselseitig aufheben, ist eine Gleichheit von vornherein vorauszusetzen; sie kann deshalb kein Ergebnis der egoistischen Konkurrenz sein. Ich und Du müssen über die gleiche Macht verfügen, *bevor* sie gegeneinander konkurrieren. Daß diese Voraussetzung in der ökonomischen Welt keineswegs immer gegeben ist, ist unmittelbar einsichtig: Als konkurrierende 'Wirtschaftseinheit' kann der Mittellose einem mächtigen Einzelnen gegenüberstehen, große Kooperationen können gegen kleine Gruppen konkurrieren, Organisationen gegen Staaten. In keinem dieser Fälle wird der Widerstreit die Kontrahenten gleich stark machen. Ihre Beziehungen drohen vielmehr beständig zusammenzubrechen. Zumindest wird sich das Kräfteungleichgewicht im Wettbewerb eher vergrößern als in Richtung eines Gleichgewichts abzunehmen. In einem zweiten Argument wird in der ökonomischen Literatur versucht, die Gleichheit der Konkurrenten dadurch zu begründen, daß sie untereinander Verträge abschließen.[429] Eine Gleichheit, so das Argument hier, muß vorliegen, „denn sonst würden ja die Vertragspartner nicht bereit sein, zu tauschen."[430] Der Vertrag erscheint „als bloße Folge der gleichen Macht der Parteien"[431]. Letztere Formulierung ist zumindest mißverständlich, weil Verträge auch zwischen Menschen mit sehr unterschiedlicher Macht abgeschlossen werden können, etwa im Falle des Arbeitsverhältnisses. Es ist zwar richtig, daß die Vertragspartner selbst hier in einem gewissen Sinne gleich sind, insofern sie sich an die vereinbarten Abmachungen halten. Doch diese Gleichheit ist kein Ergebnis der Konkurrenz. Sie ist vielmehr ein Kompromiß zwischen Vertragspartnern, der zwar vorausgesetzt werden kann, dennoch aber beständig *gefährdet* ist. Denn es liegt in der Logik des „kalkulierenden Opportunismus" „immer mit der Verletzung vertraglicher Verpflichtungen zu rechnen, wenn dies kostenlos möglich scheint."[432] Je-

---

[428] K.-H. Brodbeck, Erfolgsfaktor Kreativität, aaO., S. 32, Hervorhebung im Original.
[429] Diese Vorstellung geht auf die Gerechtigkeitstheorie Thomas Hobbes zurück. Vgl. ders., Leviathan, aaO., S. 110f. Für einen Kommentar zu dieser Theorie vgl. B.P. Priddat, E.K. Seifert, Gerechtigkeit und Klugheit, aaO., S. 53ff.
[430] B.P. Priddat, E.K. Seifert, Gerechtigkeit und Klugheit, aaO., S. 70.
[431] G. Simmel, Philosophie des Geldes, aaO., S. 305.
[432] J. Wieland, Ökonomische Organisation, Allokation und Status, aaO., S. 47.

4 Das implizite Weltbild der Ökonomie

der wird einen Vertrag nur solange anerkennen, wie es seinem eigenen Kalkül nutzt. Ein Vertrag kann die Macht des Einzelnen nicht wirkungsvoll beschränken; er droht vielmehr selbst von ihr zerstört zu werden. Mehr noch: Ein Vertrag wird oft gar nicht erst zustande kommen, selbst wenn es rational wäre, miteinander zu kooperieren. Das *Mißtrauen* der Konkurrenten verhindert es wirkungsvoll, daß durch Verträge Gleichheit entsteht. Dies macht das sogenannte 'Gefangenendilemma' deutlich: Für zwei Gefangene wäre es vorteilhaft, miteinander zu kooperieren, um ihr Strafmaß zu minimieren. Trotzdem ist es für jeden rational, sich nicht kooperativ zu verhalten, weil keiner darauf vertraut, daß der andere sich kooperativ verhalten wird. Hier wird die zentrale Schwierigkeit deutlich: Es gibt kein Allgemeines (im Sinne eines Vertrages oder Gesetzes), dem beide Konkurrenten *zugleich* untergeordnet sind, so daß deren Gleichheit garantiert ist. Die Gleichheit ist nur ein Kompromiß, der stets zusammenbrechen kann.[433] Aus dem Streit der Egos kann aus diesem Grunde keine stabile Beziehung erwachsen, sondern „aus ihm kommen", so formuliert es Nishitani, lediglich „unendliche Verwirrung und unendliches Leiden."[434]

Man kann dieses Leiden im Hinblick auf die ökonomische Welt ermessen, wenn man diese als einen Überlebenskampf betrachtet, in dem jeder im Konflikt der egoistischen Interessen um seine Existenz ringt. Wie es Schumpeter formuliert, gleicht dieser Kampf einem „Poker" um das Versprechen von Reichtum und die Drohung von Armut, wobei gilt: „Belohnung und Strafe bemißt sich in Geldgrößen."[435]

> Die „Mehrheit erhält für ihre Tätigkeit ein sehr bescheidenes Entgelt oder gar nichts oder weniger als nichts und tut dennoch ihr Äußerstes, weil sie die große Belohnung vor Augen hat und ihre Chancen auf gleichen Erfolg überschätzt. Entsprechende Drohungen richten sich gegen Unfähigkeit. Doch obschon de facto die unfähigen Menschen und die veralteten Methoden eliminiert werden, oft sehr rasch, oft mit einiger Verzögerung, bedrohen Fehlschläge auch manchen Fähigen oder bringen ihn wirklich zu Fall; sie peitschen so jeden einzelnen auf, wiederum viel wirksamer, als es ein gleichmäßigeres und 'gerechteres' System von Strafen tun könnte."[436]

Hier ist nicht mehr allein die Beziehung von Ich und Du angesprochen, sondern ein Beziehungsgeflecht unzähliger Egos. Es geht nicht mehr um den Kampf zweier Kontrahenten, sondern um einen *Kampf aller gegen al-*

---
[433] Vgl. K. Nishitani, Vom Wesen der Begegnung, aaO., S. 264.
[434] K. Nishitani, Vom Wesen der Begegnung, aaO., S. 264.
[435] J. Schumpeter, Kapitalismus, Sozialismus und Demokratie, aaO., S. 122.
[436] J. Schumpeter, Kapitalismus, Sozialismus und Demokratie, aaO., S. 123.

le.[437] Das Ich steht nicht mehr einem einzigen Du gegenüber, sondern unzähligen anderen Egos, die je für sich selbst absolutes Herrsein beanspruchen. Bevor hier die Frage nach der Stabilität der gesellschaftlichen Ordnung gestellt werden kann, ist zunächst eine andere Frage wichtig: Wie kann überhaupt eine solche absolute Gegnerschaft unzähliger Egos gedacht werden? Ich nehme die Antwort vorweg, bevor ich sie begründe: Man muß (implizit) die ökonomische Welt als Ort-worin der Begegnungen voraussetzen, weil nur in ihr jeder sich im Unterschied zu *jedem* anderen verstehen kann. Es ist zwar richtig, daß egoistisches Verhalten „nicht erst in unserer (kapitalistischen) Zeit"[438] vorkommt, aber eine Begegnung von unzähligen Menschen, in der jeder mit jedem ringt, ist nur in der ökonomischen Welt denkbar.

Es läßt sich leicht ein Zustand vorstellen, in dem zwar einige Menschen gegeneinander kämpfen, andere sich aber dauerhaft zu Bündnissen zusammenschließen und *gemeinsam* handeln. So ist etwa ein Zusammenschluß einiger, um sich gegen das Machtstreben anderer zu schützen, ebenso denkbar wie eine gemeinsame Nutzung natürlicher Ressourcen.[439] Warum ist ein solches Miteinander aber für Hobbes und einen Großteil der Ökonomen nicht vorstellbar? Hobbes gibt hierauf eine einfache Antwort: Es fehlt an dem hierfür erforderlichen Vertrauen. Genauer: Es ist unmöglich, diejenigen, denen man vertrauen kann, von denen zu unterscheiden, die einem Übel wollen:

„Wenn es auch weniger böse als gute Menschen gäbe, so kann man doch die Guten von den Bösen nicht unterscheiden, und deshalb müssen die Guten und Bescheidenen fortwährend Mißtrauen hegen, sich vorsehen, anderen zuvorkommen, sie unterjochen und auf alle anderen Weisen sich verteidigen."[440]

In der modernen ökonomischen Literatur wird dieser Gedanken aufgegriffen, ohne ihm etwas wirklich Neues hinzuzufügen. Denn auch hier wird davon ausgegangen, daß ein einziger Egoist jegliche Absprachen oder Ver-

---

[437] Diese Vorstellung geht auf Thomas Hobbes zurück. Vgl. ders., Lehre vom Menschen und vom Bürger, aaO., S. 87. Vgl. für einen ausführlichen Kommentar C.B. MacPherson, The Political Theory of Posesive Individualism, aaO., S. 29ff.

[438] G. Kirchgässner, Homo oeconomicus, aaO., S. 47.

[439] Vgl. C.B. MacPherson, The Political Theory of Possessive Individualism, aaO., S. 37. Vgl. auch M. Esfeld, Mechanismus und Subjektivität in der Philosophie Thomas Hobbes, aaO., S. 258.

[440] T. Hobbes zitiert in M. Esfeld, Mechanismus und Subjektivität in der Philosophie Thomas Hobbes, aaO., S. 258.

einbarungen anderer Menschen unterlaufen, ja sogar gänzlich zerstören kann. „Den Zusammenbruch der Interaktion kann ... ein einzelner Defektierer *allein* herbeiführen, weil er alle anderen zur präventiven Gegendefektion zwingen kann."[441] Hierfür darf aber nicht bekannt sein, „welche Menschen von sich aus immer mehr Macht erlangen wollen."[442] Wie Esfeld zeigt, muß man hierfür von einem Zustand ausgehen, in dem alle traditionellen gesellschaftlichen Gruppen als aufgelöst betrachtet werden. Denn nur so kann sich der Einzelne im Gegensatz zu jedem bestimmten anderen verstehen. Erst wenn sich jeder als absoluter Herr gegenüber *jedem* anderen begreifen kann, wird ein gegenseitiges Vertrauen undenkbar.

„Die volle Ausbildung von Individualität in Form des Selbstverständnisses aller Handelnden als Individuen im Unterschied zu anderen Individuen setzt voraus, daß für den Einzelnen nicht durch seine Geburt eine bestimmte Lebensbahn vorgegeben ist, sondern daß er sich diese Bahn selbst schaffen, zumindest ihr aber selbst bewußt zustimmen muß. Ein solches Selbstverständnis aller Handelnden kann sich folglich erst dann entwickeln, wenn die agrarisch-handwerklichen Gesellschaftsstrukturen aufgelöst werden. (...) Allen Handelnden ein solches Selbstverständnis zuzusprechen ist also eine spezifisch neuzeitliche Prämisse."[443]

Die agrarisch-handwerklichen Gesellschaftsstrukturen als aufgelöst zu betrachten, heißt aber nichts anderes, als die ökonomische Welt zumindest implizit an ihre Stelle zu setzen. Anders gesagt: Nur in der ökonomischen Welt ist es dem Einzelnen möglich, sich in Unterschied zu jedem anderen zu ergreifen und deshalb niemandem mehr zu vertrauen. Deshalb ist nur in ihr ein Kampf denkbar, in dem jeder allein und *zugleich* in Gegnerschaft zu jedem anderen steht.

Kann aber nun die „ungesellige Geselligkeit" der vielen Egos zur „*Ursache* einer gesetzmäßigen Ordnung" werden, wie etwa Kant meint?[444] In der Bejahung dieser Frage liegt eine der Kernaussagen der Ökonomie begründet. Insbesondere die klassische Ökonomie vertritt die Auffassung, eigen-

---

[441] K. Homann, Sinn und Grenze der ökonomischen Methode in der Wirtschaftsethik, aaO., S. 19, eigene Hervorhebung.
[442] M. Esfeld, Mechanismus und Subjektivität in der Philosophie Thomas Hobbes, aaO., S. 258.
[443] M. Esfeld, Mechanismus und Subjektivität in der Philosophie Thomas Hobbes, aaO., S. 262.
[444] I. Kant zitiert in P. Ulrich, Der kritische Adam Smith – im Spannungsfeld zwischen sittlichem Gefühl und ethischer Vernunft, in: A. Meyer-Faje, P. Ulrich (Hrsg.), Der andere Adam Smith, aaO., S. 174, eigene Hervorhebung.

interessiertes Handeln der Vielen führe zu sozialer Ordnung.[445] Aus egoistischen Handlungen soll sich gesellschaftliche *Harmonie* ergeben. Unterstellt wird eine „selbsttätige Gleichschaltung von Eigennutz und Gemeinnutz"[446]. Einige Ökonomen geben zu, daß diese Auffassung dem gesunden Menschenverstand zuwiderläuft. So schreiben Arrow und Hahn in ihrer allgemeinen Gleichgewichtstheorie:

> "The immediate 'common sense' answer to the question 'What will an economy motivated by individual greed and controlled by a very large number of different agents look like?' is probably: 'There will be chaos'."[447]

Die japanische Philosophie würde dieser Einschätzung unmittelbar folgen. So schreibt Abe Masao: „Wenn jeder Mensch auf seine absolute, substantielle Selbständigkeit insistiert, dann wird hieraus unausweichlich ein ernsthafter Konflikt entstehen."[448] Ich möchte kurz am Beispiel Adam Smiths darstellen, warum insbesondere die klassische Nationalökonomie dennoch zu einem anderen Ergebnis gekommen ist.[449] Im Vordergrund steht bei Smith der Glaube, egoistische Handlungsweisen, aus denen an und für sich nur „Unordnung und Zerrüttung der Gesellschaft entspringen"[450] kann, seien in Wahrheit den Menschen von einer Natur eingepflanzt, die „wie in allen anderen Fällen, die Glückseligkeit und Vollkommenheit der Gattung zum Ziel"[451] gehabt habe; eine Idee, die auch von Kant vertreten wird:

> „Das Mittel, dessen sich die Natur bedient, die Entwicklung aller ihrer Anlagen zu Stande zu bringen, ist der *Antagonism* derselben in der Gesellschaft, so fern dieser doch am Ende die Ursache einer gesetzmässigen Ordnung wird. Ich verstehe hier unter dem Antagonism die ungesellige Geselligkeit der Menschen (...) Die Menschen, gutartig wie die Schafe, die sie weiden, würden ihrem Dasein kaum einen größeren Wert verschaffen, als dieses ihr Hausvieh hat; sie würden das Leere der Schöpfung in Ansehung ihres Zwecks, als vernünftige Natur, nicht ausfüllen. Dank sei also der Natur für die Unvertragsamkeit, für die missgünstig wetteifernde Eitelkeit, für die nicht zu befriedigende Begierde zum Haben oder auch zum Herrschen!

---

[445] Vgl. für eine ausführliche Diskussion hierzu K.-H. Brodbeck, Erfolgsfaktor Kreativität, aaO., S. 16 und S. 28ff.
[446] E.E. Nawroth, Die Sozial- und Wirtschaftsphilosophie des Neoliberalismus, aaO., S. 187.
[447] K.J. Arrow, F.H. Hahn, General Competitive Analysis, aaO., S. vii.
[448] M. Abe, The Problem of Self-Centeredness, aaO., S. 18.
[449] Die Argumentation stützt sich hier auf P. Ulrich, Der kritische Adam Smith, aaO.
[450] A. Smith, Theorie der ethischen Gefühle, aaO., S. 133.
[451] A. Smith, Theorie der ethischen Gefühle, aaO., S. 159.

4 Das implizite Weltbild der Ökonomie

... Der Mensch will Eintracht; aber die Natur weiss besser, was für seine Gattung gut ist: sie will Zwietracht."[452]

Wie aber bewerkstelligt die Natur es, daß der gesellschaftliche Zusammenhalt allein „aus Nützlichkeit heraus, ohne gegenseitige Liebe und Zuneigung bestehen bleiben"[453] kann? Die vielen Egos dulden nicht, in Beziehung zu anderen zu stehen. Von sich aus werden sie stets danach trachten, jede Ordnung zu zerstören, die aus diesen Beziehungen resultiert, sofern sie sich hiervon einen Vorteil versprechen. Die Beziehungen der Egos können deshalb keine *Ursache* von Ordnung sein. Sie sind, so wird es in der eben zitierten Aussage Kants deutlich, lediglich ein *Mittel*, dessen sich die Natur bedient, um ihre eigenen Zwecke durchzusetzen. Man kann dies auch so formulieren, daß die Beziehungen der Egos höchstens eine wirkende Ursache einer Ordnung darstellen, nicht aber deren eigentliche Zweckursache. Letztere geht vielmehr allen menschlichen Beziehungen *voraus*. Sie vereinigt die vielen Egos gleichsam von *außen* zu einer Ordnung. Smith und viele seiner Nachfolger glaubten, eine solche Zweckursache in der 'Weisheit Gottes', in einem 'himmlischen Uhrmacher' gefunden zu haben, dessen unsichtbare Hand es bewerkstelligt, daß „ein wirtschaftliches Handeln, das 'lediglich nach dem eigenen Gewinn' strebt, und zwar so, dass der 'Ertrag den höchsten Wert erzielen kann', in Wahrheit dem 'Wohl der Allgemeinheit' diene"[454]. Jeder ist in seinen Beziehungen zu anderen frei, die eigenen Interessen zu verfolgen, ordnet sich zugleich aber den göttlichen Gesetzen unter. Die Freiheit des Einzelnen ist *innerhalb* des 'freien Spiels der Marktkräfte' unbegrenzt, sie wird aber durch Gesetze von *außen* beschränkt. Der Egoismus wird deswegen nicht durch den Kampf aller gegen alle, sondern allein durch eine äußere Kraft, durch ein *Gesetzhaftes* gezähmt, das gleichsam über allen Egos steht und sich diese unterordnet. Es ist diese Seite der Unterordnung, die die egoistische Freiheit zu einer nicht bis zum letzten Grunde vollzogenen macht und die von daher alle Menschen soweit 'gleich' werden läßt, bis eine Ordnung garantiert scheint.[455]

Die Menschen beziehen sich je für sich auf ein Allgemeines und erst Kraft dieser Beziehung sind sie aufeinander bezogen. Ordnung erwächst nicht aus der Konkurrenz der Egos, sondern sie entstammt einer ganz anderen Quelle: einem Allgemeinen, das gleichsam jenseits oder vor den Egos

---

[452] I. Kant zitiert in P. Ulrich, Der kritische Adam Smith, aaO., S. 174.
[453] A. Smith, Theorie der ethischen Gefühle, aaO., S. 128.
[454] P. Ulrich, Der kritische Adam Smith, aaO., S. 178. Ulrich zitiert hier Smith.
[455] Vgl. K. Nishitani, Vom Wesen der Begegnung, aaO., S. 261.

liegt. Wie ein solches Allgemeine aber *genau* zu denken ist, erklärt die deistische Metapher nicht. Denn die Annahme einer 'göttlichen Ordnung' beruht auf einem *Glauben*, der wissenschaftlich nicht erklärt werden kann.[456] Ihre Funktionsweise kann vom Menschen weder kontrolliert noch zureichend erkannt werden: „Der natürliche Lauf der Dinge kann durch die ohnmächtigen Bemühungen des Menschen nicht gänzlich beherrscht werden."[457] Wie das göttliche Gesetz den Egoismus bändigen und so eine harmonischen Ordnung hervorbringen kann, bleibt deswegen ungeklärt. Allein schon *alltägliche Beobachtungen* können den Glauben an eine solche nicht erklärbare Funktionsweise nachhaltig erschüttern. Eine lange Liste von Problemen der ökonomischen Welt weisen darauf hin, daß eine Gesellschaft von Egoisten entgegen dem Glauben vieler Nationalökonomen gerade keine stabile Ordnung aufweist, sondern vielmehr immer der Gefahr des Zusammenbruchs ausgesetzt ist.[458] Zu denken ist hier an den erbitterten Existenzkampf vieler Menschen, die Existenz von Krisen und Depressionen und nicht zuletzt an das offensichtlich uneingelöste Versprechen, die unsichtbare Hand würde zu einem Ausgleich zwischen Reichen und Armen führen.[459] „Ein Krieg aller gegen alle führt nicht zum ewigen Frieden braver Marktteilnehmer, sondern zu monopolistischer Ausbeutung, zur Diskriminierung von Minderheiten, zu jenem Kapitalismus, für den es immer noch und immer wieder zahlreiche Beispiele an verschiedenen Standorten der Welt gibt."[460] Nicht zu Unrecht macht daher der Begriff des 'Raubtierkapitalismus' immer wieder Schlagzeilen.

Warum aber wird die Hoffnung auf ein allgemeines Gesetz, das für ein harmonisches Zusammenleben sorgt, immer wieder enttäuscht? Die japanische Philosophie gibt hierauf eine einfache Antwort: Diese Hoffnung selbst ist schlicht unbegründet. Denn das Allgemeine erweist sich stets nur als eine (gedankliche) Abstraktion des Handelns in der Welt (4.3.3). Weil es ein Ergebnis von Handlungen ist, kann es diesen Handlungen nicht als Ordnungsprinzip vorausgehen. Selbst ein göttliches Gesetz vermag nicht gänzlich außerhalb der Welt zu stehen und von diesem Standpunkt aus den Egoismus in seine Schranken zu verweisen. Es ist nicht jenes, „was ganz und gar über die Einzelnen hinausläge und deren Wurzeln abschnitte."[461]

---

[456] Vgl. P. Ulrich, Der kritische Adam Smith, aaO., S. 177.
[457] A. Smith, Theorie der ethischen Gefühle, aaO., S. 255.
[458] Vgl. F.H. Knight, The Ethics of Competition, London 1936, S. 57.
[459] Vgl. zu diesem Versprechen A. Smith, Theorie der ethischen Gefühle, aaO., S. 316.
[460] K.-H. Brodbeck, Erfolgsfaktor Kreativität, aaO., S. 34-35.
[461] K. Nishitani, Vom Wesen der Begegnung, aaO., S. 263.

4 Das implizite Weltbild der Ökonomie 261

Es ist vielmehr selbst Teil der schöpferischen Welt; also Schaffen und Geschaffenes zugleich.

Wie schwer es ist, die Vorstellung eines Gesetzhaften aufrecht zu erhalten, das gleichsam außerhalb der Welt steht, wird schon bei Smith deutlich. Denn dieser gibt zu, daß Handlungen *faktisch* die vorhergesehene Ordnung stören können:

> „Die Vervollkommnung der Verwaltung, die Ausbreitung des Handels und der Manufaktur (...) bilden eine Teil des großen Systems der Regierung und die Räder der Staatsmaschine scheinen mit ihrer Hilfe sich in größerer Harmonie und mit größerer Leichtigkeit zu bewegen. Es macht uns Vergnügen, die Vervollkommnung eines so schönen und großartigen Systems zu betrachten und wir sind nicht ruhig, bis wir jedes Hindernis, das auch nur im mindesten die Regelmäßigkeit seiner Bewegung stören oder hemmen kann, beseitigt haben."[462]

Ein Gesetz hat alle Dinge geordnet, aber diese Ordnung kann *gestört* werden. Der Lauf der Dinge mag vielleicht geplant sein, aber der *tatsächliche* Verlauf kann von diesem Plan abweichen. Es ist dann nicht die unsichtbare Hand Gottes, die der Ordnung wieder zur Geltung verhilft, sondern das menschliche Handeln selbst. *Wir* – so sagt Smith – beseitigen die Hindernisse. Der Mensch *gestaltet* tatkräftig Verwaltung, Handel und Manufaktur, um sie in die 'richtigen' Bahnen zu lenken. Es wäre willkürlich zu behaupten, dieser Gestaltungsakt sei wiederum durch eine höhere Ordnung bestimmt. Vielmehr wird deutlich, daß die Unabhängigkeit einer Ordnung von aller menschlichen Gestaltung zwar postuliert, nicht aber widerspruchsfrei gedacht werden kann. Besonders bedeutsam ist hierbei die Feststellung, daß es in der Macht des Menschen steht, eine *andere* als die göttliche Ordnung herbeizuführen. Seine (egoistische) Freiheit vermag sich gegen die unsichtbare Hand zu erheben und deren Ordnungskraft *schöpferisch* zu zerstören. Sie ist ein gestaltendes Prinzip, das sich nicht von außen beschränken läßt:

> „Keine Unterordnung unter das Allgemeine kann die Freiheit des 'Ich' im einzelnen Menschen vollkommen aufsaugen. Die Freiheit, die sich aus dem Netzwerk des Allgemeinen löst, kann im Widerstand zur Freiheit des Ungesetzlichen werden. (...) Die Heiligkeit des göttlichen Gesetzes vermag die Selbstsucht des Menschen nicht

---

[462] A. Smith, Theorie der ethischen Gefühle, aaO., S. 317-318.

aufzuhalten – und der Mensch kann in der Abkehr von Gott leicht der Verführung des Satans erliegen."[463]

Es ist also nicht damit zu rechnen, daß die sich die egoistische Freiheit soweit einem allgemeinen (äußeren) Gesetz unterordnet, bis eine stabile Ordnung resultiert. „Je stärker ... die Freiheit des Einzelnen zunimmt, desto mehr wird die Einheit des Gesetzes bis zur Verwesung zerstört. Dies zeigt sich z.B. in der Tendenz des Liberalismus zur Anarchie, die nichts anderes ist als ein gesteigerter Naturzustand."[464] Dies bedeutet aber auch, daß die Freiheit der Vielen nicht vollständig vollzogen werden kann. Denn es wird immer Menschen geben, die in einer solchen Anarchie bis zum Verlust ihrer Existenz relativiert werden.

4.7 Der Staat und seine Beziehung zum Markt

Im letzten Abschnitt sollte deutlich werden, warum aus einem Zusammenleben von Egoisten keine stabile Ordnung, sondern lediglich Leid und Verwirrung erwächst. Diese Auffassung steht zwar der von Adam Smith und anderen Nationalökonomen entgegen, die eine Harmonie egoistischer Interessen postulieren. Es wäre aber falsch zu behaupten, sie würde eine wirklich neue Einsicht vermitteln. Denn die inhärente Instabilität einer Welt, in der sich jeder im Gegensatz zu allen anderen ergreift, ist auch für die ökonomische Theorie ein zentrales Thema. So zeigt etwa die moderne ökonomische Forschung, wie irrational kooperatives Handeln ist, weil es immer der Gefahr ausgesetzt ist, daß andere von ihm kostenlos profitieren wollen. Weil es für jeden vorteilhaft ist, wenn sich lediglich alle anderen kooperativ verhalten, man selbst aber egoistisch handelt, zerschellen regelmäßig alle Versuche des Zusammenlebens. Dieses Problem ist als das des „Trittbrettfahrers" (*free-rider*) bekannt.[465] Doch die Skepsis bezüglich eines friedlichen Zusammenlebens der Egoisten ist schon erheblich älter. So zeichnete schon Hobbes ein sehr negatives Bild der Menschheit: Der Kampf aller gegen alle könne niemals allein aus der Kraft der Egoisten überwunden werden. Ohne eine „allgemeine, sie alle im Zaum haltende Macht", sei das Leben der Menschen dazu verurteilt, „einsam, armselig, ekelhaft, tierisch und kurz" zu sein.[466] Ohne „übergeordnete Regelung" vermag keine Marktwirtschaft eine „Totalregelung des sozialen Lebens" zu

---

[463] K. Nishitani, Vom Wesen der Begegnung, aaO., S. 261.
[464] K. Nishitani, Vom Wesen der Begegnung, aaO., S. 263.
[465] Vgl. etwa G. Kirchgässner, Homo oeconomicus, aaO., S. 56.
[466] T. Hobbes, Leviathan, aaO., S. 96.

4 Das implizite Weltbild der Ökonomie 263

garantieren, formuliert Müller-Armack diesen Gedanken.[467] Die Skepsis der ostasiatischen Philosophie hinsichtlich des Egoismus wird also durchaus von vielen Ökonomen geteilt.

Wie sich in diesem Abschnitt zeigen soll, bestehen trotz dieser Gemeinsamkeit erhebliche Unterschiede hinsichtlich der Frage, ob die negativen Folgen des Egoismus wirkungsvoll bekämpft werden können. In einem Teil der ökonomischen Theorie wird diese Frage bejaht. Da die unsichtbare Hand des Marktmechanismus wirkungslos sei, so lautet hier das gängige Argument, müsse sie durch die 'sichtbare Hand' einer Wirtschaftslenkung oder -steuerung ersetzt werden. Es gehe darum die urwüchsige Tauschgesellschaft zu einer *bewußt gestalteten* Wirtschaftsordnung zu veredeln.[468] Dabei herrscht kaum ein Zweifel daran, daß dem *Staat* diese Aufgabe zukommt. Dieser soll die Ordnung *erzwingen* können, die die egoistischen Handlungen nicht freiwillig bzw. spontan hervorbringen. Indem alle Individuen seinen Gesetzen unterworfen werden, soll ihr friedliches Zusammenleben garantiert sein, trotz oder gerade *wegen* ihres Egoismus. Es ist dieser Glaube an die Steuerbarkeit des Egoismus, den die japanische Philosophie als *Täuschung* ansieht. Denn ihrer Ansicht nach stellt der Staat nur eine weitere Form eines (abstrakten) Allgemeinen dar, das gegen den Einzelnen gesetzt wird und das durch sein Gesetz die Einzelnen zueinander vermitteln soll. Mit Hilfe ihrer Argumentation soll sich im folgenden zeigen, daß der Staat ebensowenig wie der Markt eine kontextunabhängige Substanz darstellt, die von außen die Einzelnen zu einer Einheit vermitteln kann. Er erweist sich lediglich als eine weitere allgemeine Bestimmungsrichtung der ökonomischen Welt, die ebensowenig wie der Markt die egoistische Freiheit wirkungsvoll begrenzen kann. Der Staat steht mit dieser Freiheit vielmehr in einem unauflöslichen Gegensatz; ein Gegensatz, in dem sich beide Pole wechselseitig verstärken, zugleich aber zu vernichten drohen. Die Beherrschbarkeit des Kampfes aller gegen alle durch eine Zwangsgewalt erweist sich aufgrund dieses Gegensatzes ebenso als eine Illusion wie der Glaube an eine mechanische Ordnung. Diese Schlußfolgerung ist besonders interessant, weil sie deutlich macht, daß aus Sicht der japanischen Philosophie *sowohl* der Markt- *als auch* der Staatsgedanke als Erklärungen für das Zusammenleben der Vielen abzulehnen sind. Während der Streit zwischen den verschiedenen Strömungen der Ökonomie (und hier insbesondere der Wirtschaftspolitik) zumeist *innerhalb* der Dichoto-

---

[467] A. Müller-Armack, Wirtschaftslenkung und Marktwirtschaft, teilw. abgedruckt in: A. Kruse (Hrsg.), Nationalökonomie, aaO., S. 279.
[468] Vgl. A. Müller-Armack, Wirtschaftslenkung und Marktwirtschaft, aaO., S. 275.

mie des Privaten im Sinne des Marktes und des Öffentlichen im Sinne des Staates ausgetragen wird, mahnt die japanische Philosophie eine Alternative *jenseits* dieser Dichotomie an.

4.7.1 Der Staat als kontextunabhängiges Allgemeines

„Wo die Unterordnung unter das Allgemeine die Freiheit des 'Ich' im einzelnen Menschen nicht vollkommen aufzusaugen vermag, will das erregte Allgemeine die Gleichheit dadurch verwirklichen, daß es die Freiheit des Einzelnen gänzlich erstickt", schreibt Nishitani.[469] Es ist dieser Gedanke, den Egoismus ersticken bzw. bändigen zu können, der in der Ökonomie seinen Ausdruck im Begriff des Staates und dessen Gesetz findet. Sofern die zerstörerische Kraft des Eigeninteresses nicht allein durch den marktförmigen Widerstreit der Egoisten gebändigt werden kann, soll sie durch Regeln *kanalisiert* werden, die notfalls mit Gewalt gegen den Einzelnen durchzusetzen sind. „Die Handlungen werden *strikt den Regeln unterworfen*, so daß die Verläßlichkeit der Verhaltenserwartungen ... gewährleistet bleibt."[470] Die Egoisten sind an „künstliche Ketten"[471] zu legen, damit sie sich nicht gänzlich vernichten. Ich möchte hier keine umfassende Übersicht über den Staatsgedanken in der Ökonomie geben, sondern die Aufmerksamkeit lediglich auf eine wichtige Parallele dieses Gedankens zum Konzept des Marktmechanismus lenken. Diese liegt in der Tendenz, den Staat ebenso wie den Markt als ein Allgemeines im Sinne einer *kontextunabhängigen Substanz* zu denken, dessen Gesetzmäßigkeit der Einzelne bis zur Negation seiner Einzelbestimmung unterworfen ist.

Hobbes etwa glaubt, im Staat einen „künstlichen Menschen" zu erkennen, der geschaffen wird, um Frieden und Selbsterhaltung der Menschen zu sichern.[472] Indem die vielen Egoisten sich alle dem gleichen Herrscher unterwerfen, können sie gemeinsam leben, ohne ihren Kampf gegeneinander aufzugeben. Sie können *innerhalb* des Gesetzesrahmens egoistisch handeln, gegenüber dem Gesetz aber ist für sie „nichts zu tun als zu gehorchen"[473]. Denn es gilt, „daß die Normen vorgegeben sind und ihnen (den

---

[469] K. Nishitani, Vom Wesen der Begegnung, aaO., S. 262.
[470] K. Homann, Sinn und Grenze der ökonomischen Methode in der Wirtschaftsethik, aaO., S. 14, eigene Hervorhebung.
[471] T. Hobbes, Leviathan, aaO., S. 164.
[472] T. Hobbes, Leviathan, aaO., S. 164.
[473] I. Kant zitiert in J. Hirschberger, Geschichte der Philosophie, aaO., S. 199.

Handlungen, SG) mit unbedingten Anspruch entgegentreten."[474] Die Gesetze werden als *allgemeingültig* betrachtet in dem Sinne, daß sie als für alle verbindlich gelten. Ihnen sind alle Menschen gleichermaßen unterworfen. In dieser Hinsicht geht die Einzigartigkeit des Menschen verloren; er ist sozusagen auf ein Rädchen in der Staatsmaschine reduziert.[475]

Der Egoismus wird durch den allgemeinen, verbindlichen Bezug des Einzelnen zum Gesetz *indirekt* begrenzt. Die Macht eines jeden wird soweit beschränkt, daß keiner den anderen vernichtet noch selbst vernichtet wird. „Jeder beschränkt seine Willkür, damit für alle ein Spielraum der Freiheit bleibe."[476] Durch diese Begrenzung soll ein friedliches Zusammenleben garantiert sein, *ohne* den egoistischen Kampf der Menschen untereinander aufzuheben. Die egoistische Freiheit gegenüber dem Nächsten bleibt bewahrt. Denn dort, „wo der Souverän keine Regeln vorgeschrieben hat, besitzt der Untertan die Freiheit, nach eigenem Ermessen zu handeln".[477] Die Willkür des einen verträgt sich mit der Willkür des anderen aufgrund der jeweiligen individuellen Unterwerfung unter das allgemeine Gesetz.[478] Der Einzelne ist in seinem Umgang mit anderen frei, gegenüber dem Gesetz aber völlig unfrei. Seine Einzelbestimmung wird gegenüber dem Gesetz *vernichtet*, seine Eigenständigkeit und Unabhängigkeit preisgegeben. Die Freiheit, gegenüber dem Nächsten egoistische Interessen durchsetzen zu können, wird mit der absoluten Unterwerfung unter das allgemeingültige Gesetz erkauft. Es kann so lediglich noch eine „individualistische Freiheit *unter* dem Gesetz"[479] gedacht werden. Die Freiheit des Einzelnen wird auf diese Weise zu einer nicht bis zum letzen Grund vollzogenen.[480]

Neben der Unterwerfung des Einzelnen unter das Gesetz ist ein weiteres wichtiges Merkmal des Staates, daß er – ebenso wie der Marktmechanismus – als *kontextunabhängig* gedacht wird. Dies gilt vor allem hinsichtlich

---

[474] K. Homann, Sinn und Grenze der ökonomischen Methode in der Wirtschaftsethik, aaO., S. 15.
[475] Zum Gedanken des Staates als Maschine vgl. K.-H. Brodbeck, Die fragwürdigen Grundlagen der Ökonomie, aaO., S. 37f.
[476] J. Hirschberger, Geschichte der Philosophie, aaO., S. 196. Hirschberger bezieht sich hier auf Hobbes.
[477] T. Hobbes, Leviathan, aaO., S. 170.
[478] Vgl. J. Hirschberger, Geschichte der Philosophie, aaO., S. 351f. Hirschberger bezieht sich hier auf Kant.
[479] F. Böhm zitiert in E.E. Nawroth, Die Sozial- und Wirtschaftsphilosophie des Neoliberalismus, aaO., S. 95, eigene Hervorhebung.
[480] Vgl. K. Nishitani, Vom Wesen der Begegnung, aaO., S. 262.

jeglichen gesellschaftlichen Kontextes. „Der Staat steht souverän, ja absolut über seinen Untertanen."[481] Er ist ein „zentralisierter, einheitlicher und allmächtiger Regelapparat, der über der Gesellschaft steht und diese durch Durchsetzung und Verwaltung von Gesetzen regiert."[482] Der Staat garantiert durch sein Gesetz das menschliche Miteinander und begründet so Gesellschaft. Er gilt damit als ihre *Voraussetzung* und nicht als ihr Ergebnis. Bei Hobbes wird dieser Gedanke unmittelbar deutlich: Die Menschen, die miteinander im ständigen Kampf stehen, schließen einen Herrschaftsvertrag, durch den sich alle einem Souverän unterwerfen. Es ist dieser Vertrag, der Gesellschaft *begründet*. Hobbes „scheint Staat und Gesellschaft nicht zu unterscheiden, um die politische Autorität gerade nicht von der vorherigen Existenz eines gesellschaftlichen Lebens abhängig zu machen, sondern um sie umgekehrt als dafür konstitutiv aufzuzeigen."[483] Der Staat wird als eine vorgegebene Einheit betrachtet, auf die jeder Einzelne aufgrund seines unbedingten Regelgehorsams bezogen ist. Der Mensch steht zunächst allein dem Staat gegenüber. Erst durch diese individuelle Beziehung zum Staat können sich die Einzelnen aufeinander beziehen und sich zu einer Gemeinschaft zusammenschließen. Die Unterwerfung des Einzelnen unter den Staat wird so als gesellschaftsbegründend gedacht. Damit einher geht der Gedanke, daß der Staat selbst von allen gesellschaftlichen Bedingungen unabhängig ist:

„'Zum ersten Mal steht das absolute Individuum dem absoluten Staat gegenüber', schreibt J.N. Figgis von der Epoche unmittelbar nach der Reformation. Der Staat wird eine von der Gesellschaft unterscheidbare Größe. Im Mittelalter bildeten gesellschaftliche und politische Bindungen eine Einheit wie bei den Griechen.... Ein Mensch aber steht jetzt in Beziehung zum Staat nicht mehr mittels eines Gewebes sozialer Verhältnisse, durch die Höher- und Niedrigergestellte auf vielfache Weise zu einer Einheit zusammengefaßt werden, sondern bloß als Untertan. Ein Mensch steht jetzt in der Beziehung zur ökonomischen Ordnung nicht mittels eines wohldefinierten Standes in einer Menge miteinander verbundener Vereinigung und Gilden, sondern bloß als jemand, der die gesetzliche Macht hat, Verträge abzuschließen."[484]

---

[481] J. Hirschberger, Geschichte der Philosophie, aaO., S. 196. Hirschberger bezieht sich hier auf Hobbes.
[482] J. Weintraub, The Theory und Politics of the Public/Private Distinction, in: J. Weintraub, K. Kumar (Hrsg.), Public and Private in Thought and Practise, aaO., S. 11, eigene Hervorhebung. Weintraub bezieht sich hier auf die römische Staatsauffassung.
[483] A. MacIntyre, Geschichte der Ethik im Überblick, aaO., S. 128.
[484] A. MacIntyre, Geschichte der Ethik im Überblick, aaO., S. 119.

Der Staat *gestaltet* Gesellschaft, indem er die Handlungen jedes Einzelnen steuert. Sofern er die Regeln richtig formuliert und durchsetzt, kann er nahezu jedes beliebige gesellschaftliche Ergebnis erzielen. Die unsichtbare Hand des Marktes wird abgelöst durch eine *bewußte Steuerung* bzw. *Lenkung* der sichtbaren Hand des Staates. Der Staat besitzt dabei gegenüber dem Markt den Vorteil, die erwünschten Ergebnisse *erzwingen* zu können. Das Vertrauen auf eine 'spontane Ordnung' wird ersetzt durch die Hoffnung auf das Gesetz als eine „Sache äußerer Zwangsmaßnahmen", den Staat als eine „äußere Institution"[485], die durch ihr Gewaltmonopol Letztinstanzlichkeit in Ordnungs- und Steuerungsangelegenheiten beanspruchen kann[486].

4.7.2 Die wechselseitige Abhängigkeit von Staat und individuellem Kalkül

Warum bleibt aber dem Einzelnen nichts anderes, als den Gesetzen zu gehorchen? Warum können Ökonomen einen Gültigkeitsanspruch staatlicher Gesetze voraussetzen, der dem der Naturgesetze nahekommt und somit eine Berechenbarkeit und Steuerbarkeit von Verhalten garantiert? Wichtig ist hier der Gedanke des *Zwanges*. Wir gehorchen den Regeln, „weil sie durch die Sanktionen des Souveräns erzwungen werden"[487]. Doch dieser Zwang muß offensichtlich ganz anderer Art sein als etwa der Zwang, den die Schwerkraft auf einen Apfel ausübt, wenn dieser vom Baum fällt. Denn während der Apfel sich nicht gegen die Macht des Naturgesetzes wehren kann, so bleibt die Gültigkeit des staatlichen Gesetzes auf den freien Willen des Einzelnen relativiert. Ein Mensch kann gegen *jedes* Gesetz verstoßen, selbst wenn er diesen Verstoß mit dem Tod bezahlen muß. Wenn der Mensch keine Angst vor dem Tode hat, dann bringt es auch nichts, ihm mit dem Tode zu drohen, wendet etwa Lao Tsu gegen die Vorstellung ein, man könne durch Androhungen Handlungen determinieren.[488] Daß Handlungen gegenüber dem staatlichen Gesetz zumindest prinzipiell frei sind, wird insbesondere von Watsuji hervorgehoben. Der Begriff des Zwanges, so Watsuji, trägt immer schon die Möglichkeit der *Rebellion* in sich. „Wenn

---

[485] J. Hirschberger, Geschichte der Philosophie, aaO., S. 352. Hirschberger bezieht sich hier auf Kant.
[486] Vgl. R. Zintl, Wirtschaft im Spannungsfeld von Staat und Gesellschaft, in: W. Korff, Handbuch der Wirtschaftsethik, Band 1, aaO., S. 781f.
[487] A. MacIntyre, Geschichte der Ethik im Überblick, aaO., S. 128. MacIntyre bezieht sich hier auf Hobbes.
[488] Vgl. Lao Tsu, Tao Te Ching, übers. v. G. Feng, J. English (Deutsche Übersetzung v. S. Luetjohann), Haldenwang Alle 1981, 74. Lehrsatz.

die Individuen nicht gegen die Gesellschaft aufbegehren könnten, dann gäbe es auch keine Möglichkeit dafür, Zwang auszuüben."[489] Man kann zwar die Gesetze so gestalten, daß eine solches Aufbegehren unwahrscheinlich ist; gänzlich ausschließen läßt es sich aber nicht.

Was aber macht nun einen Gesetzesgehorsam zumindest wahrscheinlich? Es ist, so Watsuji, ein *innerlicher* Zwang, der den Menschen das Gesetz befolgen läßt. „Der Zwang, selbst wenn er ein äußerer Zwang ist, ist nichts anderes als ein Selbstzwang, der aus dem Inneren des Einzelnen selbst hervorgeht."[490] Ein solcher Selbstzwang wird in der Ökonomie implizit gedacht, indem eine bestimmte *Begierde* als gegeben und damit als für den Einzelnen unhintergehbar vorausgesetzt wird. Auch dieser Gedanke läßt sich auf Hobbes zurückführen. Denn Hobbes betrachtet den Gesetzesgehorsam als allgemeingültig, „weil unsere Begierden von der Art sind, daß wir es *vorziehen*, dem Souverän zu gehorchen, um dem Tod durch die Hände anderer zu entkommen."[491] Der Einzelne wägt ab, ob eine Regelbefolgung für ihn Vorteile bietet oder nicht. Die Menschen *wollen* sich dem Gesetz unterwerfen, „insofern sie alle *Vorteile* davon haben".[492] Oder umgekehrt gesagt:

> „Furcht vor den unmittelbaren unangenehmen Folgen der Gesetzesübertretung muß ein hinreichendes Motiv dafür sein können, die Gesetzesübertretung zu unterlassen. Dazu muß mit dem Gesetz eine Strafe für den Fall seiner Mißachtung verbunden sein, die so beschaffen ist, daß sie für den Täter ein größerer Schaden ist als der kurzfristige Nutzen, den er durch die ungestrafte Gesetzesübertretung gewönne."[493]

Die Möglichkeit, das Gesetz zu übertreten, selbst wenn dies einen offensichtlichen Schaden darstellt, gilt als ausgeschlossen. Der freie Willen, sich gegen das Ergebnis einer Nutzen-Schadens-Abwägung zu entscheiden, wird verneint, weil letztere (implizit) als *kausal* für das Handeln angesehen wird. Auf die Idee, der Einzelne könne sich dem 'Selbst-Zwang' seiner Abwägungen nicht beugen, kommt Hobbes nicht; die Vorzugswürdigkeit

---

[489] T. Watsuji, Watsuji Tetsuro's Rinrigaku, aaO., S. 112.
[490] T. Watsuji, Watsuji Tetsuro's Rinrigaku, aaO., S. 117.
[491] A. MacIntyre, Geschichte der Ethik im Überblick, aaO., S. 128, eigene Hervorhebung.
[492] K. Homann, Sinn und Grenze der ökonomischen Methode in der Wirtschaftsethik, aaO., S.16.
[493] M. Esfeld, Mechanismus und Subjektivität in der Philosophie Thomas Hobbes, aaO., S. 330. Vgl. etwa T. Hobbes, Lehre vom Menschen und vom Bürger, aaO., S. 139.

erscheint ihm als ein ausreichender Grund für den unbedingten Gehorsam. Ähnliches gilt für diejenigen Ökonomen, die dem Hobbschen Gedanken der Vorteilserwägung gefolgt sind, den Begriff der Vorzugswürdigkeit aber weit über die Erhaltung des eigenen Lebens ausgedehnt haben. Vorzugswürdig erscheint nun, „was immer der einzelne unter 'Vorteilen' verstehen mag."[494] Die Hobbsche Nutzen-Schadens-Abwägung, bei der primär die Todesfurcht im Vordergrund steht, wird in ein allgemeines Lust-Unlust-Kalkül überführt. So macht Bentham deutlich, daß es einzig und allein der Überschuß an Lust ist, der uns zum Gehorchen zwingt: „Das einzige Motiv, um den Regeln zu gehorchen, die für das gesellschaftliche Leben notwendig sind, ist die *Lust, die man als Folge des Gehorchens gewinnt, oder der Schmerz, der das Ergebnis des Nicht-Gehorchens ist.*"[495] Man muß, so meint auch Mill, dafür sorgen, daß „der Mensch die Tugend begehrt, indem man ihn dazu bringt, diese Tugend als angenehm, oder ihre Abwesenheit als schmerzvoll zu betrachten".[496] Der Regelgehorsam wird so allein im Horizont des $shi^{richtig}$-fei^{falsch} Urteils des Mehr/Weniger gedacht (3.3.2). Dem unbedingten Regelgehorsam liegt implizit ein *Kalkül* zugrunde, das diesen Horizont als gegeben akzeptiert und sich im Handlungsfeld des Geldes bestimmt. Homann etwa spricht von Handlungs*anreizen*, die von Regeln ausgehen und die es bewerkstelligen sollen, daß diese verläßlich befolgt werden. Die Regeln sind verbindlich, denn sie „setzen sich aufgrund der Anreizkompatibilität selbst durch".[497] Der Begriff des Anreizes suggeriert hier, daß Menschen auf Regeln im Sinne eines deterministischen Reiz-Reaktions-Mechanismus reagieren und deshalb unfrei sind, anders zu handeln. Handeln erscheint als steuerbar, weil es als kausal durch Anreize bedingt angesehen wird. Dies kann aber nur dann angenommen werden, wenn die Vielfalt menschlicher Gewohnheiten „begrifflich durch die Reiz-Reaktions-Maschine Homo Oeconomicus neutralisiert werden kann"[498]. Die Regeln gelten als allgemein verbindlich, weil ihre Befolgung garantiert sein soll, sobald ihre Vorteilhaftigkeit aus Sicht der individuellen Nutzenmaximierung gewährleistet ist. Sobald Handlungsregeln den „Homo-oeconomicus-Test" bestehen, also aus Sicht dieser 'Rechenmaschine'

---

[494] K. Homann, Sinn und Grenze der ökonomischen Methode in der Wirtschaftsethik, aaO., S.16.

[495] A. MacIntyre, Geschichte der Ethik im Überblick, aaO., S. 216, eigene Hervorhebung.

[496] J.S. Mill, Utilitarianism, On Liberty, and Considerations on Representative Government, aaO., S. 37.

[497] K. Homann, Sinn und Grenze der ökonomischen Methode in der Wirtschaftsethik, aaO., S. 14.

[498] J. Wieland, Ökonomische Organisation, Allokation und Status, aaO., S. 57.

vorteilhaft erscheinen, gilt ihre Befolgung als sicher. Sobald Gesetze „homo-oeconomicus-resistent" ausgestaltet sind, „sind sie in der Lage, die gewünschte Rolle zu spielen".[499]

Bei dieser Konzeption des Regelgehorsams übersieht man leicht, daß die Gültigkeit des Gesetzes (implizit) beschränkt ist, weil sie *allein* für den *homo oeconomicus* gilt. Sie erkennt nicht nur den homo oeconomicus faktisch an, sondern macht ihn zu ihrer *Voraussetzung*. Sie ist unmittelbar darauf angewiesen, daß der Einzelne sich im Handlungsfeld des Geldes ergreift. Diese implizite Verwiesenheit des Gesetzes auf den Homo oeconomicus findet sich etwa in einigen Modellen der Spieltheorie, in denen die Wirksamkeit alternativer Regelsysteme allein anhand der zu erwartenden Auszahlungen abgeschätzt wird. Auch hier ist die Nutzenmaximierung die (implizite) Voraussetzung für die postulierte Gültigkeit der 'Spielregeln'. Ähnliches gilt auch für den Ansatz Beckers, der die Wirksamkeit institutioneller Regelsysteme erklären soll. Denn für Becker gilt die Regelbefolgung oft nur dann als gesichert, wenn sie einen positiven Nutzen erwarten läßt.[500] Eine Abschreckungsstrategie, die Schwerstkriminelle von ihren Taten abhalten soll, ist für ihn nur dann effektiv, wenn die Kosten der Strafe höher sind als der Nutzen, der durch die Taten entsteht.[501]

Ohne auf den Gedanken der 'Anreizkompatibilität' weiter einzugehen, zeigt sich hier, daß die staatlichen Gesetze nicht unabhängig vom Einzelnen gedacht werden, sondern vielmehr auf diesen *implizit* bezogen sind. Denn ihre Gültigkeit setzt das individuelle Kalkül notwendig voraus. Es wird also nicht nur der Standpunkt der gewöhnlichen Wahrnehmung und damit der Egoismus als ein Faktum anerkannt, wie in der Ökonomie betont wird; der zügellose Individualismus, der sich im Kampf aller gegen alle entfaltet, wird vielmehr *vorausgesetzt*.[502] Denn gesetzesgehorsam im ökonomischen Sinne kann nur derjenige sein, der sich im Gegensatz zu allen anderen ergreift und Anreize *individuell* kalkuliert. „Unbändiges Vorteils-

---

[499] Vgl. K. Homann, Sinn und Grenze der ökonomischen Methode in der Wirtschaftsethik, aaO., S. 21.

[500] Vgl. G.S. Becker, Menschliches Dasein aus ökonomischer Sicht (Nobel-Lesung), in: K.-D. Grüske (Hrsg.), Die Nobelpreisträger der ökonomischen Wissenschaft, Band 3, Düsseldorf 1994, S. 210ff. Becker betrachtet hier kriminelles Handeln ausschließlich als rationales Verhalten.

[501] G.S. Becker, Der ökonomische Ansatz zur Erklärung menschlichen Verhaltens, aaO., S. 47f.

[502] Vgl. für einen ähnlichen Gedankengang J. Hirschberger, Geschichte der Philosophie, aaO., S. 198.

streben" ist nicht nur der „Kern aller Moral", wie es Homann formuliert[503], sondern auch die Voraussetzung für die Existenz des Staates als Gesetzgeber. Der Staat ist aus diesem Grunde ebensowenig wie der Markt als eine unabhängige Ordnung zu denken. Umgekehrt kann der ökonomisch Handelnde aber auch nicht ohne den Staat gedacht werden, wie folgende Überlegung andeutet: Der Einzelne kann in der ökonomischen Welt nur existieren, wenn die Macht des Staates sein egoistisches Begehren und Streben vor dem Egoismus anderer schützt. Selbst diejenigen Ökonomen, die die Rolle des Staates gering achten, erkennen an, daß der ökonomisch Handelnde auf die Durchsetzung von Eigentumsrechten durch den Staat angewiesen ist. „Die Ausübung seines Handelns ist ... auf einen Schutz angewiesen, denn das abstrakte Eigentumsrecht muß geltend gemacht werden, und es wird nur geltend gemacht, wenn es den in ihm liegenden Anspruch durch eine äußere Gewalt geschützt sieht."[504]

Staat und ökonomisch Handelnder stehen in einer wechselseitigen Beziehung, die zu keiner Seite hin aufzulösen ist. Diese Beziehung läßt sich genauer erklären, wenn man beide Seiten als mögliche Bestimmungsrichtungen der ökonomischen Welt betrachtet. Am ehesten wird dies erneut an den Veränderungen deutlich, die mit der Einführung der Geldwirtschaft einher gehen (4.5.2). Durch diese wird es dem Einzelnen möglich, sich jederzeit den Rechten und Pflichten gegenüber *bestimmten* anderen Menschen, etwa seiner Familie oder seiner Zunft, zu entziehen. Die Möglichkeiten, Zwang auf ihn auszuüben, werden dadurch geringer. Umgekehrt kann sich der Einzelne aber auch nicht mehr darauf verlassen, daß ihm bestimmte Menschen oder bestimmte Gruppen von Menschen Rechte gewähren. Er tritt vielmehr im Handlungsfeld des Geldes zu einer unüberschaubaren Vielzahl ihm unbekannter Menschen in Beziehung, die er selbst nicht zur Einhaltung von Regeln zwingen kann. Es kann ihn deshalb nur noch ein *allgemeines* Gesetz vor ihrer Willkür schützen. Dies ist aber nur möglich, wenn die Handlungsformen der ökonomischen Welt abstrakt geschützt werden, unabhängig davon, *wer* diese ausführt. Je unabhängiger die Handlungsformen von bestimmten Gruppen werden, desto stärker müssen die Gesetze allgemein durchgesetzt werden. „Die Zunahme der Verallgemeinerung und das Erstarken des Zwanges können nicht voneinander getrennt werden."[505] Die Einzelnen können nur frei von allen Verpflichtun-

---

[503] K. Homann, Sinn und Grenze der ökonomischen Methode in der Wirtschaftsethik, aaO., S. 37.
[504] K.-H. Brodbeck, Die fragwürdigen Grundlagen der Ökonomie, aaO., S. 222.
[505] T. Watsuji, Watsuji Tetsuro's Rinrigaku, aaO., S. 108.

gen gegenüber bestimmten anderen werden, wenn sie sich zugleich dem Zwang des allgemeinen Gesetzes beugen. Sie unterwerfen sich allgemeingültigen Regeln, um sich selbst im Gegensatz zu jedem bestimmten anderen ergreifen zu können. Es klingt zwar paradox, aber es ist gerade die Unterwerfung unter das allgemeine Gesetz des Staates, die das Gefühl von *individueller Freiheit* verstärkt. Denn diese Unterwerfung macht den Einzelnen frei von allen spezifischen Verpflichtungen gegenüber jedem bestimmten anderen. Staatliche Gewalt und der von allen spezifischen Bindungen befreite Einzelne sind *wechselseitig* aufeinander verwiesen, wie auch folgende Überlegung Simmels deutlich macht:

„Der technisch verfeinerte Charakter der Rechtsbegriffe stellt sich ... erst als Korrelat jenes abstrakten Individualismus her, der mit der Geldwirtschaft Hand in Hand geht. Bevor ... das römische Recht in Deutschland rezipiert wurde, kannte das deutsche Recht keine Stellvertretung in Rechtssachen, nicht die Institution der juristischen Person, nicht das Eigentum als Gegenstand freier individueller Willkür, sondern nur als Träger von Rechten und Pflichten. Ein mit solchen Begriffen arbeitendes Recht ist nicht mehr möglich, wo das Individuum sich von der Verschmelzung mit besonderen Bestimmtheiten des Besitzes, der sozialen Position, der materialen Inhalte des Seins gelöst hat und jenes völlig freie und auf sich gestellte, aber von allen spezifischen Daseinstendenzen begrifflich geschiedene Wesen geworden ist, das allein in die Geldwirtschaft hineingehört und so jene Lebensinteressen, als rein sachlich gewordene, der logisch-abstrakten ... Rechtstechnik überlassen kann."[506]

Es deutet sich hier an, daß Staat und ökonomisch Handelnder sich im Handlungsfeld des Geldes wechselseitig bedingen. Es ist so, daß „die Vorstellung der (staatlichen) Souveränität lediglich die Vorstellung des atomistischen, liberalen Individuums *ergänzt*."[507] Beide sind in der ökonomischen Welt wechselseitig aufeinander bezogen; sie können nur zugleich gedacht werden. Das Individuum 'an sich' existiert nicht. Es ist in seinem Streben nach Macht und Reichtum unmittelbar auf den Schutz des Staates angewiesen. „Der Individualismus ... schließt die Vormachtstellung des Staates über das Individuum nicht aus, sondern ganz im Gegenteil: Er verlangt diese."[508] Und ebenso gilt: Der Staat 'an sich', d.h. als eine eigenständige, unabhängige Entität ist nur ein 'Vermutung'[509], „lediglich eine

---

[506] G. Simmel, Philosophie des Geldes, aaO., S. 360.
[507] J. Weintraub, The Theory and Politics of the Public/Private Distinction, aaO., S. 13, eigene Hervorhebung.
[508] C.B. MacPherson, The Political Theory of Possessive Individualism, aaO., S. 256. MacPherson bezieht sich hier auf Locke.
[509] Vgl. E. Gallu, Sunyata, Ethics, and Authentic Interconnectedness, aaO., S. 191f.

legalistische Konstruktion"[510]. Es läßt sich hier analog zur Beziehung von Individuum und Marktmechanismus feststellen: Einzelnes und Allgemeines bedingen einander und verstärken sich wechselseitig. Je stärker sich der Einzelne als Individuum begreift, desto unabdingbarer wird der Gedanke einer übermächtigen, universellen Zwangsgewalt, die die Vielen zueinander vermittelt. Und umgekehrt gilt: Je übermächtiger das allgemeine Gesetz wird, desto stärker wird sich der Einzelne als Individuum ergreifen, weil es ihm ermöglicht, sich aus allen bestimmten Beziehungen zu lösen. Beide Standpunkte, der des methodologischen Individualismus und der des Staates, übersehen diese wechselseitige Abhängigkeit. Sie verkennen beide die ökonomische Welt als denjenigen Ort-worin, aus dem beide Bestimmungsrichtungen gleichursprünglich hervorgehen. Diese Welt kann deshalb auch nicht von einem dieser Standpunkte aus erfaßt werden. Sie verbleibt vielmehr ein Ort des Nichts. Diese Überlegung weist darauf hin, daß weder das Gesetz des Staates noch der Marktmechanismus als konstitutiv für die ökonomische Welt angesehen werden kann. Die ökonomische Welt ist die Voraussetzung dieser Vorstellungen, nicht aber ihr Ergebnis.

4.7.3 Der inhärente Widerspruch der Zwangsgewalt der Staates

Wenn der Staat aber nun nicht als eine unabhängige Größe zu denken ist, können seine Gesetze dennoch ein harmonisches Zusammenleben der Egoisten erzwingen? Kann der Staat tatsächlich ein Regelsystem institutionell stabilisieren und normativ in Geltung setzen?[511] Die japanische Philosophie macht auf ein Schwierigkeit aufmerksam, die mit dieser Behauptung verbunden ist. Diese Schwierigkeit liegt im „inhärenten Widerspruch begründet, den die Annahme der Allgemeingültigkeit der Gesetze in sich trägt"[512]. Damit sich alle Menschen dem gleichen Gesetz unterwerfen, muß zwischen ihnen notwendig ein Widerstreit, ein Kampf aller gegen alle herrschen. Vorausgesetzt ist die gewöhnliche Wahrnehmung der ökonomischen Welt, in der sich jeder im Gegensatz zu allen anderen ergreift. Das Gesetz setzt die *Furcht* vor dem Machtstreben anderer voraus. Man unterwirft sich nur deshalb der Macht des Souveräns, so wird bei Hobbes deutlich, weil dieser einen wirksamen Schutz vor der Macht anderer garantiert. Eine solche Garantie wäre aber gänzlich überflüssig, wenn die Macht anderer gar keine Bedrohung darstellte, etwa weil man ihnen *vertraute*. Auch ist es ausgeschlossen, die Macht einiger nicht zu fürchten und sich mit die-

---
[510] T. Watsuji, Watsuji Tetsuro's Rinrigaku, aaO., S. 25.
[511] Vgl. K. Homann, Sinn und Grenze der ökonomischen Methode in der Wirtschaftsethik, aaO., S. 16.
[512] E. Gallu, Sunyata, Ethics, and Authentic Interconnectedness, aaO., S. 192.

sen zusammenzuschließen. Denn dies bedroht die Universalität des Gesetzes und damit die durch den Staat errichtete allgemeine Ordnung. Doch nicht nur Furcht vor anderen wird vorausgesetzt, sondern auch das individuelle Vorteilsstreben. Denn die Macht des Staates beruht allein darauf, daß jeder aufgrund seines eigenen Kalküls handelt. Nur das Streben nach individueller Besserstellung garantiert die Durchsetzung einer anreizkompatiblen Gesetzgebung. Würde die individuelle Vorteils-Nachteils-Kalkulation hingegen durchbrochen, so müßte der Gedanke der Plan- und Steuerbarkeit preisgegeben werden.

Die Wirksamkeit des Gesetzes beruht darauf, daß jeder sich selbst als frei und unabhängig von allen anderen ergreift, ebenso wie er seine Nebenmenschen als frei und unabhängig betrachtet.[513] „Das eigene Selbstbewußtsein und die eigene Autonomie werden affirmiert durch die Anerkennung der Autonomie der anderen."[514] Eine solche Anerkennung scheint zunächst positiv zu sein. Sie beruht aber auf der gewöhnlichen Wahrnehmung und damit auf der fundamentalen Trennung von Ich und Du, Ego und anderen. Sie „bewirkt eine Haltung der Opposition, durch die man bewußt zwischen den beiden unterscheidet und sich so eher ein Geist der Trennung als einer der Gemeinsamkeit durchsetzt".[515] Oder noch deutlicher gesagt: Die Vorstellung der Staatsgewalt setzt den 'Naturzustand' des Kampfes aller gegen voraus. Der Staat *braucht* den Egoismus, um Ordnung zu schaffen.

Der Widerspruch, den die Annahme der Allgemeingültigkeit der Gesetze in sich trägt, liegt nun darin, daß der Staat zwar einerseits den Egoismus voraussetzt, gleichzeitig aber von diesem selbst *bedroht* ist. Solange man den Staat als eine von der ökonomischen Welt unabhängige Größe betrachtet, gerät diese Bedrohung nicht in den Blick. Sein Gesetz scheint den Egoismus lenken zu können, ohne selbst von diesem beeinflußt zu sein. Die japanische Philosophie erblickt in dieser Auffassung eine Täuschung. Denn für sie ist jegliches Allgemeine nicht nur ein Schaffen, sondern zugleich auch Geschaffenes; es wird von den Handlungen der Vielen ebenso gestaltet, wie es diese gestaltet (4.4.1). Daß einiges für eine solche Auffassung spricht, zeigt folgende Überlegung: In der ökonomischen Welt steuern die staatlichen Gesetze nicht nur den Egoismus, sie werden auch selbst vom Egoismus geformt. Der Egoismus ist nicht nur ein Mittel für den

---

[513] Vgl. J. Hirschberger, Geschichte der Philosophie, aaO., S. 216.
[514] E. Gallu, Sunyata, Ethics, and Authentic Interconnectedness, aaO., S. 190. Gallu bezieht sich hier auf Kant.
[515] E. Gallu, Sunyata, Ethics, and Authentic Interconnectedness, aaO., S. 190. Gallu faßt hier eine Aussage Nishitanis zusammen.

4 Das implizite Weltbild der Ökonomie 275

Staat, um Ordnung zu erzwingen. Das staatliche Gesetz droht vielmehr selbst zu einem Mittel zu verkommen, mit dem egoistische Interessen durchgesetzt werden. So kann etwa der Gesetzgeber seine Macht für seine Zwecke mißbrauchen und damit andere schädigen.[516] Diese Gefahr läßt sich an einem aktuellen Beispiel illustrieren, auf das Baruzzi hinweist: Der wirtschaftliche Egoismus bestimmt in den modernen Gesellschaften oft genug, was Recht überhaupt bedeuten soll. Die 'Interessen der Unternehmer' etwa werden zu einem Faktum, das die Gesetzgebung nicht gestaltet, sondern durch das sie selbst gestaltet wird:

„Gerade das Recht kann in die Wirtschaft, die Technik und die Wissenschaft eingreifen und dort normieren, was nach unserer menschlichen Auffassung Recht ist. Aber dies ist kaum der Fall. Wenn wir höchstrichterliche Entscheidungen, die Wirtschaft ... betreffend, ansehen, dann müssen wir zugeben, daß das Recht in seinem Entscheidungsstand nur dem Stand der Wirtschaft ... entspricht. Das ist ganz wörtlich zu nehmen. Es wird im Rechtsspruch gesagt, daß nur das der Normierung zugemutet werden kann, was ... die 'Funktionsfähigkeit des Unternehmens' nicht gefährdet. Wir können noch zuhauf solche oder ähnliche Formulierungen zitieren. (...) Das Recht ist kaum eine Bremse ... Wir müssen zugeben, daß Technik und Wirtschaft das Recht eigentlich bestimmen und nicht umgekehrt."[517]

Das Gesetz kann oft genug den Egoismus nicht bändigen, sondern wird selbst in den *Dienst* des individuellen Strebens nach Reichtum gestellt. Der Staat kann deswegen keine autonome Lenkungsmacht darstellen. Sein Handlungsspielraum wird vielmehr durch den Widerstreit der Egos gestaltet. Im globalen Wettstreit der Interessen läßt sich diese Formulierung noch zuspitzen. Denn hier droht jede nationale Gesetzgebung zum bloßen *Gegenstand* des individuellen Kalküls zu verkommen; sie wird im globalen Standortwettbewerb auf einen bloßen *Kostenfaktor* reduziert, erscheint nur noch als eine Variable im Kalkül der Unternehmen. Die Diskussion um die Wettbewerbsfähigkeit von Staaten zeigt hier, wie sehr der Staat und sein Gesetz selbst zu einem Schaffen-zugleich-Geschaffenen in der ökonomischen Welt geworden sind. Ist aber der Staat tatsächlich ein solches Schaffen-zugleich-Geschaffenes, so können Gesetzgebung und Gesetzgehorsam kein *statisches* Gleichgewicht begründen. Es existiert auch keine Dy-

---

[516] Vgl. T. Hobbes, Lehre vom Menschen und vom Bürger, aaO., S. 143ff.
[517] A. Baruzzi, Freiheit, Recht und Gemeinwohl, aaO., S. 205-206. Für Beispiele der Beeinflussung der Gesetzgebung durch wirtschaftliche Interessen weist Baruzzi auf die Untersuchungen von Maus hin. Vgl. I. Maus, Verrechtlichung, Entrechtlichung und der Funktionswandel von Institutionen, in: G. Göhler (Hrsg.), Grundfragen der Theorie politischer Institutionen, Opladen 1987, S. 188-203.

namik, die vom Staat vorhergesehen oder gar gelenkt werden könnte. Im wesentlichen sprechen gegen diese Vorstellung die gleichen Argumente, wie sie schon gegen die Berechenbarkeit der ökonomischen Welt formuliert wurden (4.4.2). Insbesondere kann der Staat nicht prognostizieren, wie Egoisten auf seine Gesetzgebung reagieren werden. Sicher ist nur, daß sie sein Gesetz umgehen oder gar brechen werden, wenn sie sich hiervon einen Vorteil versprechen. Auf jedes Gesetz wird der Egoismus *kreativ* reagieren und damit auch immer Folgen hervorrufen, die vom Gesetzgeber nicht bedacht wurden. Auf diese Weise droht die gegebene Ordnung beständig gestört, bzw. die intendierte Ordnung niemals erreicht zu werden.

Die vorangegangenen Überlegungen zeigen, daß der Staat den Egoismus nicht aufzusaugen vermag. Vielmehr *bedingen* sich beide wechselseitig. Die staatliche Ordnung wird durch den Egoismus zwar beständig bedroht; sie kann diesen aber nicht gänzlich ersticken, weil sie selbst das individuelle Vorteilsstreben voraussetzt. Sie ist zugleich durch den Egoismus gefährdet *und* auf diesen angewiesen. Aufgrund dieses Widerspruches ist der Glaube, der Staat könne den Egoismus wirklich beherrschen und den Kampf aller gegen alle in stabile Bahnen lenken, eine Illusion. Diese Schlußfolgerung soll nicht besagen, daß alle staatlichen Regeln abzuschaffen sind. Auch die japanische Philosophie ist nicht in diese Richtung zu interpretieren.[518] Sie dämpft aber die Hoffnungen, die in die Möglichkeiten staatlicher Lenkung und Planung gesetzt werden. „Selbst die Gewalt des staatlichen Gesetzes", gibt Nishitani zu bedenken, „kann aus den 'Wölfen' nicht auf vollkommene Weise Schafe machen. – welche Wölfe bald zu 'Wölfchen der Straße', d.i. zu Schurken und Gangstern, bald zur riesenhaften Inkarnation der Gewalt werden."[519] Egoismus und Staat ringen unentwegt miteinander und verstärken sich dabei wechselseitig, ohne daß der Staat je endgültig Oberhand gewinnen könnte. Seine Gewalt wird lediglich immer wieder neuen Widerstand bewirken. „Je mehr Regeln und Vorschriften, desto mehr Diebe und Räuber", formuliert diese Einsicht Lao Tsu.[520] Dieser Widerspruch kann nicht aufgelöst werden, ohne einen Zusammenbruch des menschlichen Miteinanders zu riskieren. Denn gewönne die egoistische Freiheit die Überhand, so wäre der Kampf aller gegen alle entfesselt; erlangte der Staat hingegen die absolute Macht, so wäre die Freiheit gänzlich erstickt und das Zusammenleben aller der Willkür weni-

---

[518] Hierauf weist etwa Gallu bezüglich der Philosophie Nishitanis hin. Vgl. dies., Sunyata, Ethics, and Authentic Interconnectedness, aaO., S. 191f.
[519] K. Nishitani, Vom Wesen der Begegnung, aaO., S. 261.
[520] Lao Tsu, Tao Te Ching, aaO., 57. Lehrsatz. Vgl. auch den 30. Lehrsatz, der dem Herrscher rät, keine Gewalt einzusetzen, weil dies allein Widerstand bewirkt.

ger ausgeliefert. Will man diese beide Extreme umgehen und dennoch an der Vorstellung von Egoismus und allgemeiner Ordnung festhalten, dann schwankt man „notwendig immer nur zwischen Totalitarismus und Anarchie hin und her ... Der Totalitarismus trägt in sich immer die Möglichkeit, unmittelbar in Anarchie umzuschlagen – und umgekehrt. Und zwischen beiden verschlingen sich sehr oft die Tendenzen zum einen und zum anderen ineinander."[521]

Die Tendenz zu einer solchen Verschlingung bedingt, daß der Egoismus zum einen immer wieder bewundert und gefördert zum anderen aber auch der Ruf nach dessen staatlicher Bekämpfung lautstark erhoben wird. Beide Verhaltensweisen sind in der gewöhnlichen Wahrnehmung auf widersprüchliche Weise vereinigt. Sie ringen in der ökonomischen Welt miteinander und verstärken sich dabei eher wechselseitig, als daß sie sich jemals auslöschen könnten. MacIntyre beschreibt ein solches Ringen im Hinblick auf die amerikanische Gesellschaft:

"Unacknowledged incoherence is the hallmark of this contemporary developing American self, a self whose public voice oscillates between phases not merely of toleration, but of admiration of ruthlessly self-serving behavior and phases of high moral dudgeon and indignation at exactly the same behavior, a self which remarkably often no longer sees incoherence in the promises of its political leaders as a disabling fault. And this is perhaps unsurprising in a moral culture in which radically individualist modes of thought and action are both systematically practiced and praised and yet also systematically put into question, and in which both the practice and praise on the one hand and the systematic questioning on the other are functional prerequisites for a social and economic system in which the self-interested acquisitiveness of the marketplace needs to be complemented by the kind of cooperativeness that keeps markets in being, and in which the destructive self-expression of those individuals whose overriding priority is their own personal growth and satisfaction is contained, and the wounds deriving from it are healed, by loyalties to just those institutional forms whose disciplines and constraints are in another guise barriers to what is taken to be creative self-expression."[522]

---

[521] K. Nishitani, Vom Wesen der Begegnung, aaO., S. 263. Nishitani fügt hier erklärend zu den beiden Begriffen hinzu: „Wir verstehen dabei 'Totalitarismus und 'Anarchie' nicht als bloß politische Erscheinungen, sondern gleichsam auch als Kategorien, die vom Bezirk des menschlichen Miteinander überhaupt gelten."

[522] A. MacIntyre, Individual and Social Morality in Japan and the United States, aaO., S. 492-93.

Die japanische Philosophie steht einer solchen widersprüchlichen Wahrnehmung und damit der individualistischen Position, die eine solche Wahrnehmung als gegeben akzeptiert, ebenso skeptisch gegenüber wie der Vorstellung eines Staates, der allgemeine Verhaltensregeln erzwingen soll. Diese Feststellung mag überraschen, weil oft davon ausgegangen wird, in ostasiatischen Gesellschaften würde lediglich der Individualismus gering geschätzt und dem Staat bzw. einem Kollektiv der Vorzug gegeben. Doch dieser Eindruck täuscht, insofern Staat und Kollektiv als eigenständige, äußere Mächte aufgefaßt werden, die die einzigartigen menschlichen Beziehungen zugunsten allgemeiner Verhaltensregeln preisgeben. Ein Staat, so ist etwa Watsuji überzeugt, der keinen Raum mehr für differenzierte, situativ bedingte und spontane Begegnungen läßt, stellt lediglich eine „schadhafte Form der Solidarität" dar. Denn „jede Form der gelebten Solidarität wird nur noch als eine Abstraktion ihrer eigentlichen Qualitäten sichtbar und der gemeinschaftliche Charakter wird zu einem einheitlich engen System, das keine Unterschiede von Licht und Schatten [mehr] kennt. ... Jede Form der Solidarität kann ihren Ausdruck nur noch in einem Gesetz finden und Verantwortung und Verpflichtungen können nur durch Zwang durchgesetzt werden."[523] Das Problem, so ergänzt Nishitani, liegt in der Vorstellung eines Allgemeinen, das die Art und Weise, wie Menschen sich begegnen, durch starre Verhaltensregeln vorschreibt und dadurch den Raum für einzigartige Begegnungen von Mensch und Mensch, für spontane Verantwortung und Mitgefühl erstickt:

> "The universal is problematic for Nishitani, ... for ... our absoluteness in the sense of sheer uniqueness or suchness is lost to an interchangeability – an homogenized equality that dilutes our authentic autonomy. ... Nishitani seems to suggest ... that whether equality is the product of a totalitarian enforcement or democratic doctrine, such equality, in either case, rules out individual uniqueness in favor of a conforming mediocrity. ... Whether God or political ideology, Nishitani cautions against the ancillary relationship between self and universal saying that '...where interhuman relationships are subordinate to such universals with the result that equality and freedom accompany one another in their completeness, no authentic encounter between human beings is possible ... The original character of man's encounter with man is hidden by laws, be they civil, moral or divine.'"[524]

„Die Vorschrift", so sagt schon Lao Tsu, „ist nur eine Hülse von Vertrauen und Loyalität; sie ist der Anfang von Verwirrung"[525] und weist damit den

---

[523] T. Watsuji, Watsuji Tetsuro's Rinrigaku, aaO., S. 25.
[524] E. Gallu, Sunyata, Ethics and Authentic Interconnectedness, aaO., S. 191.
[525] Lao Tsu, Tao Te Ching, aaO., 38. Lehrsatz.

4 Das implizite Weltbild der Ökonomie

Gedanken der Lenkung durch staatliche Gesetze zurück. Eine Zurückweisung, die von vielen klassischen chinesischen Philosophen geteilt wird, wie Hall und Ames nahelegen:

"It is a rejection of the disingenuous in its most obvious and common form, where one's authentic expression is subordinated to and disciplined by abstract regulations. Government so defined distracts the rulers from their natural inclinations through unhealthy attachments to wealth and fortune, and prevents the flourishing of the ruled through oppressive, dehumanizing laws and regulations."[526]

Es ist nicht der konkrete Inhalt oder Wortlaut des Gesetzes, der aus Sicht der ostasiatischen Philosophie problematisch ist. So stellt etwa Upham fest, „daß die japanische Vorstellung von Recht und Gesetz abstrakte Regeln als Maßstab für soziales Handeln ablehnt, nicht weil der Inhalt einer bestimmten Regel, sondern die abstrakte Natur dieser Regel sowie deren formale und rationale Durchsetzung an sich ein Greuel sind."[527] Der ostasiatischen Philosophie geht es um die Einsicht, daß „jedes bestehende Gesetz oder jede Verpflichtung, die durch eine politische Ordnung vorgeschrieben wird, letztlich nur durch nicht-staatliche (*extralegal*) Institutionen und Handlungsweisen aufrecht erhalten werden kann; sie sind eher durch sozialen Druck durchzusetzen als allein durch Bestrafung."[528] Ein Solidarität, die sich allein auf das Gehorsam gegenüber dem Gesetz beschränkt, kann nicht dauerhaft bestehen. Sie wird zu einer toten Sache, weil sie durch keine konkrete Gemeinschaft mit Leben erfüllt wird.[529] Mehr noch: Die staatlichen Gesetze *unterhöhlen* genau das kooperative und gemeinschaftliche Handeln der Menschen, auf das ihre Durchsetzung unmittelbar angewiesen ist:

"In fact, reliance upon the application of law, far from being a means of realizing human dignity, is fundamentally dehumanizing, impoverishing as it does, the possibilities of mutual accommodation, and compromising our particular responsibility to define what would be appropriate conduct."[530]

---

[526] D.L. Hall, R.T. Ames, Thinking from the Han, aaO., S. 173-74.
[527] F. Upham, Law and Social Change in Postwar Japan, Cambridge (Mass.) 1987, S. 207-208.
[528] D.L. Hall, R.T. Ames, Thinking from the Han, aaO., S. 284.
[529] Vgl. T. Watsuji, Watsuji Tetsuro's Rinrigaku, aaO., S. 25.
[530] D.L. Hall, R.T. Ames, Thinking from the Han, aaO., S. 284.

4.7.4 Der Widerstreit von Markt und Staat

Die Skepsis der ostasiatischen Philosophie bezüglich jeglichem Allgemeinen, das Handlungsregeln verbindlich vorschreibt, birgt einen weiteren interessanten Aspekt, der das Verhältnis von Markt und Staat bzw. von privatem und öffentlichem Sektor betrifft. Während es in der Ökonomie üblich ist, sich *entweder* auf die unsichtbare Hand des Marktes *oder* auf die sichtbare Hand des Staates zu verlassen, macht insbesondere Watsuji darauf aufmerksam, daß beide Ordnungsgedanken nicht voneinander getrennt werden können. Sie sind lediglich zwei Abstraktionsrichtungen der *gleichen* ökonomischen Welt, in der sie sich wechselseitig bedingen.

Die Unterscheidung von 'öffentlich' und 'privat' ist eine der „großen Dichotomien" des westlichen Denkens. Während diese Dichotomie ganz unterschiedlich mit Inhalt gefüllt wird, ist es in der Ökonomie üblich, mit ihrer Hilfe den Gegensatz von Markt(mechanismus) und Staat bzw. staatlichem Gesetz zu beschreiben.[531] Hinter diesem Gegensatz verbirgt sich ein recht alter Streit, der sowohl in der ökonomischen Theorie als auch in der Wirtschaftspolitik oft mit erbitterter Heftigkeit geführt wird. Dieser Streit dreht sich um die Frage, ob nun der Markt *oder* der Staat Ordnung garantiert. Eine Frage, auf die schon die klassischen Autoren die beiden prinzipiell möglichen Antworten gegeben haben:

> "Locke and Adam Smith on the one hand, Hobbes and Bentham on the other, might be taken as the most distinguished representatives of the two poles ...: the side that leans toward a 'natural' harmonization of selfish interests, whose grand theoretical achievement is the theory of the market; and the more technocratic, social-engineering side, which posits the need for a coercive agency standing above society (epitomized by Hobbes's Leviathan) that maintains order by manipulating the structure of rewards and punishments within which individuals pursue their 'rational' interests. ... The 'invisible hand' of the market and ... the 'visible hand' of administrative regulations recur as the two key solutions."[532]

Ich möchte auf den Widerstreit dieser beiden Lösungen innerhalb der Ökonomie nicht eingehen, sondern auf eine ihrer wichtigen Gemeinsamkeiten hinweisen: „Beide Seiten agieren innerhalb eines gemeinsamen *universe of discourse* und ziehen lediglich unterschiedliche Schlußfolgerungen aus den

---

[531] Vgl. J. Weintraub, The Theory and Politics of the Public/Private Distinction, aaO., S. 1ff. Den Begriff „grand dichotomy" übernimmt Weintraub von N. Bobbio.
[532] J. Weintraub, The Theory and Politics of the Public/Private Distinction, aaO., S. 9.

gleichen Prämissen."[533] Eine solche Prämisse liegt darin verborgen, die ökonomische Welt implizit als *gegeben* vorauszusetzen. Denn beide legen ihren Überlegungen das Handlungsfeld des Geldes zugrunde. Eine weitere Prämisse besteht darin, daß die ökonomische Welt als durch ein allgemeines Gesetz beherrscht angesehen wird. Die Befürworter des Marktes meinen, die quasi natürlichen Gesetzmäßigkeiten einer *spontanen Ordnung* würden Handeln zu einem mechanischen, berechenbaren Vorgang machen. Die Befürworter des Staates hingegen glauben an eine *bewußt gestaltete Ordnung*, die durch ihre Anreizkompatibilität Erwartungssicherheit im Hinblick auf Handlungen gewährleistet.[534] In beiden Fällen wird ein Allgemeines *absolut* über bzw. jenseits des menschlichen Miteinanders gedacht, das *kausal* Ordnung bewirken soll. Auf diese Weise muß es rein logisch zu einem Widerstreit kommen. Denn wenn etwas kausal für ein Ergebnis verantwortlich ist, dann kann es nicht eine zweite Ursache geben, für die gleiches gilt. Wird also etwa der Markt als quasi natürlicher Mechanismus anerkannt, der über die Vielen herrscht, dann kann nicht ein zweites herrschendes Prinzip neben diesem existieren. Seine Absolutheit duldet neben sich kein weiteres Absolutes. Ebenso wie der Gedanke der Mechanismus keine absolut unabhängigen Individuen zuläßt, sondern diese vernichtet, so duldet er auch kein weiteres eigenständiges Allgemeines neben sich. Es ist also nicht verwunderlich, wenn die Anhänger des Marktes die Argumente der Anhänger des Staates zu vernichten suchen – und umgekehrt. Das Problem liegt hier darin, Markt oder Staat als *Entitäten* zu ergreifen und als solche festhalten zu wollen. Indem man so den Kontext vergißt, in dem beide *zugleich* existieren, geraten sie in einen absoluten Widerspruch.

Wie aber kann nun ein Zugleich von Markt und Staat gedacht werden? In der ökonomischen Welt können Beziehungen in freiwillige oder erzwungene unterschieden werden. Als *freiwillige* Beziehungen sind vor allem Handel und Tausch zu nennen, oder grundsätzlicher der Austausch von Gütern und Informationen. Die Einzelnen koordinieren ihre Handlungen (zumindest formal) freiwillig, weil sie sich davon einen Vorteil versprechen. Die Existenz des einen gefährdet hier nicht die Existenz des anderen, ein gemeinsames Zusammenleben erscheint möglich. Die 'Einheit' der Vielen entsteht so auf friedliche Weise. Es ist diese Eigenschaft von Be-

---

[533] J. Weintraub, The Theory and Politics of the Public/Private Distinction, aaO., S. 8.
[534] Die Unterscheidung einer 'spontanen' und einer 'bewußt gestalteten' bzw. 'gemachten' Ordnung wird insbesondere von Hayek hervorgehoben. Vgl. F.A. Hayek, Recht, Gesetzgebung und Freiheit, Band 1, aaO., S. 58ff.

ziehungen, die in der Theorie des Marktes zu einem Ordnungsprinzip verallgemeinert wird. So schreibt etwa Friedman:

> "Exchange can ... bring out co-ordination without coercion. A working model of society organized through voluntary exchange is a free private enterprise exchange economy – what we have been calling competitive capitalism."[535]

Die Interessen der Vielen können sich aber auch fundamental entgegenstehen, so daß die egoistischen Handlungen keine Einheit begründen, sondern diese gerade *zerstören*. Dies muß durch *Zwang* verhindert werden, wie am Beispiel des Trittbrettfahrers deutlich wird: Dieser versucht, von der Gemeinschaft anderer zu profitieren, ohne selbst etwas zu leisten. Soll die Gemeinschaft trotz dieses Verhaltens weiter bestehen können, so wird man den Defektierer zur Gegenleistung zwingen. Es ist hier nicht die Freiwilligkeit der Interaktion, sondern erst der (bewußt ausgeübte) Zwang, der stabile wechselseitige Beziehungen ermöglicht. Es ist dieser Aspekt, der verallgemeinert wird, wenn die Befürworter des Staates Ordnung durch gesetzliche Belohnungen und Bestrafungen garantieren wollen.

Während also beide Seiten eine wichtigen Aspekt des Zusammenlebens betonen, übersehen sie, daß keine Position absolut gesetzt werden kann:

> "By giving heed to society as an objective fact, we can discern that these two aspects (i.e. coercion and fusion) are respectively emphasized in a one-sided way. Insofar as each of these aspects reflects an aspect of society, then these arguments cannot be said to be in error. But both of them err in their endeavor to explain society by appealing to only one aspect. Society must be understood to have these two aspects. That is to say, the communalizing and interfusing aspect of association among individuals at once indicates the existence of coercion as well."[536]

Die freiwilligen Beziehungen setzen in der ökonomischen Welt den Schutz des Staates voraus. Freiwillige Verträge etwa sind durch das staatliche Gesetz vor Mißbrauch zu schützen. Dieser Schutz ersetzt nicht den freiwilligen Vertragsabschluß, beide sind vielmehr wechselseitig aufeinander angewiesen. Dabei gilt: Je allgemeiner die Handlungsregeln des freiwilligen Zusammenlebens werden, desto allgemeiner werden auch die Sanktions-

---

[535] M. Friedman, Capitalism and Freedom, aaO., S. 13.
[536] T. Watsuji, Watsuji Tetsuro's Rinrigaku, aaO., S. 114. Watsuji bezieht sich hier auf seine Untersuchungen über die Gesellschaftstheorien Tardes und Simmels auf der einen Seite (*fusion*) und Durkheim auf der anderen Seite (*coercion*). Vgl. für ein ausführliches Argument zum Verhältnis von Kooperation und Zwang in einer Gesellschaft ders., aaO., Kapitel 6.

maßnahmen des Staates. So sind etwa freiwillig begründete Arbeitsverhältnisse, in denen von allen einzigartigen Eigenschaften der Vertragspartner abgesehen wird, durch ein Arbeitsrecht zu schützen, das alle Rechten und Pflichten, die aus diesen Verhältnissen resultieren, allgemeingültig festschreibt und ihre Einhaltung notfalls mit staatlicher Gewalt erzwingt. Markt und Staat bedingen sich hier wechselseitig in dem Anspruch, allgemeingültige Handlungsregeln zu entwerfen und durchzusetzen. Man begeht also zwei Gedankenfehler, wenn man meint, entweder der Markt *oder* der Staat könne als absolutes Allgemeines *allein* das wechselseitige Gestaltungsgeschehen der Vielen bestimmen: Zum einen übersieht man, daß dieses Gestaltungsgeschehen nicht als eine abstrakte Ordnung objektiviert werden kann, die die Einzelbestimmung der Handelnden völlig negiert (4.3.4). Zum anderen vergißt man, daß dieses Gestaltungsgeschehen zugleich freiwillig *und* erzwungen ist und deshalb nicht auf einen dieser Aspekt reduziert werden kann. Beide Gedankenfehler entstehen, weil die ökonomische Welt als derjenige Kontext, in dem sowohl Markt als auch Staat gründen, zu einem *Ort des Nichts* geworden ist. Wird dieser Ort hingegen *bewußt*, so erkennt man, daß Markt und Staat trotz ihrer Gegensätzlichkeit aufeinander bezogen sind. Sie bilden einen Gegensatz, der niemals zu einer Seite hin aufgelöst, sondern vielmehr in der ökonomischen Welt beständig ausgetragen wird. Dieser Gegensatz kann weder aus der Perspektive des Marktes noch der des Staates vollständig erfaßt werden. Er ist weder *theoretisch* durch eine einseitige Betonung des Staates oder des Marktes zu erklären, noch kann ihn eine *Wirtschaftspolitik* gestalten, die entweder allein auf die Zwangsgewalt des Staates oder allein auf die unbewußten, unsichtbaren Kräfte des Marktmechanismus vertraut.

4.7.5 Eine Einheit von Markt und Staat: Der Ordoliberalismus

In der Ökonomie ist die wechselseitige Abhängigkeit von Markt und Staat nicht gänzlich übersehen worden. So ist der *Ordoliberalismus* bzw. die *soziale Marktwirtschaft* bestrebt, „eine Form wirtschaftspolitischer Maßnahmen zu entwickeln, die in ihrer Gesamtanlage hingeordnet sind auf die Erhaltung einer funktionsfähigen Marktwirtschaft." Es wird hierfür eine Synthese von Staat und Markt begründet „im Verzicht auf die der Marktwirtschaft widersprechenden Formen der Lenkung. ... Die Vereinigung ist ... möglich bei einer Steuerungsform, die als Gesamtsystem und in jeder Einzelmaßnahme auf die Erhaltung, ja Steigerung der Marktwirtschaft gerichtet ist."[537] Der Markt wird hier als eine Ordnung identifiziert, „die den

---

[537] A. Müller-Armack, Wirtschaftslenkung und Marktwirtschaft, aaO., S. 276.

Vergleich mit einer gewissen Automatik" nahelegt.[538] Der Markt ist hinsichtlich seiner Funktionsweise autonom.[539] Eine solche Autonomie besteht aber nicht hinsichtlich der *Ziele* des Wirtschaftens. Diese werden vielmehr durch einen 'äußeren Rahmen' vorgegeben:

> „Begreifen wir die Marktwirtschaft als variablen Rechnungs- und Signalapparat, so ist in dieser formalen Bestimmung ihres Wesens gleichzeitig gesagt, daß dieser Apparat das Ziel des Wirtschaftens nicht von sich aus bestimmt, sondern als ein Datum hinnimmt. Ob wir die durch die marktwirtschaftliche Einkommensverteilung gegebenen Bedarfsgrößen einfach annehmen oder sie durch eine Einkommensumschaltung verändern, ist für den Rechnungsapparat gleichgültig. So gesehen, ist er ein formales Verfahren, welches in den verschiedensten sozialen Rahmen zu funktionieren vermag."[540]

Der Markt stellt keine „Totalregelung des sozialen Lebens"[541] dar, weil er die Ziele des Wirtschaftens nicht bestimmt. Eine solche Totalordnung wird aber nun als ein *Zusammenspiel* von Markt und Staat gedacht. Der Staat bestimmt die Ziele des Wirtschaftens, der Markt verhilft diesen automatisch zur Geltung. Während der Markt sozusagen wie ein gigantischer Rechenapparat wirkt, in dem die Nutzen- bzw. Gewinnmaximierung Handlungen kausal bestimmt, manipuliert der Staat die Bedingungen für diesen Apparat so, daß sich im Ergebnis die von ihm erwünschten Resultate einstellen. MacPherson schildert anschaulich, wie man sich dies vorstellen kann:

> "What the state does thereby is to alter some of the terms of the equations each man makes when he is calculating his most profitable course of action. But this need not affect the mainspring of the system, which is that men do calculate their most profitable course and do employ their labour, skill, and resources as that calculation dictates. Some of the data for their calculations is changed, but prices are still set by competition between the calculators. The prices are different from what they would be in a less controlled system, but as long as prices still move in response to the decisions of the individual competitors and the prices still elicit the production of goods and determine their allocation, it remains a market system. The state may, so

---

[538] A. Müller-Armack, Wirtschaftslenkung und Marktwirtschaft, aaO., S. 278.
[539] Vgl. zu diesem Gedanken etwa J. Wieland, Ökonomische Organisation, Allokation und Status, aaO., S. 54f.
[540] A. Müller-Armack, Wirtschaftslenkung und Marktwirtschaft, aaO., S. 279.
[541] A. Müller-Armack, Wirtschaftslenkung und Marktwirtschaft, aaO., S. 279.

4 Das implizite Weltbild der Ökonomie 285

to speak, move the hurdles in advantage of some kinds of competitors, or may change the handicaps, without discouraging racing."[542]

Das ökonomische Kalkül, die 'Mechanik' des Wirtschaftsgeschehens wird vom Staat *instrumentalisiert*, was vor allem im Hinblick auf soziale Zielvorstellungen gilt. Der Sozialstaat kann die Ergebnisse des Marktgeschehens sozial verträglicher gestalten, ohne dessen Mechanismus zu stören. Er kann etwa per Gesetz den Schwächeren eine bessere Ausgangsposition verschaffen oder den Stärkeren Anreize bieten, die Existenz der Schwachen nicht gänzlich zu vernichten. Die Konkurrenz wird hierdurch nicht aufgehoben; sie wird lediglich durch die Vorgaben einer Rahmenordnung von *außen* manipuliert. In der Ökonomie wird die Metapher des *Spiels* bemüht, um die Logik einer solchen Wirtschaftsform zu beschreiben.[543] Die *Spielzüge* symbolisieren dabei die Handlungen, die streng nach dem ökonomischen Kalkül erfolgen. Jeder kämpft um die bestmögliche Position, um Macht und die Aussicht auf Gewinn. Die Gesetze werden hingegen als allgemeingültige *Spielregeln* interpretiert, denen sich alle Spieler unterwerfen. Sie beschreiben den strikt vorgegebenen Handlungsrahmen, in dem sich das 'Spiel' des Kampfes aller gegen alle vollzieht. Negative Folgen des Spiels werden nicht durch eine Veränderung der Spielzüge, sondern einzig und allein durch eine Abwandlung der Spielregeln bekämpft. Deutlicher gesagt: Die Menschen treten wie auf einem gigantischen Spielbrett unter den unterschiedlichsten Rahmenbedingungen gegeneinander an, bis die bestmögliche 'Gesamtperformance' erreicht ist.

Auch dieses Zusammenspiel von Markt und Staat impliziert ein Allgemeines, das gleichsam von außen die Vielen zu einer harmonischen bzw. stabilen Ordnung zusammenfügt. Es wird eine Ordnung vorausgesetzt, die für die ökonomische Welt vorgegeben ist. Diese wird aber nun weder durch eine göttliche Macht noch durch einen quasi natürlichen Mechanismus geschaffen. Sie ist vielmehr ein Produkt *menschlichen* Gestaltungswillens. Die Räder der Marktmaschine werden nicht von einem Schöpfer zu einem harmonischen Gebilde zusammengesetzt, sondern von einem *Sozialingenieur*, der die Maschine schmiert, repariert und bei Bedarf umgestaltet:

„Eine bewußt gestaltete Marktwirtschaft ist kein Vollautomat. Wenn wir, was nie ohne Gefahr geschieht, im Bilde bleiben wollen, mag man sie einem der Bedienung und Steuerung bedürftigen Halbautomaten vergleichen. So wie etwa ein Automo-

---

[542] C.B. MacPherson, The Political Theory of Possesive Individualism, aaO., S. 58.
[543] Vgl. etwa K. Homann, F. Blome-Drees, Wirtschafts- und Unternehmensethik, aaO., 21ff.

bilmotor ein in sich funktionierender Mechanismus ist, der aber eine Reihe von außen kommender Bedienungen erfordert, um seinen Zweck zu erfüllen, muß auch der marktwirtschaftliche Austausch von einem Kreis sichernder und auslösender, auf die Eigenart seiner Funktion abgestimmter Handhaben umgeben werden. Er bedarf gewisser Maßnahmen zum Ingangbringen des marktwirtschaftlichen Austausches überhaupt, was der Funktion des Anlassers entspräche, er bedarf einer laufenden Sicherung der Funktionsfähigkeit des Wettbewerbs, der Regelung ihres Gesamtganges, was der Schmierung, der Bedienung des Gaspedals und dem Bremsen gleichkäme, er bedarf einer strukturellen Beeinflussung, die der Lenkung des Wagens entspräche, und nicht zuletzt weist auch die Marktwirtschaft trotz ihrer durchgängigen Rationalität gewisse Konstruktionsfehler auf, die eine gelegentliche Reparatur, zum Teil auch eine gewisse konstruktive Abänderung erfordern."[544]

Auch im Ordoliberalismus ist also eine unabhängige Macht vorausgesetzt, die Gestalt und Zweck des Wirtschaftens vorgibt. Man könnte sagen, daß „obwohl der alte Gott tot ist, eine alte Sünde weiterlebt: Gottes ehemalige Kinder versuchen ..., seinen Platz einzunehmen. Die unabhängige Existenz (*aseity*), die traditionell einer allmächtigen Person mit Namen Gott zugeschrieben wurde, nehmen die Menschen eitel für sich selbst in Anspruch."[545] Kann aber eine solche unabhängige Existenz tatsächlich gedacht werden? Diese Frage zielt in einen *blinden Fleck* der ökonomischen Theorie. Ich möchte dies kurz an einigen Beispielen aufzeigen. Bei Smith etwa dient die unsichtbare Hand Gottes als Voraussetzung für die Idee der gesellschaftlichen Harmonie, markiert aber zugleich „die Grenze aller wissenschaftlichen Erklärbarkeit"[546]. Sie liegt *jenseits* jeglichen Erklärungsanspruches, weil sie außerhalb des für den Menschen Faßbaren liegt. Denn das Wirken der 'unsichtbaren Hand' ist „in Wirklichkeit die Weisheit Gottes"[547] und deswegen keiner rationalen Erklärung zugänglich (4.6.2). Es kann lediglich *geglaubt* werden.[548] Bezüglich der Annahme eines weltlichen Herrscher in Form eines Souveräns oder Staates zeigt sich eine ähnliche Schwierigkeit. Denn wie ist zu beweisen, daß tatsächlich ein *wohlwollender* und *allwissender* Herrscher existiert, der den Kampf der Egoisten im Interesse aller ordnet? Die Staaten, so Hobbes, haben „das Recht,

---

[544] A. Müller-Armack, Wirtschaftslenkung und Marktwirtschaft, aaO., S. 280.
[545] S.H. Stenson, Beyond Science and Technology to Absolute Emptiness, in: T. Unno (Hrsg.), The Religious Philosophy of Nishitani Keiji, aaO., S. 122-23, Klammerzusatz im Original.
[546] P. Ulrich, Der kritische Adam Smith, aaO., S. 177.
[547] A. Smith, Theorie der ethischen Gefühle, aaO., S. 130.
[548] Für ein ausführliches Argument, vgl. P. Ulrich, Der kritische Adam Smith, aaO., S. 176ff.

4 Das implizite Weltbild der Ökonomie

das zu tun, was nach ihrem Urteil, das heißt, nach dem Urteil der sie vertretenden Person oder Versammlung, am meisten zu ihrem Vorteil führt."[549] Es ist damit aber nicht gesagt, daß dieses Recht auch tatsächlich denjenigen einen Vorteil verspricht, die dem Gesetz unterworfen sind:

> Der Souverän „kann als Monarch oder als Mehrheit einer Versammlung gewalttätig gegen einzelne Bürger oder gegen eine Minderheit vorgehen. Da durch ein solches Handeln seine Herrschaft nicht unbedingt geschwächt wird (sondern vielleicht sogar gestärkt wird), könnte Hobbes es nicht generell als irrational verurteilen. (...) Die Unterdrückung einer Minderheit provoziert nicht unbedingt eine Rebellion, welche die Herrschaft des Souveräns gefährdet. Sie kann im Gegenteil zu einem engeren Zusammenschluß der Mehrheit führen. Ferner kann der Souverän einer Rebellion auch dadurch zuvorkommen, daß er mächtige Bürger gegeneinander ausspielt, einen nach dem anderen liquidiert und eine starke Armee oder Geheimpolizei aufbaut, die er sich durch Privilegien gefällig macht. Die Ausrottung aller Lehren, die zur Rebellion anstiften könnten, empfiehlt Hobbes selbst. Hobbes Staatsphilosophie enthält mithin weder eine rechtliche noch eine pragmatische Gewährleistung dafür, daß der Souverän seine Funktion erfüllt, im Interesse der Selbsterhaltung und des Wohls aller Bürger zu handeln."[550]

Da der Herrscher über dem Volk steht, gilt, daß er „dem Volk durch Vertrag zu nichts verbunden sei und dem Bürger kein Unrecht tun könne, möge er über ihn verfügen, was er wolle."[551] Kant hat hiergegen eingewendet: „So im allgemeinen ist dieser Satz erschrecklich." Doch auch ihm bleibt nichts anderes übrig, als einen *Glauben* zu bemühen, die Existenz des Herrschers sei dennoch zum Wohle aller. Der nichtwiderspenstige Untertan sollte wenigstens „*annehmen* können, sein Oberherr *wolle* ihm nicht Unrecht tun".[552]

Man kann dem Ordoliberalismus natürlich nicht den Smithschen oder Hobbschen Glauben vorhalten. Aber dennoch bleibt das grundlegende Problem erhalten. Denn es bleibt die Frage unbeantwortet, wer genau die Spielregeln des Wettbewerbs bestimmt. Es heißt zwar, daß die Menschen *demokratisch* über die Regeln ihres Zusammenlebens entscheiden sollen; eine Vorstellung, die auf Locke zurückgeht. Es bleibt aber unklar, *wie* dies

---

[549] T. Hobbes, Leviathan, aaO., S. 166.
[550] M. Esfeld, Mechanismus und Subjektivität in der Philosophie Thomas Hobbes, aaO., S. 344-45.
[551] J. Hirschberger, Die Geschichte der Philosophie, aaO., S. 199.
[552] I. Kant zitiert in J. Hirschberger, Die Geschichte der Philosophie, aaO., S. 199, eigene Hervorhebung.

zu denken ist. Hiermit soll nicht gesagt werden, daß der Gedanke der Demokratie an sich unhaltbar ist. Er bleibt aber vom Standpunkt einer Theorie, die die gewöhnliche Wahrnehmung als gegeben voraussetzt, unverständlich. Denn wird das egoistische Kalkül des Einzelnen vorausgesetzt, dann bleibt die für die Gestaltung der Gesetze notwendige Kooperation unerklärlich. Dies gilt allein schon für die Beteiligung an demokratischen Wahlen, weil es keinen Anreiz für eine solche Handlung gibt; ihr Grenznutzen ist nicht positiv. Die Wahlbeteiligung ist „aus einem eigennützigen individuellen Kalkül heraus nicht erklärbar".[553] Zudem gilt: Das egoistische Kalkül kann zwar „die relative Stabilität von autoritären und totalitären Regimes erklären, aber gerade nicht deren Überwindung und auch vor allem nicht die Entstehung und Bestandssicherung von Demokratien".[554] Der Vorwurf, „daß der Homo oeconomicus grundsätzlich unfähig sei, so etwas wie Moral, moralische Regeln *hervorzubringen*"[555], ist also durchaus berechtigt. Wenn hier etwa Homann dagegen argumentiert: „Ich habe nie behauptet, die Moral werde vom Homo oeconomicus generiert. Generiert wird sie von 'Menschen', die über genau das reichhaltige Spektrum von Motiven verfügen, das mir entgegengehalten wird"[556], dann bestätigt er eigentlich nur das zugrundeliegende Problem. Denn er entwirft selbst kein Menschenbild, das das 'reichhaltige Spektrum von Motiven' theoretisch erfassen kann. Solange man am Egoismus als einzigen theoretischen Erklärungsansatz festhält, bleibt die Annahme, anders motivierte Menschen könnten sich auf ein 'allseits erwünschtes Regelwerk' verständigen, unbewiesen. Sie hat keinen wirklichen Gehalt und kann ebenso wie die Allmacht Gottes oder das Wohlwollen des souveränen Herrschers bestenfalls geglaubt werden.

Aus Sicht der japanischen Philosophie geht es nicht darum, eine andere oder gar bessere Vorstellung eines absolut unabhängigen Herrschers zu begründen. Der Glaube, irgend etwas könne von außen her kommend den Egoismus beherrschen, wird vielmehr *prinzipiell* als Illusion durchschaut. Die Hoffnung, den Kampf der Egoisten durch eine äußere Kraft zu begrenzen oder gar zum Wohle aller gestalten zu können, wird *an sich* als eine Täuschung betrachtet. Sehr deutlich hat diese Einsicht Nishitani formuliert: Der unendliche Schrecken einer Welt der Egos, so der japanische Philo-

---

[553] G. Kirchgässner, Homo oeconomicus, aaO., S. 57.
[554] F. Reckling, Interpretative Handlungsrationalität, aaO., S. 156.
[555] K. Homann, Sinn und Grenze der ökonomischen Methode in der Wirtschaftsethik, aaO., S. 21, Hervorhebung im Original.
[556] K. Homann, Sinn und Grenze der ökonomischen Methode in der Wirtschaftsethik, aaO., S. 21.

soph, kann nicht einfach „in einem Abstandnehmen vom Begegnen selbst von außen her" beseitigt werden.[557] Jede Bemühung, das Leiden der Menschen, das in ihrer absoluten Gegnerschaft der alltäglichen Wirklichkeit begründet liegt, durch ein Bezug auf ein (vor)gegebenes Allgemeines lösen zu wollen, „erscheint nur wie *ein Sichjucken am Fuße durch die Schuhsohlen hindurch*."[558]

4.7.6 Exkurs: Der Standpunkt des Wissenschaftlers

Ich möchte diesen Abschnitt mit ein paar Gedanken zum Standpunkt des Wissenschaftlers abschließen. Denn in der ostasiatischen Ablehnung der Vorstellung eines Allgemeinen, das die vielen Einzelnen absolut beherrscht, deutet sich nicht nur eine Kritik am Erklärungsansatz der ökonomischen Theorie an, sondern auch am Selbstverständnis der Ökonomen. Viele Ökonomen sehen ihre Aufgabe darin, die Ordnung der Welt zu erklären und ihr zur Geltung zu verhelfen. Es geht ihnen um eine „Erklärung *zwecks* Gestaltung"[559]. Dabei entsteht häufig der Eindruck, der Ökonom sei ein allwissender *Sozialingenieur*, der die Mechanik der Wirtschaftsmaschine nicht nur theoretisch durchschaut, sondern sich auch als Konstrukteur und Steuermann dieser Maschine empfiehlt. Es scheint so, als stünde der Ökonom gleichsam außerhalb der ökonomischen Welt und betrachte von dieser Position aus deren Entwicklung. Die Wirtschaft wirkt wie ein „Spiel, für das die Volkswirte die Spielregeln entwickeln"[560]. Ob der Ökonom nun alle Hindernisse, die den vollkommenen Lauf der Räder der Staatsmaschine behindern, beseitigen oder ein allseits erwünschtes Regelsystem durchsetzen möchte, stets scheint er von außen her kommend die ökonomische Welt gestalten zu können.

Diese Position des Ökonomen ist allerdings schwer zu erklären, ohne sich dabei in Widersprüche zu verwickeln. Ich möchte dieses Problem mit Hilfe einer Frage skizzieren: Trifft das ökonomische Menschenbild, das den egoistischen Standpunkt der gewöhnlichen Wahrnehmung als gegeben voraussetzt, auf den Ökonomen selbst zu? Bejaht man diese Frage, so gibt man zu, daß der Ökonom selbst *eigeninteressiert* und *egoistisch* handelt. Warum aber sollte man ihm dann mehr vertrauen als anderen Egoisten? Warum sollte man sich auf sein Wissen verlassen und ausgerechnet *ihm*

---

[557] K. Nishitani, Vom Wesen der Begegnung, aaO., S. 259.
[558] K. Nishitani, Vom Wesen der Begegnung, aaO., S. 260, eigene Hervorhebung.
[559] K. Homann, Sinn und Grenze der ökonomischen Methode in der Wirtschaftsethik, aaO., S. 23, eigene Hervorhebung.
[560] A. Kyrer, Neue Politische Ökonomie 2005, München-Wien 2001, S. 7.

die Gestaltung der ökonomischen Welt überlassen? Meint man aber, der Ökonom sei nicht in der gewöhnlichen Wahrnehmung verhaftet, so ergibt sich ein anderes Problem. Denn in diesem Fall kann der Ökonom seinen eigenen Standpunkt nicht erklären, weil seine Theorie keine andere als die gewöhnliche Wahrnehmung abbildet. Der Wissenschaftler selbst – als real existierende Person – befindet sich *außerhalb* des eigenen Theoriegebäudes. Es besteht hier „eine unüberwindbare Kluft zwischen dem Philosophen (Wissenschaftler, SG) und seinem eigenen System; eine Aporie scheint nämlich darin zu bestehen, daß der Gedanke als Ergebnis der Denktätigkeit die Denktätigkeit selbst nicht in sich integrieren kann."[561] Während „die gegenwärtige Wissenschaft ... ihren eigenen wissenschaftlichen Standpunkt als eine unhinterfragbare Wahrheit betrachtet"[562], stellt diese Kluft etwa für Nishida einen zentrales Problem dar, das wissenschaftliche Aussagen schlicht unglaubwürdig macht.[563] Auf die Ökonomie gewendet heißt dies: Die Haltung vieler Ökonomen, den Kampf aller gegen alle als gegeben vorauszusetzen, sich selbst aber nicht explizit in diesem Kampf zu positionieren, ist ein Grund dafür, ihren theoretischen und wirtschaftspolitischen Erkenntnissen mit großer *Vorsicht* zu begegnen.

Für die ostasiatische Philosophie existiert kein der Welt übergeordnetes Wissen, das diese völlig erklären kann. „Es gibt keine endgültige Wissenschaft, die uns sagen könnte, was die richtige Mischung der Ordnungsformen sein könnte."[564] Sie gibt damit den Anspruch auf allgemeingültige Erklärungen auf. Gleichzeitig fordert sie aber, daß jede Wissenschaft ihren eigenen Standpunkt erklären kann. „Der Philosoph muß in sein eigenes 'System' integriert sein."[565] Der Wissenschaftler selbst muß zum *Teil* der Welt werden, die er beschreibt. Er wirkt stets inmitten der Welt[566], ist niemals einfach nur ein außenstehender Beobachter, sondern selbst ein Schaffen-zugleich-Geschaffenes. Er kann nicht für sich beanspruchen, von au-

---

[561] Y. Matsudo, Eine Einführung in die Spätphilosophie von Kitarō Nishida, aaO., S. 52. Matsudo bezieht sich hier nicht auf die Ökonomie, sondern auf Hegel im speziellen und die (westliche) Philosophie im allgemeinen.

[562] S.H. Stenson, Beyond Science and Technology to Absolute Emptiness, aaO., S. 114.

[563] Vgl. zu einer Erklärung der Position Nishidas, Y. Matsudo, Eine Einführung in die Spätphilosophie von Kitarō Nishida, aaO., S. 52.

[564] D.L. Hall, R.T. Ames, Thinking from the Han, aaO., S. 186.

[565] Y. Matsudo, Eine Einführung in die Spätphilosophie von Kitarō Nishida, aaO., S. 52.

[566] Vgl. Y. Matsudo, Eine Einführung in die Spätphilosophie von Kitarō Nishida, aaO., S. 51ff.

ßerhalb der wechselseitigen Abhängigkeit aller Dinge die Welt zu betrachten bzw. in ihr Gestaltungsgeschehen lenkend einzugreifen. Wenn also die ökonomische Welt vom Standpunkt des Ökonomen allein als ein Kampf aller gegen alle erscheint, dann kann dieser sich nicht selbst von diesem Kampf ausnehmen. Nimmt der Ökonom aber selbst einen anderen Standpunkt jenseits dieser Wahrnehmung ein, so zeigt er dadurch, daß die Welt offener und weiter ist, als er sie theoretisch beschreibt. Oder anders gesagt: Er zeigt durch sein eigenes Handeln, daß der Allgemeingültigkeitsanspruch seiner Theorie nicht haltbar ist.

4.8 Eine Welt 'jenseits' von Egoismus

Die japanische Philosophie weist keine Alternative zu Markt und Staat im Sinne einer gesetzhaften Einheit auf, weil für sie die Vorstellung einer solchen Einheit *an sich* illusionär ist. Die Welt schafft und wird zugleich geschaffen; dieser dynamische und unberechenbare Gestaltungsprozeß ist durch nichts endgültig bestimmt (4.4.1). Trotz dieser Einschätzung ist auch für die japanische Philosophie der Gedanke des harmonischen Zusammenlebens zentral. Dieser impliziert allerdings keine stabile Ordnung wie in der Ökonomie. Er drückt vielmehr einen sehr konkreten Wunsch der Menschen aus: die Abwesenheit von *Leid*. Leiden entsteht durch die gewöhnliche Wahrnehmung, in der man sich in unüberbrückbaren Gegensatz zu anderen sieht. Man empfindet die wechselseitige Abhängigkeit aller Dinge als einen äußeren Zwang, als eine *fremde* Gewalt, gegen die man sein Ego verteidigt. Diese subjektive Abwehrreaktion sowie die beständige Enttäuschung darüber, trotz aller Abwehr dennoch zum Objekt fremder Macht zu werden, läßt alles Leiden entstehen, wie besonders im Buddhismus betont wird. „Unendliche Verwirrung und unendliches Leiden"[567] ergibt sich aus der *Gewohnheit* des Egos, sich selbst als absoluter Herr zu ergreifen:

„Der 'Mensch als Wolf' und der Kampf, der die heutige Menschenwelt in zwei Hälften gespalten hat, enthüllt sich, wenn er bis auf den Grund befragt wird, als *in der Anhänglichkeit des Ich wurzelnd*, wo das Ich auf Grund seiner selbst 'Sich' und den 'Anderen' voneinander unterscheidet."[568]

Der Schlüssel zur Überwindung des Leidens besteht nicht darin, die Anhänglichkeit des Ich durch ein äußeres Gesetze zu beherrschen. So heißt es etwa im Zen Buddhismus: Selbst einem Buddha ist es unmöglich, von *au-*

---
[567] K. Nishitani, Vom Wesen der Begegnung, aaO., S. 264.
[568] K. Nishitani, Vom Wesen der Begegnung, aaO., S. 271, eigene Hervorhebung.

ßen her kommend ein harmonisches Miteinander der Egos zu bewirken.[569] Vorschriften und Gesetze sind lediglich mehr oder weniger erfolgreiche Versuche, die einander unversöhnlich gegenüberstehenden Egos *nachträglich* zu einem Ganzen zu vereinigen. Sie manipulieren die Egos lediglich so, daß auf irgendeine Weise wieder ein Gefühl von Bezogenheit entsteht.[570] Auf diese Weise wird eine Art *Superego* konstruiert, das das egoistische Eigeninteresse auf ein bestimmtes Gemeinwohl hin programmiert.[571] Der japanischen Philosophie geht es nicht darum, Egoismus und Gemeinwohl auf diese Weise zu versöhnen, sondern darum, den egoistischen Standpunkt an sich zu überwinden, also die Anhänglichkeit des Egos in einem radikalen Sinn zu *durchbrechen*. Die *Basis des Eigeninteresses wird eliminiert, indem das Ego selbst verneint wird*.[572] Dies ermöglicht eine Harmonie spontaner, kreativer und freiwilliger Handlungen; eine Harmonie, die jeglichen Zwang und jegliches Gesetz schlicht *überflüssig* macht.

4.8.1 Das gewöhnliche und das ursprüngliche Bewußtsein

In der ökonomischen Theorie wird ein Standpunkt, der den Egoismus als überwindbar betrachtet, zumeist abgelehnt. Es soll deswegen zunächst ein wichtiger Unterschied der Betrachtungsweise von Ökonomie und japanischer Philosophie dargestellt werden, um den japanischen Ansatzpunkt besser verständlich zu machen. In der ökonomischen Theorie wird die *faktische* Möglichkeit nicht-egoistischen Handelns nur selten geleugnet.[573] Dennoch wird egoistisches Handeln zumeist als gegeben vorausgesetzt und als einzige Handlungsform diskutiert. Es soll ausreichen, sich mit den „niederen Elementen der menschlichen Natur", also mit dem „ökonomischen Kalkül" allein zu befassen.[574] Begründet wird diese Ansicht zumeist damit, daß ein solches Kalkül das *'wahrscheinliche'* oder *'typische'* Verhalten darstellt. Es komme lediglich darauf an, „die wesentlichen Punkte

---

[569] Vgl. beispielsweise die Aussage Lin-chis „Do not seek for the Buddha outwardly". Diese Aussage wird etwa diskutiert in M. Abe, Zen and Comparative Studies, hrsg. v. S. Heine, Honolulu 1997, S. 74.

[570] Vgl. R.E. Carter, Encounter with Enlightenment, aaO., S. 22.

[571] Vgl. D. Loy, Nonduality, A Study in Comparative Philosophy, New York 1988, S. 130-131.

[572] Vgl. D. Loy, Nonduality, aaO., S. 130-131.

[573] So etwa von G.S. Becker, der von einer universellen Gültigkeit eigeninteressierten bzw. nutzenmaximierenden Verhaltens ausgeht. Vgl. ders., Der ökonomische Ansatz zur Erklärung menschlichen Verhaltens, aaO.

[574] F.Y. Edgeworth, Mathematical Psychics, aaO., S. 52-53.

menschlichen Verhaltens herauszustellen und in diesem Verständnis 'realistisch' zu sein und nicht das menschliche Verhalten in all seinen Facetten zu beschreiben".[575] Diese Begründung entspricht einer methodischen Vorgehensweise, wie sie in vielen ökonomischen Ansätzen gewählt wird. Denn diesen geht es oft nur darum, „Ergebnis*muster*" bzw. „*durchschnittliche* Resultate" zu erfassen.[576] Es ist deswegen nicht verwunderlich, wenn die ökonomische Handlungstheorie sich nur mit dem 'moralischen *Durchschnitts*menschen' befaßt.[577]

Insbesondere der japanische Philosoph Yuasa Yasuo kritisiert eine solche Betonung des Durchschnitts.[578] Grundsätzlich, so Yuasa, läßt sich die Vorgehensweise der 'westlichen' und 'traditionell östlichen' Wissenschaften, die das menschliche Handeln erforschen, wie folgt unterscheiden: In den 'westlichen' Wissenschaften wird stets vom normalen Zustand der Menschen ausgegangen. Sie betrachten dafür eine unspezifizierte große Anzahl von Fällen. Auf diese Weise fällt es leicht, empirische Gesetze zu formulieren, die allgemein oder zumindest im groben Durchschnitt zutreffend sind. Allerdings muß darauf verzichtet werden, die außergewöhnlichen Fälle zu erklären. Letztere werden entweder gänzlich ignoriert oder als Ausreißer betrachtet, die sich im Durchschnitt ausgleichen. Die ostasiatischen Wissenschaften gehen hingegen genau umgekehrt vor. Sie zielen nicht auf den durchschnittlichen Zustand ab, sondern betrachten Menschen, die nach einer langen Phase der Übung *außergewöhnliche* Fähigkeiten erworben haben. Ihre Theorien können deswegen zwar nicht den Anspruch auf Allgemeingültigkeit erheben, haben aber den Vorteil, besondere Denk- oder Handlungsweisen beschreiben zu können, die anderenfalls unverständlich blieben. Denk- und Handlungsweisen, die als „Idealzustand oder potentieller Zustand, der eine *Möglichkeit* für alle Menschen verspricht"[579] gelten. Die 'östliche' Denkweise betont diese Möglichkeit, nicht weil sie abstrakt an einem 'Übermenschen' interessiert ist, sondern weil sie jedem Menschen einen Weg weisen möchte, wie er *sich selbst* verändern kann. Es geht ihr darum zu zeigen, wie jeder sein Handeln selbst gestalten und ent-

---

[575] G. Kirchgässner, Homo oeconomicus, aaO., S. 62, eigene Hervorhebung.
[576] K. Homann, Sinn und Grenze der ökonomischen Methode in der Wirtschaftsethik, aaO., S. 26, Hervorhebung im Original.
[577] Vgl. G. Kirchgässner zitiert in F. Reckling, Interpretative Handlungsrationalität, aaO., S. 152f.
[578] Vgl. Y. Yuasa, The Body, Self-Cultivation and Ki-Energy, übers. v. S. Nagatomo, M.S. Hull, New York 1993, S. 61ff. Yuasa bezieht sich in seiner Kritik vor allem auf die 'westliche' Medizin.
[579] Y. Yuasa, The Body, Self-Cultivation and Ki-Energy, aaO., S. 62-63.

wickeln kann, *ohne* an einen vermeintlich unveränderlichen Durchschnitt gebunden zu sein:

> "Human dispositions and capacities vary from person to person ... It is impossible to make them equal by means of political power. What is important is rather to find a way of *enhancement* appropriate to each person's capacity and disposition. The fundamental principle is the same in regard to issues such as bodily capacity, health and growth of personality (or mind). In each one cannot enhance one's endowed potential capacity unless one makes an effort. It cannot be left up to medical doctors. In this respect, the Eastern elitist view of human being *does not take the essence of human nature simply as given*, but takes it as an unknown which needs to be practically investigated."[580]

In den ökonomischen Theorien soll allein *faktisch vorherrschendes* Verhalten beschrieben und durch die vermeintlich unveränderlichen Gesetzmäßigkeiten des Eigennutzes bzw. der Nutzenmaximierung erklärt werden. Ein Handeln, das nicht in dieses Paradigma paßt, wird hingegen entweder in seiner Bedeutung klein geredet oder gänzlich ignoriert. Nichtegoistisches Handeln bleibt deswegen ein unerklärliches Phänomen. Indem die ostasiatische Philosophie dieses scheinbar Unerklärliche zum *Gegenstand* ihrer Erklärungen macht, zeigt sie, wie sich Wahrnehmung und Handlung *ändern* können und so die vermeintlichen Gesetzmäßigkeiten egoistischen Handelns durchbrochen werden. Auf diese Weise wird ein alternatives Handeln sichtbar, das zwar nicht 'gesetzmäßig' ist, aber für alle Menschen eine mögliche Alternative darstellt; eine Alternative, die „durch das Wachsen der Persönlichkeit und eine Transformation der menschlichen Natur"[581] erreicht werden kann. Die japanische Philosophie konzentriert sich allerdings nicht allein auf die Erklärung des Außergewöhnlichen. Vielmehr erkennt sie die gewöhnliche Sichtweise des Menschen ausdrücklich an. Zugleich betont sie aber, daß diese Sichtweise nicht die einzig denkbare ist und entwirft eine explizite Theorie ihrer Durchbrechung. Hierfür trifft sie dem Buddhismus folgend eine Unterscheidung, die schon im dritten Kapitel diskutiert wurde. Es ist dies die Unterscheidung zwischen gewöhnlichem und ursprünglichem Bewußtsein (3.3.3). Indem im folgenden ein weiterer wichtiger Unterschied zwischen diesen beiden Bewußtseinsweisen heraus gearbeitet wird, soll deutlich werden, wie ein Durchbruch durch die gewöhnliche Wahrnehmung möglich ist.

---

[580] Y. Yuasa, The Body, Self-Cultivation and Ki-Energy, aaO., S. 63, eigene Hervorhebung.
[581] Y. Yuasa, The Body, Self-Cultivation and Ki-Energy, aaO., S. 65.

Eine wichtige Einsicht des Buddhismus ist es, daß die Wahrnehmung des gewöhnlichen Bewußtseins auf einer *Täuschung* beruht. Der Täuschung nämlich, man selbst sei ein eigenständiges und unabhängiges Wesen, obwohl man *faktisch* inmitten einer Welt wechselseitiger Abhängigkeiten lebt. Diese Täuschung ist kein rein kognitives Phänomen, sondern vielmehr eine handlungsleitende Vorstellung, die den eigentlichen Grund allen Leidens darstellt:

"According to the teaching of the Buddha, the idea of self is an imaginary, false belief, which has no corresponding reality, and it produces harmful thoughts of 'me' and 'mine', selfish desire, craving, attachment, hatred, ill-will, conceit, pride, egoism, and other defilements, impurities and problems. It is the source of all the troubles in the world, from personal conflicts to wars between nations. In short, to this false view can be traced all the evil in the world."[582]

In der gewöhnlichen Wahrnehmung ergreift sich der Mensch als unabhängiges und eigenständiges Wesen, obwohl er faktisch in einer Welt lebt, in der alles nur in Beziehung zu anderen existiert. Dies kann er nur tun, indem er sich *gegen* andere verteidigt. Dieser „dualistische Bewußtseinszustand betont die Trennung von der Welt und es ist dieses Gefühl der Trennung, das als der eigentliche Grund sowohl für das Böse als auch des Leidens gesehen wird".[583]

"Rather than speaking of 'evil', the Buddhist speaks of 'suffering'. Suffering is the result of ignorance, and ignorance is the result of delusion, namely, the sense of separation, individualization without a sense of the whole of things. The result is one's alienation from the world and from the cosmos, and eventually from other people as well, and finally from oneself. Evil is separation, willful aggression, selfish separation, painful isolation. 'Someone who manipulates the world merely for his own advantage increasingly dualizes himself from it. Those who live in this way cannot help expecting the same from others, leading to a life, based on the fear and the need to control situations.'"[584]

Die Illusion eines eigenständigen, unabhängigen Egos beruht auf einer *Unwissenheit*. Es wurde schon im letzten Kapitel deutlich, daß die gewohnheitsmäßige Wechselbeziehung von subjektiver Wahrnehmung und objektiven Dingen ein Ort des Nichts für das gewöhnliche Bewußtsein darstellt. Letzteres ergreift sich *in* Gewohnheiten subjektiv als Entität, durch-

---

[582] W. Rahula zitiert in M. Abe Masao, Zen and Comparative Studies, aaO., S. 149.
[583] R.E. Carter, Encounter with Enlightenment, aaO., S. 27.
[584] R.E. Carter, Encounter with Enlightenment, aaO., S. 29-30. Carter zitiert hier R. Loy.

schaut sie aber nicht als eigene, die kreativ gestaltet bzw. verändert werden können. Hier liegt ein ähnliche Unwissenheit vor. Diese ist allerdings nicht mehr rein individuell, sondern vielmehr *sozial*. Die Vielen ergreifen sich in der Welt als je eigenständige Egos und grenzen sich so gegeneinander ab. Jeder drängt jeden in eine scheinbar objektiv gegebene Außenwelt ab, die die eigene Innerlichkeit bedroht. Die Vielen erkennen in diesem Prozeß nicht, daß ihnen allen die gleiche Welt zugrunde liegt, in der sie stets schon wechselseitig aufeinander bezogen sind, *bevor* sie sich als Egos ergreifen. Sie durchschauen nicht, daß sie sich in einem Handlungsfeld ergreifen, das *allen gemein* ist. Die Welt verbleibt so ein Ort des Nichts, der nicht als ein wechselseitiges Gestaltungsgeschehen bewußt wird, an dem man aktiv teilnimmt. Sie bleibt in einem „alles bergenden Nichtbewußtsein"[585], in einem Nicht-Wissen[586] verborgen. Man kann dies auch so formulieren, daß die Welt eine *unbewußte Voraussetzung* des Egos bleibt. Oder genauer: Sie bleibt im unbewußten Teil des Bewußtseins verborgen. Aufgrund dieser Tatsache weist das gewöhnliche Bewußtsein eine eigentümliche Doppelstruktur auf.[587] Zum einen umfaßt es das subjektive Bewußtsein (Ich- oder Ego-Bewußtsein), das dem Einzelnen bewußt ist. In der Feldmetapher gesprochen, nimmt dieses Bewußtsein den Standpunkt einer Feldexistenz ein, von dem aus das Feld unsichtbar ist. Das Feld ist als Voraussetzung des subjektiven Bewußtseins Bestandteil des Bewußtseins, bleibt aber selbst unbewußt. Das gesamte 'Selbst-Bewußtsein' des Menschen umfaßt damit ein Ich-Bewußtsein, das bewußt ist, und einen Teil, der stets unbewußt bleibt. „Das Selbst ist eine vollkommene Persönlichkeit, die niemals vollständig erkannt werden kann, obwohl sie immer präsent ist. (...) Das Selbst als vollkommene Persönlichkeit, besteht aus einem Bewußtsein des Ich oder 'Ego', das sich selbst erkennt, und einem Unbewußten, das unerkannt bleibt."[588]

"The consciousness calls itself 'I', while the 'self' is not 'I' at all. The self is the whole, because the personality – you as the whole – consists of the 'conscious' and

---

[585] K. Nishitani, Vom Wesen der Begegnung, aaO., S. 271.
[586] Sankrit: *avidya*.
[587] Vgl. M. Abe, Zen and Comparative Studies, aaO., S. 149ff. Abe diskutiert hier einen Dialog von S. Hisamatsu und C.G. Jung. Vgl. auch Y. Yuasa, The Body, Toward an Eastern Body-Mind Theory, aaO., S. 60f. Yuasa spricht hier von einem „dual layered consciousness".
[588] M. Abe, Zen and Comparative Studies, aaO., S. 153.

the 'unconscious'. That is the whole or the 'self'. But 'I' know only the consciousness. The 'unconscious' remains unknown to me."[589]

Die Doppelstruktur des Bewußtseins wird zumindest implizit auch in der ökonomischen Theorie als Erklärungsmodell verwendet. Der gewöhnliche Nutzenmaximierer *reagiert* lediglich auf Preise und Anreize des Marktes, ohne begründen zu können, *warum* er dies tut. Er kann auch nicht die wechselseitigen Abhängigkeiten erkennen, in die sein Ich-Bewußtsein eingebettet ist. Sein Handeln folgt vielmehr sozialen Regeln, die er selbst nicht erkennt. Hayek hat ein solches *unbewußtes Regelgehorsam* beschrieben. Das Bewußtsein, so Hayek, bringt nicht primär Regeln hervor, sondern es folgt diesen vielmehr unbewußt. Der Einzelne verfügt über ein Wissen, „das zwar in Form von Regeln beschreibbar ist, das das Individuum jedoch nicht in Worten ausdrücken kann, sondern nur in der Praxis zu befolgen fähig ist. Der Geist bringt nicht so sehr Regeln hervor, sondern besteht vielmehr aus Regeln des Handelns, d.h. aus einem Komplex von Regeln, die er nicht gemacht hat."[590] Nach Hayek gibt es zwei Attribute von Regeln, „die menschliches Handeln leiten und es intelligent erscheinen lassen":

„Das erste dieser Attribute, das die meisten Verhaltensregeln ursprünglich besaßen, ist, daß sie in der Handlung befolgt werden, ohne daß sie der handelnden Person in artikulierter ('verbalisierter' oder expliziter) Form bekannt sind. Sie offenbaren sich in einer Regelmäßigkeit der Handlung, die explizit beschrieben werden kann, aber diese Regelmäßigkeit der Handlung ist nicht das Ergebnis davon, daß die handelnden Personen fähig sind, sie auf diese Weise darzustellen. Das zweite ist, daß solche Regeln auf Dauer deshalb befolgt werden, weil sie der Gruppe, in der sie praktiziert werden, tatsächlich überlegene Stärke verleihen, und nicht, weil dieser Effekt denjenigen bekannt ist, die von ihnen geleitet werden. Obwohl solche Regeln schließlich allgemein akzeptiert werden, weil ihre Befolgung gewisse Folgen hervorbringt, werden sie nicht mit Absicht befolgt, diese Konsequenzen hervorzubringen – Konsequenzen, die die handelnde Person nicht zu kennen braucht."[591]

Hayek führt ökonomisches Handeln auf unbewußte Gewohnheiten ('regelmäßiges Handeln') zurück. Dabei handelt es sich nicht um individuelle Gewohnheiten, sondern um soziale: Alle Menschen befolgen *allgemeine* Verhaltensregeln, die *niemandem* bewußt sind. Sie lernen die Regeln „voneinander ..., obwohl weder diejenigen, die das Beispiel geben, noch

---

[589] C.G. Jung zitiert in M. Abe, Zen and Comparative Studies, aaO., S. 153.
[590] F.A. Hayek, Recht, Ordnung und Freiheit, Band 1, S. 34.
[591] F.A Hayek, Recht, Ordnung und Freiheit, Band 1, aaO., S. 35.

diejenigen, die von ihnen lernen, sich der Existenz der Regeln voll bewußt sein mögen, die sie gleichwohl strikt befolgen"[592]. Regeln bestimmen die Wahrnehmung, ohne selbst je wahrgenommen zu werden. Eine bewußte Wahrnehmung der handlungsbestimmenden Regeln ist demnach unmöglich – von einer aktiven Gestaltung dieser Regeln ganz zu schweigen.

Hayek begründet die Vorgegebenheit sozialer Regeln für das Bewußtsein damit, daß sie sich als *erfolgreich* erwiesen haben. Regeln existieren, „weil sich Handlungen in Übereinstimmung mit ihnen als erfolgreicher erwiesen haben als die der konkurrierenden Individuen oder Gruppen."[593] Hayek entwickelt so eine Art *Evolutionstheorie*, die die Bindung des Einzelnen an Regeln absichern soll; ein Ansatz, der von Becker im Hinblick auf nutzenmaximierendes Verhalten konsequent weiterentwickelt wird. Man kann Becker dahingehend interpretieren, daß er dieses Verhalten nicht mehr den Akteuren selbst zurechnet, sondern sozialen Mechanismen, die unabänderlich im Rücken der Akteure wirken.[594] Diese Mechanismen sollen durch die Evolution entstanden und für den Einzelnen vorgegeben sein.[595] Sie erscheinen ihm als eine *unhinterfragbare* Tatsache. Sie bestimmen, wie er denkt, fühlt und handelt; sie determinieren seinen Willen, ohne selbst bewußt zu sein. Auf diese Weise scheint man eine *funktionale* Erklärung nutzenmaximierenden Handelns gefunden zu haben: Soziale Strukturen, interpretiert als unbewußte Regeln des Handelns, sollen *kausal* Handlungen bedingen. Es sind so "alle Handlungen, und selbst noch jene, die sich als interesselose und zweckfreie, also von der Ökonomie befreite verstehen, als ökonomische, auf die Maximierung materiellen und symbolischen Gewinns ausgerichtete Handlungen" zu verstehen.[596]

Gegen diese Form der funktionalistischen Erklärung, die auf evolutionsbiologischen Funktionen beruht, sind auch innerhalb der Ökonomie Einwände erhoben worden, wobei diese oft dazu führen, den gesamten Ansatz zu verwerfen.[597] In der japanischen Philosophie deutet sich zwischen einer solchen vollständigen Ablehnung einerseits und einer unkritischen Akzep-

---

[592] F.A Hayek, Recht, Ordnung und Freiheit, Band 1, aaO., S. 35-36.
[593] F.A Hayek, Recht, Ordnung und Freiheit, Band 1, aaO., S. 34.
[594] Vgl. F. Reckling, Interpretative Handlungsrationalität, aaO., S. 137f.
[595] Vgl. G.S Becker zitiert in F. Reckling, Interpretative Handlungsrationalität, aaO., S. 137f.
[596] P. Bourdieu zitiert in F. Reckling, Interpretative Handlungsrationalität, aaO., S. 137.
[597] Vgl. für einen Überblick über diese Einwände F. Reckling, Interpretative Handlungsrationalität, aaO., S. 137f.

tanz andererseits ein mittlerer Weg an. Die Struktur des gewöhnlichen Bewußtseins, die sich aus einem bewußten und einem unbewußten Teil zusammensetzt, wird nicht vollständig verneint, sie wird aber auch nicht als universell gültig angesehen. Deutlich wird dies an der buddhistischen Unterscheidung zwischen gewöhnlichem und ursprünglichem Bewußtsein. Der Buddhismus würde mit der Ökonomie darin übereinstimmen, daß das gewöhnliche Bewußtsein soziale Gewohnheiten nicht erkennen kann, weil es sich in diesen stets nur subjektiv als Ego ergreift. Die Gewohnheiten bleiben, obwohl Teil des Selbst, unbewußt. „Das Charakteristikum von Alltäglichkeit ist ein Verschüttetsein des Selbst, besteht in einem Mangel an Selbst-Bewußtsein und insbesondere in einem *Mangel an Selbst-Bewußtsein des eigentlichen Selbst.*"[598] Dieser Mangel läßt sich aber beheben, indem der Mensch zum ursprünglichen Bewußtsein 'erwacht' und so eine vollständige Einsicht in sein eigentliches Selbst erlangt. Er durchbricht die Barrieren der gewöhnlichen Wahrnehmung, indem er die sozialen Gewohnheiten, die zuvor nur als gegebene, unbewußte Voraussetzung seines Denkens und Handelns dienten, als *eigene* erkennt. In diesem Sinne heißt es etwa im Zen: "Das Selbst kann klar erkannt werden."[599] Durch diesen Durchbruch erreicht der Mensch eine Form der Freiheit, die vom Standpunkt der gewöhnlichen Wahrnehmung unmöglich scheint. Denn das Selbst, das die sozialen Handlungsregeln als eigene erkennt, ist durch diese nicht mehr bestimmt, sondern kann vielmehr *selbst* bestimmen, wie es diese Regeln befolgt. Die sozialen Handlungsregeln werden somit zu etwas Geschaffenem, das *bewußt* gestaltet wird. Der Buddhismus würde mit Hayek übereinstimmen, daß die Regeln kein „permanenter oder unveränderlicher Teil der 'menschlichen Natur'" sind, sondern nur beständig sind, „so lange sie noch nicht in Worten artikuliert sind und deshalb auch nicht diskutiert oder bewußt geprüft werden."[600] Hayek setzt allerdings trotz dieses Eingeständnisses stets nur das gewöhnliche Bewußtsein voraus. Deshalb bleiben die Konsequenzen einer solchen Überprüfung *ihm selbst*, dem beobachtenden Wissenschaftler unerklärlich. Genauer: Die unbewußten sozialen Handlungsregeln sind dem Analysten und dem Analysierten unbekannt.[601] Der Buddhismus hingegen eröffnet dem Menschen einen Weg, diese Unkenntnis zu überwinden, indem alle konzeptionellen Barrieren niedergerissen werden, die den Menschen in Unwissenheit und Blindheit

---

[598] I. Kōyama, Das Prinzip der Entsprechung und die Ortlogik, aaO., S. 332, Hervorhebung im Original.
[599] M. Abe, Zen and Comparative Studies, aaO., S. 153.
[600] F.A. Hayek, Recht, Ordnung und Freiheit, Band 1, aaO., S. 36.
[601] Vgl. M. Abe, Zen and Comparative Studies, aaO., S. 157.

gefangen halten.⁶⁰² Dieser Weg muß ungewöhnlich sein. Aber selbst wenn er nur von wenigen beschritten wird, ist er keinesfalls irrational. Genauer: Er führt in einen Ort-worin hin, der 'vor' allen rationalen Überlegungen liegt und der aus Sicht einer Theorie, die den 'Durchschnittsmenschen' als gegeben voraussetzt, nicht erkannt werden kann:

> "The esteeming of the individual fact rather than the universal principle is not mere irrationalism or mysticism, for it does not altogether exclude the rational: it *penetrates the depth of a fact by breaking* through the rational framework. It is beyond both relative rationality and relative factualness, beyond both rationalism and irrationalism."⁶⁰³

Verhaftet im gewöhnlichen Bewußtsein, wissen die Menschen nicht um ihr eigenes, tiefer liegendes Wissen. Deshalb lehnt es der Buddhismus ab, das gewöhnliche Bewußtsein zu einem unhintergehbaren methodischen Prinzip zu erheben. Er versucht vielmehr den Nebel des Egoismus zu lichten⁶⁰⁴ und die Unwissenheit, die in der menschlichen Existenz liegt, zu durchbrechen.⁶⁰⁵

4.8.2 Eine harmonische Begegnung der Menschen

Es soll nun die Bedeutung des ursprünglichen Bewußtseins für die Beziehungen der Menschen diskutiert werden. Im letzten Kapitel wurde der Standpunkt des ursprünglichen Bewußtseins schon im Hinblick auf die Überwindung der Subjekt-Objekt-Spaltung analysiert (3.3.4). Es zeigte sich dort, daß das ursprüngliche Bewußtsein sowohl Subjekt als auch Objekt 'verflüssigt'. Es durchschaut die wechselseitige Abhängigkeit beider im Ort-worin der Gewohnheiten und erkennt so ihre 'Wesenslosigkeit' bzw. 'Leerheit'. Hierdurch wird es frei, sich selbst und die Dinge neu zu sehen und zu gestalten. Dieser Gedanke der 'Verflüssigung' soll hier vertieft und auf die Begegnung von Menschen übertragen werden.

Der Durchbruch zum ursprünglichen Bewußtsein beruht auf der Einsicht, daß das Ich als ein unabhängiges, eigenständiges Wesen nichts anderes als eine *Täuschung* darstellt. Es ist kein Etwas, sondern ein mehr oder weniger

---

[602] Vgl. E. Gallu, Sunyata, Ethics and Interconnectedness, aaO., S. 194.
[603] M. Abe, The Japanese View of Truth, Japanese Religions, 14/3 (1986), S. 2, eigene Hervorhebung.
[604] Vgl. S.H. Stenson, Beyond Science and Technology to Absolute Emptiness, aaO., S. 132.
[605] Vgl. M. Abe, Zen and Comparative Studies, aaO., S. 199.

beständiger *Prozeß* in einer Welt der wechselseitigen Abhängigkeiten. Um eventuellen Mißverständnissen vorzubeugen: Es soll hier nicht die *praktische* Bedeutung des Begriffes 'Ich' angezweifelt werden. Aber hinter ihm verbirgt sich ebensowenig ein wirklich unabhängiges Wesen wie hinter anderen Begriffen. Das 'Ich' existiert nicht an und für sich, sondern ist ein Prozeß, der von anderen Prozessen abhängig ist, die ebenfalls mit Begriffen bezeichnet werden. Tong beschreibt anschaulich, was hiermit gemeint ist, wobei er sich auf das Konzept des Feldes bezieht:

"The denial of things and entities in our ordinary experience may seem at first incomprehensible and extravagant. But what is being denied here must be properly understood. There are of course thing-like or entity-like phenomena like apples, trees and machines, animal bodies, and so on in our everyday experience of ourselves and the world. They present themselves as enduring individuals that sojourn for a while in the world of appearance. The point is that these thing-like phenomena are not themselves things, that is, not the way we ordinarily attribute to them, and certainly not the way substantialist philosophers would make them to be. What the Field-Being thinker denies in the commonsense or prevailing cognition of things is not the phenomena themselves, not even their thing-like or entity-like appearances as such, but the conceptual constructions of rigid identity we habitually attribute to them. What is being denied here ... is not the phenomena themselves but the conceptual attribution to these phenomena. To be more exact, what Field-Being denies is the existence and reality of substantial entities, things or beings that are supposed to be in themselves complete wholes – inert, separate, self-contained, and independent, each endowed with a rigid identity."[606]

„Für gewöhnlich existieren Objekte, in Wirklichkeit aber sind sie leer."[607] Diese Einsicht bedeutet, wenn man sie auf den Menschen überträgt, daß „das Selbst keine absolute, sondern eine relative Entität ist. Sobald wir über das Selbst sprechen, setzen wir schon die Existenz von anderen voraus. Unabhängig von anderen kann es kein Selbst geben und umgekehrt. Selbst und die anderen sind durch und durch relational und wechselseitig voneinander abhängig."[608] Der Mensch ist Aktivität, ein Prozeß, der nur existiert, insofern er sich auf andere Prozesse bezieht. Wer dies erkennt, der ergreift sich nicht mehr in Abgrenzung und fundamentaler Opposition zu anderen, sondern *in* einem Netz wechselseitiger Abhängigkeiten. Er sieht in den wechselseitigen Beziehungen zu anderen nicht mehr eine Be-

---

[606] L.K. Tong, The Art of Appropriation, aaO., S. 18.
[607] M. Abe, Zen and Comparative Studies, aaO., S. 51.
[608] M. Abe, Zen and Comparative Studies, aaO., 210. Vgl. auch D.L. Hall, R.T. Ames, Thinking from the Han, aaO., S. 27.

drohung seines Ego, sondern geht vielmehr „in diesen Beziehungen auf"[609].

Diese erste Einschätzung des Standpunktes des ursprünglichen Bewußtseins ist allerdings noch mit einiger Vorsicht zu betrachten, da sie dazu geeignet ist, Mißverständnisse hervorzurufen. So ist nicht anzunehmen, das Ich würde aufgrund seiner radikalen Entsubjektivierung lediglich zur „'Geisel' des Anderen"[610]. Denn es wird nicht nur das Subjekt (Ich) entsubjektiviert, sondern *zugleich* auch das Objekt (Du) entobjektiviert. Ebenso wie das Ich als ein Prozeß durchschaut wird, der in sich das Du enthält und voraussetzt, so verliert auch das Du seine Absolutheit, die das Ich bedroht bzw. zu einer Geisel macht. Auf diese Weise wird jede Art der Unter- und Überordnung überwunden.[611]

> "Once we awaken to our own no-selfhood, we also awaken to the no-selfhood of everything and everyone in the universe. In other words, we awaken to the fact, that, just like ourselves, nothing in the universe has any fixed, substantial selfhood, even while maintaining relative selfhood. So, on the relative level, all have our own distinctive selfhood; yet, on the absolute level, we have no fixed, substantial selfhood but, rather, equality and solidarity in terms of the realization of no-self. Accordingly, from an absolute standpoint, we can say that, because of the absence of substantial selfhood, I am not I, and you are not you; thereby, I am you and you are me. We are different relatively but equal absolutely, interfusing with one another, even while retaining our distinct identity."[612]

Diese Durchdringung ist nicht so zu verstehen, daß zunächst zwei voneinander unabhängige Entitäten existieren, um dann in Beziehung zueinander zu treten. Sie liegt vielmehr *vor* jeder (rationalen) Unterscheidung oder Trennung von Ich und Du, Subjekt und Objekt, innerer und äußerer Wirklichkeit. „Das Feld wahrer menschlicher Existenz öffnet sich *jenseits* von

---

[609] So wird der japanische Begriff *engi* (wechselseitige Abhängigkeit) auch mit „Aufgehen in Beziehung" übersetzt. Vgl. E. Weinmayr, Denken im Übergang, aaO., S. 55.

[610] Diese Auffassung wird gelegentlich in der Wirtschaftsethik vertreten, um nichtegoistisches Handeln zu beschreiben. Vgl. M Schramm, Spielregeln gestalten sich nicht von selbst, aaO., S. 154. Den Ausdruck „Geisel des Anderen" übernimmt Schramm von E. Lévinas.

[611] Vgl. C.-J.E. Robinson, The Conflict of Science and Religion in Dynamic Sunyata, in: T. Unno (Hrsg.), The Religious Philosophy of Nishitani Keiji, aaO., S. 112.

[612] M. Abe, Zen and Comparative Studies, aaO., S. 210-11. Vgl. für eine ähnliche Überlegung auch K. Nishia, Logik des Ortes, aaO., S. 197f. und K. Nishitani, Vom Wesen der Begegnung, aaO., 268f.

4 Das implizite Weltbild der Ökonomie   *303*

außen und innen."⁶¹³ Die Begegnung von Ich und Du erfolgt nicht als nachträgliche Vereinigung zweier Egos, sondern ist der Ort-worin, aus dem beide *gleichursprünglich* hervorgehen. Hier ist „die Anhänglichkeit an das Selbst als Subjekt verlöscht und deshalb entschwinden auch die anderen als Objekte."⁶¹⁴ Beide sind soweit verflüssigt, daß sie sich wechselseitig beeinflussen, ohne sich gegenseitig zu behindern. Sie sind nicht mehr als Herr die Absoluten, so daß sie sich nicht mehr gegenseitig zu unterwerfen trachten.

Diese 'verflüssigte' Form der Existenz, die im Buddhismus als *Nicht-Selbst* bezeichnet wird, unterscheidet sich sowohl vom Egoisten als auch vom Altruisten. Der Egoist erkennt sich selbst als absolutes und unabhängiges Wesen und ist folglich damit beschäftigt, die Existenz dieses Wesens zu erhalten. Hierfür ordnet er sich andere absolut unter. Das Nicht-Selbst überwindet diese Position, weil es nicht mehr an einen harten Ego-Kern anhaftet, der gegen andere verteidigt werden muß. Der Egoismus wandelt sich in eine Liebe, „die die Entleerung und die Negation des um sich selbst kreisenden Egos sein muß"⁶¹⁵. Eine solche Liebe ist aber nun auch nicht einfach eine altruistische. Zumindest nicht in dem Sinne, daß das Nicht-Selbst sich negiert und den (egoistischen) Belangen eines anderen unterwirft. Die Beziehung zum anderen ist dem Nicht-Selbst keine bloße Pflicht, kein Dienst, der ihm vorgeschrieben ist.⁶¹⁶ Sie wohnt vielmehr der eigenen Existenz inne. Das Nicht-Selbst verwirklicht sich selbst „spontan und wertfrei"⁶¹⁷ *in* Beziehung zu anderen. Der Buddhismus spricht deshalb von einer „simultanen Erlangung von Selbst und anderen"⁶¹⁸; eine Vorstellung, die auf ähnliche Weise im Konfuzianismus formuliert wird:

"We must remember that Confucian distinctions such as 'self/other' are mutually entailing and interdependent correlatives, and are not dualistic in the sense of representing some underlying ontological disparity (...) 'Oneself' is always a 'becoming other', and an 'other' is always 'becoming oneself' (...) Such a model construes the

---

⁶¹³ Nishitani zitiert in S.H. Stenson, Beyond Science and Technology to Absolute Emptiness, aaO., S. 127, eigene Hervorhebung.
⁶¹⁴ E. Gallu, Sunyata, Ethics and Authentic Interconnectedness, aaO., S. 195.
⁶¹⁵ K. Mutō zitiert in S. Odin, The Social Self in Zen and American Pragmatism, aaO., S. 117.
⁶¹⁶ Vgl. E. Gallu, Sunyata, Ethics and Authentic Interconnectedness, aaO., S. 195.
⁶¹⁷ K. Nishida, Logik des Ortes, aaO., S. 201.
⁶¹⁸ Japanisch: *dōjijōdo*. Vgl. M. Abe, Zen and Comparative Studies, aaO., S. 73.

relatedness of individuals to social groupings in such a manner as to enrich and intensify the self-actualizing potential of the individuals."[619]

Ein weiteres mögliches Mißverständnis besteht darin, die 'simultane Erlangung von Selbst und anderen' als eine Nivellierung aller Unterschiede, als bloße Konformität zu deuten. Die Harmonie, die in dieser Erlangung begründet liegt, ist keine „absolute Gleichheit, weil dies die Einzigartigkeit negieren würde"[620]. Vielmehr gilt: „'Sich' und 'Andere' sind, wie wir sagen: Nicht-Eins und Nicht-Zwei."[621] Nicht-Zwei deshalb, weil das ursprüngliche Bewußtsein keine zwei eigenständigen Wesen unterscheidet. Und Nicht-Eins, weil die Menschen dennoch nicht zu einer unterschiedslosen Einheit verschmelzen. Die Einzigartigkeit des Einzelnen liegt vielmehr gerade in seiner Begegnung mit anderen, in seinem einmaligen Platz in der Welt begründet, wie die klassische chinesische Philosophie deutlich macht:

> "'The Chinese believed, by and large, in a unique personal existence, no doubt fortified by the concept of a structure of kinship ascendants and descendants, stretching indefinitely forward into the future, in which the individual occupied his unique place.' This Chinese conception of unique place stands in contrast to the autonomous individuality that attends the isolation of the soul from other souls and from the illusory world of sensual perception. The uniqueness of the Chinese person is immanent and embedded within a ceaseless process of social, cultural and natural changes. (...) The function then, of disciplining ji (self, SG) ... is to take up the appropriate place ... for oneself in relationship to other persons in community."[622]

Das Nicht-Selbst kann seinen einmaligen Platz in der Welt *aktiv* gestalten, weil ihm seine vielfältigen Beziehungen zu anderen *bewußt* sind. Er befolgt Handlungsregeln nicht einfach blind, sondern erfüllt diese auf einzigartige, ja *kreative* Weise mit Leben. Die Welt ist für ihn kein unbewußter Ort des Nichts, in dem er sich in absoluter Gegnerschaft zu anderen ergreift, sondern wie ein Spiel, dessen Spielregeln *und* -züge er gemeinsam mit anderen gestaltet. Die absolute Gegnerschaft der Egos schlägt in diesem Spiel um in eine absolute Harmonie.[623] Eine solche Harmonie beruht nicht auf der blinden Unterwerfung unter ein Gesetz oder einen Mecha-

---

[619] D.L. Hall, R.T. Ames, Thinking from the Han, aaO., S. 27.
[620] Vgl. C.-J.E. Robinson, The Conflict of Science and Religion in Dynamic Sunyata, aaO., S. 112.
[621] K. Nishitani, Vom Wesen der Begegnung, aaO., S. 269. „Nicht-Eins und Nicht-Zwei" ist hier die Übersetzung des japanischen *fuichi funi*.
[622] D.L. Hall, R.T. Ames, Thinking from the Han, aaO., S. 26-27. Die Autoren zitieren hier M. Elvin.
[623] Vgl. K. Nishitani, Vom Wesen der Begegnung, aaO., S. 269.

nismus. Sie impliziert auch keine Vereinigung autonomer Individuen oder eine Aggregation individuellen Glücks. Im Gegenteil: Sie durchbricht alle diese Vorstellungen des gewöhnlichen Bewußtseins. Denn jenseits von Gesetzesgehorsam und Autonomie bedeutet sie ein *Zugleich* von Gemeinschaft und Einzigartigkeit. Dies macht die etymologische Wurzel des Begriffes 'Harmonie' deutlich, die im Kulinarischen liegt:[624]

> "Harmony is the art of combining and blending two more foodstuffs so they come together with mutual benefit and enhancement without losing their separate and particular identities, and yet with the effect of constituting a frictionless whole. An important characteristic of this harmony is the endurance of the particular ingredients and the cosmetic nature of the harmony. It is an order that emerges out of the collaboration of intrinsically related details to embellish the contribution of each one. (...) Important is ... the respect for each of the 'self-awakening' ... ingredients and the need to find a proper balance by acknowledging the parity that obtains among them."[625]

Da die Einsicht in diese Form der Harmonie jenseits dessen liegt, was vom gewöhnlichen Bewußtsein erkannt werden kann, ist sie auch nicht aus Sicht einer Theorie zu beschreiben, die dieses gewöhnliche Bewußtsein voraussetzt. Die hier angesprochene Harmonie existiert *jenseits* einer Logik, die die Menschen zunächst als voneinander unabhängige Wesen postuliert, um sie nachträglich durch einen Mechanismus oder ein Gesetz zu einer Einheit zusammenzufügen. Genauer: Sie ist ein Zustand, in dem die Menschen gar nicht erst als absolut voneinander getrennt erscheinen. Ihre Logik ist deshalb weder die eines Marktes, der auf Verträgen zwischen eigennützigen Individuen beruht, noch eines Staates, dem sich die Menschen aus Furcht voreinander unterwerfen. Sie ist *weder* als 'privat' *noch* als 'öffentlich' im ökonomischen Sinne zu bezeichnen. Es gilt hier, was Weintraub zum Begriff des *public realm* schreibt:

> "The 'public' realm is above all a realm of participatory self-determination, deliberation, and conscious cooperation among equals, *the logic of which is distinct from both civil society and the administrative state*. (...) Attempts to use the public/private distinction as a dichotomous model to capture the overall pattern of so-

---

[624] Ich beziehe mich hier auf das chinesische Zeichen für 'Harmonie', das im Chinesischen *he*, im Japanischen *WA* gesprochen wird.
[625] D.L. Hall, R.T. Ames, Thinking from the Han, aaO., S. 181. Gemeint ist hier natürlich nicht, daß eine Art 'kosmischer Koch' existiert, der die Zutaten zum Vorteil aller zusammenfügt. 'Ordnung' entsteht hier allein durch das Zusammenwirken der Vielen selbst.

cial life in a society ... are always likely to be *inherently misleading*, because the procrustean dualism of their categories will tend to blank out important phenomena."[626]

Ebenso gilt, daß die Wahrnehmung des ursprünglichen Bewußtseins nicht durch eine Theorie erklärt werden kann, die das individuelle Kalkül voraussetzt. Denn dieses Bewußtsein verfügt über keine von der Außenwelt unabhängigen Präferenzen. Präferenzen entstehen vielmehr im bewußten Miteinander der Vielen, so daß das Postulat ihrer Unabhängigkeit nicht aufrecht zu halten ist. Zudem ist die ursprüngliche Wahrnehmung in keiner Weise berechnend. Vielmehr leitet sie ein Handeln an, das „natürlich als ein Ausdruck dessen entspringt, was man wirklich ist – *ohne Berechnung*, ohne irgendeinen Grund, ohne einen Gewinn, einfach als Ausdruck unserer So-heit (*suchness*)."[627]

"One's actions and reactions toward the world are ... imbued with genuiness and compassion; they are free of self-centeredness and are truly other-regarding, *not through rational choice, but via an inherent unifying force of life.*"[628]

Im Gegensatz zur rationalen Wahlhandlung sind die Handlungen des Nicht-Selbst *spontan*. Letzteres akzeptiert keinen Entscheidungsraum als gegeben, sondern gestaltet diesen *situativ* immer wieder neu. Eine solche Spontaneität impliziert – wie im Konfuzianismus deutlich wird – keine vollständige Unabhängigkeit von allen sozialen Gewohnheiten, sondern vielmehr eine soziale Kreativität *innerhalb* bestimmter Beziehungen. Entscheidend ist hier die Bedeutung der Rituale[629]. Rituale beschreiben eine bestimmte Beziehung zwischen Menschen (Vater-Sohn, Frau-Mann etc.). Sie sind in diesem Sinne soziale Gewohnheiten des menschlichen Umgangs, die in einer Gesellschaft über Raum und Zeit erhalten bleiben. Dabei stellen sie aber keine feste oder unverrückbare Handlungsanweisungen dar, die blind befolgt werden. Sie sind vielmehr vage Vorgaben über die Art und Weise, wie Menschen miteinander umgehen. Sie sind in jeder Situation vom Einzelnen *authentisch* mit Leben zu erfüllen:

---

[626] J. Weintraub, The Theory and Politics of the Public/Private Distinction, aaO., S. 14-15, eigene Hervorhebung. Weintraub definiert hier *civil society* als: „a world of self-interested individuals, competition, impersonality, and contractual relationships – centered on the market." Ders., S. 13.
[627] R.E. Carter, Encounter with Enlightenment, aaO., S. 30-31, eigene Hervorhebung.
[628] E. Gallu, Sunyata, Ethics and Authentic Interconnectedness, aaO., S. 193, eigene Hervorhebung.
[629] Chinesisch *li*.

"For the Confucian, the achievement of true selfhood 'is measurable in terms of quality of the relationships that one is able to effect. It is 'ritualizing', taken in its broadest sense, that enables persons to assume roles which define their appropriate relationships with others.' Ritualized sociality serves as ground of shared values and meaning, and allows one to effectively interact with others, and through such activity to further enhance the well-being of the social whole of which one is an esteemed part. *Yet such ritualized practice must be 'personalized' by the agent, and expressed in ways that are unique to him or her, appropriate as to time and place, and transparently expressive of the feelings and concerns of the agent.*"[630]

Ritualisiertes Handeln erfordert im Gegensatz zum einfachen Regelgehorsam, kreativ und spontan zu handeln „inmitten der Anforderungen und den unnachgiebigen Gewohnheiten des Alltags."[631] Es folgt keiner strikten Gesetzmäßigkeit und schon gar keinem von Raum und Zeit unabhängigen Kalkül. Rituale können aus diesem Grunde kein gesetzmäßiges Verhalten garantieren, das sich an einem blinden Durchschnitt oder gegebenen Präferenzen orientiert. Sie garantieren vielmehr die Einzigartigkeit des Einzelnen *in* einer bestimmten Welt. Ritualisiertes Handeln „entspringt spontan als eine Manifestation dessen, was wir geworden sind. Es ist kein Ergebnis eines Festklammerns an einer von außen auferlegten Regel oder an einer Art kasuistischen Kalkulation."[632] Hieraus ergibt sich, daß ritualisiertes Handeln weder berechnet noch prognostiziert werden kann. Es kann aus Sicht einer Theorie, die das gewöhnliche Bewußtsein (implizit) voraussetzt, höchstens negiert werden:

Es ist ein Erlebnisbereich desjenigen, „*der sich seines eigentlichen Selbst bewußt ist*. Er bleibt für denjenigen unverständlich, der nur in der gewöhnlichen Wirklichkeit verharrt. Ein solches Erlebnis kann, eben weil es ein Erlebnis ist, bezüglich der Frage seiner Existenz bzw. Nichtexistenz nicht bewiesen werden. Diejenigen, die sich nur im Feld der alltäglichen Wirklichkeit bewegen, behaupten üblicherweise seine Nichtexistenz."[633]

Das menschliche Miteinander, das im ursprünglichen Bewußtsein gründet, ist für das gewöhnliche Handeln ein *Ort des Nichts*; es ist dessen *implizite Voraussetzung*. Die Harmonie des Miteinanders ist nicht einfach nur eine

---

[630] R.E. Carter, Encounter with Enlightenment, aaO., S. 71-72, eigene Hervorhebung. Carter zitiert hier Hall und Ames.
[631] R.E. Carter, Encounter with Enlightenment, aaO., S. 72.
[632] R.E. Carter, Encounter with Enlightenment, aaO., S. 155.
[633] I. Kōyama, Das Prinzip der Entsprechung und die Ortlogik, aaO., S. 330, Hervorhebung im Original.

Alternative zum egoistischem Handeln, die *neben* diesem existiert, sondern ist vielmehr dessen Grundlage. Hierauf macht insbesondere Watsuji aufmerksam, indem er die Rolle von *Vertrauen* in der Gesellschaft diskutiert.[634]

"Incidentally, ... all human relations involve trust to some extent. [It] is not correct ... that the Gesellschaft-oriented relationship is originally based on distrust. It is certain that it lacks the trust relationship peculiar to Gemeinschaft. But a trust relationship peculiar to Gesellschaft exists. *Otherwise, no business relations could arise.* Therefore, we are allowed to insist that, in any human relationship whatsoever, *makoto* (Aufrichtigkeit, Wahrhaftigkeit, SG) takes place in accordance with each of them."[635]

Watsuji bemerkt, daß ökonomisches Handeln ein Vertrauen voraussetzt, das aus Sicht der gewöhnlichen Wahrnehmung nicht erfaßt werden kann. Vertrauen auf die Ehrlichkeit anderer ist die *Voraussetzung* (individueller) Nutzenmaximierung, nicht aber deren Ergebnis. Denn bei der Bewertung der Wahlalternativen muß man sich auf die Aussagen anderer verlassen können. Wird man etwa über die Eigenschaften eines Tauschgutes getäuscht, so ist die für die Nutzenmaximierung notwendige Erwartungssicherheit nicht gewährleistet.[636] Zudem basiert Vertrauen in vielen Situationen weder auf einem kurzfristigen noch auf einem langfristigen Kalkül, sondern erfolgt vielmehr *spontan*. Es entsteht durch die unmittelbare Einsicht in die wechselseitigen Abhängigkeiten, ohne daß zwischen Ich und Du, Mein und Dein unterschieden würde. Es entsteht in einem Ort-worin, der jeder dualistischen Wahrnehmung von Ich und anderen, individuellen und sozialen Interessen (logisch) vorausgeht. Watsuji geht sogar noch einen Schritt weiter, wenn er darauf hinweist, daß selbst ein Handeln, das gerade darauf angelegt ist, Vertrauen anderer auszunutzen, ursprünglich Vertrauen voraussetzt. Denn wie sollte etwa ein Trittbrettfahrer vom gemeinschaftlichen Handeln anderer profitieren, wenn nicht zunächst ein Vertrauensverhältnis vorausgesetzt ist? „Es ist immer so, daß Aufrichtigkeit in den komplexen und unerschöpflichen Wechselbeziehungen der Handlungen an irgendeinem Ort und zu irgendeinem Anlaß nicht vorhanden ist. Aber wie zahllos diese Orte und Anlässe auch sein mögen, sie können nicht entstehen, wenn in ihrem Grunde nicht dennoch Aufrichtig-

---

[634] Vgl. T. Watsuji, Watsuji Tetsuro's Rinrigaku, aaO., Kapitel 13. Watsuji analysiert in diesem Abschnitt den japanischen Begriff *makoto*, um die Bedeutung von Vertrauen und Zuverlässigkeit in einer Gesellschaft herauszuarbeiten.

[635] T. Watsuji, Watsuji Tetsuro's Rinrigaku, aaO., S. 276, eigene Hervorhebung.

[636] Vgl. H.H. Gossen, Entwicklung des menschlichen Verkehrs, aaO., S. 129.

keit gelebt wird."⁶³⁷ Der ökonomische Ansatz kann zwar erklären, wie ein ursprüngliches Vertrauensverhältnis durch egoistisches Handeln zerstört wird. Er kann aber nicht begründen, warum dieses Verhältnis zunächst existierte. Letzteres verbleibt so eine *implizite* Voraussetzung, die „jeder gängigen Wirtschaftstheorie widerspricht", gleichzeitig aber – wie neue empirische Forschungen zeigen – im wirtschaftlichen Zusammenleben dennoch *praktiziert* wird. Denn in Experimenten zum ökonomischen Handeln verhalten „sich die Teilnehmer völlig konträr zur gängigen Lehrmeinung. (...) 'Die Menschen sind sehr wohl bereit zu vertrauen, auch wenn es riskant ist. Und sie erwidern Vertrauen, auch wenn es Geld kostet.'"⁶³⁸ Es ist so, daß ein solches „Vertrauen zu den Hauptursachen für den wirtschaftlichen Erfolg ... zählt."⁶³⁹ Es ist der Ort-worin egoistischen Handelns, dessen Voraussetzung, nicht aber sein Ergebnis.

Aus japanischer Sicht kann Vertrauen nicht durch einen Regelgehorsam oder einen biologischen Mechanismus erklärt werden.⁶⁴⁰ Vielmehr wird genau umgekehrt argumentiert: Vertrauen im Sinne eines bewußten, spontanen Handelns wird als Voraussetzung von Regeln und deren Veränderungen betrachtet. Die japanische Philosophie sucht nach keiner funktionalistischen Erklärung, die die Einsicht des ursprünglichen Bewußtseins überflüssig macht, sondern betont gerade die Notwendigkeit einer aktiven und spontanen Gestaltung menschlichen Zusammenlebens. Regeln und Gesetze sind für sie lediglich „vorläufige Schritte"⁶⁴¹, die *kreativ* überprüft und *spontan* mit Leben erfüllt werden. Die Gestaltung der Regeln wird so weder einer Logik der Evolution überlassen, noch gilt sie als „Folge des Wirkens sozialer Mächte so unvermeidlich wie Naturgesetze"⁶⁴². Sie wird auch keiner 'individuellen Moral' oder einem 'Individualethos' zugeschrieben. Vielmehr betont die japanische Philosophie, daß die Gestaltung

---

⁶³⁷ T. Watsuji, Watsuji Tetsuro's Rinrigaku, aaO., S. 281.
⁶³⁸ R. Stadler, Mit Sicherheit ein gutes Gefühl, Süddeutsche Magazin vom 9. Juli 2004, S. 6. Stadler zitiert hier K. McCabe, Wirtschaftsprofessor an der George Mason University in Virginia, USA.
⁶³⁹ R. Stadler, Mit Sicherheit ein gutes Gefühl, aaO., S. 5. Stadler beruft sich hier auf Untersuchungen der amerikanischen Ökonomen Paul Zak und Stephen Knack.
⁶⁴⁰ Genau dies strebt McGabe an. Denn er vermutet hinter dem Vertrauen einen biologischen Mechanismus, einen „Drang, der außerhalb unserer Kontrolle liegt." Ders. zitiert in R. Stadler, Mit Sicherheit ein gutes Gefühl, aaO., S. 6-7.
⁶⁴¹ R.E. Carter, Encounter with Enlightenment, aaO., S. 192.
⁶⁴² A. Giddens zitiert in F. Reckling, Interpretative Handlungsrationalität, aaO., S. 141. Giddens wendet sich hier kritisch gegen funktionalistische Erklärungen in der Ökonomie.

des menschlichen Miteinanders von *keinem* Standpunkt aus begründet werden kann, der die gewöhnliche Wahrnehmung voraussetzt. In dieser Ansicht wird sie durch einige Forschungsergebnisse bestätigt: Bestehende soziale Gewohnheiten bzw. Institutionen lassen sich zwar teilweise durch das Kalkül der gewöhnlichen Wahrnehmung erklären, nicht aber deren dynamische Veränderungsprozesse und situative Ausgestaltung. So sind etwa die Entstehung und Bestandssicherung von Demokratien, die Etablierung neuer Sozialordnungen und der Umsturz von Systemen weder aus einem egoistischen Kalkül heraus zu erklären noch durch ökonomische Modelle zu prognostizieren.[643] Und schon ein einfacher Blick auf den Alltag genügt, um zu zeigen, daß Handeln nicht allein durch Anreize gesteuert sein kann. „Denn bei aller Regeldichte moderner demokratischer Gesellschaft stellen gesetzliche Anreize und Sanktionen, vergleicht man sie mit der Vielzahl menschlicher Interaktionen, eher die Ausnahme als die Regel dar."[644] Gerade daß wir in *keinem* totalitären Überwachungsstaat leben, *keiner* Totalregelung unseres Lebens durch festgefügte Gewohnheiten ausgesetzt sind und *dennoch* zusammenleben, weist daraufhin, daß das Miteinander nicht allein in der gewöhnlichen Wahrnehmung gründet, wie es der methodologische Individualismus voraussetzt, sondern in einer Spontaneität und Kreativität, die Regeln nicht voraussetzt, sondern *gestaltet*.

4.8.3 Spontan-bewußtes Handeln und die Bedeutung von Regeln

Die japanische Philosophie strebt keine rationale Erklärung der Regeln des Zusammenlebens an; sie bezeichnet diese aber auch nicht als irrational. Vielmehr weist sie Regeln als Ort-worin gelebter Erfahrung jenseits von Rationalität und Irrationalität auf. Als ein solcher Ort-worin sind Regeln nicht vollständig objektivierbar, sondern stellen gerade umgekehrt die Voraussetzung aller objektiven Betrachtung dar. Die fehlende Objektivität bedeutet nicht, daß die Regeln des Zusammenlebens den Handelnden unbewußt sind, sondern lediglich, daß sie durch keinen außenstehenden Beobachter rational erfaßt werden können. Während also etwa Hayek davon ausgeht, Regeln seien den handelnden Menschen unbewußt, dem wissenschaftlichen Beobachter hingegen bewußt[645], argumentiert die japanische

---

[643] Vgl. F. Reckling, Interpretative Handlungsrationalität, aaO., S. 158 sowie die dort angegebene Literatur.
[644] F. Reckling, Interpretative Handlungsrationalität, aaO., S. 156.
[645] Vgl. erneut F.A. Hayek, Recht, Gesetzgebung und Freiheit, Band 1, aaO., S. 35. Hayek geht hier davon aus, daß Verhaltensregeln „explizit beschrieben werden können", die handelnden Personen selber aber unfähig sind, „sie auf diese Weise darzustellen."

Philosophie genau entgegengesetzt: Im ursprünglichen Bewußtsein sind die Regeln (im Sinne der Rituale) dem Handelnden bewußt. Sie werden deshalb nicht einfach strikt befolgt, sondern spontan und situativ gestaltet. Das Handeln unterliegt somit keiner starren Gesetzmäßigkeit; es ist für eine außenstehenden Beobachter höchstens *ex post* beschreibbar, nicht aber kausal erklärbar. Es deutet sich hier ein alternatives Handlungsverständnis jenseits beider Alternativen an, die in der Ökonomie diskutiert werden. Zum einen lehnt es die japanische Philosophie ab, „daß wir als Individuen uns Kräften beugen und Grundsätzen gehorchen, die wir nicht hoffen können, völlig zu verstehen, von denen aber der Fortschritt und sogar die Erhaltung der Zivilisation abhängt"[646]. Zum anderen verneint sie aber auch den Gedanken einer bewußten Kontrolle und Steuerung des gesamten Handlungsgeschehens, in dem Anspruch, „daß die bewußte individuelle Vernunft alle Ziele und alle Kenntnis der 'Gesellschaft' oder der 'Menschheit' fassen kann"[647]. Es geht ihr weder um den Nachweis eines spontanen, unbewußten Handelns, noch um den eines bewußten, planmäßigen Handelns. Vielmehr betont sie die Bedeutung eines *spontanen zugleich bewußten* Handelns.

Da ein solches Handlungsverständnis aus Sicht der Ökonomie ungewöhnlich ist, möchte ich es hier kurz dem ökonomischen Handlungsverständnis vergleichend gegenüberstellen, wobei ich besonders auf die unterschiedliche Bedeutung der Regeln abziele. Die Ökonomie fordert oft einen „festen und unbedingten Gehorsam"[648] gegenüber den Regeln des Handelns. Dies gilt unabhängig davon, ob der Gehorsam als eine moralische Verpflichtung oder eine 'Naturgesetzlichkeit' menschlichen Handelns aufgefaßt wird. Als ein Beispiel läßt sich hier Smith anführen, der im hartnäckigen Regelgehorsam eine lobenswerte Eigenschaft sieht:

> Es „ist gerade derjenige, der am wenigstens klügelt und sich vielmehr mit der hartnäckigsten Festigkeit an die allgemeinen Regeln selbst hält, der lobenswerteste und der zuverlässigste. Mag auch der Zweck der Regel der Gerechtigkeit der sein, uns von einer Schädigung unseres Nachbarn abzuhalten, so kann es doch häufig sogar dann ein Verbrechen sein, diese Regeln zu verletzen, wenn wir selbst mit einem gewissen Anschein von Berechtigung vorgeben könnten, dass die Verletzung der Regel in diesem besonderen Fall keinen Schaden tun könne. Ein Mann wird oft in

---

[646] F. A. Hayek, Mißbrauch und Verfall der Vernunft, aaO., S. 127.
[647] F. A. Hayek, Mißbrauch und Verfall der Vernunft, aaO., S. 127.
[648] A. Smith, Theorie der ethischen Gefühle, aaO., S. 267. Smith bezieht sich hier nur auf die 'Regeln der Gerechtigkeit'.

dem Augenblick ein Schurke, in dem er anfängt – sei es auch nur in seinem Herzen – sich auf derartige Spitzfindigkeiten einzulassen."[649]

Von besonderer Bedeutung ist hier das Verhältnis von striktem Regelgehorsam und spontanem Handeln; ein Verhältnis, daß besonders klar in der Wirtschaftsethik hinsichtlich der Frage herausgearbeitet wird, ob spontane Hilfe sinnvoll ist, oder man sich selbst in Notsituationen strikt an vorgegebene Regeln zu halten hat. Homann macht unmißverständlich deutlich, das letzteres der Fall zu sein hat. Spontane Hilfe ist für ihn eine „'tödliche Hilfe'", spontanes Mitgefühl gegenüber dem Nächsten *unsittlich*: „Das Verhalten des Hl. Martin würde die Armutsprobleme in den Entwicklungsländern nur verschärfen und wäre insofern unsittlich, vielleicht sogar ein Verbrechen."[650] Spontane Hilfe für die Ärmsten der Armen ist zu unterdrücken, da sie ineffizient ist: „Wir dürfen die Intention, angesichts verhungernder Kinder den Ärmsten der Armen durch 'spontane' Hilfe ohne Auflagen zu helfen, eben nicht stattgeben, weil solches Verhalten die Probleme nicht nur nicht löst, sondern verschärft."[651] Dem anderen ist am besten dadurch zu helfen, daß man sich an feste Handlungsregeln hält, die von *außen* (etwa durch den Staat) vorgegeben werden. Mehr noch: Hilfe ist zumeist von vornherein Institutionen zu überlassen, die diese effizient abwickeln. Keinesfalls darf spontane Hilfe allgemeinen Handlungsregeln widersprechen. Sie ist nur dann ausnahmsweise gefragt, wenn solche Handlungsregeln (noch) nicht existieren. Man darf sich nur „ganz am Ende, in aktuellen Katastrophenfällen vielleicht, auch auf 'spontane Hilfe'"[652] verlassen. Sie ist lediglich eine *Lückenbüßerin*, wenn kein Anreizsystem existiert, das Hilfe per Gesetz durch Belohnung und Bestrafung steuert. Nur solange „Sanktionierung prohibitiv hohe Kosten verursachen würde (...), solange Lücken in der gesellschaftlichen Rahmenordnung, unzulängliche Sanktionierungsmechanismen oder gar ihr komplettes Fehlen zu beklagen sind, muß individuelle Moral bei gesamtgesellschaftlich unerwünschten Problemlagen als Lückenbüßerin eintreten"[653], allerdings auch nur „um die Entwicklung zu einer angemesseneren Ausgestaltung der Rahmenregeln" anzustoßen.[654] Die Bedeutung spontanen Handelns wird so als äußerst gering eingeschätzt; eine Beobachtung, die auch Mill macht:

---

[649] A. Smith, Theorie der ethischen Gefühle, aaO., S. 267.
[650] K. Homann, Anreize und Moral, Gesellschaftstheorie – Ethik – Anwendungen, Münster 2003, S. 21.
[651] K. Homann, Anreize und Moral, aaO., S. 20.
[652] K. Homann, Anreize und Moral, aaO., S. 21.
[653] M. Schramm, Spielregeln gestalten sich nicht von selbst, aaO., S. 160-61.
[654] M. Schramm, Spielregeln gestalten sich nicht von selbst, aaO., S. 161.

"Individual spontaneity is hardly recognised by the common modes of thinking as having any instrinsic worth, or deserving any regard of its own account. (...) Spontaneity forms no part of the ideal of the majority of moral and social reformers, but is rather looked on with jealousy, as a troublesome and perhaps rebellious obstruction to the general acceptance of what these reformers, in their own judgment, think would be best for mankind."[655]

Eine solche Bedeutung von Hilfe lehnt die japanische Philosophie ab. Denn für sie ist Hilfe für den anderen nicht etwas, das von *außen* an den Menschen herangetragen wird und dem er sich passiv gegenüber zu verhalten hat. Hilfe gilt vielmehr als *Mitgefühl*, als *aktive* Tat, die aus dem Ursprung des eigenen Selbst heraus gestaltet wird. Sie ist ein *situatives* Handeln, das weder kalkuliert noch sich allgemeinen Handlungsregeln unterwirft. Diese Position wird insbesondere bei Hisamatsu deutlich, wenn er die Bedeutung von Barmherzigkeit diskutiert:

> Die „'Barmherzigkeit kann ... in ihrer eigentlichen Existenzweise keine Barmherzigkeit sein, die wir von anderswoher empfangen. Sie ist also kein Bloß-passiv-vom-Jenseits-her-von-uns-Empfangenes. Sie muß durchaus von uns selbst verwirklicht werden: nicht als eine vom Ganz-Anderen her auf uns gewirkte, sondern als eine von uns selbst aus zu wirkende Tat. (...) Im Buddhismus ... ist die vom anderen (vom Gesetz, SG) ausgehende Barmherzigkeit nicht etwas Absolutes, demgegenüber wir bis zum Ende nur passiv bleiben müßten, sondern eine Hilfe dafür, daß wir zu unserer eigensten Seinsweise erwachen können. Es ist also keineswegs etwas, in dem wir beharren dürfen. Kurz, in der Barmherzigkeit ganz aktiv zu werden und in ihr nicht bloß passiv zu bleiben, das ist die ursprünglich wesentliche Seinsweise des Buddhismus."[656]

Man hilft nicht, indem man erst auf das Gesetz blickt und sich dann seinem Mitmenschen zuwendet. Das Gesetz ist niemals das Endgültige, das unser Handeln gegenüber unserem Nächsten determiniert.[657] Es kann nicht als das Ganz-Andere von außen die Beziehung zwischen Menschen regeln, sondern muß vielmehr in jeder Situation neu interpretiert und gestaltet werden. Es ist selbst *Geschaffenes*, ist also nicht einfach vorgegeben, sondern vielmehr *vorläufig*. Gesetze und Regeln sind lediglich grobe 'Dau-

---

[655] J.S. Mill, Utilitarianism, On Liberty, and Considerations on Representative Government, aaO., S. 115.
[656] S. Hisamatsu, Philosophie des Erwachens, Satori und Atheismus, Zürich-München 1990, S. 98-99.
[657] Vgl. S. Hisamatsu, Philosophie des Erwachens, aaO., S. 62.

menregeln', die spontanes Handeln nicht ersetzen, sondern nur als Orientierungspunkte dienen. Ihnen ist deshalb nicht einfach blind zu gehorchen.

Handlungsregeln, so die japanische Überzeugung, sollen kein äußerer Zwang sein.[658] Sie müssen vielmehr zu einem spontanen, 'natürlichen' Ausdruck des Einzelnen *in* der Welt werden.[659] Suzuki Daisetsu macht am Beispiel des Zen deutlich, was hier gemeint ist:

> „Wo Zwang herrscht, ist der Mensch ein Sträfling, kein freies Wesen mehr. Er lebt nicht mehr, wie er leben sollte, er leidet unter der Tyrannei der Verhältnisse; er fühlt sich gefesselt und verliert seine Unabhängigkeit. Zen bemüht sich, des Menschen Lebendigkeit, angeborene Freiheit und vor allem die Ganzheit seines Wesens zu erhalten. Mit anderen Worten, Zen will das Leben von innen her leben. Nicht an Regeln gebunden sein, sondern jedem einzelnen seine Regeln schaffen."[660]

Die Regelbefolgung ist hier nicht einfach als eine subjektive zu verstehen, die einer objektiven Regel gegenübersteht. Regeln (im Sinne der Rituale) werden vielmehr *orthaft* verstanden: Sie sind der *Ort-worin*, in dem Handlungen bestimmt werden, ohne selbst objektiv bestimmbar zu sein. Sie sind wie ein offener Raum, der eine Vielzahl von Handlungen gewährt und gleichzeitig durch diese Handlungen selbst weiterentwickelt und gestaltet wird. Während das gewöhnliche Bewußtsein diesen Raum zerteilt und sich als ein subjektives Ego ergreift, das sich einer objektiven Regel unterwirft, versteht sich das ursprüngliche Bewußtsein als ein Schaffenzugleich-Geschaffenes, das Regeln aktiv gestaltet und zugleich von diesen gestaltet wird.

Der orthafte Charakter der Regeln betont die Notwendigkeit spontanen Handelns. „Eine ethische Theorie soll nie legalistisch sein, reduziert auf ein starres Programm von Regeln und Regulierungen. Sie muß vielmehr kontextabhängig und flexibel sein."[661] Der entscheidende Grund für eine solche Haltung liegt darin, die Welt nicht als durch ein allgemeines Gesetz beherrscht anzusehen. Da die Welt sich beständig verändert, kann es keinen ultimativen Standpunkt geben, der einem sagen könnte, wie Barmherzigkeit – oder ein anderes Handeln gegenüber Mitmenschen – in *jeder* Si-

---

[658] Vgl. D.A. Fox, Zen and Ethics, Dōgen's Synthesis, Philosophy East and West, 21/1 (Januar 1971), S. 37, eigene Hervohebung.
[659] Vgl. R.E. Carter, Encounter with Enlightenment, aaO., S. 176f.
[660] D.T. Suzuki, Die große Befreiung, Einführung in den Zen Buddhismus, Frankfurt/Main 1980, S. 64.
[661] D.A. Fox, Zen and Ethics, aaO., S. 39.

tuation auszusehen hat. Selbst wenn die Befolgung allgemeiner Handlungsregeln im 'Durchschnitt' richtig sein mag, so garantiert sie nicht, daß man *situativ* richtig handelt. Mehr noch: Die Unterdrückung spontanen Handelns zugunsten starrer Handlungsregeln *zerstört* die Fähigkeit, einzigartig und unmittelbar in einer Situation zu handeln:

> "A 'heartfelt' gesture is also a 'mindful' and a spontaneous act. It arises naturally and spontaneously from the depths of one's self, from deeper than one's surface will; it is not mere acting but an authentic expression of one's whole person as 'knower', 'feeler,' and 'willer'. Such acts are not acts of calculation, not because they are mindless – for indeed they are allegedly mind-full – but because calculation implies being at an objective remove from the situation. Acts of calculation are more like running down the list of debits and credits on a cluttered sheet in order to decipher what would be best in this case. Calculation can result in ignoring or setting aside of one's feelings and one's sense of how to act in this circumstance here and now. Instead an abstract principle or law is applied to an instance that is rarely ever exactly like what the law envisioned or what is set out in the manual as a test case."[662]

Es besteht die Gefahr, daß ein starres Regelgehorsam sich vom Mittel zum Selbstzweck verwandelt und auch dann noch eingefordert wird, wenn es seinen ursprünglichen Zweck, das friedliche Zusammenleben der Menschen zu sichern, verfehlt. Es kann so durch den egoistischen Willen einiger *instrumentalisiert* werden. Wenn alle Menschen sich blind Regeln unterwerfen und diese nicht als einen Ort-worin erkennen, den sie selbst gestalten, dann werden sie eine solche Instrumentalisierung weder durchschauen noch sich aus spontanem Mitgefühl heraus *aktiv* widersetzen. Zudem unterstützt das starre Regelgehorsam die gewöhnliche Sichtweise der Menschen und läßt sie auf ihr eigenes Ego beharren. Es droht so das Leiden und Irren der Menschen und damit die Disharmonie unter ihnen eher zu vergrößern als auszurotten.

> „Um das Leiden und Irren zu überwinden, sind verschiedene Theorien und Ideologien erdacht und mannigfaltige Gesetze aufgerichtet worden – z.B. das Gesetz des Staates, das sittliche Gesetz, das Gesetz Gottes. Solange aber die Wurzel der Selbstanhänglichkeit mit Hilfe solcher Gesetze nicht ausgerottet werden kann, erscheint sie in verborgener Weise wieder hinter dem Gesetz. Man ist stolz auf sein Land, auf seine eigene Sittlichkeit und auf den geglaubten Buddha und Gott. Dies ist die Anhänglichkeit ans Gesetz, die nichts anderes ist als potenzierte Selbstanhänglichkeit. Ebenso stets es mit den verschiedenen Ideologien. – Böse ist nicht ei-

---

[662] R.E. Carter, Encounter with Enlightenment, aaO., S. 21.

gentlich das Gesetz, sondern jene Seinsart des Menschen, die auf dem als Sein gesetzten Allgemeinen ... insistieren will. (...) Jedes Gesetz wird, falls wir darin befangen und daran hängen bleiben, zum 'liegenden Schnee' , der die Anhänglichkeit selbst verdeckt."[663]

„Gerechtigkeit, wenn ihre letzte Schlußfolgerung bedacht wird, führt oft zu Bestrafung, Konflikt und Rachsucht", während die Weisheit des ursprünglichen Bewußtseins zu „Versöhnung, Harmonie und Frieden" beiträgt.[664] Deshalb betont die japanische Philosophie die Notwendigkeit, Kalkül und unbewußten Regelgehorsam zu durchbrechen und sich dem Ort-worin bewußt zu werden, in dem die Regeln gestaltet werden. Selbst „die Formen der Anhänglichkeit, die das Göttliche oder Heilige als etwas Substantielles, aus sich selbst heraus Existierendes, Ewiges und Unwandelbares verabsolutieren, müssen überwunden werden".[665]

In dieser von der japanischen Philosophie geforderten Überwindung scheint allerdings ein Problem zu liegen. Denn wenn Handlungsgesetze selbst zum Gegenstand der bewußten Reflexion und damit zu einem Schaffen-zugleich-Geschaffenen werden, das von Moment zu Moment seine Gestalt verändert, dann können Handlungsresultate weder gesteuert noch geplant werden. Die Welt scheint so dazu verdammt, in einem *Chaos* zu versinken, in dem keine Handlung nach einem objektiven, allgemeinen Maßstab zu beurteilen ist. Aber „warum sollte man wünschen, daß aus Chaos Ordnung entsteht?"[666] Der Wunsch ist selbstverständlich, wenn man das Chaos als *leidvollen* Zustand und somit negativ deutet. Wenn man etwa wie Hobbes den Begriff des Chaos mit dem Leid der Religionskriege verbindet[667], dann erscheint der Wunsch nach sicherem Wissen und festen Gesetzen zur Beherrschung menschlicher Handlungen durchaus berechtigt. Implizit vorausgesetzt ist hier allerdings schon immer der Egoismus, der die Menschen entzweit und in Leid und Verwirrung stürzt. Dem hingegen wird in der ostasiatischen Philosophie im allgemeinen der Begriff des Chaos gerade von dem leidvollen Zustand der Menschheit *entkoppelt*. Er bezeichnet einen Zustand der Welt, der frei von allen Bestrebungen ist, etwas oder jemanden als ein eigenständiges Wesen zu ergreifen. 'Chaos' ist damit frei von allem Leid, das durch Anhaftungen an Ego und Gesetz ent-

---

[663] K. Nishitani, Vom Wesen der Begegnung, aaO., S. 271.
[664] M. Abe, Zen and Comparative Studies, aaO., S. 214. Für den Begriff Weisheit verwendet Abe hier *prajna* (sanskrit).
[665] M. Abe, Zen and Comparative Studies, aaO., S. 199.
[666] D.L. Hall, R.T. Ames, Thinking from the Han, aaO., S. 66.
[667] Vgl. J. Wieland, Ökonomische Organisation, Allokation und Status, aaO., S. 49f.

4 Das implizite Weltbild der Ökonomie

steht. Es bezeichnet einfach das 'So-sein' der Welt als eine „nicht kohärente (*noncoherent*) Summe aller Ordnungen", als ein „nicht determiniertes Element, das Neuheit und Einzigartigkeit garantiert"[668]. Die Welt zeigt sich in dem Sinne chaotisch,

> that it "actually exists as a shifting set of ways of being, a myriad set of overlapping worlds, a chaos of thises and thats, a multifarious congeries of orders. Chaos, *hundun*, understood as the totality of all orders, names the way of things."[669]

Ein solches Chaos wird in der ostasiatischen Philosophie nicht negativ bewertet. Als negativ gilt hingegen die Täuschung, man könnte dieses Chaos durch einen unbedingten Regelgehorsam bewußt oder unbewußt in eine bestimmte starre Ordnung pressen. Das Problem wird nicht im beständigen Wandel in einer Welt der wechselseitigen Abhängigkeit gesehen, sondern im Versuch, diesen Wandel zu *formen* und ihn für die eigenen Ideale zu manipulieren. Es liegt im gewöhnlichen Bewußtsein, das den Wandel der Welt notfalls gewaltsam verhindern will. Hieran wird deutlich, daß die Plan- und Beherrschbarkeit von Handeln und Welt weder als notwendig erachtet wird noch als erstrebenswert gilt. Sie wird vielmehr selbst als ein Übel betrachtet.

Insbesondere die japanische Philosophie forscht nach keinen Regeln oder Gesetzen, die die Welt ordnen. Indem sie die Bedeutung des ursprünglichen Bewußtseins betont, beschreibt sie vielmehr einen Zustand, in dem diese *überflüssig* werden. Dies bedeutet natürlich nicht, daß Regeln oder Gesetze grundsätzlich abgelehnt werden. Denn schließlich erkennt auch die japanische Philosophie, wie viele Menschen im gewöhnlichen Bewußtsein verhaftet sind und sich in Abwesenheit von Gesetzen gegenseitig verletzen oder gar vernichten. Allerdings werden selbst in solchen Konfliktfällen soziale Sanktionen und informelle Absprachen, die situativ und variabel dem Kontext angepaßt sind, allgemeingültigen Gesetzen vorgezogen. Diese Einstellung wird auch im gesellschaftlichen Leben Japans deutlich. Denn hier wird es nicht als Aufgabe des Staates gesehen, „gesichtlose Gesetze in gesichtsloser Weise durchzusetzen"[670]. Vielmehr ist zu beobachten, daß die Regeln menschlichen Zusammenlebens selbst im modernen Japan jeden Bezug auf eine abstrakten, äußeren Handlungsmaßstab vermissen lassen:

---

[668] D.L. Hall, R.T. Ames, Thinking from the Han, aaO., S. 66.
[669] D.L. Hall, R.T. Ames, Thinking from the Han, aaO., S. 71.
[670] R.E. Carter, Encounter with Enlightenment, aaO., S. 186.

"Law was not seen as representing some higher or transcendent vision; accordingly it did not acquire any institutional and symbolic autonomy. The main role of law was the upholding of the contexts and bases of social life and the restoration of whatever social harmony might have been destroyed by contention, conflict or criminal behavior. Law was embedded, both institutionally and symbolically, in the basic premises of the community or nation, or of the numerous social contexts of different sectors of Japanese society. It exhibited ... the major characteristics of ... [an] 'authority without power'. It is this basic conception of law that seems to have persisted, despite all the great changes in the organization of law that have taken place, especially in the modern period."[671]

In der Ökonomie werden Handlungsgesetze als *dauerhaft* angesehen, seien sie natürlichen, göttlichen oder staatlichen Ursprungs. Sie gelten als *unersetzliche* Garanten eines friedlichen Lebens, weshalb der unbedingte Gehorsam ihnen gegenüber oft zur (moralischen) Pflicht erhoben wird. Denn da der Egoismus lediglich unterdrückt, nicht aber aufgehoben werden kann, droht bei ihrer Abschaffung der Kampf aller gegen alle erneut aufzubrechen. Die japanische Philosophie betrachtet die Gesetze hingegen als Wegweiser. Sie werden im Miteinander *erprobt und gelernt* und gehören zumindest von Zeit zu Zeit bewußt *überprüft*. Letztlich sind sie nichts weiter als eine Hilfestellung hin zur ursprünglichen Erkenntnis. Sie sollen dem Menschen helfen, die gewöhnliche Sichtweise zu durchbrechen, um sich aus *Einsicht* seinem Nächsten spontan und kreativ zuzuwenden. Regeln und Gesetze sollen dem Menschen helfen, die harte Schale seines Egos aufzubrechen, wie eine Henne dem Küken hilft, sich aus seiner Eischale zu befreien:

> Es ist, „wie man es von alters her mit dem Vers ausdrückt: 'Zugleich von innen zustoßen und von außen anpicken.' (sotsutaka-dōji). Dabei bedeutet das 'zustoßen', daß das Küken das Ei von innen her aufpickt und zerstört, während das 'anpicken' meint, daß die Henne dasselbe Ei von außen her anpickt. Da zerbricht plötzlich das Ei durch die gleichzeitige Zusammenwirkung der beiden. (...) Dann erschafft weder die Henne das ganze Dasein des Kükens, wenn sie es anpickt, noch verschmilzt das Küken mit der Henne, wenn es die Schale durchbricht. Das Küken tritt als solches mit seinem eigenen, ganz selbständigen Sein hervor, indem es die Schale von innen her zerstört. Also gibt es doch im Küken ein ursprüngliches Selbstsein, so daß die Henne nur noch eine Hilfe dafür ist, daß sich das Sein des Küken als solches durchsetzt. (...) Das, was die Schale zerbrochen hat und herausgetreten ist, stellt das Eigentliche und Ursprüngliche dar. Wenn es einmal herausgetreten ist, wirkt es von

---

[671] S.N. Eisenstadt, Japanese Civilization, A Comparative View, Chicago-London 1996, S.126-27.

4 Das implizite Weltbild der Ökonomie *319*

sich selbst aus völlig frei. Da gibt es nichts mehr, wovon man sagen könnte, daß es von der Henne abhängig oder ihr zugehörig ist. Es wirkt dann ganz frei, von sich selbst aus, nach seinem eigenen Gesetz."[672]

Ist die Hilfe des Gesetzes erfolgreich, so verschwinden *beide*, Ego und (äußeres) Gesetz, *zugleich*: „'Die gefrorene Fixiertheit der Wahrheit und Gleichheit wird mit einem Schlage zerbrochen und die Eisschicht ... geschmolzen.' Gemeint ist die Überwindung von ... Anhänglichkeiten .. ans Ich *und* ... ans Gesetz."[673] Das Handeln ist nicht mehr durch Gesetze determiniert. Es ist eher *kreativ* wie die Bewegungen eines Tänzers, der die einzelnen Schritte perfekt beherrscht, ohne durch diese gebunden zu sein. Gesetze sind also nicht dauerhaft unentbehrlich, sie sollen vielmehr dem Menschen helfen, einen Zustand zu erlangen, in dem sie selbst *überflüssig* werden.

"If one has had the nondual experience of interconnectedness, then one spontaneously and effortlessly flows with the whole of things of which he or she is now fixedly *conscious*. (...) One can simply live and act in accordance with things such that one respects them as being of the same worth and of the same stuff as one's own self, and one's own beloved, and one's own family, and it might never arise therefore, that you would wish to harm or destroy another. It is no longer a matter of refraining from harming others, for there is no reason not to be inclined to maintain the whole. *No law is needed to protect others*, for one *is* others, and to become willful about it by trying to get clear about when and when not to do something will only *destroy this original spontaneity and lead to a contrived series of regulations which will never be detailed enough to handle all possible circumstances and situations in a constantly changing world such as ours.*"[674]

Vielleicht vertritt die japanische Philosophie eine vollkommen unrealistische Ansicht, wenn sie Gesetze als entbehrlich betrachtet. Ihr positives Menschenbild, das die Einsichtsfähigkeit der Menschen betont, mag naiv scheinen. Gegen diesen Vorwurf ist einzuwenden, daß die Mensch nicht als tatsächlich frei von egoistischen Begierden betrachtet werden. Es wird lediglich eine Art 'Wenn-Dann-Regel' aufgestellt[675]: *Wenn* die Menschen den Durchbruch durch ihre egoistischen Begierden, durch das Kalkül schaffen, *dann* wird ein friedliches Zusammenleben der Menschen möglich. Eine Möglichkeit, die von jedem Menschen im Hier und Jetzt prak-

---

[672] S. Hisamatsu, Philosophie des Erwachens, aaO., S. 96-97.
[673] K. Nishitani, Vom Wesen der Begegnung, aaO., S. 272, eigene Hervorhebung.
[674] R.E. Carter, Encounter with Enlightenment, aaO., S. 30, eigene Hervorhebung.
[675] Vgl. zum Begriff K.-H. Brodbeck, Buddhistische Wirtschaftsethik, aaO., S. 128.

tisch *gelebt* und *erfahren* werden kann. Demgegenüber stellt die Plan- und Steuerbarkeit egoistischen Handelns für die japanische Philosophie lediglich eine abstrakte, *theoretische* Lösung dar, die niemals, auch nicht in ferner Zukunft, zu einem friedlichen Zusammenleben führen wird. Sie wird deswegen selbst zu einer *grundlegenden Illusion* erklärt, die immer nur in neuen Enttäuschungen und neuem Leid endet, solange man an ihr festhält.

4.9 Die Beziehung der ökonomischen Welt zu anderen Welten

Auch wenn mit bewußtem zugleich spontanem Handeln eine Alternative zu Egoismus und Regelgehorsam aufgewiesen ist, so bleibt diese Alternative dennoch in einer Hinsicht problematisch. Denn kann nicht strenggenommen nur in kleinen, überschaubaren Gruppen bewußt und zugleich spontan gehandelt werden, nicht aber in einer *global* vernetzten Welt, in der Menschen voneinander abhängig sind, die sich persönlich nicht kennen? In der ökonomischen Theorie wird durchaus die Möglichkeit nichtegoistischen Handelns gesehen, etwa „wenn sehr starke emotionale Bindungen zwischen den Akteuren bestehen, also z.B. innerhalb einer Familie."[676] Aber angesichts des gewaltigen Netzes anonymer Abhängigkeiten scheinen solche 'Face-to-Face-Beziehungen' bedeutungslos.

Demgegenüber betont die ostasiatische Philosophie traditionell die Bedeutung von kleinen Gruppen oder Gemeinschaften für das harmonische Zusammenleben der Menschen. In ihnen wird die Möglichkeit gesehen, wechselseitige Beziehungen bewußt und einzigartig zu gestalten. Deutlich wird dies etwa im Taoismus, der im einfachen Leben eines kleinen Landes ein Ideal erkennt:

> „Ein kleines Land hat weniger Menschen. Obwohl es Maschinen gibt, die zehn- bis hundertmal schneller arbeiten können als der Mensch, werden sie nicht gebraucht. (...) Obwohl sie Rüstung und Waffen haben, stellt sie niemand zur Schau. (...) Sie sind mit ihren Gebräuchen glücklich. Obwohl sie in Sichtweite ihrer Nachbarn leben und krähende Hähne und kläffende Hunde von der anderen Seite des Wege zu hören sind, lassen sie einander doch in Frieden, während sie alt werden und sterben."[677]

Auch im Buddhismus wird Wert auf spontanes und kreatives Handeln der Menschen *in* einer bestimmten, kleinen Gemeinschaft gelegt, wie etwa der

---

[676] G. Kirchgässner, Homo oeconomicus, aaO., S. 64.
[677] Lao Tsu, Tao Te Ching, aaO., 80. Lehrsatz.

4 Das implizite Weltbild der Ökonomie

Titel der ersten buddhistischen Wirtschaftsethik *"Small is beautiful"* erahnen läßt. Doch ist den modernen Gesellschaften eine „Rückkehr zum menschlichen Maß" möglich?[678] Hieran läßt sich durchaus berechtigt zweifeln. Denn die globalen Abhängigkeiten, die durch Ökonomie und Technik in den letzten Jahrhunderten entstanden sind, sind nicht einfach aufzulösen. Selbst wenn man sich auf das Leben in einer bestimmten Gemeinschaft besinnen könnte, so bliebe eine wichtige Frage dennoch unbeantwortet: Wie sollen die vielen Gemeinschaften *zusammen* leben?

Diese Frage verweist auf einen wichtigen Aspekt, der abschließend dargestellt werden soll. Die vorangegangenen Überlegungen sollten die Begegnung von Menschen innerhalb der ökonomischen Welt besser verständlich machen. Dabei blieben die Fragen unbeachtet, wie das Zusammenwirken vieler *verschiedener* Welten gedacht werden kann und welche Rolle der ökonomischen Welt in diesem Zusammenwirken zukommt. Dies hat einen einfachen Grund: Die ökonomische Welt wurde als *gegeben* vorausgesetzt. Sie diente als Kontext, der die Einzelnen sowie deren Begegnung untereinander bestimmt. Der Kontext, in dem diese Welt selbst gedacht wird, wurde hingegen nicht explizit reflektiert; er blieb eine *ungedachte* Voraussetzung. Bei genauerem Hinsehen zeigt sich, daß es sich bei dieser Voraussetzung im Grunde um eine *Abstraktion* handelt. Es wird unterstellt, daß die ökonomische Welt an und für sich gegeben ist, während es eigentlich so ist, „daß einzelne Kulturen bzw. Welten nicht als substanziell gegebene Entitäten verstanden werden, sondern sich wesentlich erst durch die Begegnung und Auseinandersetzung untereinander als Einzelkulturen und Einzelwelten bestimmen"[679]. Eine Welt steht einer Vielzahl anderer Welten gegenüber und bestimmt sich erst hierdurch selbst. Keine Welt, auch nicht die ökonomische, kann als eine *isolierte* Welt verstanden werden, sondern nur als eine, die sich durch Abgrenzung und Unterscheidung zu anderen Welten *relativ* bestimmt. Jede Welt existiert nur im wechselseitigen Bestimmungsgeschehen der vielen Welten; ein Geschehen, das Nishida mit dem Begriff der „welthaften Welt" bzw. der „welthaften Welten" beschreibt.[680]

Im folgenden geht es nicht darum, den Bestimmungsprozeß der ökonomischen Welt in einer solchen welthaften Welt zu analysieren. Es soll ledig-

---

[678] E.F. Schumacher, Small is Beautiful, Die Rückkehr zum menschlichen Maß, Reinbek bei Hamburg 1985.
[679] R. Elberfeld, Das Verstehen der Kulturen, aaO., S. 279.
[680] Japanisch: *sekaiteki sekai*. Vgl. R. Elberfeld, Das Verstehen der Kulturen, aaO., S. 206ff.

lich ein methodischer Standpunkt herausgearbeitet werden, der eine solche Analyse ermöglicht. Damit soll ein Ansatzpunkt für eine wirklich *interkulturelle* ökonomische Theorie explizit aufgewiesen werden, in der die ökonomische Welt selbst *orthaft* gedacht und ihre Beziehung zu anderen Welten reflektiert werden kann. Dabei kann der Begriff der Welt oder Welten durchaus sehr unterschiedlich interpretiert werden. Zum einen ist es denkbar, eine Gesellschaft als eine welthafte Welt zu betrachten, in der sich verschiedenen Welten voneinander unterscheiden und zugleich aufeinander bezogen sind. In Anlehnung an eine systemtheoretische Betrachtung der Gesellschaft könnte hier etwa das Verhältnis der ökonomischen Welt zur moralischen oder politischen Welt diskutiert werden. Es ist aber auch denkbar, eine ökonomische Welt als eine Gesellschaft an sich zu betrachten, die zu anderen Gesellschaften – und damit zu anderen Welten – in Beziehung steht. Schließlich erhebt die ökonomische Theorie teilweise den Anspruch, eine umfassende Gesellschaftstheorie zu entwerfen: Eine jede Gesellschaft soll sich im Handlungsfeld des Geldes bestimmen und dadurch als eine ökonomische Welt faßbar werden. Es werden so mehrere ökonomische Welten denkbar, die jeweils den Einflußbereich eines *Staates* markieren und sich voneinander abgrenzen. Mit dem Begriff der 'welthaften Welten' ließe sich so die Beziehungen mehrerer Staaten erfassen. Darüber hinaus kann die ökonomische Welt auch als *Kultur* verstanden werden, die in einer welthaften Welt zu anderen Kulturen in Beziehung tritt. Die welthafte Welt wird so zu einem Begriff, der „zum einen den Aspekt der Globalisierung zum Ausdruck bringt und zum anderen die einzelne besondere Welt in einen welthaften bzw. globalen Zusammenhang stellt"[681].

4.9.1 Der Konflikt der vielen Welten

Es soll zunächst herausgearbeitet werden, welche Schwierigkeiten im japanischen Kontext bestehen, eine wirklich welthafte Welt zu denken, in der viele Welten *gleichberechtigt* existieren. Diese Schwierigkeiten zeigen sich daran, daß das Zusammenleben der Menschen oft nur in *einer* Welt als friedlich erscheint, während das Zusammentreffen der *vielen* Welten als Konflikt gesehen wird. Im letzten Abschnitt wurde schon deutlich, daß Rituale einer bestimmten Welt in der japanischen Philosophie überwiegend positiv bewertet werden. Sie eröffnen einen Freiraum, in dem sich der Einzelne selbst und seine Beziehung zu anderen *kreativ* gestalten kann. Voraussetzung ist hier, daß die Rituale den Menschen *bewußt* sind.

---

[681] R. Elberfeld, Das Verstehen der Kulturen, aaO., S. 208.

4 Das implizite Weltbild der Ökonomie 323

"Positively ... it (the specificity of rituals, SG) is the ... the foundation for culture, which arises through a process of education among the members of a society. In this sense, the unreflected immediacy of the specific society is transfigured into a conscious and mutual mediation among individuals."[682]

Bewußt gestaltete Rituale ermöglichen es, Konflikte innerhalb einer Welt weitgehend friedlich auszutragen und die Position des individuellen Egoismus zu durchbrechen. Sie bergen aber auch eine handfeste *Gefahr*, insofern sich nur wenige Menschen in ihnen bestimmen können. Sie gelten sozusagen nur für eine „*willed community*"[683], die im *Inneren* harmonisch sein mag, deren Beziehungen zu anderen Gemeinschaften aber keinesfalls friedfertig sein müssen. Eine *willed community* zeichnet sich in ihrem Inneren durch eine „freiwillige Mitarbeit am Ganzen"[684] aus. Doch zugleich droht sie den Handlungsspielraum des Einzelnen zu begrenzen, insofern sie ihm die freiwillige Teilhabe an *anderen* Welten verwehrt. In ihr wird oft genug eine bestimmte Form des Zusammenlebens absolut gesetzt; man wird blind gegenüber anderen Welten und damit unfähig, spontan und kreativ dem Außenstehenden gegenüberzutreten. Dieser erscheint nur als Fremder, für den die Rituale des friedlichen Zusammenlebens nicht gelten. Die *willed community* wird so zu einer „geschlossenen Gesellschaft"[685], die die Freiheit des Einzelnen begrenzt und die sich im „Gegensatz einerseits zur Gesamtheit aller Menschen und andererseits zu bestimmten Menschen" ergreift.[686]

"Negatively ... the specificity of the social-cultural substratum is said to limit the individual, breaking the will to moral action in the name of ideals coming outside of the ethnic group. Its totality is nonrational, opposing all who oppose it with the aim of mediating it through rational reflection, presenting itself as superior precisely because it is immediate and unreflected reality."[687]

Man kann vielleicht sagen, daß die Einsicht des ursprünglichen Bewußtseins hier auf halbem Weg abgeschnitten wird, weil sie sich nur auf das Zusammenleben in einer bestimmten Welt bezieht. Sie durchschaut nur

---

[682] J.W. Heisig, Tanabe's Logic of the Specific and the Critique of the Global Village, Eastern Buddhist, 28/2 (1995), S. 209.
[683] Dieser Begriff wird von W. Weintraub benutzt. Vgl. ders., The Theory and Politics of the Public/Private Distinction, aaO., S. 13.
[684] H. Tanabe, Versuch, die Bedeutung der Spezies zu klären, in: R. Ohashi (Hrsg.), Die Philosophie der Kyōto-Schule, aaO., S. 189.
[685] J.W. Heisig, Tanabe's Logic of the Specific, aaO., S. 207.
[686] H. Tanabe zitiert in J.W. Heisig, Tanabe's Logic of the Specific, aaO., S. 209.
[687] J.W. Heisig, Tanabe's Logic of the Specific, aaO., S. 209.

eine *bestimmte* Form des menschlichen Zusammenlebens, während die unermeßliche Vielfalt dieser Formen weiterhin unbewußt bleibt. Die Tendenz zum „Herden-Denken, zum kollektiven Aberglauben und zum einfach schlampigen Denken", wird nur teilweise überwunden und im Verhältnis zu anderen Welten weiterhin die „unwiderrufliche Unmenschlichkeit der blinden Unterwerfung unter Gewohnheiten des Denkens"[688] gepflegt. Der Egoismus lebt so auf einer Art 'kollektiven' Ebene fort. Die eigene Welt wird als ein *Ego* ergriffen, das gegen andere Welten zu verteidigen ist.

Die japanische Philosophie wird immer wieder zu Recht kritisiert, weil sie vor der Gefahr eines solchen 'kollektiven' Egoismus nicht klar genug gewarnt oder diesen sogar aktiv befördert hat. Diese Kritik trifft insbesondere diejenigen Philosophen, die während des Pazifischen Krieges wirkten. So scheint selbst für Nishida ein kriegerischer Konflikt der Welten in dieser Zeit unausweichlich: Es muß „Streit und Reibung zwischen den Gesellschaften geben: der Krieg ist der Vater aller Dinge."[689] Und auch gegen Watsuji trifft der Vorwurf, den japanischen Nationalismus durch seine Einschätzung bestärkt zu haben, die japanische Welt sei notfalls gegen andere, vor allem 'westliche' Welten, zu verteidigen.[690] Es ist allerdings wohl nicht richtig, die Ethik Watsujis deshalb als „totalitäre Staatsethik"[691] zu bezeichnen. Denn es ging Watsuji gerade darum, eine Alternative zur absoluten Unterwerfung der Egos unter das allgemeine Gesetz des Staates aufzuzeigen.[692] Das Problem liegt vielmehr darin, diese Alternative lediglich für eine kulturell sowie zeitlich und räumlich *begrenzte* Welt zu denken und diese Welt notfalls gewaltsam vor dem Einfluß anderer Welten schützen zu wollen. Watsuji verwickelt sich so in den Widerspruch, nichtegoistisches Handeln *innerhalb* einer Welt (insbesondere der japanischen) mit Hilfe von egoistischem, aggressivem Handeln *gegen* andere Welten zu verteidigen. Auch wenn es umstritten ist, inwieweit Watsuji die faktische kriegerische Gewalt Japans im zweiten Weltkrieg tatsächlich gebilligt hat, so muß er sich wie andere japanische Philosophen auch zumindest den Vorwurf gefallen lassen, das Problem eines 'kollektiven' Egoismus zu wenig beachtet zu haben. Es wäre allerdings voreilig, auf diese Weise die ge-

---

[688] J.W. Heisig, Tanabe's Logic of the Specific, aaO., S. 210.
[689] K. Nishida zitiert in R. Elberfeld, Das Verstehen der Kulturen, aaO., S. 224.
[690] Vgl. R.E. Carter, Interpretative Essay: Strands of Influence, Nachwort in T. Watsuji, Watsuji Tetsuro's Rinrigaku, aaO., S. 352ff.
[691] G.K. Piovesana, Recent Japanese Philosophical Thought 1862-1996, A Survey, Richmond 1997, S. 148.
[692] Vgl. hierzu auch T. Watsuji, Watsuji Tetsuro's Rinrigaku, aaO., Anmerkung des Übersetzers in Fußnote 63, S. 365.

4 Das implizite Weltbild der Ökonomie 325

samte japanische Philosophie zu verurteilen. Denn wie noch deutlich werden soll, begründet sie durchaus einen Standpunkt, der den Egoismus in seiner Gesamtheit und damit auch der Egoismus der Welten durchbricht.

4.9.2 Die Idee der einen Welt

Während die ostasiatische Philosophie im allgemeinen trotz aller Schwierigkeiten die Bedeutung kleiner Gemeinschaften betont, steht die ökonomische Theorie diesen Gemeinschaften zumeist skeptisch gegenüber. Sie sollen die Großgesellschaft, in denen unüberschaubar viele Menschen voneinander abhängig sind, *bedrohen*:

> „Die kleine Gesellschaft, als die ursprüngliche Umwelt des Menschen, bleibt für ihn unendlich wünschenswert. Es ist wahr, daß er aus ihr neue Kräfte schöpft. Aber ... jeder Versuch, einer Großgesellschaft den gleichen Charakter zu verleihen wie einer Kleingesellschaft, [ist] utopisch und führt zur Tyrannei. Wenn wir dies zugeben, müssen wir erkennen, daß das Gemeinwohl gegenseitigen Vertrauens nach dem Vorbild der kleinen geschlossenen Gesellschaft desto weniger angestrebt werden kann, je mehr sich die Sozialbeziehungen erweitern und vermannigfaltigen. Ein solches Vorbild kann uns vielmehr bloß in die Irre führen."[693]

Im Mittelpunkt ökonomischer Überlegungen steht nicht der Gedanke einer 'welthaften Welt', in der die Menschen in verschiedenen Gemeinschaften und dennoch gemeinsam leben, sondern der Gedanke einer *einzigen* Welt, in der sich alle Menschen aufeinander beziehen. Die Menschheit hat sich dergestalt zu entwickeln, so etwa Hayek, daß alle Menschen sich einer *allgemeingültigen* Ordnung unterwerfen:

> „Die große Veränderung, aus der eine Gesellschaftsordnung hervorging, die in zunehmenden Maße für den Menschen unverständlich wurde und für deren Erhaltung er sich erlernten Regeln unterwerfen mußte ... war der Übergang von der *face-to-face society* oder zumindest von Gruppen, deren Mitglieder einander bekannt waren, zur offenen abstrakten Gesellschaft, die nicht länger durch gemeinsame konkrete Ziele, sondern nur durch den *Gehorsam gegenüber denselben abstrakten Regeln* zusammengehalten wurde."[694]

Eine solche Unterwerfung impliziert, auf eine Pluralität von Regeln des Zusammenleben zu verzichten. Sie fordert die *Abschaffung* aller spezifi-

---

[693] B. de Jouvenel zitiert in F.A. Hayek, Recht, Gesetzgebung und Freiheit, Band 2, aaO., S. 231-32.
[694] F.A. Hayek, Recht, Gesetzgebung und Freiheit, Band 3, aaO., S. 221-22, eigene Hervorhebung.

schen Regeln. Das spontane und bewußte Miteinander, das nur in kleineren Gruppen praktiziert werden kann, hat dem „Prinzip der Gleichbehandlung aller Menschen" zu weichen.[695] Es kann nicht *neben* diesem Prinzip bestehen, weil letzteres absolut verbindlich ist. Die Menschen dürfen sich keiner bestimmten Gemeinschaft mehr verpflichtet fühlen als einem Fremden. „Die Ausweitung der Verpflichtungen, bestimmten Regeln des gerechten Verhaltens zu gehorchen, auf größere Kreise und letztlich alle Menschen muß ... zu einer Abschwächung der Verpflichtung gegenüber den anderen Mitgliedern derselben kleinen Gruppe führen."[696] Dies gilt nicht nur für die erzwingbaren Pflichten, sondern auch für spontane, situative Hilfe:

> „Ein altruistisches Verhalten zugunsten eines bekannten Freundes, das in der Kleingruppe sehr wünschenswert sein mag, braucht es in der Offenen Gesellschaft nicht zu sein und könnte dort sogar schädlich sein. (...) Es mag auf den ersten Blick paradox erscheinen, daß der Fortschritt der Moral zu einer Reduktion spezifischer Verpflichtungen gegenüber anderen führen soll: trotzdem muß jeder, der glaubt, daß das Prinzip der Gleichbehandlung aller Menschen ... wichtiger ist als spezielle Hilfe bei sichtbarem Leiden, ihn wünschen."[697]

Das globale Miteinander der Menschen soll möglich werden, indem ein allgemeingültiger Regelgehorsam durchgesetzt und die spezifischen Handlungsregeln, die nur für eine bestimmte Gemeinschaft gelten, negiert werden. Auf den Gedanken der Welt übertragen bedeutet dies, die ökonomische Welt als das einzig denkbare Handlungsfeld anzusehen, in dem sich alle Menschen unabhängig von Raum und Zeit, Herkunft und Kultur bestimmen. Eine Vielfalt der Welten wird so negiert; die welthafte Welt wird zu einer *einzigen*, bestimmten Welt.

Liegt aber nun eine wirkliche „Friedenschance" in einer solchen Welt, wie Hayek meint?[698] Dies scheint auf den ersten Blick der Fall zu sein, weil die vielen Welten negiert werden und deshalb ein Konflikt zwischen ihnen unmöglich scheint. Doch dieser Schein trügt. Eine einzige Welt, in der sich alle Menschen bestimmen, ist lediglich ein rein *hypothetischer* Zustand; sie hat weder in der Vergangenheit noch in der Gegenwart jemals existiert. Der Konflikt zwischen den Welten kann vielleicht irgendwann einmal enden, wenn eine Welt die Herrschaft über alle anderen Welten erlangt hat. Aber bis dahin werden sich die Welten unversöhnlich gegenüber stehen

---

[695] Vgl. F.A. Hayek, Recht, Gesetzgebung und Freiheit, Band 2, aaO., S. 127.
[696] F.A. Hayek, Recht, Gesetzgebung und Freiheit, Band 2, aaO., S. 126.
[697] F.A. Hayek, Recht, Gesetzgebung und Freiheit, Band 2, aaO., S. 127.
[698] Vgl. F.A. Hayek, Recht, Gesetzgebung und Freiheit, Band 2, aaO., S. 127.

4 Das implizite Weltbild der Ökonomie 327

und sich *gegenseitig* zu unterwerfen trachten. Denn die Welt der „kleinen Gruppe" mag zwar eine Form der „primitiven menschlichen Gesellschaften" darstellen, sie läßt sich aber nicht freiwillig von der „Zivilisation" vernichten.[699] Sie ist nur im *Kampf* zu besiegen; eine Einsicht, die unmißverständlich in der ökonomischen Theorie zum Ausdruck gebracht wird. So meint etwa Friedman, Unterschiede in den grundlegenden Wertvorstellungen seien Differenzen „über die man letztlich nur kämpfen kann"[700] Und Robbins gibt zu bedenken:

"If we disagree about ends it is a case of thy blood or mine – or live and let live, according to the importance of the difference, or the relative strength of our opponents."[701]

Es besteht also kein Anlaß zur Hoffnung, der Übergang von einer *face-to-face-society* zu einer 'abstrakten Gesellschaft' könnte ein harmonischer sein. „Das war natürlich nicht immer ein friedlicher Vorgang", gibt Hayek zu.[702]

Doch der Kampf der Welten kennzeichnet nicht allein eine Übergangsphase. Es ist eine Illusion, zu glauben, er könnte *jemals* vom friedlichen Zusammenleben der Menschen in einer einzigen Welt abgelöst werden. Denn bei genauem Hinsehen zeigt sich, daß die Existenz einer einzigen Welt nicht gedacht werden kann. Es existiert kein 'Weltgesetz', das *alle* Menschen gleichermaßen unterwirft – es sei denn man mag an die mechanischen Gesetze eines globalen Marktmechanismus glauben –, sondern immer *verschiedene* Gesetze, etwa die verschiedener Staaten. Der egoistische Kampf, den man im Inneren der Staaten durch Anreiz und Gesetz zu unterdrücken versucht, setzt sich deshalb zwischen Staaten *ungehindert* fort. Das Problem des ungebändigten Egoismus, so wird schon bei Hobbes deutlich, verschiebt sich lediglich auf eine andere Ebene: Läßt sich zwar das individuelle Machtstreben im Staat bis zu einem gewissen Grade kontrollieren, so sind die Staaten selbst vollkommen frei, ihre Macht gegeneinander zu entfalten. Denn für sie gilt eine Freiheit, die „dieselbe ist wie die, welche jeder Mensch dann hätte, wenn es überhaupt keine ... Gesetze

---

[699] Diese Formulierungen finden sich in F.A. Hayek, Recht, Gesetzgebung und Freiheit, Band 3, aaO., S. 219. An ihnen wird deutlich, wie sehr die ökonomische Welt *gegen* andere Welten abgegrenzt wird, um ihren Wert zu verdeutlichen.
[700] M. Friedman, The Methodology of Positive Economics, aaO., S. 5.
[701] L. Robbins, An Essay on the Nature and Significance of Economic Science, aaO., S. 150.
[702] F.A. Hayek, Recht Gesetzgebung und Freiheit, Band 3, aaO., S. 257, Fußnote 39.

... gäbe."⁷⁰³ Deshalb herrscht unter den Staaten ein Krieg wie unter „herrenlosen Menschen". Sie „leben ... im Zustand eines ständigen Krieges, am Rande einer Schlacht. Mit bewaffneten Grenzen und auf die anliegenden Nachbarn gerichteten Kanonen."⁷⁰⁴ Jeder Staat steht im Kampf gegen andere Staaten. Der Kampf aller gegen alle, der auf individueller Ebene durch das Gesetz eines Staates gebändigt werden soll, setzt sich als Kampf der Staaten fort.

Und so ist der „Staat nichts anderes als die Machtballung des kollektiven Egoismus. Für die Staaten herrscht immer noch der Naturzustand, nur heißt er jetzt Souveränität. Für diese souveränen Staaten geht der Krieg aller gegen alle weiter. Und dieser Krieg wird ewig sein; denn für das Verhältnis der Staaten untereinander gelte immer das Wort: homo homini lupus. (...) Die Worte Recht und Staat überdecken nur den Grundzustand, freilich nur für den, der nicht mitdenkt und auf den Laut der Sprachregelung hereinfällt. Die Vertragstheorie ist nicht so harmlos, wie sie aussieht. Sie bedeutet eine Interpretation von Sinn und Wesen des Staates, die den zügellosen Individualismus der cupiditas naturalis voraussetzt und anerkennt. Nachdem er im kleinen, für den Einzelnen nämlich, verboten wurde, wird er für die Gemeinschaft und den Staat wieder erlaubt und jetzt sogar im großen organisiert. Nun darf der Staat bzw. seine Majorität tun, wonach man gelüstet und was man vermag. Alles darf der kollektive Mensch richten und schlichten, wie es ihm gefällt. Wieder ist der Mensch das Maß aller Dinge."⁷⁰⁵

Es wird hier die Gefahr deutlich, daß sich Staaten als Egos ergreife, die ihre Begierden *gegeneinander* durchsetzen. Der Egoismus ist hier nicht mehr der eines Einzelnen, sondern der eines Staates, der sich als eine Einheit ergreift und sich von anderen Staaten abgrenzt. Er entfacht so einen *Kampf der Welten*, die sich je als absolute Herren gegenseitig zu vernichten und zu unterwerfen trachten und gleichzeitig als die je absolut Relativen die Macht und Gier des anderen fürchten. Jeder Staat wird in diesem Kampf danach streben seine Interessen gegen andere Staaten durchzusetzen, bzw. nur dann mit anderen Staaten zu kooperieren, wenn dies in seinem eigenen Interesse ist.

Die Annahme, es könnten die vielen Staaten unter ein Gesetz gezwungen werden, erweist sich als trügerisch. Denn man stößt hier auf das gleiche Herrscherproblem wie im Falle des individuellen Egoismus (4.7.5): Es läßt sich die Herrschaft eines solchen Gesetzes nicht begründen, solange man

---

[703] T. Hobbes, Leviathan, aaO., S. 166.
[704] T. Hobbes, Leviathan, aaO., S. 166.
[705] J. Hirschberger, Geschichte der Philosophie, aaO., S. 197-98.

4 Das implizite Weltbild der Ökonomie

den Egoismus der Staaten als gegeben voraussetzt. Denn sollte man tatsächlich darauf vertrauen, daß es stets dem eigennützigen Kalkül der Staaten entsprechen wird, sich einem gemeinsamen Gesetz zu unterwerfen? Oder will man einen wohlwollenden 'Weltenherrscher' annehmen, der die Gesetze zum Wohle aller gestaltet? Es ist wohl eher davon auszugehen, daß die mächtigen Staaten versuchen werden, das gemeinsame Gesetz nach ihrem Willen und zu ihren Gunsten zu gestalten, wie Abe deutlich macht:

"Once set in motion nothing is able to check the machinations of sovereign states. Sovereign states neither know nor practice the principle of self-negation, because they take as their basic position self-affirmation and self-assertion which, during crisis, predisposes them to neglect, or even willfully destroy, the position of humankind. Reflected here is the fact of the sovereign states essentially self-centered nature. International organizations resulting from compromises and agreements made between sovereign states, may to a certain degree be effective when it comes to resolving international conflicts and promoting cooperation. But as long as they presuppose the sovereignty of the nation-states, due to the self-centered nature of sovereign states, basically international organizations can neither check national egoism and self-centeredness nor can they totally eliminate war. Instead, although such organizations are able to exert some control over smaller nations, there is imminent danger that organizations such as these may be transformed into magnificent edifices of hypocrisy wherein the arrogance of larger nations, the possessors of great military power, cannot help but to be tacitly recognized."[706]

Es zeigt sich hier die Schwierigkeit, ein *einziges* Gesetz für *alle* Menschen zu begründen.

4.9.3 Die Idee der welthaften Welt

Auch in der chinesischen Philosophie wird teils die „'Große Gemeinschaft' beschworen"[707]. So favorisieren die Mohisten eine „Vereinheitlichung der Gesellschaft, wesentlich als Vereinheitlichung der Meinungen und Maßstäbe gedacht".[708] Sie suchen nach Handlungsregeln, die für alle Zeiten, Situationen und Gemeinschaften gleich sind[709] und die „mit erbarmun-

---

[706] M. Abe, The Problem of Self-Centeredness, aaO., S. 19.
[707] Mo Ti, Von der Liebe des Himmels zu den Menschen, hrsg. und übers. v. H. Schmidt-Glintzer, München 1992, S. 24 (aus der Einleitung des Übersetzers).
[708] Mo Ti, Von der Liebe des Himmels zu den Menschen, aaO., S. 17 (aus der Einleitung des Übersetzers).
[709] Vgl. C. Hansen, Qing (Emotions) in Pre-Buddhist Chinese Thought, aaO., S. 191.

gloser Strenge befolgt werden" müssen. Die Mohisten wollen so „formelle Beziehungen gegen informelle Kontakte durchsetzen".[710] Während sich hier eine gewisse Übereinstimmung mit der ökonomischen Theorie ausmachen läßt, so sieht sich die mohistische Position *innerhalb* der chinesischen Philosophie einiger Kritik ausgesetzt. So bezeichnet es insbesondere der Taoismus als *vergeblich*, nach unveränderlichen Regeln zu forschen. Diese, so etwa Lao Tsu, haben weder je existiert, noch werden sie jemals existieren.[711] Weil jede Regel abhängig ist von allen anderen Dingen und Regeln, also selbst an einem Gestaltungsprozeß beteiligt ist, verändert sie sich beständig. Sie ist nicht einfach vorgegeben, sondern wird in jeder Situation *neu* erschaffen. Deshalb ändert sich ihre Gestalt notwendig von Ort zu Ort und von Zeit zu Zeit.

Wenn aber eine Pluralität der Regeln und damit der Welten unvermeidlich ist, ist es dann nicht unausweichlich, stets vom Standpunkt einer Welt aus zu argumentieren und diese damit über andere Welten zu stellen? Ist ein methodischer Standpunkt, der jede Welt gleichermaßen anerkennt, nicht illusorisch? Diese Fragen werden insbesondere in der japanischen Philosophie der Nachkriegszeit verneint, indem ein Weg aufgewiesen wird, wie das harmonische Zusammenleben der Welten trotz, ja gerade *wegen* ihrer Einzigartigkeit und Unterschiedenheit gedacht werden kann. Hierfür wird die Einsicht des ursprünglichen Bewußtseins *ausgeweitet*. Nicht mehr allein die wechselseitigen Abhängigkeiten der Menschen in einer bestimmten Welt werden anerkannt, sondern zugleich auch die wechselseitigen Abhängigkeiten der *verschiedenen* Welten: Die verschiedenen Welten sind ebenso 'leer' an einem unabhängigen oder eigenständigen Wesen wie jeder Einzelne. Auch sie sind das, was sie sind, nur in Beziehung zu anderen Welten:

> Es ist nicht so „daß es *eine* vorgegebene Kultur oder Welt gäbe, von der aus oder auf die hin alles zu gestalten wäre, sondern vielmehr entsteht diese *eine Welt*, in der wir leben, nur durch die Selbstgestaltung der *vielen Welten* und die vielen Welten gestalten sich nur wirklich selber im Hinblick auf die eine Welt. *Die eine Welt ist zugleich die vielen Welten und die vielen Welten sind zugleich die eine Welt.*"[712]

---

[710] Mo Ti, Von der Liebe des Himmels zu den Menschen, aaO., S. 18 (aus der Einleitung des Übersetzers).
[711] Vgl. C. Hansen, Qing (Emotions) in Pre-Buddhist Chinese Thought, aaO., S. 191.
[712] R. Elberfeld, Das Verstehen der Kulturen, aaO., S. 208-09, Hervorhebung im Original.

4 Das implizite Weltbild der Ökonomie

Jede Welt ist als Nicht-Selbst am Gestaltungsgeschehen der welthaften Welt beteiligt. Sie ist „*konstitutiv* auf andere Welten bezogen".[713] Ihr vermeintlich absolutes Herrsein, das keine andere Welt neben sich duldet, ist lediglich eine Täuschung; eine illusionäre Anhaftung, die die Welten aggressiv gegeneinander handeln läßt. Indem das ursprüngliche Bewußtsein auch diese Anhaftung *bewußt* durchschaut, kann die Aggression aufgegeben werden. Nicht nur das harmonische Miteinander der Menschen in *einer* Welt wird so denkbar, sondern auch das friedliche, tolerante Zusammenleben der *vielen* Welten. Auf diese Weise wird ein Ansatzpunkt sichtbar, von dem aus die Beziehungen der ökonomischen Welt zu anderen Welten analysiert werden können, ohne eine dieser Welten zu verabsolutieren: die *orthafte* Bestimmung aller Welten in einer welthaften Welt. Die welthafte Welt wird hierfür als *Ort-worin* beschrieben, in dem sich der wechselseitige Gestaltungsprozeß der vielen Welten vollzieht. Sie selbst ist dabei weder mit einer bestimmten Welt zu identifizieren, noch stellt sie eine Aggregation verschiedener Welten dar. Aus Sicht jeder bestimmten Welt ist sie vielmehr ein *Ort des Nichts*. Sie ist wie ein *offener Raum*, in dem sich jede Welt auf ihre Weise einzigartig gestaltet, der aber selbst völlig unbestimmt ist. Die welthafte Welt ist die *Voraussetzung* aller Welten, aber mit keiner von ihnen identisch. Das heißt, daß „keine bestimmte Art der Kultur, die Menschheit im Ganzen repräsentieren kann"[714]. Keine bestimmte Welt kann zum Vorbild oder Ideal für andere Welten werden.

„Es darf ... keinesfalls die eigene Kultur verabsolutiert werden, gegen die anderen Kulturen, vielmehr nimmt der Grad der Welthaftigkeit zu, je offener sich eine Kultur gegenüber anderen Kulturen zeigt, wobei sie zugleich die eigene Tradition kreativ weiter gestaltet."[715]

Dies gilt zum einen für jede kleine Gemeinschaft. Hayek ist also darin Recht zu geben, daß man nicht verlangen kann, „auf alle ... Mitmenschen Regeln anzuwenden, die nur den Mitgliedern eines Stammes angemessen sind"[716]. Es gilt aber auch für die ökonomischen Welt. Während die ökonomische Welt andere Welten zu vernichten droht und damit die Offenheit eines wechselseitigen Gestaltungsgeschehens zerstört, wird die welthafte

---

[713] R. Elberfeld, Das Verstehen der Kulturen, aaO., S. 209, Hervorhebung im Original.
[714] M. Ozaki, Individuum, Society, Humankind, The Triadic Logic of Species according to Hajime Tanabe, Leiden-Boston-Köln 2001, S. 14.
[715] R. Elberfeld, Das Verstehen der Kulturen, aaO., S. 209.
[716] F.A. Hayek, Recht, Gesetzgebung und Freiheit, Band 2, aaO., S. 127.

Welt wie ein Spielraum gedacht, „in dem die fremden Gedanken räumlich gleichzeitig leben, d.h. bleiben können"[717]:

> „Der 'Spielraum', in dem alle fremden Gedanken gleichzeitig existieren können, hat weder seine festgelegte Form noch seinen festgelegten Inhalt, d.h. er kann dieses nicht haben. Eben darum kann dieser Spielraum oft verschiedene Formen und Inhalte aufnehmen. Gleichgültig welche Form er hat, er kann durch diese Form nicht beschränkt werden ... In philosophischer Terminologie wird dies das 'absolute Nichts' oder 'der Ort' genannt. Keineswegs ist dies ein gegenständliches Subjekt."[718]

Der Unterschied von welthafter Welt und bestimmter Welt kann mit Hilfe der Begriffe 'Ort des Relativen Nichts' und 'Ort des Absoluten Nichts' verdeutlicht werden: Eine bestimmte Welt ist aus subjektiver Sicht der Einzelnen, die sich in ihr bestimmen, ein Ort des Nichts; sie kann weder erfaßt noch beschrieben werden. Doch dies bedeutet nicht, daß sie gar nicht begriffen werden kann. Denn im Ort-worin der welthaften Welt unterscheidet sie sich von anderen Welten und kann deswegen *relativ* zu diesen erkannt werden. Sie stellt in diesem Sinne einen Ort des Relativen Nichts dar. Die welthafte Welt hingegen gewährt zwar jeder Welt ihre Einzigartigkeit im Unterschied zu allen anderen Welten, ist selbst aber nicht mehr von etwas zu unterscheiden. Sie bleibt vielmehr völlig unbestimmt. Sie ist deshalb ein Ort des Absoluten Nichts, der durch keinen Vergleich und durch keine Beschreibung erfaßt werden kann. Dies bedeutet nicht einfach, daß die welthafte Welt in einem nihilistischen Sinne Nichts wäre. Sie ist vielmehr die *nicht zu definierende Quelle* der unendlichen Vielfalt der Welten.[719]

Vom Standpunkt der welthaften Welt kann jede Welt als ein *einzigartiger* Prozeß verstanden werden, der mehr oder weniger beständig in wechselseitiger Abhängigkeit zu allen anderen Welten existiert. Die Vorstellung, eine Welt könne unabhängig von allen anderen existieren, wird so als *Täuschung* durchschaut. Ein Staat etwa ist kein in sich geschlossenes System von Regierung und Individuen, sondern unabdingbar mit anderen Staaten

---

[717] T. Shimomura, Mentalität und Logik der Japaner, aaO., S. 380. Der Begriff Spielraum ist hier die Übersetzung des japanischen *kukan*.

[718] T. Shimomura, Mentalität und Logik der Japaner, aaO., S. 383-84.

[719] Eine ausführliche Erläuterung, warum das Nichts in japanischen Kontext nicht im nihilistischen Sinne zu interpretieren ist, findet sich in M. Abe, Nishitani's Challenge to Western Philosophy and Theology, in: T. Unno (Hrsg.), The Religious Philosophy of Nishitani Keiji, aaO., S. 22ff.

verbunden. Alle Staaten „gründen sich auf ihren wechselseitigen Beziehungen"[720]. Solange jede Welt als ein Ego ergriffen wird, erscheinen diese Beziehungen als eine *äußerliche* Bedrohung. Indem jede Welt auf ihr eigenes absolutes Herrsein besteht, wird sie automatisch die anderen Welten fürchten und diese sich selbst unterwerfen wollen. In der welthaften Welt hingegen wird ein Ort der Begegnung sichtbar, in dem die Welten sich aufeinander beziehen, *bevor* sie sich im absoluten Gegensatz zueinander ergreifen. Hier erscheint Verschiedenheit nicht als Bedrohung der eigenen Identität, sondern als Ausdruck der *gemeinsamen* welthaften Welt, die vor allen Unterscheidungen und Abgrenzungen existiert. Es wird hier eine „wahre Weltkultur" denkbar, die „dadurch gestaltet wird, daß die verschiedenen Kulturen ihren eigene Sichtweise behalten können, sich aber dennoch zugleich entwickeln durch eine globale Mediation".[721]

Eine solche Mediation unterscheidet sich in einem wichtigen Punkt vom Zusammenleben der Menschen in einer bestimmten Welt. Denn da diese sich im Ort-worin des Absoluten Nichts vollzieht, kann keine bestimmte Regel, kein Ritual ihre Voraussetzung sein. Sie ist vielmehr eine Praxis der *Toleranz* gegenüber dem Fremden und Unbekannten, die in jeder Situation *kreativ* geübt wird, ohne an bestimmte Regeln gebunden zu sein. Sie ermöglicht nicht so sehr eine bewußte Gestaltung der Regeln des Zusammenlebens, sondern eher eine „fluid sociability among strangers and near-strangers":

> It is like "'a sphere of broad and largely unplanned encounter', of fluid sociability among strangers and near-strangers. The 'wealth' of the 'public life' to which it contributes lies, not in self-determination or collective action, but in the multistranded liveliness and spontaneity arising from the ongoing intercourse of the heterogeneous individuals and groups that can maintain a civilized coexistence."[722]

Die welthafte Welt ist wie ein „Ort, an dem Menschen, die sich nicht kennen, einander treffen können und die Gesellschaft des anderen genießen"[723]. In ihr ist die genaue Kenntnis des Fremden zwar nicht möglich, wohl aber die *Selbst-Negation* der jeweilig eigenen Welt. „Die wahre Be-

---

[720] J.C. Maraldo, The Problem of World Culture, Eastern Buddhist, 28/2 (1995), S. 194. Maraldo spricht hier von Nationen.
[721] K. Nishida zitiert in J.C. Maraldo, The Problem of World Culture, aaO, S, 194.
[722] J. Weintraub, The Theory and Politics of the Public/Private Distinction, aaO., S. 17-18, Fußnote. Weintraub zitiert hier R. Scruton.
[723] P. Ariès zitiert in J. Weintraub, The Theory and Politics of the Public/Private Distinction, aaO., S. 17-18.

gegnung mit anderen Kulturen erfolgt durch die Selbst-Negation ... Die Aktivität der Selbst-Negation schafft einen interkulturellen Ort, in dem sich die Menschen begegnen können und in dem die eigene Kultur relativiert wird."[724] In ihr liegt die Chance, die ökonomische Welt selbst zu relativieren und sie – auch in theoretischer Hinsicht – *orthaft* in einer welthaften Welt zu bestimmen.

4.9.4 Die Freiheit des Einzelnen in einer welthaften Welt

Ich möchte abschließend darauf hinweisen, daß eine solche orthafte Bestimmung der ökonomischen Welt nicht nur eine Chance bietet, die Beziehung dieser Welt zu anderen Welten zu durchdenken, sondern auch den Begriff der *Freiheit* neu zu fassen. Denn vom Standpunkt der welthaften Welt wird deutlich, daß der Einzelne frei ist, jede bestimmte Welt denkend und handelnd zu überschreiten. Er ist weder bewußt noch unbewußt in einer bestimmten Welt gefangen, sondern kann sich frei zwischen verschiedenen Welten bewegen und sich in dieser Bewegung *kreativ* bestimmen. Eine solche kreative Bestimmung bleibt rätselhaft, solange man den Menschen durch eine bestimmte Welt determiniert sieht. Denn der Mensch verändert sich in der welthaften Welt beständig *spontan*, ohne an irgendeine bestimmte Handlungsregel, an eine bestimmte Welt gebunden zu sein. Sie bleibt auch ein Rätsel, wenn man den Mensch als *Multiple Self* konstruiert, also als eine Art Aggregation aller gesellschaftlichen Rollen, die er spielt.[725] Denn hier bleibt unklar, wie das Selbst die vielen Rollen in sich vereinigt. „Das Einzelne als aussagelogisches Subjekt soll sich .. nur ... als die Summe aller möglichen allgemeinen oder besonderen Bestimmungen im Sinne der Eigenschaften ergeben, während seine eigentliche Identität doch unerkannt bleibt", formuliert Matsudo dieses Problem.[726] Die Pluralität der Person ist tatsächlich nicht „mehr als Einheit kommunizierbar"[727], solange man diese Einheit als *etwas* bestimmen möchte. Denn die 'Einheit' des Menschen ist weder eine Substanz, noch ein Prozeß, der sich im Ort des Relativen Nichts einer bestimmten Welt gründet. Sie ist vielmehr ein offener Prozeß, der sich *frei* im Ort des Absoluten Nichts gestaltet. Da dieses Absolute Nichts durch keinen festen Inhalt und keine vorgegebene Form bestimmt ist, ist auch der Mensch nicht endgültig zu bestimmen. Er

---

[724] J.C. Maraldo, The Problem of World Culture, aaO., S. 191.
[725] Vgl. J. Wieland, Ökonomische Organisation, Allokation und Status, aaO., S. 58.
[726] Y. Matsudo, Eine Einführung in die Spätphilosophie von Kitarō Nishida, aaO., S. 72.
[727] J. Wieland, Ökonomische Organisation, Allokation und Status, aaO., S. 58.

4 Das implizite Weltbild der Ökonomie

ist keine Aggregation gesellschaftlicher Funktionen, sondern gestaltet sich *selbst* in einer Vielzahl der Welten, in dem er jede gesellschaftliche Bestimmung bejahen, aber auch durchbrechen kann. „Die Offenheit des Selbst wird garantiert durch das unerschöpfliche Reservoir an möglichen Perspektiven, die sich in der familiären, sozialen, kulturellen und natürlichen Umgebung eröffnen."[728]

In der Ökonomie wird oft betont, daß Menschen frei sind, sich aus jeder Verpflichtungen gegenüber bestimmten Menschen zu lösen. Sie können jede 'kleine Gesellschaft' negieren. Auch wenn dieser Aspekt der Freiheit wichtig ist, so bedingt er oft genug eine neue Form der Unfreiheit, insofern er mit der Unterordnung, ja Unterwerfung unter ein *allgemeines Gesetz* einhergeht, das notwendig scheint, „um die Freiheit zu bewahren"[729]. Eine solche „Disziplin der Freiheit", wie Hayek sie nennt[730], schneidet die menschliche Freiheit auf halbem Wege ab und macht sie zu einer relativen. In einer welthaften Welt zeigt sich hingegen eine Freiheit, die durch keinerlei Form beschränkt ist und die jedes allgemeine Gesetz überschreiten kann. Nishida bringt diesen Punkt unmißverständlich zum Ausdruck:

„Unser Ich existiert nicht getrennt vom konkreten Bereich der räumlichen und zeitlichen Realität; es muß durch und durch umgebungshaft bestimmt werden, denn wir befinden uns in der Geschichte. Unser Ich ist [aber] nicht nur ein in diesem Sinne Bestimmtes, es muß diese Bestimmung auch durchaus übersteigen. In dieser Hinsicht kann man es vernünftig nennen, so daß es getrennt von räumlicher und zeitlicher Bestimmung tätig ist, geleitet durch ein allgemeines Gesetz. Es übersteigt aber auch nicht einfach nur die räumliche und zeitliche Bestimmung, *vielmehr muß unser Ich auch das Gesetz übersteigen* und in diesem Sinne irrational sein. Auf diese Weise können wird das freie persönliche Ich denken."[731]

Die Freiheit durchbricht *jedes* allgemeine Gesetz, selbst das der ökonomischen Welt. Ihr ist es deshalb auch möglich, die ökonomische Welt abzulehnen oder gar gegen sie Widerstand zu leisten."[732] Sie kann diese Welt zum Gegenstand der bewußten Reflexion machen, sie kreativ gestalten oder auch durchbrechen.

---

[728] D.L. Hall, R.T. Ames, Thinking from the Han, aaO., S. 43.
[729] M. Friedman, Capitalism and Freedom, aaO., S. 2.
[730] F.A. Hayek, Recht, Gesetzgebung und Freiheit, Band 3, aaO., S.226.
[731] K. Nishida, Logik des Ortes, aaO., S. 191, eigene Hervorhebung.
[732] C.B. MacPherson, Political Theory of Possessive Individualism, aaO., S. 86.

Eine solche Freiheit ist nicht als eine *individuelle* zu verstehen. In der Ökonomie wird die Freiheit zumeist als eine des gewöhnlichen Bewußtseins gedacht. Sie ist vornehmlich eine egoistische, die sich *gegen* andere durchsetzt und durch andere permanent bedroht erscheint. Eine solche Freiheit kann nur eine Freiheit *von anderen* bedeuten. Frei sein heißt „von äußeren Faktoren, von Bindungen frei zu sein und nicht bedroht zu werden".[733] Aber aufgrund der unabdingbaren wechselseitigen Abhängigkeiten aller ist eine solche Freiheit nicht zu verwirklichen. Individuelle Freiheit und Bedrohung durch andere entsteht stets *gleichursprünglich*, weil das Ego immer anderen gegenübersteht. Vom individuellen Standpunkt aus ist deshalb eine absolute „Freiheit von Zwang"[734] nicht zu erlangen. Die individuelle Freiheit kann zwar groß werden, „wenn die Abhängigkeit des Individuums bar jeden persönlichen Aspekts ist"[735]. Der äußere Zwang, der diese Freiheit begrenzt, wird aber nicht völlig überwunden, sondern lediglich in die Herrschaft eines allgemeines Gesetzes gewandelt. Die wechselseitigen Abhängigkeiten stellen so ein unüberwindbares Hindernis auf dem Weg zur Freiheit dar, solange man diese als eine individuelle interpretiert.

Die japanische Philosophie bezeichnet diese Form der Freiheit deshalb als *illusorisch*. Es gibt keine Freiheit *von* Beziehungen, sondern lediglich eine Freiheit *zu* Beziehungen: die Freiheit nämlich, die welthafte Welt kreativ *mit anderen* zu gestalten, ohne an bestimmte Gesetze gebunden zu sein. Wir „haben die Möglichkeit zu allem und jeden 'Ja' oder 'Nein' zu sagen, also die Möglichkeit, von jeder Beschränkung frei zu werden."[736] Deshalb ist die Freiheit keinem Gesetz unterworfen ist; sie ist *unbestimmt*. Sie läßt

---

[733] A. MacIntyre, Geschichte der Ethik, aaO., S. 189. MacIntyre bezieht sich hier auf Hobbes und Hume.
[734] M. Friedman, Capitalism and Freedom, aaO., S. 15.
[735] J. Cartelier, Das Geld, aaO., S. 109.
[736] T. Shimomura, On the Varieties of Philosophical Thinking, The Philosophical Studies of Japan, Band 6, Toyko 1963, S. 3.

sich auch durch die ökonomische Welt nicht begrenzen, sondern ist vielmehr deren eigentliche *Voraussetzung*:

"Our unique human freedom ... [is] radically creative. It is the wellspring of all meaning, the opening from which issues every manner of interpretation, including those of science and technology which are themselves mere examples of creative freedom's endless innovative utterance."[737]

---

[737] S.H. Stenson, Beyond Science and Technology to Absolute Emptiness, aaO., S. 126.

5 Zusammenfassung

Im Verlauf der Arbeit wurde durch den Umweg über das japanische Denken ein Weg aufgezeigt, wie sich das Wissen über den ökonomisch Handelnden und die ökonomische Welt durch eine Reflexion der ungedachten Voraussetzungen ökonomischer Theorien *vertiefen* läßt. Diese Vertiefung vollzog sich dabei *stufenweise*: Auf jeder Erklärungsebene wurde nach dem Wissen geforscht, was auf dieser Ebene implizit vorausgesetzt, nicht aber reflektiert wird. Dieses Wissen, so wurde mit Hilfe Nishidas Logik des Ortes deutlich, kann auf der gleichen Erklärungsebene nicht bewußt werden. Es muß vielmehr ein *Conceptual Leap* hin zu einer neuen Ebene vollzogen werden, deren Wissen sowohl die Kenntnisse der vorherigen Ebene als auch deren ungedachte Voraussetzungen umfaßt. Dieses Wissen ist notwendig weiter als das der vorherigen Ebene, wie sich anhand der Metapher des *Raumes* verdeutlichen läßt: Jede ökonomische Theorie läßt sich als ein Raum des Denkens vorstellen, der notwendig Grenzen aufweist, in denen gedacht wird. Diese Grenzen des Denkens können nicht überschritten werden, solange man sich nur innerhalb des Raumes bewegt. Man muß vielmehr eine Tür zu einem neuen Raum des Denkens finden, der in sich den engeren Raum umfaßt und dessen Grenzen von außen sichtbar und erklärbar macht. Dieser neue Raum gewährt dem Denken automatisch einen offeneren Spielraum; er gibt vor allem eine Sicht auf Dinge frei, die innerhalb des engeren Denkraums nicht in den Blick rücken konnten. Dieser Weg des Denkens läßt sich fortsetzen. Jeder neue, offenere Spielraum des Denkens weist selbst wiederum Grenzen auf, die es aufzuspüren gilt, um nach einer neuen Tür zu suchen, die hinaus in einen noch weiteren Raum führt. Nach und nach lernt man, sich nicht mehr durch bestimmte Denkräume gefangen nehmen zu lassen, sondern sich frei und kreativ in verschiedenen Räumen zu bewegen und ihre Grenzen bewußt wahrzunehmen. Die Ökonomie läßt sich so als ein ganzes *Denkgebäude* entdecken. Der letzte Schritt einer solchen Entdeckungsreise besteht darin, nach Türen zu suchen, die Wege aus dem Denkgebäude hinaus in eine offene Weite des Denkens weisen; eine Weite, in der eine Vielzahl anderer Denkgebäude sichtbar wird und das Gebäude der Ökonomie nur noch als *eine* Möglichkeit im offenen Spielraum des Denkens erscheint.

Den Ausgangspunkt des in der Arbeit aufgewiesenen Denkweges stellt eine Betrachtung der objektiven ökonomischen Theorien dar. Explizit beschäftigen sich diese Theorien nur mit der Analyse von Dingen und ihren Beziehungen. Sie beschreiben eine objektive Weltsicht, in der Dinge stets nur als *Güter* erkannt werden. Am Beispiel der Nutzenmaximierung wurde deutlich, daß diese Weltsicht implizit ein *subjektives Bewußtsein* voraussetzt, das wie ein physikalisches Feld gedacht wird. Dadurch geht die Substantialität der Güter verloren; ihre Eigenschaften und Beziehungen untereinander werden allein kontextabhängig in einem zugrundeliegenden Bewußtsein bestimmt. Der Charakter des Bewußtseins selbst kann objektiv nicht erklärt werden. Das Wissen über den Handelnden kann deswegen nur vertieft werden, indem man sich den subjektiven ökonomischen Theorien zuwendet. In der Theorie der rationalen Wahlhandlung erscheint der Handelnde zunächst als eine Art *Limiting Concept*. Es wird zwar explizit anerkannt, daß alle Wahlalternativen stets nur Alternativen für ein bestimmtes Bewußtsein sind, aber über dieses Bewußtsein selbst wird nichts ausgesagt. In den utilitaristischen Theorien wird das Wissen dahingehend vertieft, daß Emotionen und Begierden explizit als Eigenschaften des Bewußtseins diskutiert werden. Es kann aber nun nicht erklärt werden, warum sich diese Eigenschaften ändern; der Handelnde erscheint lediglich als *statisches* Wesen. Durch eine explizite Betrachtung des subjektiven Willens wird diese statische Betrachtungsweise überwunden und die Eigenschaft des Bewußtseins verständlich, sich selbst zu verändern. In den ökonomischen Theorien wird dieser Wille implizit im Ort-worin gegebener Ziele oder *Gewohnheiten* bestimmt. Werden diese Gewohnheiten explizit reflektiert, so zeigen sie sich als ein Ort-worin, der sowohl die subjektive als auch die objektive Sichtweise in sich umfaßt. In der ökonomischen Gewohnheit, stets nur berechnend zwischen mehr und weniger zu unterscheiden, alle anderen Urteile dieser Unterscheidung unterzuordnen und das Mehr zum einzigen Ziel allen Handelns zu machen, bestimmt sich das subjektive Bewußtsein des ökonomisch Handelnden: sein unendliches Streben, seine subjektiven Gefühle und Begierden sowie seine berechnende Vernunft. Zudem wird auch die objektive Weltsicht dahingehend bestimmt, das alle Dinge nur noch als (geld)werte Güter erscheinen. Für die ökonomische Theorie bleibt diese Gewohnheit ein ungedachter Ort, in dem sich der Handelnden *unbewußt* ergreift. Kreatives und spontanes Handeln zeigen aber, daß der Mensch gerade nicht allein durch unbewußte Gewohnheiten bestimmt ist. Er kann diese Gewohnheiten vielmehr selbst aktiv verändern und gestalten. Es zeigt sich hier der offene Spielraum menschlicher Freiheit, in dem die Grenzen ökonomischer Gewohnheiten durchbrochen sind.

Diese Freiheit bleibt noch unzureichend ergründet, solange nur ein einziger Mensch betrachtet wird und seine Beziehungen zu anderen implizit bleiben. Deshalb wurde in der Arbeit eine Kehre des Denkens von der Betrachtung des ökonomischen Menschen- zur Betrachtung des ökonomischen Weltbildes vollzogen. Hierbei wurde deutlich, daß sowohl der ökonomischen Bestimmung des Einzelnen als eigenständiges und unabhängiges Wesen als auch der Vorstellung des Marktes im Sinne eines Mechanismus oder einer Maschine ein Wissen um die ökonomische Welt als Handlungskontext vorausgeht. Die ökonomische Welt läßt sich als *reine Aktivität* auffassen, die weder den Einzelnen noch ein Allgemeines als Täter voraussetzt, sondern beiden gerade als bestimmender Ort-worin vorausgeht. Sie stellt sich dabei als dynamisches Gestaltungsgeschehen dar, in dem sich die vielen Einzelnen wechselseitig bestimmen und in dem jeder zugleich Gestalter und Gestaltetes ist. Es kann weder eine Beobachtungs- noch eine Steuerungsebene aufgewiesen werden, die diesen Gestaltungsakt objektiv bestimmen oder auf ein bestimmtes Ziel hin lenken könnte. Dies bedeutet allerdings nicht, daß die ökonomische Welt völlig unbestimmt ist. Sie kann zwar nicht objektiv als Substanz begriffen werden, wohl aber als eine *kontextabhängige* Existenz, die sich im Kontext der 'welthaften Welt' in Abgrenzung und Unterscheidung zu anderen Welten prozeßhaft bestimmt. Indem in der Arbeit der Standpunkt dieser welthaften Welt eingenommen wurde, konnten einige Eigenschaften der ökonomischen Welt durch den Vergleich mit anderen historischen und kulturellen Welten sichtbar gemacht und Alternativen zu ihnen aufgewiesen werden. Auf diese Weise wurde etwa die Bedeutung des Tausches, der Arbeitsteilung und des Geldes für die ökonomische Welt abgeschätzt sowie Alternativen zu den ökonomischen Vorstellungen von Egoismus und Regelgehorsam aufgewiesen.

Es sollen nun fünf Ergebnisse des eben skizzierten Denkweges besonders hervorgehoben werden, indem sie zunächst thesenartig formuliert und dann durch einige wichtige Aussagen der Arbeit gestützt werden.

1) Jeder ökonomische Erklärungsansatz beruht auf einem Wissen, das innerhalb dieses Ansatzes lediglich vorausgesetzt, nicht aber explizit reflektiert wird. Es ist dies ein tieferes oder umfangreicheres Wissen, das mit Hilfe des wissenschaftstheoretischen Instrumentariums des Erklärungsansatzes nicht erhellt werden kann.
Diese Schlußfolgerung wurde besonders deutlich am Beispiel der Theorie der Nutzenmaximierung, die eine Anwendung des aus der Physik stammenden Konzeptes der Optimierung darstellt. Die Nutzenmaximierung betrachtet explizit nur Güter und deren Beziehungen. Der Optimierungsgedanken macht es aber unabdingbar, den Gütern implizit ein Feld zugrundezulegen, das ihre Eigenschaften und Beziehungen zueinander bestimmt. Aus Sicht der Neoklassik bleibt dieses Feld eine ungedachte Vorausset-

zung, die nicht explizit reflektiert wird. Es ist ein Ort des Nichts, der in sich alle objektiven Bestimmungen birgt, selbst aber nicht objektiv bestimmbar ist: das subjektive Bewußtsein des ökonomisch Handelnden. Ein solches Bewußtsein muß notwendig bestimmte Eigenschaften aufweisen – so etwa ein unendliches Streben nach Mehr –, damit der formalmathematische Ansatz der Optimierung angewendet werden kann. Diese Eigenschaften können aber im Rahmen der objektiven Theorie selbst nicht erklärt werden. Es ist hierfür ein tieferes Wissen notwendig, das die subjektive Sicht des Handelnden explizit umfaßt und bestimmt.

Die oben formulierte These kann auch durch einen wichtigen gesellschaftstheoretischen Aspekt gestützt werden. Die ökonomische Welt kann weder aus Sicht des methodologischen Individualismus, der die Einzelnen als primär gegeben ansieht, noch aus Sicht einer Theorie, die den Markt im Sinne eines gegeben Allgemeinen voraussetzt, beschrieben werden. Sie ist die ungedachte Voraussetzung dieser Theorien, nicht aber deren Ergebnis. Diese Einsicht wird erneut an der Feldmetapher deutlich: Interpretiert man die ökonomische Welt als ein Handlungsfeld, so werden die Einzelnen dadurch bestimmt, daß sie sich handelnd in diesem Feld ergreifen. Sie privatisieren die Feldhandlungen und bestimmen sich so als Feldexistenzen. Die ökonomische Welt geht hier implizit allen Vorstellungen über den ökonomisch Handelnden voraus, kann aber nicht umgekehrt aus Sicht der Einzelnen bestimmt werden. Zudem gilt: Die ökonomische Welt kann auch nicht aus Sicht des Allgemeinen verstanden werden. Denn auch dieses Allgemeine erweist sich lediglich als eine Abstraktionsrichtung dieser Welt. Es wird implizit bestimmt, indem das Handlungsfeld in Richtung universeller Handlungsregeln verallgemeinert und von allen individuellen Bestimmungsprozessen abgesehen wird. Die ökonomische Welt ist der ungedachte Ort-worin dieser Verallgemeinerung; sie geht jedem Gedanken einer kausal-mechanischen Ordnung voraus, kann aber nicht umgekehrt durch diesen begriffen werden.

2) In der ökonomischen Theorie stehen Erklärungsansätze oft in einem absoluten Widerspruch zueinander. Sie begründen ein negatives Verhältnis in dem Sinne, daß der eine Ansatz die Negation des anderen bedeutet. Während ein solches Verhältnis in der ökonomischen Theorie als unüberwindbar postuliert wird, kann mit Hilfe der Philosophie Nishidas ein Weg hin zu einem offeneren Ort des Denkens gewiesen werden, in dem beide Positionen zueinander vermittelt werden. Dieser offenere Ort hebt den Widerspruch nicht in einer höheren Einheit auf; er vermag aber die Kontradiktorischen im Sinne eines dynamischen Prozesses gleichzeitig zu setzen und

damit ein logisches Verhältnis zwischen ihnen zu begründen. Er stellt damit eine Alternative des Denkens jenseits des Widerspruches dar.
In der ökonomischen Theorie wird der Gegensatz von subjektiven und objektiven Erklärungsansätzen als unüberwindbar angesehen. Handeln wird entweder objektiv als beobachtbares Verhalten oder als von subjektiven Bestimmungsgründen geleitet betrachtet. Beide Erklärungsansätze scheinen sich absolut zu widersprechen; wird der eine affirmiert, so negiert dies automatisch den anderen. Doch in den Gewohnheiten läßt sich ein Ort-worin aufweisen, der beide Sichtweisen in sich umschließt und zueinander vermittelt: Die ökonomischen Gewohnheiten der Berechnung und des Strebens nach Mehr begründen zum einen orthaft die subjektiven Eigenschaften des ökonomisch Handelnden wie seine berechnende Vernunft, seine endlosen Begierden und seinen subjektiven Willen. Zum anderen begründen sie aber auch eine objektive Sicht, in der alle Dinge nur noch als Güter erscheinen und nach ihrer Eigenschaft, geldwert zu sein, bestimmt werden. Subjektive und objektive Sicht gründen also gleichursprünglich im Ort-worin der Gewohnheiten; sie sind in diesem wechselseitig aufeinander bezogen; das subjektive Bewußtsein erscheint als ein Bewußtsein-von Gütern, während die Güter orthaft im subjektiven Bewußtsein bestimmt werden.

In der ökonomischen Welt ist zudem ein Ort-worin aufgewiesen, der den für die Ökonomie unüberbrückbar scheinenden Gegensatz von Individuum und Allgemeinem in sich umfaßt und vermittelt. Die ökonomische Welt als Handlungskontext ist der Ort-worin, in dem sich der Einzelne als frei von allen bestimmten Beziehungen ergreifen kann. Sie gewährt so die Vorstellung des Einzelnen als unabhängiges und eigenständiges Wesen. Zugleich gewährt sie aber auch die Vorstellung einer vorgegebenen, gesetzhaften Ordnung, der alle Einzelnen gleichermaßen unterworfen sind. Die ökonomische Welt erweist sich so als ein dynamischer, schöpferischer Prozeß, in dem diese beiden sich widersprechenden Vorstellungen miteinander ringen. Sie ist eine Bestimmung ohne ein Bestimmendes, das von einer absolut übergeordneten Ebene das Geschehen bestimmen oder lenken würde. Diese Überlegung verweist auch darauf, daß weder der Markt noch der Staat eine solche übergeordnete Ebene darstellen können. Beide erweisen sich lediglich als zwei sich widersprechende Abstraktionsrichtungen der gleichen ökonomischen Welt: Im Gedanken des Marktes werden freiwillige Handlungsregeln soweit verallgemeinert, bis der Eindruck einer spontanen Ordnung entsteht, während im Gedanken des Staates die durch Anreiz und Bestrafung erzwungenen Handlungsregeln so weit verallgemeinert werden, daß der Eindruck einer gestalt- und planbaren Ordnung erweckt wird. Die ökonomische Welt zeigt sich so als Ort-worin, der auch den Widerspruch von Markt und Staat bzw. von Öffentlichem und Privaten in sich vereinigt, ohne selbst durch einen dieser Pole absolut beherrscht zu sein.

3) Es ist ein wichtiges wissenschaftstheoretisches Postulat ökonomischer Theorien, daß die Ergebnisse einer Forschung, die nur einen begrenzten Ausschnitt der Wirklichkeit betrachtet, auch auf andere Zusammenhänge übertragbar und in diesem Sinne allgemeingültig sein sollen. Die abstrakte Forschung soll deshalb einen Schlüssel zu einem umfassenden Weltverständnis darstellen. Dieses Postulat erweist sich als unhaltbar. Denn das Verständnis komplexer Zusammenhänge erfordert gerade ein Wissen, das auf einer abstrakten Ebene lediglich implizit vorausgesetzt, nicht aber explizit dargestellt wird. Die Grenzen eines jeden abstrakten Denkraumes versperren sozusagen die Sicht; sie müssen durchbrochen werden, um ein genaueres Bild der Wirklichkeit zu erlangen. Deshalb gilt, daß abstrakte Aussagen nicht verallgemeinert werden können; sie sind lediglich innerhalb eines bestimmten Kontextes gültig.

Von besonderer Bedeutung ist hier das Postulat, daß sowohl Handlungen als auch ökonomische Prozesse berechenbar sein sollen. Grundlage für diese Berechnungen sollen formal-mathematische Beziehungen sein, wie sie in abstrakten Modellen, die nur einen geringen Ausschnitt der Wirklichkeit betrachten, formuliert werden. Doch diese Beziehungen sind nur in Kontexten gültig, denen eine gewisse Statik eigen ist. Sie setzen voraus, daß etwas relativ zum prognostizierten Wandel unverändert bleibt. In den objektiven Theorien, die Handeln als Verhalten berechnen wollen, wird hierfür das Bewußtsein des Handelnden implizit als unbewegtes Feld angenommen. Wird diese Annahme fallen gelassen, so erweist sich die Berechenbarkeit selbst als logisch unmöglich. Dies bedeutet im Umkehrschluß, daß viele alltägliche Phänomene wie Lernen, Bedauern oder eine Änderung der Präferenzen nicht mit Hilfe objektiver Theorien erklärt, geschweige denn prognostiziert können. Denn dies setzt ein Wissen darüber voraus, wie sich das Bewußtsein des Handelnden in Raum und Zeit selbst verändert; ein Wissen, das durch die implizite Annahme eines statischen Bewußtseinsfeldes in der neoklassischen Theorie gerade nicht generiert werden kann. Eine ähnliche Beobachtung gilt auch für die Prognosen ökonomischer Wachstums- und Entwicklungsmodelle. Diese wählen stets implizit eine Variabel als unveränderlichen Bezugspunkt, um gegenüber dieser Wandel zu messen. Es ist deshalb logisch unmöglich, mit ihrer Hilfe eine Welt zu beschreiben, in der alles wechselseitig voneinander abhängig ist und nichts als unabhängige Konstante ex ante feststeht. Das abstrakte Prinzip der Berechenbarkeit, das in einer statischen Modellwelt gültig sein mag, kann deshalb nichts über die realen, dynamischen Prozesse der ökonomischen Welt aussagen.

4) In der ökonomischen Theorie wird implizit der Standpunkt des gewöhnlichen Bewußtseins als unhintergehbar vorausgesetzt. Das wichtigste Kennzeichnen eines solchen Bewußtseins ist es, daß es von Grund auf in den Bereich des Subjekts und des Objekts polarisiert ist und sich dabei allein mit dem subjektiven Bereich identifiziert. Der objektive Bereich hingegen wird in eine Außenwelt abgedrängt, die dem subjektiven Bereich feindlich gegenübersteht und bedroht. Die Gegensätze von Subjekt und Objekt, Mein und Dein, Ich und Anderen werden so zementiert und der Egoismus, der dem gewöhnlichen Bewußtsein eigen ist, als gegeben akzeptiert. Eine Einsicht in die ökonomische Welt als Ort eines dynamischen, wechselseitigen Gestaltungsgeschehen kann von diesem Standpunkt aus nicht gewonnen werden. Die Möglichkeit, sie von innen heraus bewußt und kreativ zu gestalten, rückt deshalb gar nicht erst in den Blick.

Da in den ökonomischen Theorien der Handelnde stets nur mit dem subjektiven Bewußtsein identifiziert wird, erscheint es unmöglich, daß der Handelnde seine Gewohnheiten als eigene erkennt. Sie erscheinen als fest vorgegebene, unbewußte Ideale. Der Handelnde ergreift sich subjektiv in diesen Idealen und wird so durch diese völlig bestimmt, ohne sie umgekehrt bestimmen zu können. Gewohnheiten erscheinen deshalb weder als gestalt- noch veränderbar. Sie sind für die Ökonomie ein Ort des Nichts, der nicht durchbrochen wird. Darüber hinaus gilt, daß die ökonomische Welt als eine objektive Welt betrachtet wird, die dem Einzelnen unverrückbar gegenüber steht. Ein wirkliches Miteinander kann nicht gedacht werden, weil vom Standpunkt des subjektiven Bewußtseins aus sich jeder ausschließlich mit sich selbst identifiziert; er ergreift sich im Gegensatz zu anderen. Dieser Gegensatz erreicht in der ökonomischen Welt seinen Höhepunkt, weil sich in ihr jeder von jedem abgrenzt und das Zusammenleben so als ein Kampf aller gegen alle erscheint. Der Egoismus eigeninteressierten Handelns wird so zu einer scheinbar unhintergehbaren Tatsache. Daraus folgt unter anderem, daß Phänomene wie Vertrauen oder eine bewußte, gemeinsame Gestaltung des Zusammenlebens nur vorausgesetzt, nicht aber erklärt werden können.

5) Weil die Grundlagen ökonomischen Denkens als Voraussetzung der Wirtschaftswissenschaften dienen, können sie innerhalb dieser Wissenschaften nicht überschritten werden. Es wird stets nur innerhalb ihrer Begrenzungen gedacht. Ein Standpunkt der diese Begrenzungen hingegen nicht mehr stillschweigend akzeptiert, sondern zum expliziten Gegenstand seiner Betrachtung macht, kann mit Hilfe der japanischen Philosophie aufgewiesen werden. Entscheidend ist hier die Vorstellung eines offenen Spielraums des Denkens, der in sich alle Gewohnheiten des Denkens umfaßt, ohne selbst durch eine dieser Gewohnheiten bestimmt zu sein. Dieser Raum wird in der japanischen Philosophie als Absolutes Nichts bezeichnet. Dieses Nichts ist nicht durch das ökonomische Denken zu bestimmen, sondern vielmehr selbst die offene Weite, die dieses Denken – neben anderen Denkweisen – ermöglicht. Es ist der Ort-worin, in dem das ökonomische Denkgebäude selbst gründet.

Als Schlüssel zu einem offenen Spielraum des Denkens erweist sich das buddhistische Konzept des ursprünglichen Bewußtseins. Dieses beschreibt einen ursprünglichen Erfahrungsbereich, in dem die Trennung von Subjekt und Objekt, Ich und Anderen noch nicht entstanden ist. In diesem Erfahrungsbereich können Gewohnheiten bewußt gestaltet, ja verändert werden. Es wird so ein Handeln denkbar, das weder dem Kalkül noch einem unendlichen Streben folgt, sondern spontan und kreativ ist. Dieses Handeln verweist auf die Freiheit des Menschen, die durch absolut Nichts bestimmt ist. Im Gegensatz zu den ökonomischen Freiheitsbegriffen ist eine solche Freiheit weder subjektiv noch objektiv bestimmbar. Sie gründet nicht im Ort-worin der ökonomischen Gewohnheit, sondern ist selbst der tiefere oder umfassendere Ort-worin, in dem die ökonomischen Gewohnheiten bestimmt werden. Um eine solche Freiheit denken zu können, dürfen die ökonomischen Denkformen nicht mehr als Voraussetzung des Denkens dienen. Sie sind vielmehr zu durchbrechen, damit sie selbst zum Gegenstand des Denkens werden können.

Die Freiheit des ursprünglichen Bewußtseins überwindet nicht nur die Gewohnheiten. Sie ist auch ein Erfahrungsbereich, der dem Standpunkt des Egoismus und damit dem Kampf aller gegen alle die Grundlage entzieht. In ihr muß der Egoismus nicht mehr durch Zwang und Gehorsam gebändigt bzw. durch eine höhere Gewalt von außen beherrscht werden. Vielmehr rückt die Möglichkeit eines harmonischen Miteinanders in den Blick, das sich selbst jenseits dieses Kampfes spontan und kreativ gestaltet. Eine solche Harmonie, so zeigt Nishidas Gedanke der welthaften Welt, stellt nicht nur eine Alternative zum Egoismus der Menschen in einer Welt dar, sondern auch zum Egoismus der Welten selbst. Hierfür dürfen allerdings keine Handlungsregeln einer spezifischen Welt – auch nicht der ökonomischen – als gegeben vorausgesetzt werden. Es wird vielmehr eine welthafte Welt erkennbar, die unendlich offen und weit ist und in sich alle bestimmten Regeln umfaßt, ohne selbst von diesen bestimmt zu sein. Eine solche Weite macht nicht nur die Toleranz gegenüber anderen Welten denkbar, sondern eröffnet zugleich auch einen wichtigen Spielraum, in dem die ökonomische Welt reflektiert werden kann. Denn da die welthafte Welt sich als Absolutes Nichts bestimmt, gewährt sie einem Denken Raum, für das die ökonomische Welt keine Voraussetzung, sondern lediglich ein Ergebnis ist.

Der Weg zum ungedachten Ort ökonomischen Denkens weist in eine *offene Weite*, die nicht vollständig zu erfassen ist. Er sprengt dabei jede Grenze, die die ökonomischen Theorien dem Denken implizit setzen. Es sei abschließend darauf verwiesen, daß sich in diesem Denkweg eine *Umkehrung* des Denkens andeutet: Während in den ökonomischen Theorien nach immer abstrakteren, vor allem formal-mathematischen Modellen zur Beschreibung der Wirklichkeit geforscht wird, will der dargestellte Denkweg diese Wirklichkeit gerade als eine *kreative Fülle* aufweisen, die im Standort unseres Alltags verortet ist. Die ökonomische Theorie – und hier insbesondere die Neoklassik – versucht, sich immer mehr von diesem Standort zu entfernen. Sie will die Erfahrung des Alltags gegen ein vermeintlich sicheres, abstraktes Wissen *über* diese Erfahrung ersetzen. So kommt die ökonomische Welt aber nur noch als eine tote Sache zu Bewußtsein; sie erscheint als starr und unveränderlich. Ein Denkweg, der sich an der modernen japanischen Philosophie orientiert, löst diese Erstarrung schrittweise und zeigt, daß die ökonomische Welt gerade nicht bestimmt und entschieden ist. Auf diese Weise geht die Aufgabe der Wissenschaft, diese Welt exakt zu bestimmen und zu beherrschen, unweigerlich verloren. Dafür zeigt sich eine andere: die Aufgabe nämlich, die ökonomische Welt als einen offenen, kreativen Prozeß darzustellen, in den wir durch unser eigenes Handeln eingebunden sind und ihn dadurch aktiv *gestalten*. Es geht darum, die ökonomische Welt nicht mehr als einen toten Gegenstand der Analyse zu fixieren, den man nach eigenem Belieben manipuliert, sondern gerade darum, den Elfenbeinturm abstrakter Theorien zu verlassen und sich auf den Standpunkt des Alltags zu stellen. Das gründliche Begreifen unseres Alltaglebens, die ernsthafte Auseinandersetzung mit dem Hier und Jetzt wird so zur eigentlichen Aufgabe ökonomischen Denkens.

6 Literaturverzeichnis

Abe, M., Dōgen on Buddha Nature, Eastern Buddhist, 4/1 (1971), S. 28-71

–, The Japanese View of Truth, Japanese Religions, 14/3 (1986), S. 2-5

–, The Problem of Self-Centeredness as the Root-source of Human Suffering, Japanese Religions, 15/4 (1989), S. 15-25

–, Nishitani's Challenge to Western Philosophy and Theology, in: T. Unno (Hrsg.), The Religious Philosophy of Nishitani Keiji, Encounter with Emptiness, California 1989, S. 13-45

–, The Logic of Absolute Nothingness as Expounded by Nishida Kitarō, Eastern Buddhist, 28/2 (1995), S. 167-74

–, Zen and Comparative Studies, hrsg. v. S. Heine, Honolulu 1997

Ames, R.T., The Focus-Field in Classical Confucianism, in: Ders. et al. (Hrsg.), Self as Person in Asian Theory and Practice, New York 1994, S. 187-234

Aristoteles, Nikomachische Ethik, übers. v. O. Gigon, Zürich 1952

Arrow, K.J., F.H. Hahn, General Competitive Analysis, San Francisco-Edinburgh 1971

Baruzzi, A., Freiheit, Recht und Gemeinwohl, Grundfragen einer Rechtsphilosophie, Darmstadt 1990

Bastiat, C.F., Harmonies Economiques, Paris 1855

Baurmann, M., Der Markt der Tugend: Recht und Moral in der liberalen Gesellschaft, Eine soziologische Untersuchung, Tübingen 1996

Becker, G.S., Der ökonomische Ansatz zur Erklärung menschlichen Verhaltens, Tübingen 1982

–, Menschliches Dasein aus ökonomischer Sicht (Nobel-Lesung), in: K.-D. Grüske (Hrsg.), Die Nobelpreisträger der ökonomischen Wissenschaft, Band 3, Düsseldorf 1994, S. 206-236

Bentham J., Eine Einführung in die Prinzipien der Moral und der Gesetzgebung, in: O. Höffe (Hrsg.) Einführung in die utilitaristische Ethik, Klassische und zeitgenössische Texte, Tübingen 1992, S. 55-83

Berque, A., Das Verhältnis der Ökonomie zu Raum und Zeit in der japanischen Kultur, in: K. Werhahn-Mees, C. von Barloewen (Hrsg.), Japan und der Westen, Band 1, Frankfurt 1986, S. 21-38

Biervert, B., Menschenbilder in der ökonomischen Theoriebildung. Historischgenetische Züge, in: B. Biervert, M. Held (Hrsg.), Die Natur des Menschen – Zum Menschenbild der ökonomischen Theorie, Frankfurt/Main 1991, S. 42-55

Biervert, B., J. Wieland, Der ethische Gehalt ökonomischer Kategorien – Beispiel: Der Nutzen, in: B. Bievert, M. Held (Hrsg.), Ökonomische Theorie und Ethik, Frankfurt/Main-New York 1987, S. 23-50

Brear, A.D., The Nature and Status of Moral Behavior in Zen Buddhist Tradition, Philosophy East & West, 24/4 (1974), S. 429-41

Brodbeck, K.-H., Der Spielraum der Leerheit, Buddhismus im Gespräch, Solothurn-Düsseldorf 1995

–, Erfolgsfaktor Kreativität, Die Zukunft unserer Marktwirtschaft, Darmstadt 1996

–, Die Nivellierung der Zeit in der Ökonomie, in: J. Manemann (Hrsg.), Befristete Zeit, Jahrbuch der Politischen Theologie, 3 (1999), S. 135-151

–, Die fragwürdigen Grundlagen der Ökonomie, Eine philosophische Kritik der modernen Wirtschaftswissenschaften, Darmstadt 2000

–, Zirkel des Wissens, Vom gesellschaftlichen Prozeß der Täuschung, Aachen 2002

–, Kritische Wirtschaftsethik, Skizzen zur impliziten Ethik ökonomischer Theorienbildung, in: P. Ulrich, M. Breuer (Hrsg.), Wirtschaftsethik im politischen Diskurs, Würzburg 2004, S. 211-225

Buchanan, J.M., Die Grenzen der Freiheit, Zwischen Anarchie und Leviathan, Tübingen 1984

Büscher, M., Gott und Markt – religionsgeschichtliche Wurzeln Adam Smiths und die 'Invisible Hand' in der säkularisierten Industriegesellschaft, in: A. Meyer-Faje, P. Ulrich (Hrsg.), Der andere Adam Smith, Beiträge zur Neubestimmung von Ökonomie als politischer Ökonomie, Bern-Stuttgart 1991, S. 123-144

Cartelier, J., Das Geld, Bergisch Gladbach 1996

Carter, R.E., Toward a Philosophy of Zen Buddhism, Prolegomena to an Understanding of Zen Experience and Nishida's Logic of Place, Eastern Buddhist, 13/2 (1980), S. 127-130

–, Interpretative Essay: Strands of Influence, Nachwort in: T. Watsuji, Watsuji Tetsuro's Rinrigaku, übers. v. S. Yamamoto, R.E. Carter, New York 1996, S. 325-354

–, The Nothingness beyond God, An Introduction to the Philosophy of Nishida Kitarō, St. Paul (Minn.) 1997

–, Encounter with Enlightenment, A Study of Japanese Ethics, New York 2001

Cassel, G., Theoretische Sozialökonomik, Leipzig 1927

Cezanne, W., Allgemeine Volkswirtschaftslehre, München-Wien 2002

Chuang Tzu, The Complete Works of Chuang Tzu, übers. v. B. Watson, New York-Leiden 1968

Comte, A., Reden über den Geist des Positivismus, Hamburg 1966

Defoe, D., The Life and Adventures of Robinson Crusoe, a York 'Mariner', Edinburgh 1838

Dietzel, H., Individualimus, in: L. Elster et al. (Hrsg.), Handwörterbuch der Staatswissenschaften, Jena 1923

Dobb, M., Political Economy and Capitalism, Some Essays in Economic Tradition, London 1945

Edgeworth, F.Y., Mathematical Psychics, An Essay on the Application of Mathematics to the Moral Sciences, London 1881

Eisenstadt, S.N., Japanese Civilization, A Comparative View, Chicago-London 1996

Eisermann, G.M.E., Vilfredo Pareto und sein „Manuale", Vademecum zu einem Klassiker der Ökonomie und Soziologie, Düsseldorf 1992

Elberfeld, R., Kitarō Nishida (1870-1945), Das Verstehen der Kulturen, Moderne japanische Philosophie und die Frage nach der Interkulturalität, Amsterdam-Atlanta 1999

–, Phänomenologie der Zeit im Buddhismus, Methoden interkulturellen Philosophierens – Philosophie interkulturell, Stuttgart 2004

Esfeld, M., Mechanismus und Subjektivität in der Philosophie von Thomas Hobbes, Stuttgart-Bad Canstatt 1995

Fachlexikon ABC Physik, Band 1, Thun-Frankfurt/Main 1989

Farmer, M., Ever since Adam Smith: The Mythical History of Individual Rationality in Economic Analysis, Research in the History of Economic Thought and Methodology, 9 (1992), S. 105-127

Felderer, B., S. Homburg, Makroökonomik und neue Makroökonomik, Berlin-Heidelberg et al. 1999

Fisher, I, Mathematical Investigations into the Theory of Value and Prices, New Haven, 1925

Fox, D.A., Zen and Ethics, Dōgen's Synthesis, Philosophy East and West, 21/1 (1971), S. 33-41

Friedman, D., Der ökonomische Code, Wie wirtschaftliches Denken unser Handeln bestimmt, Frankfurt/Main 1999

Friedman, M., The Methodology of Positive Economics, in: Ders., Essays in Positive Economics, Chicago 1953, S. 3-43.

–, Capitalism and Freedom, Chicago-London 1982

Gallu, E., Sunyata, Ethics and Authentic Interconnectedness, in: T. Unno (Hrsg.), The Religious Philosophy of Nishitani Keiji, Encounter with Emptiness, Berkeley 1989, S. 188-200

Gossen, H.H., Entwicklung der Gesetze des menschlichen Verkehrs und der daraus fließenden Regeln für menschliches Handeln, Braunschweig 1854

Graupe, S., Japanese Modes of Business Behaviour, A Cultural Perspective on Efficiency and Accountability in the Japanese Context, praxis perspektiven, Band 5, Würzburg 2002, S. 47-54

Hall, D.L., R.T. Ames, Thinking from the Han, Self, Truth and Transcendence in Chinese and Western Culture, New York 1998

Hammond, J.D., An Interview with Milton Friedman on Methodology, Research in the History of Economic Thought and Methodology, 10 (1992), S. 91-118

Hansen, C., Qing (Emotions) in Pre-Buddhist Chinese Thought, in: J. Marks, R.T. Ames (Hrsg.), Emotions in Asian Thought, A Dialogue in Comparative Philosophy, New York 1995, S. 181-203

Hashi, H., Die Aktualität der Philosophie, Grundriß des Denkweges der Kyoto-Schule, Wien 1999

Hayek, F.A., Wahrer und falscher Individualismus, in: Ders., Individualismus und wirtschaftliche Ordnung, Zürich 1952, S. 9-48

–, Der Sinn des Wettbewerbs, in: Ders., Individualismus und wirtschaftliche Ordnung, Zürich 1952, S. 122-140

–, Missbrauch und Verfall der Vernunft, Ein Fragment, Frankfurt/Main 1959

–, Studies in Philosophy, Politics and Economics, London-Henley 1967

–, Recht, Gesetzgebung und Freiheit, Band 1: Regeln und Ordnung, München 1980

–, Recht, Gesetzgebung und Freiheit, Band 2: Die Illusion der sozialen Gerechtigkeit, Landsberg am Lech 1981

–, Recht, Gesetzgebung und Freiheit, Band 3: Die Verfassung einer Gesellschaft freier Menschen, Landsberg am Lech 1981

Heisig, J.W., Tanabe's Logic of the Specific and the Critique of the Global Village, Eastern Buddhist, 28/2 (1995), S. 198-224

Hicks, J.R., Gleichgewicht und Konjunktur, Zeitschrift für Nationalökonomie, Band 4 (1933), S. 441-455

Hirschberger, J., Geschichte der Philosophie, Band 2, Freiburg i. Br. 1980

Hirschman, A.O., Leidenschaften und Interessen, Politische Begründung des Kapitalismus vor seinem Sieg, Frankfurt/Main 1987

Hisamatsu, S., Philosophie des Erwachens, Satori und Atheismus, Zürich-München 1990

Hobbes, T., The Elements of Law, Natural and Politic (1640)

–, Lehre vom Menschen und vom Bürger, Leipzig 1918

–, Leviathan, Neuwied-Berlin 1966

–, Vom Körper, Hamburg 1967

Höffe, O., Einführung in die utilitaristische Ethik: Klassische und zeitgenössische Texte, Tübingen 1992

Homann, K., Sinn und Grenze der ökonomischen Methode in der Wirtschaftsethik, in: D. Aufderheide, K. Homann (Hrsg.), Wirtschaftsethik und Moralökonomik: Normen, soziale Ordnung und der Beitrag der Ökonomie, Berlin 1997, S. 11-42

–, Anreize und Moral, Gesellschaftstheorie – Ethik – Anwendungen, Münster 2003

Homann, K., F. Blome-Drees, Wirtschafts- und Unternehmensethik, Göttingen 1992

Hume, D., A Treatise on Human Nature (1734), Reprint Oxford 1888

Iino, N., Dogens's Zen View of Interdependence, Philosophy East & West, 12/1 (1962), S. 51-57

Izutsu, T., Die Entdinglichung und Wiederverdinglichung der 'Dinge' im Zen-Buddhismus, in: Y. Nitta (Hrsg.), Japanische Beiträge zur Phänomenologie, Freiburg-München 1984, S. 13-40

Jevons, W.S., The Theory of Political Economy, Harmondsworth 1970

Jullien, F., Der Umweg über China: ein Ortswechsel des Denkens, Berlin 2002

Kaldor, N., A Classificatory Note on the Determinateness of Equilibrium, The Review of Ecomic Studies, 1/2 (1934), S. 122-36

Kaneko, T., Die Freiheit als Geschenk, The Philosophical Studies of Japan, 3 (1961), S. 121-149

Kasulis, T.P., Zen Action / Zen Person, Honolulu 1981

Kirchgässner, G., Homo oeconomicus: das ökonomische Modell individuellen Verhaltens und seine Anwendung in den Wirtschafts- und Sozialwissenschaften, Tübingen 1991

Klammer, A., T. Leonard, So What's an Economic Metaphor?, in: P. Mirowski (Hrsg.), Natural Images in Economic Thought, Cambridge 1991, S. 20-51

Knight, F.H., Risk, Uncertainty and Profit, Boston 1921

–, The Ethics of Competition, London 1936

Kōyama, I., Das Prinzip der Entsprechung und die Ortlogik, in: R. Ohashi (Hrsg.), Die Philosophie der Kyōto-Schule, Freiburg i Br. 1990, S. 306-348

Kromphardt, J., Grundlagen der Makroökonomie, München 1998

Kruse, J., Geschichte der Arbeit und Arbeit als Geschichte, Münster-Hamburg-London 2003

Krüsselberg, H.-G., Theoriebildung im 17., 18. und 19. Jahrhundert, in: W. Korff (Hrsg.), Handbuch der Wirtschaftsethik, Band 1, Gütersloh 1999, S. 375-461

Kyrer, A., Neue Politische Ökonomie 2005, München-Wien 2001

Lachmann, L., Marktwirtschaft und Modellkonstruktionen, in: K.R. Leube (Hrsg.), Die österreichische Schule der Nationalökonomie, Band 2, Wien 1995, S. 177-193

Lao Tsu, Tao Te Ching, übers. v. G. Feng, J. English (deutsche Übersetzung v. S. Luetjohann), Haldenwang Alle 1981

Latka, T., Topisches Sozialsystem, Die Einführung der japanischen Lehre vom Ort in die Systemtheorie und deren Konsequenzen für eine Theorie sozialer Systeme, Heidelberg 2003

Lebra, T.S., Japanese Patterns of Behavior, Honolulu 1976

Lechner, H.H., Soziale Marktwirtschaft und Neoliberalismus im Urteil der katholischen Soziallehre, Schmollers Jahrbuch, 81/6 (1962), S. 663-704

–, Währungspolitik, Berlin-New York 1988

Leube, K., Einige Bemerkungen zu den „Untersuchungen über die Theorie des Preises" aus der Sicht der Österreichischen Schule der Nationalökonomie, in: Ders. (Hrsg.), Die Österreichische Schule der Nationalökonomie, Band 2, Wien 1995, S. 325-335

Locke, J., Zwei Abhandlungen über die Regierung, Frankfurt/Main 1977

Lowe, A., Politische Ökonomik, Frankfurt/Main-Wien 1965

Loy, D., Nonduality, A Study in Comparative Philosophy, New York 1988

Luhmann, N., Ökologische Kommunikation, Kann die moderne Gesellschaft sich auf ökologische Gefährdungen einstellen?, Opladen 1990

MacIntyre, A., Geschichte der Ethik im Überblick, vom Zeitalter Homers bis zum 20. Jahrhundert, Königstein/Ts. 1984

–, Individual and Social Morality in Japan and the United States: Rival Conceptions of the Self, Philosophy East and West, 40/4 (1990), S. 489-497

Macpherson, C.B., The Political Theory of Possessive Individualism, Hobbes to Locke, Oxford 1962

Mafli, P., Nishida Kitarōs Denkweg, München 1996

Mainwaring, L., Marginalism and the Margin, in: J. Creedy (Hrsg.), Foundations of Economic Thought, Oxford et al. 1990, S. 87-123

Mankiw, N.G., Makroökonomik, Stuttgart 2000

Maraldo, J.C., The Problem of World Culture, Eastern Buddhist, 28/2 (1995), S. 183-197

Marshall, A., Handbuch der Volkswirtschaftslehre, teilw. abgedruckt in: A. Kruse (Hrsg.), Nationalökonomie, Ausgewählte Texte zur Geschichte einer Wissenschaft, Stuttgart 1960, S. 22-30

–, Principles of Economics (1920), Reprint London 1961

Maus, I., Verrechtlichung, Entrechtlichung und der Funktionswandel von Institutionen, in: G. Göhler (Hrsg.), Grundfragen der Theorie politischer Institutionen, Opladen 1987, S. 188-203

Mason, J.W.T., The Meaning of Shinto, The Primaeval Foundation of Creative Spirit in Modern Japan, New York 1967

Matsudo, Y., Die Welt als Dialektisches Allgemeines, Eine Einführung in die Spätphilosophie von Kitarō Nishida, Heidelberg 1990

Menger, C., Grundsätze der Volkswirtschaftslehre, Wien 1871

–, Untersuchungen über die Methode der Socialwissenschaften und der Politischen Ökonomie insbesondere, Leipzig 1883

Mente, B. de, Japanese Manners & Ethics in Business, Tokyo 1960

Meyer, H., Produktion, abgedruckt in: A. Kruse (Hrsg.), Nationalökonomie, Ausgewählte Texte zur Geschichte einer Wissenschaft, Stuttgart 1960, S. 98-102

Mill, J.S., Utilitarianism, On Liberty, and Considerations on Representative Government, hrsg. von H.B. Acton, London 1972

–, On the Definition of Political Economy, and on the Method of Investigation Proper to It, in: Ders., Collected Works, Vol. IV, Toronto 1967, S. 309-339

–, Utilitarismus, in: O. Höffe (Hrsg.), Einführung in die utilitaristische Ethik, Klassische und zeitgenössische Texte, Tübingen 1992, S. 84-97

Mirowski, P., More Heat than Light, Economics as Social Physics, Physics as Nature's Economics, Cambridge 1989

–, Against Mechanism, Protecting Economics from Science, New Jersey 1988

Mises, L. von, Grundprobleme der Nationalökonomie, Jena 1933

–, Nationalökonomie, Theorie des Handelns und Wirtschaftens, Genf 1940

Misra, G.S.P., Development of Buddhist Ethics, New Delhi 1984

Morgenstern, O., Vollkommene Voraussicht und wirtschaftliches Gleichgewicht, in: K. Leube (Hrsg.), Die Österreichische Schule der Nationalökonomie, Band 2, Wien 1995, S. 96-115

Mo Ti, Von der Liebe des Himmels zu den Menschen, hrsg. und übers. v. H. Schmidt-Glintzer, München 1992

Müller, D., Beiträge der Handlungstheorie für das Verständnis des Konsumentenverhaltens, Frankfurt/Main et al. 1983

Müller-Armack, A., Wirtschaftslenkung und Marktwirtschaft, teilw. abgedruckt in: A. Kruse (Hrsg.), Nationalökonomie, Ausgewählte Texte zur Geschichte einer Wissenschaft, Stuttgart 1960, S. 275-284

Murata, J., Wahrnehmung und Lebenswelt, in: Y. Nitta (Hrsg.) Japanische Beiträge zur Phänomenologie, Freiburg-München 1984, S. 273-218

Najita, T., Die historische Entwicklung der kulturellen Identität im modernen Japan und die humanistische Herausforderung der Gegenwart, in: K. Werhahn-Mees, C. von Baerloewen (Hrsg.), Japan und der Westen, Band 3, Frankfurt 1986, S. 176-191

Nakamura, H., Ways of Thinking of Eastern Peoples: India-China-Tibet-Japan, Japanese National Commission for Unesco 1960

Nakane, C., Japanese Society, Berkeley 1972

Nawroth, E.E., Die Sozial- und Wirtschaftsphilosophie des Neoliberalismus, Heidelberg 1961

Nishida, K., Nishida Kitarō zenshū, Tokyo 1987 (19-bändige Gesamtausgabe auf japanisch)

–, Intellegibility and the Philosophy of Nothingness, übers. v. R. Schinzinger, Tokyo 1958

–, Fundamental Problems of Philosophy, The World of Action and the Dialectical World, übers. v. D.A. Dilworth, Tokio 1970

–, The System of Self Consciousness of the Universal, teilw. übers. in: R.J. Wargo, The Logic of Basho and the Concept of Nothingness in the Philosophy of Nishida Kitarō, Michigan 1972, S. 363-422

–, Affective Feeling, übers. v. D.A. Dilworth, V.H. Viglielmo, in: Y. Nitta, H. Tatematsu (Hrsg.), Analecta Husserliana 8, Japanese Phenomenology, Dodrecht 1979

–, Die Welt als Dialektisches Allgemeines, übers. in: Y. Matsudo, Eine Einführung in die Spätphilosophie von Kitarō Nishida, Heidelberg 1990, S. 116-246

–, Selbstidentität und Kontinuität der Welt, in R. Ohashi, (Hrsg.) Die Philosophie der Kyōto-Schule, Texte und Einführungen, Freiburg i. Br. 1990, S. 54-118

–, Logik des Ortes, übers. u. hrsg. v. R. Elberfeld, Darmstadt 1999

–, Über das Gute, Eine Philosophie der Reinen Erfahrung, übers. v. P. Pörtner, Frankfurt/Main-Leipzig 2001

Nishitani, K., What is Religion?, Philosophical Studies of Japan, 2 (1960), S. 21-64

–, Modernisierung und Tradition in Japan, in: K. Werhahn-Mees, C. von Barloewen (Hrsg.), Japan und der Westen, Band 1, Frankfurt/Main 1986, S. 183-204

–, Vom Wesen der Begegnung, in: R. Ohashi (Hrsg.) Die Philosophie der Kyōto Schule, Texte und Einführungen, Freiburg i. Br. 1990, S. 253-274.

Odin, S., The Social Self in Zen and American Pragmatism, New York 1996

Ohashi, R., Japan im interkulturellen Dialog, München 1999

Ohse, D., Mathematik für Wirtschaftswissenschaftler, Band 1: Analysis, München 1993

Ozaki, M., Individuum, Society, Humankind, The Triadic Logic of Species according to Hajime Tanabe, Leiden-Boston-Köln 2001

Persky, J., Retrospectives, The Ethology of *Homo Economicus*, Journal of Economic Perspectives, 9/2 (1995), S. 221-231

Pigou, A.C., Economics of Welfare, London 1960

Piovesana, G.K., Recent Japanese Philosophical Thought 1862-1996, A Survey, Richmond 1997

Porter, T.M., Rigor and Practicality: Rival Ideas of Quantification in Nineteenth-century Economics, in: P. Mirowski (Hrsg.), Natural Images in Economic Thought, Cambrige 1991, S. 128-170

Priddat, B.P., E.K. Seifert, Gerechtigkeit und Klugheit – Spuren aristotelischen Denkens in der modernen Ökonomie, in: B. Bernd, M. Held (Hrsg.), Ökonomische Theorie und Ethik, Frankfurt/Main-New York 1987, S. 51-77

Rawls, J., Eine Theorie der Gerechtigkeit, Frankfurt/Main 1975

Reckling, F., Interpretative Handlungsrationalität, Intersubjektivität als ökonomisches Problem und die Ressourcen der Hermeneutik, Marburg 2002

Reiß, W., Mikroökonomische Theorie, Historisch fundierte Einführung, München-Wien 1996

Rendtorff, T., Selbstverständnis und Aufgabe der Ethik, in: W. Korff (Hrsg.), Handbuch der Wirtschaftsethik, Band 1, Gütersloh 1999, S. 152-207

Robbins, L., An Essay on the Nature and Significance of Economic Science, London 1935

–, The Significance of Ecnomic Science, in: K.R. Leube (Hrsg.), Die Österreichische Schule der Nationalökonomie, Band 2, Wien 1995, S. 75-91

Robinson, C.-J.E., The Conflict of Science and Religion in Dynamic Sunyata, in: T. Unno (Hrsg.), The Religious Philosophy of Nishitani Keiji, Encounter with Emptiness, Berkeley 1989, S. 101-113.

Rothschild, K.W., Theorie und Ethik in der Entwicklung ökonomischer Lehrmeinungen, in: B. Bievert, M. Held (Hrsg.), Ökonomische Theorie und Ethik, Frankfurt/Main-New York 1987, S. 11-22

Samuelson, P.A., Consumption Theory in Terms of Revealed Preference, in: J.E. Stiglitz (Hrsg.), The Collected Scientific Papers of Paul A. Samuelson, Vol. I, Cambridge (Mass.) 1966, S. 64-74

–, Maximum Principles in Analytical Economics, in: R.C. Merton (Hrsg.), The Collected Scientific Papers of Paul A. Samuelson, Vol. III, Cambridge (Mass.) 1972, S. 2-17

–, Volkswirtschaftslehre, Band 1, Köln 1973

–, Foundations of Economic Analysis, Cambridge 1983

Schäffle, A., Das gesellschaftliche System der menschlichen Wirthschaft, Ein Lehr- und Handbuch der Nationalökonomie, teilw. abgedruckt in A. Kruse (Hrsg.), Nationalökonomie, Ausgewählte Texte zur Geschichte einer Wissenschaft, Stuttgart 1960, S. 238-245

6 Literaturverzeichnis 359

Scheck, F., Mechanik, Von den Newtonschen Gesetzen zum deterministischen Chaos, Berlin et al. 1994

Shimizu, H., Ba-Principle: New Logic for the Real-Time Emergence of Information, Holonics, 5/1 (1995), S. 67-79

–, Die ordnende Kraft des „Ba" im traditionellen Japan, in: C. Maar et al. (Hrsg.), Die Technik auf dem Weg zur Seele, Reinbek bei Hamburg 1996

Shimomura, T., On the Varieties of Philosophical Thinking, The Philosophical Studies of Japan, Band 6, Toyko 1963, S. 1-21

–, Mentalität und Logik der Japaner, in R. Ohashi (Hrsg.), Die Philosophie der Kyōto-Schule, Texte und Einführungen, Freiburg i Br. 1990, S. 369-385

Schramm, M., Spielregeln gestalten sich nicht von selbst, Institutionenethik und Individualethos in Wettbewerbssystemen, in: D. Aufderheide, K. Homann (Hrsg.), Wirtschaftsethik und Moralökonomik: Normen, soziale Ordnung und der Beitrag der Ökonomie, Berlin 1997, S. 147-176

Schultz, H., The Quantitative Method with Special Reference to Economic Inquiry, Research in the History of Economic Thought and Methodology, 18 (2001), S. 343-355

Schumacher, E.F., Small is Beautiful, Die Rückkehr zum menschlichen Maß, Reinbek bei Hamburg 1985

Schumpeter, J., Das Wesen und der Hauptinhalt der theoretischen Nationalökonomie, Leipzig 1908

–, Kapitalismus, Sozialismus und Demokratie, Tübingen 1950

–, Beiträge zur Sozialökonomik, Wien-Köln-Graz 1987

Seibt, J., Individuen als Prozesse: Zur ontologischen Revision des Substanz-Paradigmas, Logos, Zeitschrift für systematische Philosophie, 2/4 (1995), S. 352-384

Sen, A.K., Rational Fools: A Critique of the Behavioral Foundations of Economic Theory, Philosophy & Public Affairs, 6 (1977), S. 317-44

Siebert, H., Einführung in die Volkswirtschaftslehre, Stuttgart et al. 2000

Silver, A., Two Different Sorts of Commerce, in: J. Weintraub, K. Kumar (Hrsg.), Public and Private in Thought and Practice: Perspectives on a Grand Dichotomy, Chicago 1997

Simmel, G., Philosophie des Geldes (1920), Reprint Neu Isenburg 2001

Sismondi, D. de, Grundsätze der Politischen Ökonomie oder der Reichtum in seinen Beziehungen zur Bevölkerung, teilw. abgedruckt in: A. Kruse (Hrsg.), Nationalökonomie, Ausgewählte Texte zur Geschichte einer Wissenschaft, Stuttgart 1960, S. 51-56

Smith, A., Untersuchung über das Wesen und die Ursachen des Wohlstandes, teilw. abgedruckt in: A. Kruse (Hrsg.), Nationalökonomie, Ausgewählte Texte zur Geschichte einer Wissenschaft, Stuttgart 1960, S. 92-97

–, Der Wohlstand der Nationen, Eine Untersuchung seiner Natur und seiner Ursachen, München 1974

–, Essays on Philosophical Subjects, hrsg. v. W. P. D. Wightman, J. C. Bryce, Glasgow 1980

–, Theorie der ethischen Gefühle, Hamburg 2004

Spiegel, H.W., The Growth of Economic Thought, Durham (North Carolina) 1983

Stadler, R., Mit Sicherheit ein gutes Gefühl, Süddeutsche Magazin vom 9. Juli 2004, S. 4-7

Stenson, S.H., Beyond Science and Technology to Absolute Emptiness, in: T. Unno (Hrsg.), The Religious Philosophy of Nishitani Keiji, Encounter with Emptiness, Berkeley 1989, S. 114-142

Stephani, H., G. Kluge, Theoretische Mechanik, Punkt- und Kontinuumsmechanik, Heidelberg et al. 1995

Stewart, H., A Critique of Instrumental Reason in Economics, Economics and Philosophy, 11 (1995), S. 57-83

Suchanek, A., Der ökonomische Ansatz und das Verhältnis von Mensch, Institution und Erkenntnis, in: B. Biervert, M. Held (Hrsg.), Die Natur des Menschen – Zum Menschenbild der ökonomischen Theorie, Frankfurt/Main 1991, S. 76-93

Suzuki, D.T., What is the 'I'?, Eastern Buddhist, 4/1 (1971), S. 13-27

–, Die große Befreiung, Einführung in den Zen Buddhismus, Frankfurt/Main 1980

Tanabe, H., Versuch, die Bedeutung der Spezies zu klären, in: R. Ohashi (Hrsg.), Die Philosophie der Kyoto-Schule, Texte und Einführungen, Freiburg i. Br. 1990, S. 145-195

Tong, L.K., The Art of Appropriation: Towards a Field-Being Conception of Philosophy, Fairfield 2000

–, Dao and Logos, Prolegomena to a Quintessential Hermeneutics in: C. Bickmann (Hrsg.), Tradition und Traditionsbruch, erscheint 2005

Tugendhat, E., Probleme der Ethik, Stuttgart 1984

Ueda, S., The Difficulty of Understanding Nishida's Philosophy, Eastern Buddhist, 28/2 (1995), S. 175-182

Ulrich, P., Der kritische Adam Smith – im Spannungsfeld zwischen sittlichem Gefühl und ethischer Vernunft, in: A. Meyer-Faje, P. Ulrich (Hrsg.), Der andere Adam Smith, Beiträge zur Neubestimmung von Ökonomie als politischer Ökonomie, Bern-Stuttgart 1991, S. 145-190

Upham, F., Law and Social Change in Postwar Japan, Cambridge (Mass.) 1987

Vaihinger, H., Die Philosophie des Als-ob, System der theoretischen, praktischen und religiösen Fiktionen der Menschheit aufgrund eines idealistischen Positivismus, Leipzig 1920

Varian, H.R., Mikroökonomie, München-Wien 1985

–, Grundzüge der Mikroökonomik, München-Wien 2001

Walras, L., Elements of Pure Economics, New York 1969

–, Mathematische Theorie der Preisbestimmung der wirthschaftlichen Güter, Vier Denkschriften (1881), Reprint Stuttgart 1972

Wargo, R.J., The Logic of Basho and the Concept of Nothingness in the Philosophy of Nishida Kitarō, Michigan 1972

Washida, K., Handlung, Leib und Institution – Perspektiven einer phänomenologischen Handlungstheorie, in Y. Nitta (Hrsg.), Japanische Beiträge zur Phänomenologie, Freiburg-München 1984, S. 319-349

Watsuji, T., Watsuji Tetsuro's Rinrigaku, Ethics in Japan, übers. v. S. Yamamoto, R.E. Carter, New York 1996

Weinmayr, E., Denken im Übergang – Kitarō Nishida und Martin Heidegger, in: H. Buchner (Hrsg.), Japan und Heidegger, Sigmaringen 1989, S. 39-61

Weintraub, J., The Theory und Politics of the Public/Private Distinction, in: J. Weintraub, K. Kumar (Hrsg.), Public and Private in Thought and Practice, Perspectives on a Grand Dichotomy, Chicago-London 1997, S. 1-42

White, M., The Moment of Richard Jennings: The Production of Jevon's Marginalist Economic Agent, in: P. Mirowski (Hrsg.), Natural Images in Economic Thought, Cambridge 1991, S. 197-230

Wicksell, K., Vorlesungen über Nationalökonomie, Band 2, Jena 1922

Wieland, J., Ökonomische Organisation, Allokation und Status, Tübingen 1993

Yuasa, Y., The Body, Toward an Eastern Body-Mind Theory, übers. v. S. Nagatomo, T.P. Kasulis, New York 1987

–, The Body, Self-Cultivation and Ki-Energy, übers. v. S. Nagatomo, M.S. Hull, New York 1993

Yusa, M., The Religious Worldview of Nishida Kitarō, Eastern Buddhist, 20/2 (1987), S. 63-76

Zintl, R., Wirtschaft im Spannungsfeld von Staat und Gesellschaft, in: W. Korff (Hrsg.), Handbuch der Wirtschaftsethik, Band 1, Gütersloh 1999, S. 781-803

eMail der Verfasserin:
Silja.Graupe@t-online.de

www.ingramcontent.com/pod-product-compliance
Lightning Source LLC
Chambersburg PA
CBHW070604170426
43200CB00012B/2586